빈곤의 연대기

제국주의, 세계화 그리고 불평등한 세계

1판 1쇄 발행 2015년 3월 25일

1판 9쇄 발행 2020년 8월 10일

지은이 박선미, 김희순

편집 김지은 김지하 홍은비 ┃ 표지 디자인 가필드

펴낸이 임병삼 ┃ 펴낸곳 갈라파고스

등록 2002년 10월 29일 제2003-000147호

주소 03938 서울시 마포구 월드컵로 196 대명비첸시티오피스텔 801호

전화 02-3142-3797 ┃ 전송 02-3142-2408

전자우편 galapagos@chol.com

ISBN 978-89-90809-69-8 03300

이 도서의 국립중앙도서관 출판예정도서목록(CIP)은 서지정보유통지원시스템 홈페이지
(http://seoji.nl.go.kr)와 국가자료공동목록시스템(http://www.nl.go.kr/kolisnet)에서 이용하실 수
있습니다. (CIP 제어번호: CIP2015008183)

갈라파고스 자연과 인간, 인간과 인간의 공존을 희망하며, 함께 읽으면 좋은 책들을 만듭니다.

제국주의, 세계화 그리고
불평등한 세계

빈곤의
연대기

박선미·김희순 지음

갈라파고스

왜 가난한 나라는 빈곤의 굴레에서 헤어날 수 없는가

1800년대 이후 지금까지 세계는 놀랄 만큼 부유해졌고 그와 동시에 부의 불평등 역시 지속적으로 심화되었다. 국제구호단체인 옥스팜에 의하면 2014년 기준으로 세계 상위 1퍼센트의 부유층이 전 세계 부의 약 절반 정도를 차지하고 있으며, 전 세계 인구의 절반가량을 차지하는 빈곤층이 전 세계 부의 1퍼센트만을 소유한다. 부의 불평등 정도를 국가별로 비교하면 그 정도가 훨씬 더 심각하다. 같은 해 기준으로 상위 1퍼센트에 해당하는 세계 부자의 80퍼센트 이상이 미국, 일본, 프랑스, 영국, 독일, 이탈리아 등 주요 10개국에 몰려 있다. 그러나 사하라이남 지역이나 라틴아메리카 그리고 남아시아의 여러 나라 사람들은 1800년대나 지금이나 번영의 수혜를 입지 못한 채 빈곤에 허덕이고 있다.

부유한 국가들은 왜 부유하게 되었고 빈곤한 국가는 왜 빈곤하게 되었을까? 처음부터 그들은 부유하거나 혹은 빈곤했을까? 그렇지 않다면 언제부터 그렇게 차이가 났을까? 이러한 질문에 대해 우리가 흔히 접하는 영화나 소설 혹은 학술 서적과 같은 매체들은 다양한 대답을 제시했는데, 그 대답에는 한 가지 공통점이 있다. 그것은 한 국가의 부와 빈곤은 그 국가의 외적 요인보다는 내적 요인에서 기인한다는 것이다. 선진국 발전의 키워드들로 종종 제시되는 기술혁신, 자유민주주의적 정치 질서, 특허제도, 기업가 정신, 법의 지배, 그리고 심지어는 기후와 같은 지리적 조건 등은 모두 그 나라 내부의 문제다. 같은 논리로 빈곤한 국가들이 빈곤해진 원인은 혁신의 부재, 지속되는 내전과 정치 불안정, 탐욕스럽고 무능한 독재자, 창의적 마인드의 부족, 그리고 심지어는 개발 의지를 약화시키는 열대기후 그리고 게으른 국민성 등이다.

그러나 이러한 설명들이 간과하는 것은 한 국가의 발전 과정이 다른 국가의 발전 과정과 밀접히 연관되어 있다는 사실이다. 텔레비전 다큐멘터리에서는 종종 영국의 산업혁명과 기술혁신 그리고 그것을 가능하게 했던 자유주의적 정치질서를 강조하지만, 영국 자본이 아시아와 아프리카를 약탈하여 생산된 막대한 교역 이익이 그들 발전의 원동력이 되었다는 사실은 부차적으로 취급한다. 사실 세계체제론이나 종속이론을 주장하는 많은 학자들이 지적해왔듯이 선진국 발전의 상당 부분은 주변부 국가들을 침탈하고 착취하여 이루어진 것이었고, 그들의 발전은 주변부 국가들의 저발전과 빈곤을 고착화시켰다. 그 결과 오늘날의 세계는 마치 무장 해제 당한 채 구석으로 내몰린 빈곤한 국가가 중무장한 부유한 국가를 상대로 싸워야 하는 게임과 같은 상황이 되었다. 불공정하고 불평등한 세계체제는 꽤 오랜 역사적 과정을 거쳐 형성되었으며 냉전 기간을 거쳐 세계화 시대에 이르러 양극화는 더욱 심해지고 있다. 빈곤한 국가들도 안정적이고 자유주의적인 정치질서를 가지고 기술혁신을 이루어낼 경우 선진국들처럼 발전할 수 있다는 것이 사실이라면 그들은 그것을 실행할 수 있을까? 오늘날 소말리아가 과연 그렇게 할 수 있을까? 그리고 근본적으로 오늘날 소말리아는 왜 안정적이고 자유주의적인 정치질서를 갖지 못하게 되었을까? 그것이 소말리아인들의 책임일까?

이 책은 콩고민주공화국, 르완다, 짐바브웨, 소말리아, 과테말라, 방글라데시, 볼리비아 등 대표적인 빈곤 국가들의 빈곤의 기원과 역사적 전개 과정을 세계체제론의 관점에 기반하여 서술한다. 따라서 이 책은 이들이 가난해진 주요 원인을 1492년 콜럼버스가 아메리카에 도착한 이후 현재까지 여러 형태로 변형되고 고착된 불공정한 세계체제에서 찾는다. 여기서 주로 다루는 소재는 우리가 즐겨 먹는 초콜릿을 만드는 카카오, 오후에 마시는 따뜻한 홍차, 아침밥 대신 챙겨 먹고 나온 바나나, 내가 입고 있는 점퍼, 결혼식 때 주고받는 다이아몬드 반지나 밸런타인데이에 연인끼리 주고받는 장미, 그리고 오늘 저녁 먹은 칵테일 새우 등이다. 이 책에서는 이러한 친숙한 소재를 통해서 우리의 삶이 최빈국 민중들의 일상생활과 얼마나 밀접하게 연관되어 있는지, 그리고 그것들의 생산과 무의식적인 소비가 그들의 빈곤을 어떻게 고착화시키고 심화시켰는지를 생생하게 보여주고자 한다.

이 책은 총 15개의 장으로 구성되었다. 1장부터 6장까지는 콜럼버스의 아메리카 대륙 발견부터 냉전까지 시기를 다루었다. 콜럼버스는 1492년에 카리브해의 작은 섬들에 도착했을 뿐이지만 사실 그는 유럽-아메리카-아프리카 혹은 유럽-아메리카-아시아로 이어지는 대륙 간 불균등 교역의 선구자 역할을 했다. 이때부터 시작된 세계화는 이후 서구 근대화 과정에서 아메리카 대륙을 비롯한 아프리카, 아시아의 식민지 확대로 이어졌고 이 세계화의 역사는 사실 이들 지역의 빈곤의 연대기라 할 수 있다. 스페인 제국이 무자비하고 세련되지 못한 약탈을 통해 이 연대기의 첫 부분을 써내려갔다면, 세계무대의 주역으로 등장한 영국 등 유럽 여러 제국들은 제조업을 바탕으로 한 식민지배와 무역을 통해 조금은 더 우아하게 그러나 똑같이 약탈적인 방식으로 빈곤의 연대기의 페이지들을 차례로 채워나갔다.

세계의 부가 한쪽으로 집중되는 동안 다른 한쪽은 더욱 빈곤해졌다. 무역이라는 이름으로 행해진 일종의 폭력적 약탈을 통해 아프리카 사람들은 노예로 끌려갔으며 인도인들은 3천 년 이상 꽃피웠던 면방직 산업을 버리고 차밭이나 아편밭의 노동자가 되어야 했다. 온두라스 정부는 자국의 농부들이 미국인의 아침 식사를 위해 터무니없는 임금을 받고 바나나를 키우는 것을 방관했고, 심지어 그들을 고용한 미국 기업의 편의와 이익을 위해 자국민의 안전이나 이익, 생존권 등을 기꺼이 희생시켰다. 냉전시기에 소련과 미국은 한 나라라도 더 자국의 우방으로 만들기 위해 자원뿐 아니라 군사력, 무기까지도 기꺼이 아프리카 국가들에 제공하였다. 냉전의 소용돌이에 휩싸인 아프리카 국가들은 내전과 정치적 불안정에 휘말렸으며 이는 그들의 빈곤을 해결하기는커녕 더욱 심화시켰다.

7장에서 13장까지는 1980년대 라틴아메리카의 잃어버린 시대의 도래와 동서 냉전체제의 붕괴 이후 빈곤한 국가의 정치적·경제적 상황 변화에 대해 살펴보았다. 국가가 주체가 되어 부의 축적이 이루어졌던 이전에 비해 냉전체제가 해체된 이후에는 IMF와 세계은행과 같은 국제기구의 역할이 좀 더 확대되었다. IMF와 세계은행은 빈곤국들에게 가난에서 벗어나기 위해서 정부 지출을 줄이고 노동구조를 유연화하며 자유무역에 참여하라고 조언하거나 압박하였다. 이러한 압박에 따라 구조조정을 실시한 라틴아메리카의 여러 국가들 그리고 소말리아를 비롯한 아프리카의 많은 국가들은 파산하거나 와해되었다.

냉전시기까지는 세계 부의 분포가 주로 정치적 요인의 영향을 받았다면 그 이후에는 경제적 효율성의 논리에 의해 좌지우지되었다. 냉전 이후 정보, 통신, 금융의 발달에 의해 가속화된 세계화와 정부의 기능을 약화시키고 기업의 효율성 제고를 추구하는 신자유주의 정책에 따라 급속도로 몸집을 불린 다국적기업들은 세계 부의 창출뿐 아니라 부의 재편까지 담당하게 되었다. 신자유주의 정책 덕분에 멕시코의 카를로스 슬림을 비롯한 세계적인 부자들이 탄생하기도 했지만 대다수 보통 사람들의 삶은 더욱 고단해졌다. 다국적 기업들은 국경을 자유로이 넘나들며 좀 더 인건비가 싸고 환경 규제가 약한 지역으로 생산공정을 옮겼다. 기업들이 이주하는 경향에 따라 한 국가가 세계의 공장으로 떠오르기도 하고 몰락하기도 하였다. 빈곤국 정부들은 기업들이 생산공정을 다른 국가로 이전하지 않도록 그들에게 유리한 방향으로 임금, 근로조건, 환경 규제 등을 설정해준다. 그들은 낮은 임금 수준과 열악한 환경에 항의하는 자국민을 통제하고 심지어 그들에게 발포하기까지 한다. 제조업에서부터 시작된 기업들의 생산공정 이전은 농업을 비롯하여 서비스업까지 확대되어 빈곤한 국가의 경제와 사회 전반의 변화뿐만 아니라 부유한 선진국의 노동 환경에도 지대한 영향을 미치고 있다.

14장과 15장에서는 현재와 같은 부와 빈곤의 격차를 줄이고자 하는 노력에 대해 이야기하였다. 14장에서는 우리가 현재 하는 가장 기본적인 노력, 즉 원조와 공정무역이 정말로 효과가 있을까에 대해 다루었다. 우리가 아프리카의 어린이를 위해 다달이 보내는 기부금이나 우리가 구매하는 공정무역 상품이 빈곤 국가의 가난을 덜어내는 데 과연 도움이 되는지, 국가와 국제기구가 제공하는 원조가 빈곤국의 상황을 개선하는 데 도움이 되는지에 대해서 살펴보았다. 15장에서는 이러한 상황이 꼭 절망적이기만 한가에 대해 아직은 미미하지만, 조금은 희망적인 사례를 제시하였다. 환경 도시로 유명한 브라질의 쿠리치바는 도시구성원들이 빈자를 위한 도시를 만드는 데 협력했기에 세계적으로 유명한 살기 좋은 도시가 되었다. 많은 자원을 보유하고도 대다수의 국민이 가난한 나라 볼리비아는 최근 몇 년간 모랄레스 대통령을 중심으로 국가 내 다양한 이해집단의 신뢰와 연대를 이끌어내고 여러 사회자본을 활용하여 조금씩 빈곤에서 벗어나고 있다. 전 지구적 차원의 구조적 불평등을 분석한 세계체제론이나 종속이론 그리고 급진적인 마르크스주의 이론들이 빈곤국에 제시했던 대안은 그들이 자본주의 부국들과의 교역 연결고리를 끊고 사회주의적 발전경로를 채택하거나 혹은 그들만의 독자적인 발전 경로를 모색하기 위해 강력히 연대하는 것이었다. 그러나 그들의 정책 조언은 그들의 분석만큼 설득적이지는 못했으며 그 조언에 따랐던 나라들은 결과적으로 경제발전에 실패하였다. 급진적 이론가들이 구조적 요인과 이분법적 구획 자체에 집착하는 사이에 세계는 보다 복잡하게 변화하였다. 선진국 내에서의 계층 간 불평등은 극단적일 정도로 심각해졌으며 마찬가지로 빈곤국들 중 극히 예외적이나마 한국과 같은 동북아의 몇몇 국가들이 크게 약진하였다. 또한 세계화는 국가 간 경계를 무너뜨리고 강력한 다국적기업과 거대 자본들이 전 세계 방방곡곡을 거침없이 누비도록 했지만, 그와 동시에 중앙정부의 지방정부에 대한 영향력을 약화시켜 지방정부가 자율적으로 발전하고 대안을 모색할 기회를 주기도 하였다.

오늘날 한국은 원조를 받던 국가에서 원조를 하는 국가로 성공적으로 탈바꿈한 유일한 사례로 자주 언급되고 있다. 그러나 세계적으로 빈곤에서 탈출하여 선진국 반열에 오른 사례가 지극히 제한적이라는 것은 그만큼 세계체제가 구조적으로 불평등하다는 것을 단적으로 말해준다. 우리가 이렇게 세계적으로 희귀한 경험을 했음에도 그 경험을 일반화하여 빈곤국에 적용하려 한다면 그것은 매우 위험한 시도가 될 것이다. 오히려 쿠리치바나 볼리비아에서 보듯이 진정한 대안은 빈곤국들 스스로 만들고 있다. 우리는 그들에게 어떤 바람직한 모델을 제시할 수 있는가를 고민하기보다 우리의 발전이 그들의 발전을 가로막지는 않는지, 우리와 그들이 함께 발전할 길이 무엇인지를 모색해야 한다. 그럼으로써 결과적으로 우리가 서구 제국주의와 다른 '착한 자본주의'를 펼 가능성을 모색해야 한다. 한국은 전 세계가 칭송할 만큼 모범적으로 성공했지만 그렇다고 해서 우리가 반드시 빈곤 연대기의 다음 장을 서술할 필요는 없는 것이다.

2015년 3월
박선미 · 김희순

차례

1장

가난한 나라는 부유해질 수 있을까?

한 사회 안에 부유한 사람과 가난한 사람이 있듯이 지구상에도 부유한 나라가 있고, 빈곤한 나라가 있다. 부자와 빈자 간 소득 격차가 점점 벌어지듯이 부유한 국가와 빈곤한 국가 간 소득 격차도 점점 벌어지고 있다. 특정 개인이 빈곤한 원인을 반드시 게으름이나 무능력과 같은 개인적 특성으로만 설명할 수 없듯이 특정 국가가 빈곤한 원인도 국민성이나 자연환경 등 개별 국가의 속성으로 설명할 수 없다. 사회집단 간의 관계를 규정하는 사회 구조를 배제하고 개인의 빈곤을 설명할 수 없듯이 국가 간 관계를 규정하는 세계 구조를 배제하고 특정 국가의 빈곤을 설명할 수 없다.

1. 가난한 나라와 부유한 나라

2008년 텔레비전에서 진흙으로 만든 쿠키를 먹는 아이티의 빈곤층 이야기가 방영되었다. 아이티의 수도 포르토프랭스의 빈민 지구인 시테솔레이 사람들은 진흙을 반죽하여 햇볕에 말려 만든 쿠키를 먹고 있었다. 당시 우리에게는 아이티라는 카리브해의 작은 나라도 생소했지만, 진흙으로 만든 쿠키로 끼니를 때운다는 사실은 적잖은 충격이었다. 진흙 쿠키를 만드는 과정은 매우 간단하다. 진흙은 집 근처 구덩이에서 퍼 올린다. 그것을 빻아 결이 고운 체로 친 후, 걸러진 흙에 물을 붓는다. 거기에 버터와 소금을 넣고 진흙 반죽이 잘 섞이도록 손으로 휘젓고 주무른다. 반죽을 동그란 모양으로 만들어 바닥에 깔린 천 위에 올려놓고 햇볕에 말리면 쿠키가 완성된다. 이렇게 만든 쿠키는 직접 먹거나 내다 판다. 진흙쿠키의 값은 1달러에 20개로, 하루 1.25달러 이하로 생활하는 극빈층이 대부분인 이 지역 사람들에게는 그나마도 싸지 않다. 게다가 진흙 쿠키를 만드는 데 사용되는 물과 통의 위생 상태는 매우 열악하다.

2014년에 개봉한 〈더 울프 오브 월스트리트The Wolf of Wall Street〉는 1980년대 미국에서 페니스톡penny stock이라는 저가 주식으로 어마어마한 부를 축적했던 조던 벨포트Jordan Belfort의 실화를 다룬 영화다. 주인공인 조던 벨포트는 주체할 수 없이 많은 돈을 번다. 그는 아르마니 슈트와 명품 시계로 치장하고, 많은 돈을 술과 마약, 여자에 쏟아 붓는다. 그는 개인 헬리콥터, 코코 샤넬이 소유했던 50미터가 넘는 고급 요트와 으리으리한 저택을 구입하고 초호화 자동차와 마약을 사는 데 지폐 다발을 써댄다. 물론 미국사람들 중 벨포트처럼 흥청망청 살 수 있는 사람은 일부에 지나지 않는다. 빈곤한 국가에서 태어난 사람들 중 많은 이가 오늘 끼니를 어떻게 때울까 걱정하는 반면, 부유한 선진국 사람들 중 많은 이들이 날씬해지기 위해 다이어트에 신경을 쓴다. 학교에서 전 세계 식량부족 문제에 대해 논의해보자는 선생님의 제안에 유럽 어린이들은 "식량부족이 뭔가요?"라고 질문했고, 아프리카 어린이들은 "식량이 뭔가요?"라고 질문했다는 이야기가 웃고 넘길 수 있는 유머라면 차라리 좋겠다.

1퍼센트도 안 되는 일부 상류층을 제외하면 가난한 국가의 사람들은 대부분 선진국의 빈곤층보다 훨씬 가난한 생활을 영위한다. 인도 뭄바이나 첸나이 같은 도시에는 일자리를 찾으러 온 노동자들이 공유지나 포장도로 위, 혹은 철로변에 지은 임시 숙소에서 기거하는 모습을 흔히 볼 수 있다. 임시 숙소에는 물론 수도도 화장실도 없다. 반면 미국에서는 주택 10채 중 1채가 100평이 넘는 고급주택이며, 이렇게 넓은 고급주택에 고작 2~3명 정도가 살고 있다. 미국 국민의 1인당 평균 주거 면적은 약 16평 정도다.[1] 이에 비해 인도의 1인당 평균 주거 면적은 미국의 8분의 1 수준인 2평 정도다. 2013년 미국인은 인도인보다 전력을 약 20배나 많이 소비했다.[2]

오늘날 한 개인이 가난하게 살거나 부유하게 살 확률은 그가 한 나라 안에서 어떤 선택을 하느냐보다는 어느 대륙, 어느 나라에서 태어났느냐에 따라 결정된다. 예전에는 왕족이나 귀족 같은 지배층을 제외하고는 어느 곳에서 태어나건 대부분 사람들은 가난하게 살았다. 부유한 나라들과 가난한 나라들 간의 차이가 뚜렷해지기 시작한 것은 19세기 이후의 일이다. 대부분 국가가 잘사는 나라에 속하는 유럽에서도, 일반인들의 삶이 가난에서 벗어나기 시작한 것은 18세기 중반 이후의 일이었다. 영국의 경제학자인 매디슨A.Maddison에 따르면, 유럽에서는 1820년대 이후에야 갑작스럽게 경제성장이 이루어졌다.[3] 프리쳇L. Pritchett은 1820년대를 대분기Great Divergence, Big Time라고 불렀다.[4] 1820년대 이후 부유한 국가와 빈곤한 국가의 격차는 매우 크게 벌어졌으며, 대체로 19세기 초에 부유한 축에 속한 나라들은 그 이후에도 대부분 계속 성장하였다. 반면 당시 가난했던 나라들은 동아시아의 몇몇 국가를 제외하고는 계속 정체되거나 후퇴하였다. 매디슨은 50개국의 소득 수준을 시계열적으로 분석해 100년 전에는 부유한 국가와 빈곤한 국가 간 평균소득 수준이 6대 1이었는데, 오늘날에는 70대 1로 증가했음을 밝혀냈다.[5] 산업혁명 이후 영국이나 미국 같은 국가에서는 생활수준이 비약적으로 향상된 반면, 콩고민주공화국이나 에티오피아에서는 산업혁명 이전보다 더 곤궁한 삶을 살고 있다.

사람들은 자신이 살게 될 나라도, 가족도 선택해서 태어날 수 없다. 그런데 자신이 어느 대륙, 어느 나라에서 태어났느냐에 따라 인생은 크게 달라진다. 물론 가난한 나라에 사는 모든 사람들이 빈곤하게 생활하지는 않는다. 한국에 유학 온 어떤 에티오피아 유학생은 자신의 고국이 그처럼 가난한 나라라는 사실을 한국에 와서야 알게 되었다고 한다. 가난한 나라에서 태어났어도 부자로 살 수 있고, 부자 나라에도 가난한 사람들이 있다. 그러나 최빈국에 태어나서 부유한 나라의 사람만큼 살 수 있는 확률은 매우 낮은 것이 현실이다.

사람들이 최저한도의 생활을 유지하는 데 필요한 임금 수준을 빈곤선poverty line이라 한다. 개발도상국의 빈곤선은 하루 임금이 1.25달러(우리 돈으로 약 1,500원 정도) 이하이고, 선진국의 빈곤선은 국민 평균 수입의 절반 이하이다. 사하라이남 아프리카 인구의 2명 중 1명은 하루에 1.25달러도 안 되는 돈으로 생활한다. 아프리카 대륙에서도 콩고민주공화국, 라이베리아, 마다가스카르, 부룬디의 경우 인구 10명 중 8명이 하루에 1.25달러도 안 되는 돈으로 생활한다. 남아시아의 경우 사하라이남 아프리카보다는 사정이 낫다고 할 수 있지만, 인구 3명 중 1명이 하루 1.25달러 미만의 돈으로 생활한다. 남아시아에서도 특히 방글라데시는 역내의 다른 국가보다 더욱 빈곤에 시달리고 있어서, 인구 2명 중 1명이 하루 1.25달러 미만으로 생활하고 있다.[6]

현재 세계에는 약 200여 개 국가가 있는데, 부유한 몇몇 국가와 가난한 국가군으로 크게 양분된 상태다. 물론 가난한 국가들 사이에서도 빈곤의 정도는 차이가 난다. 유엔United Nations의 경제사회이사회는 가난한 나라 중에서도 가장 가난한 나라를 최빈국Least Developed Countries, LDCs으로 지정해서 1971년 이후 3년마다 그 명단을 발표해왔다. 최빈국은 1인당 국민총소득 GNI이 연간 1,035달러 미만인 나라로, 보건과 교육 수준이 낮고 경제 취약성 지수와 난민 비율이 높은 나라를 말한다. 2017년 유엔에서 발표한 최빈국들은 대부분 적도를 중심으로 북회귀선과 남회귀선 사이에 위치한 국가들이며, 특히 사하라이남 아프리카 대륙에 집중되어 있다. 〈그림 1〉에서 볼 수 있듯이 아프리카 53개국 중 34개국이 최빈국에 속하였다.[7]

지난 40년간 세계 전체의 부는 증가하였지만 최빈국의 수는 1971년 25개에서 2017년 48개국으로 오히려 증가하였다. 1971년에 최빈국으로 지정된 나라들 대부분은 2015년 2월 현재 여전히 최빈국에 머물러 있다. 1971년까지 최빈국에 속했다가 이후 벗어난 국가는 보츠와나(1994)와 카보베르데(2007), 몰디브(2011), 사모아(2017) 뿐이다. 매우 작은 섬나라인

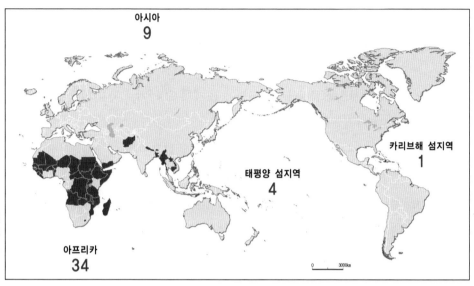

아시아
9

카리브해 섬지역
1

태평양 섬지역
4

아프리카
34

0   3000km

〈그림 1〉 세계 최빈국(UN, 2017)

아프리카(34개국)	앙골라, **베냉**, **부르키나파소**, **부룬디**, 중앙아프리카공화국, **차드**, 코모로제도, 콩고민주공화국, 지부티, 적도기니, 에리트레아, **에티오피아**, 감비아, **기니**, 기니비사우, **레소토**, 라이베리아, 마다가스카르, **말라위**, **말리**, 모리타니, 모잠비크, **니제르**, **르완다**, 상투메 프린시페, 세네갈, 시에라리온, **소말리아**, 남수단, **수단**, 토고, **우간다**, **탄자니아**, 잠비아
아시아(9개국)	**아프가니스탄**, 방글라데시, **부탄**, 캄보디아, **라오스**, 미얀마, **네팔**, 동티모르, **예멘**
카리브해 섬지역(1개국)	**아이티**
태평양 섬지역(4개국)	키리바시, 솔로몬제도, 투발루, 바누아투

※ 굵은 글씨는 1971년부터 최빈국이었던 나라들

카보베르데와 몰디브, 사모아를 제외하고는 유일하게 보츠와나만이 최빈국에서 탈출하였다. 보츠와나는 민간-정부 합작의 다이아몬드 광산업을 경제성장의 동력으로 삼아 경제발전을 이루었다. 현재 최빈국의 인구는 세계인구의 16퍼센트를 차지하지만 이들이 전 세계 GDP[8]에서 차지하는 비중은 1퍼센트에 불과하다.

반면 전 세계에서 가장 부유한 국가 집단은 미국, 캐나다, 영국, 프랑스, 독일, 이탈리아, 일본 등 G7 국가다. 이들 국가는 전 세계 인구의 약 10퍼센트에 불과하지만 전 세계 부의 절반 가까이를 차지하고 있다. 게다가 미국 한 국가가 전 세계 경제에서 차지하는 비중은 22퍼센트에 달한다. 전 세계에는 200여 개의 국가가 있지만 미국이라는 한 나라가 세계 경제에서 차지하는 비중은 GDP기준으로 5분의 1 이상이다.[9]

잘사는 나라의 범위를 좀 더 넓게 확장해보면, 경제협력개발기구OECD에 가입된 국가들이 이에 해당한다.[10] OECD의 창설 회원국은 18개 유럽국가와 미국, 캐나다 등 총 20개국이었는데, 1989년 이후 회원국을 확대하였다. 우리나라는 1996년 12월에 29번째 회원국으로 가입하였다. 2018년 현재 회원국은 35개국이며, 이들은 전 세계 부의 약 60퍼센트를 차지한다. OECD 회원국은 적도보다 북쪽에 위치한 북반구에, 최빈국은 적도를 기준으로 남쪽에 위치한 남반구에 집중되어 있다. 그래서 부유한 북반구, 가난한 남반구라고 부른다.

2. 빈곤으로부터 빠져나오기

저명한 정치학자 프란시스 후쿠야마Francis Fukuyama는 1992년에 『역사의 종언The End of History』에서 미국이나 영국식의 자본주의를 따라하면 가난한 나라도 빈곤에서 탈출할 수 있다고 주장했다. 신고전학파 경제이론인 성장 이론은 현재 가난한 나라들도 장기적으로는 미국, 영국, 독일 등과 같이 부유한 국가로 발전할 수 있는 가능성을 부인하지 않는다. 성장이론에서는 경제성장을 위해서 기술 진보가 중요하다고 주장한다. 1987년 노벨 경제학상을 수상한 미국의 솔로R. M. Solow는 경제성장이 노동, 자본, 기술이라는 삼박자가 갖춰졌을 때 일어난다고 하였다. 그는 노동, 자본, 기술 진보가 경제성장에 미치는 효과를 분리해서 분석했으며, 기술 진보가 미치는 영향력이 노동이나 자본에 비해 압도적으로 크다고 하였다.[11]

성장이론가들에 따르면 기술혁신이 경제성장을 이끄는 이유는 기술 진보가 기계나 토지와 같은 물적 자본의 수확체감을 상쇄하거나 상회하는 경향이 있기 때문이다. 수확체감이란 자본과 노동의 투입량을 늘리면 산출량이 늘어나지만 어느 시점을 지나고 나면 투입된 자본과 노동의 단위당 산출량이 점점 더 줄어드는 것을 말한다.[12] 그래서 기업은 원가를 절감할 수 있는 새로운 생산 과정을 찾아내기 위해 투자를 아끼지 않는다. 기업이 투자한 결과 이루어진 기술 진보는 자본의 생산성을 일정하게 유지하거나 증가시킨다. 이에 따라 경제성장이 장기적으로 지속될 수 있는 것이다.

반면 농업과 같은 1차산업에 의존한 경제는 지속적으로 성장하기 어렵다. 1차산업은 환경의 영향을 강하게 받는다. 추운 지역이나 사막에서는 벼농사를 지을 수 없다. 농업의 경우 생산기간이 비교적 길어 작물이나 가축을 기르는 데 몇 년이 걸리기도 하며, 변덕스런 날씨나 병원균 때문에 산출량이 치명적으로 감소하기도 한다. 그리고 경작하는 토지 면적이나 투입된 노동시간이 증가해도 생산량이 그만큼 증가하지 않는 수확체감 법칙의 영향을 받는다. 또한 더 나은 생산방식을 고안하기 위한 실험과 연구도 어렵기 때문에 농업에 특화된 국가가 지속적으로 성장하는 것은 매우 어려운 일이다.

성장이론가들은 가난한 나라들이 지독한 빈곤에서 탈출하기 위해서는 농업 중심에서 제조업 중심으로 산업구조를 전환하고, 이를 위한 기술개발이나 자본투자를 장기적으로 할 필요가 있다고 조언한다. 그러한 조건이 갖춰진다면 가난한 국가도 빈곤에서 탈출해 부유한 국가의 소득 수준을 따라잡을 수 있다는 것이다.[13] 그 근거로 자본의 한계생산력 체감이론을 제시한다.[14] 자본의 한계생산력 체감이론이란, 아무리 맛있는 빵이라도 먹으면 먹을수록 빵 하나당 만족감이 떨어지는 것처럼, 투자한 자본량이 계속 증가해도 이윤이 그와 비례해 증가하지 않는다는 것이다. 그렇기 때문에 자본의 한계생산력이 체감되는 부유한 나라의 자본은 더 높은 이익을 줄 수 있는 새로운 투자처를 찾게 된다.

빈곤한 나라의 가난한 사람들은 소득이 낮아 하루 벌어 하루 먹고살기도 어렵기 때문에 저축은 엄두도 내지 못한다. 저축이 없으니 투자할 수가 없고, 투자하지 못하니 생산 또한 증가하지 못한다. 생산이 증가하지 못하니 소득이 낮을 수밖에 없다.[15] 가난한 나라가 빈곤에서 탈출하기 위해서는 기술 개발을 위한 투자가 이루어져야 하는데 투자를 위한 재원이 없는 것이다.

가난한 나라는 국내 저축으로 투자 재원을 마련하기 어렵기 때문에 해외에서 재원을 확보해야 한다. 반면 자본의 한계생산성 체감으로 경제성장률이 둔화된 부유한 나라의 투자자들은 새로운 투자처를 찾는다. 또한 가난한 나라는 부유한 나라에 비해 저임금 노동력이 풍부하다. 예를 들어 스웨덴 스톡홀름에서 일하는 버스 운전기사는 인도 뉴델리에서 일하는 버스 운전기사가 받는 임금의 50배나 되는 실질임금을 받는다. 사실 굳이 따지

자면 인도 뉴델리에서 운전하는 버스기사의 운전 솜씨가 훨씬 좋을 가능성이 높다. 뉴델리에서는 거의 쉴 틈 없이 튀어나오는 소, 달구지, 인력거, 하늘 높이 쌓아올린 짐을 싣고 비틀거리며 가는 자전거를 피하며 운전해야 하기 때문이다.[16] 그리고 자본이 풍부한 국가의 이자율은 매우 낮은 반면, 가난한 나라의 이자율은 높다. 자본의 국제 이동에 제약이 없다면 부유한 나라의 자본이 높은 이자율을 찾아서 빈곤한 국가로 이동할 것이다. 성장이론에서는 이러한 추세가 장기적으로 지속되면 가난한 나라와 부유한 나라 사이의 경제력 격차가 해소된다고 주장한다.

성장이론가들의 낙관적인 이론과는 달리, 현실적으로 부유한 나라의 자본이나 기술이 빈곤한 나라로 자연스럽게 이동하지는 않는다. 실제로 우리나라와 몇몇 나라를 제외하면 빈곤했던 나라가 부유해진 경우도 찾아보기 어렵다. 오히려 부유한 나라와 빈곤한 나라 사이의 생산성과 1인당 실질소득의 격차는 점점 더 벌어지고 있다.

사실 부유한 나라의 첨단기술이나 자본을 가난한 나라가 아무런 장애 없이 사용할 수 있다는 성장이론의 가정 자체가 현실적이지 않다. 그들이 상정하는 세계는 빈곤한 나라의 현실과 너무 다르다. 그들은 빈곤한 나라도 부유한 나라를 따라 잡을 수 있다는 환상적 미래에 대한 기대 때문에 발전 과정에 수반되는 어려움을 과소평가하는 경향이 있다.

성장이론가들이 주장하는 따라잡기 현상catch up industrialization이 발생하지 않은 이유에 대해 주류경제학자들은 빈곤한 나라의 정부가 무능하고 부패한데다, 신속하고 충분하게 경제를 개방하지 않았기 때문이라고 주장한다. 즉 해외에서 기술이나 자본이 들어온다 하더라도 이를 제대로 활용할 수 있는 능력을 갖추지 않았기 때문에 빈곤에서 탈출하지 못한다는 것이다. 나아가 빈곤한 나라가 빈곤의 덫에서 빠져나오기 위해서는 교육 수준의 향상,

투자 유인의 제공, 우수한 생산기술의 채택 등 새로운 기술을 흡수할 수 있는 능력을 배양하고 세계시장에 참여하는 것과 같은 사회적 여건을 조성해야 한다고 조언한다. 이를 위해서는 무엇보다도 정치적 안정과 부패의 척결이 선행되어야 한다고 말한다. 또한 부유한 나라는 빈곤한 나라가 빈곤의 덫에서 빠져나와 경제성장을 할 수 있도록 도와주어야 한다는 것이다.

월러스타인I. Wallerstein은 그의 저서 『근대세계체제론Modern World System』 (1974)에서 빈곤한 나라가 부유한 나라로 성장하기 위해 자본이나 기술 및 인적 자원을 지원해주어야 한다는 성장이론가들의 주장은 잘못된 처방이라고 하였다. 또한 그는 성장이론가들이 이런 잘못된 처방을 내리게 된 것은 특정 국가의 빈곤을 국가 내부의 문제로 진단해서라고도 말했다. 빈곤한 나라의 빈곤 원인을 분석하기 위해서는 독립된 국가단위가 아니라 상호의존적인 세계체제라는 총체적 관점에서 봐야 한다는 것이다.

그는 부유한 나라가 경제성장을 할 수 있었던 진짜 동력은 기술 진보가 아니라고 말한다. 부유한 나라가 잘살게 된 원인은 근본적으로 부유한 국가에게 유리하게 판이 짜인 세계시장의 부등가 교역구조라고 주장한다. 즉 제조업을 중심으로 특화한 부유한 국가와 원자재를 제공하도록 특화된 빈곤한 국가 간의 부등가 교역관계가 선진국 발전의 진짜 동력이라는 것이다.

사실 서구 고전경제학자들도 교역이 부를 창출하는 근간이라고 주장하였다. 그 주장은 분업과 비교우위라는 개념으로 정당화되었다. '보이지 않는 손'으로 유명한 애덤 스미스는 교역을 승자독식의 제로섬게임이 아니라, 교역에 참여한 모두가 이익을 얻는 포지티브섬게임이라고 하였다. 예를 들어 영국이 섬유산업 가격에서 절대우위를 지니고 있고 프랑스가 포도주 가격에서 절대우위를 지녔다면, 영국은 섬유를 생산하고 프랑스는 포도주를 생산하는 방식으로 분업하여 교역하는 것이 영국과 프랑스 양국 모두에게 이익이라는 것이다.

데이비드 리카도는 한 걸음 더 나아가 설사 절대우위를 가진 상품이 하나도 없더라도 교역을 하는 것이 이익이라고 주장하였다. 그는 가격 경쟁력이 상대적으로 높은 상품, 즉 비교우위를 가진 상품을 수출하는 것만으로도 양국 모두에 이익이 됨을 밝혀 자유무역의 이론적 기초를 다졌다. 예를 들어 포르투갈이 영국에 비해 포도주와 섬유를 모두 더 낮은 가격으로 생산한다 할지라도 포르투갈이 그 상품들을 모두 생산하기보다는 영국과 분업하여 생산해 교역하는 것이 양국 모두에게 더 이익이라는 것이다. 이때 포르투갈은 포도주와 섬유 중 더 효율적으로 생산할 수 있는 것을, 영국은 가격경쟁력이 높은 것을 선택해야 한다.

리카도의 명쾌한 비교우위 개념은 무역에 참여하는 모든 나라가 더 많은 경제적 이익을 얻을 수 있다는 논리로 자유무역을 지탱하는 주요한 이론적 근거가 되었다. 리카도는 비교우위를 부인하고 교역의 상호 이익을 무시한다면 애초에 모든 산업생산 부문에서 경쟁력을 가질 수 없었던 빈곤한 나라는 영원히 빈곤 상태에 머무를 수밖에 없다고 엄포를 놓았다.

그러나 그는 비교우위라는 개념을 명쾌하게 제시하면서도 특정 제품을 특화하는 것이 장기적으로 그들 나라 경제에 어떤 영향을 미칠지는 언급하지 않았다. 장기적인 관점에서 보면 리카도가 예를 든 포르투갈처럼 포도주 같은 농업이나 원자재 생산에 치중한 나라는 포도주 생산량이 증가할수록 생산비가 더 증가하는 수확체감의 원칙에 따라 결국 가난의 길로 들어선다. 반면 영국과 같이 섬유산업을 특화한 나라들은 섬유 생산량이 증가함에 따라 생산비가 하락하는 수확체증의 원칙에 따라 부가 축적된다.

라이너트E. S. Reinert는 리카도의 섬유 대신에 컴퓨터나 핸드폰 같은 산업

제품을, 포도주 대신에 석기시대 제품으로 비유하여 리카도의 비교우위설을 신랄하게 비판했다. 리카도의 논리대로라면 영국은 컴퓨터나 핸드폰과 같은 산업제품을 특화하고 포르투갈은 돌도끼 같은 석기시대 제품을 특화하는 편이 낫다. 하지만 영국은 컴퓨터나 핸드폰만을 생산하고 포르투갈은 돌도끼만을 생산한다면 시간이 오래 흐른 뒤 영국은 부유해지겠지만, 포르투갈은 빈곤의 함정에 빠질 수밖에 없다.[17]

월러스타인은 산업제품으로 특화된 세계 중심부와 원자재로 특화된 세계 주변부 간 교역구조가 바뀌지 않는 한 빈곤한 국가가 부유한 국가를 따라잡는 수렴현상은 나타나기 어렵다고 비판하였다. 나아가 이러한 분업구조가 자발적으로 이루어지지 않았다는 것에 더 큰 문제가 있다고 하였다. 실제로 19~20세기 부등가 교역관계는 유럽의 식민정책에 의해 강제로 형성된 것이다. 일례로 프랑스는 식민지였던 세네갈을 1차원료와 노예를 제공하는 나라로 규정해 못 하나도 만들지 못하게 하고, 오로지 땅콩을 재배하는 플랜테이션 농업 지역으로 변화시켰다. 그 결과 프랑스는 공산품의 제조 및 수출 지역이 되었고, 세네갈은 원자재 및 식량의 수출지이자 공산품의 수입지가 되었다. 결국 세네갈은 고유한 농업 생산양식이 쇠퇴했으며, 산업 발전의 기회도 놓쳤다.

유럽은 산업화시기에 아프리카와 아시아의 식민지에서 생산된 1차상품을 낮은 가격에 수입해 유럽의 제조업에 저렴한 원료 및 중간재로 공급할 수 있게 하는 한편, 유럽의 노동자들에게는 저렴한 식량자원으로 공급하였다. 아프리카와 아시아 식민지의 저렴한 1차상품은 유럽의 산업화 및 제조업 발달의 밑거름이 되었다. 이렇듯 부유한 국가의 경제성장은 빈곤한 국가를 저발전 상태로 만든, 불공평하고 강제적인 식민 분업 체제 속에서 이루어졌다. 이러한 관계는 오늘날까지도 다른 형태로 변형되어 암묵적으로 이어지고 있으며, 부유한 국가와 빈곤한 국가의 간극은 더욱 벌어지고 있다.

3. 부와 빈곤을 창출하는 세계화

세계화globalization란 물리적 거리를 초월해 경제, 사회, 문화 등 여러 분야에서 일어나는 상호작용이나 상호의존 관계가 증대되는 과정을 의미한다. 세계화 현상은 우리의 일상생활 곳곳에서 실감할 수 있다. 우리는 분명 예전에 비해 훨씬 많이 다른 나라 사람과 관계를 맺으며 살아가고 있다. 슈퍼마켓에는 열대지역에서 수입한 과일들과 독일에서 수입한 소시지, 덴마크산 과자, 미국산 영양제 등 일일이 열거하기 어려울 정도로 많은 전 세계의 상품들이 진열되어 있다. 유튜브에서는 우리가 한 번도 가본 적 없는 유럽이나 아프리카에서 찍은 동영상이 누리꾼들에게 큰 인기를 끌기도 한다. 스스로를 국제가수라 칭하는 싸이는 유튜브가 없었다면 세계적인 가수가 되지 못했을지도 모른다. 전 세계 도시에서 맥도날드 햄버거와 스타벅스 커피를 마시는 것은 이젠 당연한 일이기도 하다. 중동지역에서 내전이 일어나면 국제 유가가 오르고 국내외 주식시장들이 요동치며 환율이 오르내리는 일도 매우 자연스러운 현상이 되었다. 세계화는 우리의 일상생활부터 언론, 경제, 정치적인 부분까지 영향을 미치고 있다.

우리는 세계화의 시대에 살지만 세계화가 20세기에만 진행된 현상은 아니다. 사실 세계화가 20세기만의 사건인지에 대해 여러 의견이 있다. 시대와 지역별로 차이가 있지만 사람들은 끊임없이 가까운 이웃과, 멀리 떨어진 세계와 교류해왔다. 어떤 학자들은 세계화란 인류의 역사와 함께 시작된 것이라고 주장하는가 하면,[18] 어떤 학자들은 중국과 유럽을 연결했던 실크 로드를 최초의 세계화 단계로 봐야 한다고 주장한다. 15세기 후반의 세계가 현재보다 훨씬 더 세계화되었다고 주장하는 학자들도 있다. 그러나 일반적으로 아메리카 대륙을 포함해 대륙 간 경제적·문화적 상호작용이 이루어지기 시작한 15세기 말 이후를 '최초의 세계화' 혹은 '1차 세계화'로 간주한다. 그리고 정보화에 따른 현대적 의미의 세계화를 2차 세계화라 한다.

'최초의 세계화'는 콜럼버스가 아메리카 대륙에 도착한 이후 스페인이 이 대륙을 식민지배하면서 시작되었다. 스페인의 아메리카 지배 이후 이루어진 교역은 유럽, 아시아, 아프리카, 아메리카 대륙 간에 이루어진 최초의 전 세계적 규모의 경제적·문화적 교역이었다. 스페인은 아메리카 대륙의 은, 금 등의 귀금속과 코치닐(붉은색 염료) 같은 천연자원을 본국으로 이송하였고, 유럽에서 생산된 공산품을 아메리카에 수출하였다. 나아가 아메리카 대륙에서 생산된 은, 금 등은 필리핀의 마닐라 항을 통해서 아시아의 공산품과 교환되었다. 필리핀에서 상품을 교환한 이들은 주로 화교 세력으로, 이들의 부는 중국으로 유입되었다. 필리핀에서 구입한 아시아의 상품들은 다시 아메리카 식민지를 거쳐 유럽으로 유입되었다.

1차 세계화에 따른 세계의 분업구조는 제국주의의 무력에 의해 형성되었다. 현재 부유한 나라들은 당시 식민지와 불평등한 분업구조를 형성함으로써 자유방임적 자본주의를 발달시킬 기반을 마련하였다. 반면 현재 빈곤한 국가들은 경제발전의 기회를 약탈 혹은 유보 당했다. 식민지배를 한 나라는 자국에서 구할 수 없는 원자재나 1차상품을 식민지에서 저렴한 가격에 구매하고, 이를 이용해 생산한 상품을 판매할 수 있는 시장을 확보하고자 하였다. 최초의 세계화가 부유한 국가와 빈곤한 국가의 갈림길이 된 셈이다.

이후 산업혁명으로 인해 세계화가 가속화되었다. 19세기 유럽 국가들과 미국은 아시아 및 아프리카, 라틴아메리카 등지에 매우 활발하게 투자하였다. 당시 해외투자액은 현재 전 세계적으로 유동되는 자금에 비해서는 매우 적지만, 전체 투자액에 대한 해외투자의 상대적 규모만을 따지면 19세기의 세계화가 지금보다 훨씬 더 대대적으로 이루어졌다고 평가된다.

2차 세계대전 이후 제국주의의 무력에 의한 1차 세계화가 종식되었다. 빈곤한 식민국가는 원료를 수출하고 부유한 국가는 공산품을 수출하던 교역 관계의 변화는 불가피해 보였다. 독립한 빈곤 국가는 노동집약적 제조업으로, 부유한 국가는 자본집약적 산업으로 분화되었다. 한국, 대만, 홍콩 등 일부 동아시아 국가는 노동집약적 제조업에서 자본집약적 산업으로 이동하는 데 성공하였다. 그러나 빈곤한 후발국가 중 다수가 세계화의 과정에서 노동집약적 제조업에서 원료수출이나 상품작물 수출국으로 되돌아가야 했다.

우리 시대의 세계화와 관련된 용어는 레빗T. Levitt이 생산과 유통, 마케팅 등에서 '지구적 규모의 경제'를 실현하는 글로벌 기업들이 활약하게 될 것이라고 한 데서 유래되었다.[19] 당시 레빗이 주장한 세계화란 통신기술의 발달로 정보화 사회가 도래함에 따라 세계가 좁아진다는 의미였다. 정보화에 의해 추동된 세계화가 국가 간 빈부의 격차를 줄여줄 수 있는가 혹은 그렇지 않은가에 대한 의견은 분명하게 갈린다. 긍정론자들은 부유한 국가의 경우 세계화가 경제성장을 촉진시키기 때문에 부유층과 빈곤층 모두에게 이익이 된다고 한다. 또한 빈곤한 국가도 부유한 국가에서 이전해온 공장 등으로 인해 새로운 고용기회를 가질 수 있으며, 교육의 기회가 증가하고 인적 자본에 대한 교육투자가 늘어나 생산성이 증가하면서 소득이 증가할 수 있다고 한다. 긍정론자들도 세계화를 향한 경제발전 초기에는 소득의 불평등도가 커져서 소득분배가 더 불균형해질 수 있다는 것을 인정하지만, 발전이 어느 정도 성숙되고 완결되면 소득불평등도 개선될 수 있다고 주장한다. 나아가 그들은 장기적으로 볼 때 세계화가 빈곤국의 소비자 물가를 낮추고 기술 이전을 가능하게 하며 효율성을 증대시킨다고 하였다.

미국의 저명한 칼럼니스트 프리드먼T. Friedman은 그의 저서 『렉서스와 올리브나무The Lexus and the Olive Tree』에서 세계화가 빈곤국들이 빈곤에서 탈출할 수 있는 열쇠라고 강력하게 주장하였다. 렉서스가 세계시장을 향해 자국의 시장을 여는 세계화를 상징한다면, 올리브나무는 고유의 정체성이나 전통을 부여잡고 있는 빈곤한 국가를 상징한다. 프리드먼은 올리브나무만 붙잡고 렉서스로 갈아타지 않은 국가는 빈곤한 상태에서 벗어날 수 없을 것이라고 경고하였다.

이에 대해 비관론자들은 세계화의 혜택이 부유한 나라와 빈곤한 나라 모두에게 돌아가는 것이 아니라 부유한 나라에만 집중되는 경향이 있다고 지적한다. 무역의 증가는 국가별 부의 분배에서 부유한 국가는 더욱 부유해지고 빈곤한 국가는 더욱 빈곤해지는 요인으로 작용한다는 것이다. 또한 특정 국가 안에서도 세계화로 인한 혜택 중 많은 부분이 부유한 일부 엘리트층에게만 돌아가고 빈곤층에게는 미치지 않는다고 하면서, 세계화로 인해 부유한 계층과 빈곤한 계층 간 격차가 더욱 벌어진다고 주장하였다. 이는 국가의 성장을 저해하고 경제발전을 지연시킬 뿐 아니라 계층 간의 갈등을 심화시켜 사회적 불안정성을 증대시킬 수 있다. 빈곤층의 비중이 높은 사회일수록 이러한 경향은 더욱 두드러진다.[20]

현실에서 접하게 되는 2차 세계화의 영향은 비관주의자들의 손을 들어주곤 한다. 글로벌 기업들이 진출한 빈곤한 국가의 생산자들은 도산하거나 밀려나기 십상이다. 빈곤한 국가의 봉제공장이나 전자제품 제조공장과 같은 스웻샵에서는 노동착취가 이루어진다. 스웻샵의 저임금 노동력으로 창출된 이윤은 대부분 부유한 국가의 글로벌 기업이 챙겨간다. 그 과정에서 부유한 국가와 빈곤한 국가의 소득 격차는 더욱 벌어진다. 빈곤한 나라에 공해 유발 공장이 몰리고 전자 쓰레기가 쌓이면서 빈곤한 나라의 가난한 사람들의 생활환경도 더욱 열악해진다.

물론 예외는 있지만 세계의 국가들을 부와 빈곤의 관점에서 분류해보면, 오늘날에도 국가 간의 불평등한 분업구조는 여전하다. 단지 차이가 있다면 오늘날 불평등한 분업구조는 1차 세계화 시기처럼 무력에 의해서가 아니라 세계은행이나 국제통화기금IMF에 의해서 조성된다는 것뿐이다. 뿐만 아니라 최근 세계화의 과정에서 하청이 일반화되면서 세계 분업구조는 1차 세계화 시기보다 더 복잡해졌다. 복잡해진 노동 분업구조는 부유한 국가 노동자들의 사회적 지위를 약화시켰다. 노동 분업의 변화가 일어나게 된 원인으로는 우선 한국, 대만, 싱가포르 같은 신흥공업국 기업들의 기술이 향상되면서 숙련노동력은 부유한 선진국, 비숙련노동력은 가난한 제3세계라는 단순한 구도가 사라졌다는 것이다. 부유한 선진국에서도 생산과정에서 하청의 비중이 지속적으로 증가했고, 생산공정이 지속적으로 외국으로 이전하여 제조업 부문의 실업률이 높아졌다. 이 때문에 선진국에서도 노동조합이 약화되었고 노동자들의 처우가 상대적으로 열악해졌다. 예를 들어 미국의 제조업은 노조가 강하고 임금이 높은 북동부 산업지구에서 노조가 약하고 임금이 좀 더 저렴한 남부지역으로 이전하였다. 나아가 많은 기업들이 노조가 아예 존재하지 않고 임금이 훨씬 더 저렴한 멕시코의 마킬라도라 지역으로 이전하였다.[21]

노동의 분화 때문에 부유한 국가와 빈곤한 국가 모두에서 저임금을 받는 비정규직이 늘어났다. 부유한 국가 내에서도 비교적 안정적이고 임금 수준이 높은 중심부의 노동과 비정규직의, 저임금 주변부 노동으로 다시 분화되었다. 또한 부유한 국가에서는 노동력이 저렴한 빈곤한 국가로 제조업이 이전하자 일자리를 잃은 이른바 '블루칼라 노동자'들이 소매업, 의료 산업, 보안업, 금융업, 외식업 등으로 이전하였다. 그러나 세계화의 경향에 따라 외국인 이주노동자들이 이러한 부문에 대거 취업했으며, 이로 인해 부유한 국가의 저숙련 노동직의 임금은 지속적으로 낮게 유지되었다. 노동 시장에서는 상시 고용이 아닌 파트타임 고용이나 근로시간 변형, 임시직 노동자의 고용 등을 통해 노동력의 유연성을 추구하였다. 이를 통해 고용 주들은 노동자의 계급화를 저지하고 임금 및 고용과 관련해서 노동자에 대한 통제를 더욱 강화할 수 있게 되었다. 이처럼 현실에서 마주할 수 있는 오늘날의 세계화는 1차 세계화 시기보다 부와 빈곤의 문제가 더욱 복잡하게 얽혀 있기 때문에 다층적 구조로 보지 않으면 이해하기 어렵다.

한 사회 안에 부유한 사람과 가난한 사람이 있듯이 지구상에도 부유한 나라가 있고, 빈곤한 나라가 있다. 부자와 빈자 간 소득 격차가 점점 벌어지듯이 부유한 국가와 빈곤한 국가 간 소득 격차도 점점 벌어지고 있다. 특정 개인이 빈곤한 원인을 반드시 게으름이나 무능력과 같은 개인적 특성으로만 설명할 수 없듯이 특정 국가가 빈곤한 원인도 국민성이나 자연환경 등 개별 국가의 속성으로 설명할 수 없다. 사회집단 간의 관계를 규정하는 사회 구조를 배제하고 개인의 빈곤을 설명할 수 없듯이 국가 간 관계를 규정하는 세계 구조를 배제하고 특정 국가의 빈곤을 설명할 수 없다. 다음 장부터는 국가 간 소득 불평등을 유발하고 심화시키는 세계 구조를 차근차근 짚어보고자 한다.

2장

가난한 나라와 부유한 나라의 갈림길

스페인과 신대륙에서 온 원자재, 특히 실크, 철, 코치닐(붉은색 염료)을 외국인들은 1플로린에 사들인 다음 완제품을 만들어 스페인에 10~100플로린 사이의 가격으로 되팝니다. 스페인은 이렇게 하여 우리가 인디오들에게 강요한 것보다 더 심한 굴욕을 유럽인들로부터 받고 있습니다. 스페인인들은 별 가치도 없는 장신구를 주고 금은을 바꾸어왔지만 정작 우리의 원자재로 만든 가공품을 엄청난 가격에 도로 사들임으로써 온 유럽의 비웃음거리로 전락하였습니다.

1. 잉카제국의 멸망

피사로의 승리와 아타우알파의 패배

2014년 KBS에서 방영된 〈세계는 지금〉에서는 볼리비아 포토시Potosí의 세로 리코Cerro Rico 광산에서 은을 채굴하는 앳된 소년 광부들의 노동 현실을 보여주었다. 10살 전후의 소년들이 컴컴한 미로 같은 광산 속에서 오직 헤드램프 불빛에 의지한 채 큰 돌을 나른다. 망치를 내리치거나 드릴을 작동할 때마다 일어나는 미세먼지가 소년들의 눈과 폐를 무자비하게 공격하기 때문에 숨도 쉬기 어렵다. 소년들의 볼은 모두 사탕을 문 것처럼 불룩하게 튀어나와 있는데, 배고픔을 잊고 갱도 안에 가득한 미세먼지를 마시지 않기 위해 코카나무 잎을 입 안 가득 넣고 연신 씹어대기 때문이다.

루이스는 9살 때부터 3년째 광산에서 일하는 12살 소년이다. 그는 이 광산에서 일하다 지하 갱도가 무너져 돌에 깔려 숨진 아버지 대신 가족의 생계를 책임지고 있다. 마르코는 1주일 주급을 받아 시장에서 동생의 옷과 먹을거리를 산 후 가족이 있는 오두막으로 돌아간다. 그는 집에서 내려다보이는 포토시 시가지를 바라보면서 열심히 일해서 저곳에서 살고 싶다고 말한다. 그래서 소년들은 언제 무너져 내릴지 모르는 '지옥의 입'으로 들어간다. 그러나 볼리비아에서 마르코의 소원은 이루어지기 어렵다. 지하

갱도가 무너져 죽지 않더라도 15년 정도 일하고 나면, 아무리 강철 같은 체력을 타고난 사람도 지하 갱도에 내려갈 체력이 바닥나고 만다. 그리고 대부분 서른 살이 되기 전에 미세먼지가 폐에 쌓여 규폐증에 걸리기 쉽다. 규폐증에 걸린 광부는 광산에서 쫓겨나 알코올 중독자나 심신이 망가진 폐인이 되어 빈민가를 떠돈다.

소년 광부들의 조상인 잉카족(케추아족)들은 1543년 이곳에서 세계 최대의 은광이 발견된 이후 줄곧 세로 리코 광산에서 일해왔다. 잉카 원주민들은 보호장비 하나 없이 수백 미터에 달하는 지하 갱 속에 들어가 바닥에 배를 깔고 기면서 삽질을 해, 갱도를 뚫고 광석을 파냈다. 그리고 파낸 돌들을 등에 짊어진 채 나무 사다리를 타고 다시 지상으로 올라갔다. 할당량을 채우지 못하면 다시 어두운 '지옥의 입'으로 내려가야 했다. 이들은 배고픔을 달래고 먼지를 덜 마시기 위해 코카나무 잎을 볼이 미어터지듯 넣고 연신 씹어댔다. 세로 리코 갱도의 천장이나 옆벽은 무너져 내리기 일쑤여서 많은 사람들이 산채로 그곳에서 매장되었는데, 그 수가 800만 명 정도에 달했다.[1] 그곳에서 수백 년 동안 퍼 올린 은은 모두 스페인인들의 소유가 되었고 유럽으로 흘러 들어가 유럽 번영의 물적 토대가 되었다.

1492년에 콜럼버스가 도착하기 이전, 라틴아메리카에는 아즈텍, 잉카, 마야문명이 발달하였다. 아즈텍문명은 현재 멕시코의 중부지역에, 마야문명은 멕시코 남부 및 유카탄 지역과 중앙아메리카 일부 지역에서 발달하였다. 오늘날의 페루와 볼리비아 일대에 근거지를 둔 잉카문명은 안데스산맥을 따라 발달한 문명이었다. 안데스산맥은 남아메리카의 서쪽 해안을 따라서 매우 높게 솟아 있다. 사람들은 무덥고 살기 어려운 해안지역 대신 안데스 고지대에서 그들의 삶터를 꾸리고 문명을 발달시켰다.

잉카문명은 안데스산맥의 드넓은 알티플라노Altiplano에서 1250년경부터 1533년까지 발달하였다.[2] 알티플라노는 스페인어로 '높은 평원', 즉 고원이라는 뜻이다. 안데스산맥의 평균 너비는 300킬로미터이지만 알티플라노 지역에 이르면 2배 이상 넓어진다.[3] 해발고도는 3,700~4,300미터, 폭 700킬로미터, 면적이 남한의 1.7배에 달한다. 이곳은 고산기후로 날씨가 항상 온화하다. 잉카족은 본래 쿠스코 계곡 내에 작은 부족국가를 건설하였다. 이 작은 부족국가는 1400년경에 북으로는 에콰도르의 키토 부근에서부터 남으로는 페루의 티티카카 호 주변 저지대에 이르는 광대한 지역을 정복해 농지분배, 조세제도 확립, 종교의식의 체계화 등 제국으로서의 기틀을 다져 잉카제국을 건설했다.[4] 잉카인들은 강둑에 벽을 쌓고 도시 내부에 운하를 만들어 멀리 위치한 계단식 밭에 물을 공급했다. 강에는 많은 다리를 놓았고, 매년 강의 지류가 합쳐지는 지점에서 제사를 지냈다.[5]

1471년 케추아 부족을 잉카제국으로 발전시킨 제9대 왕 파차쿠텍 이후 잉카제국은 안정되었다. 11대 왕인 카파크 왕 때 영토가 가장 넓었는데, 안데스산맥을 따라 약 4,000킬로미터에 이르렀다. 잉카제국이 50여 년 만에 거대한 제국을 건설할 수 있었던 것은 도로 건설 및 그에 대한 통제가 가능했기 때문이다. 케추아족이 절벽을 깎아내고 골짜기에 다리를 놓아 만든 잉카 왕도는 총 4만 킬로미터에 달했다.[6] 이를 통해 각 지역의 특산물과 정보가 쉽게 이동할 수 있었다.

번영했던 잉카제국은 스페인 출신 정복자 프란시스코 피사로F. Pizarro에게 정복되고 말았다. 피사로는 1513년 바스코 발보아 원정대에 참가해 태평양을 본 최초의 서양인 중 한 사람이다. 그는 많은 정복자를 배출한 피사로 가문의 사생아로 태어났다. 아버지는 호방한 군인이었으며 어머니는 천민 출신이었다. 사생아로 태어나 돼지치기로 일했던 피사로에게 유럽은 신분의 구속을 떨쳐버릴 수 있는 곳이 아니었다. 그는 새로운 세계로 눈을 돌렸다.

한편 피사로보다 앞서 아메리카 대륙에 온 코르테스H. Cortés 일행은 1519년 아즈텍제국(현재 멕시코)의 수도 테노치티틀란tenochtitlan(현재의 멕시코시티)을 정복했다.[7] 아즈텍제국의 부유함을 목격한 유럽인들은 황금의 도시 '엘도라도'의 전설을 믿게 되었다. 엘도라도 전설에 대한 소문이 퍼지자 정복자들은 아메리카 대륙으로 몰려들었다. 피사로는 1524년부터 약 8년 동안 열대우림의 에콰도르 해안을 헤매다가 페루에 상륙했다. 1532년 11월 15일, 페루 해안지역인 카하마르카에서 168명의 피사로 부대는 8만여 명의 군사를 거느리고 나타난 잉카제국의 13대 황제이자 마지막 황제인 아타우알파Atahuallpa와 맞부딪쳤다. 피사로를 따라온 발베르데 신부가 어눌한 통역으로 로마 가톨릭을 설명했고, 아타우알파는 거룩한 말씀이 들어 있는 성경을 보자고 했다. 그는 성경을 귀에 갖다 대고는 아무것도 들리지 않자 그대로 내팽개쳤다.[8] 아타우알파의 행동은 글이 없는 문명에서 지극히 당연한 것이었다. 말씀이 들어 있다고 하면 귀로 들을 수 있을 것이라고 생각했기 때문이다. 그러나 가톨릭 문화권에서 성경을 땅에 내팽개친 행동은 신성을 모독하는 행동이었다. 갑옷을 입고 총과 칼을 가진 스페인 병사와 말을 탄 병사들은 아타우알파를 생포하였다.[9] 몽둥이와 직물 갑옷을 입은 아타우알파의 병사들은 중무장한 스페인 병사들의 상대가 되지 못했다. 8만 명의 잉카부대는 168명의 피사로 병사들에게 패하고 말았다. 이를 카하마르카 전투라고 한다.[10] 1532년에 잉카제국마저 무릎을 꿇음으로써 원주민이 이룩한 아즈텍문명과 잉카문명 모두 스페인에 멸망하게 되었다.

재레드 다이아몬드J. Diamond는 자신의 저서 『총, 균, 쇠Guns, Germs, and Steel』에서 1532년 카하마르카 전투를 서로 다른 방향으로 발전해온 유럽과 아메리카가 직접적으로 충돌한 사건이라고 하였다. 카하마르카 전투는 스페인이 총, 천연두와 같은 병균, 그리고 철기문명으로 아메리카의 잉카문명을 무너뜨리고 그 땅을 강탈하는 데 결정적인 역할을 했다. 다이아몬드에 의하면 카하마르카 전투 이후 유럽 대륙은 부유한 길로 접어들었고, 라틴아메리카 대륙은 빈곤의 길로 접어들게 되었다. 만약 카하마르카 전투에서 스페인군이 패하고 아타우알파가 승리하였다면 역사는 뒤바뀌었을지도 모른다.

발레 운 포토시 Vale un Potosí

카하마르카에서 황제를 생포한 피사로는 황금을 요구했다. 아타우알파는 자신을 풀어주면 자신이 머무르는 커다란 방[11]을 황금으로, 같은 크기의 다른 방 2개를 은으로 채워주겠다고 약속했다. 아타우알파의 방은 수개월에 걸쳐 수많은 보석과 황금으로 채워졌다. 스페인인들은 금을 금괴덩어리로 만들어서 스페인으로 보냈다.

황금은 금방 바닥났다. 그러나 스페인인들은 1543년 진정한 엘도라도를 발견하였다. 페루 리마에서 노새를 타고 대륙 깊숙이 10주 정도 들어가면 춥고 황량한 불모의 풍경을 굽어보는 해발 4,824미터의 세로 리코 봉이 우뚝 서 있다. 세로 리코 봉우리 자체가 순도 50퍼센트의 은덩어리였다. 잉카제국의 보물이 한탕으로 그쳤다면 이곳의 은광은 세계 은 생산의 3분의 1을 공급하면서[12] 스페인에게 200년 이상 마르지 않은 돈줄을 대주었다.

스페인 왕실은 은광을 직접 경영할 때 따르는 어려움과 위험을 피하고자 은광 경영권을 유럽에서 건너간 식민지 지배층에게 주는 대신 생산량의 5분의 1을 받았다. 이를 킨토Quinto(5분의 1이라는 의미)세라고 한다. 킨토세 덕분에 스페인의 세비야 항구에는 은이 쏟아져 들어왔다. 스페인으로 유입된 은으로 16세기 유럽의 은 보유량은 7배나 증가하였다. 은광이 알려지자 순식간에 촌락이 들어서고 도시가 성장하였다. 이렇게 세계에서 가장 높은 도시인 포토시(해발 4,090미터)가 건설되었다. 이곳은 해발고도가 높은 탓에 공기 중 산소가 적어서 사람이나 가축 모두 살기 어려운 환경이었다. 그럼에도 포토시의 도시 규모는 당시 유럽의 대도시였던 암스테르담이나 런던, 세비야 등과 맞먹었다. 포토시의 인구는 20만 명에 이르렀으며 그 부유함은 이루 표현할 수 없었다. 세르반테스는 『돈키호테』에서 최고의 가치가 있다는 의미로 "발레 운 포토시(포토시만큼 가치가 있다)"라는 문장을 쓰고 있다.

포토시는 남아메리카의 경제 중심지이자 스페인이 지배한 지역 중 가장 역동적인 곳 가운데 하나가 되었다. 포토시는 은 이외의 모든 상품을 외부에서 조달해야 했다. 원주민과 노예노동력도 외부에서 조달되었다. 노동자들이 소비할 식량과 의복 이외에도 가죽 푸대, 가축, 양초, 목재 등이 필요했다. 칠레에서는 포도주가 생산되어 포토시까지 운반되었다. 현재 세계적인 곡창지역이자 목축지역인 팜파스가 개발된 것도 포토시 지역에 곡물과 가축을 조달하기 위해서였다. 현재의 아르헨티나 북부지역에서 곡물, 노새, 소 그리고 말이 들어왔고 에콰도르에서는 직물이 들어왔다. 유럽과 아시아의 사치품도 끊임없이 들어왔다. 포토시의 부자들은 프랑스제 비단옷을 입고, 플랑드르에서 만든 태피스트리와 거울, 레이스 장식, 독일제 칼, 베네치아산 유리 등을 사댔다. 필리핀 마닐라에서 구입한 중국산 도자기와 비단 등이 멕시코의 아카풀코를 거쳐 리마까지 수입되었다. 사람들은 배송에만 몇 달이나 걸리는 값비싼 사치품으로 화려하게 치장한 모습을 뽐냈다. 광장에서는 하루가 멀다 하고 싸움판이 벌어졌다. 1585년 포토시에서 꼬리에 꼬리를 무는 사건 사고에 진저리가 난 한 판사는 포토시를 "세계에서 가장 비뚤어진 인간들이 만들어낸 도둑 소굴"이라고 탄식하였다.

은을 제련하려면 광석을 뜨겁게 가열해야 하는데 해발 4,000미터가 넘는 포토시에서는 용광로가 잘 달궈지지 않았다. 스페인 제련기술자들도 처음 20년 동안은 케추아족 방식대로 나무를 태워 은을 제련하였다. 밤이면 불을 때는 가마들이 반딧불처럼 반짝거렸다. 고지대라서 나무가 잘 자라지 않는 탓에 땔감은 턱없이 모자랐다. 나중에는 땔감을 구하기 어려워 몇몇 광산은 문을 닫기도 했다. 결국 포토시 주변의 숲은 사라졌다.

스페인인들은 땔감 부족 문제를 수은으로 해결하였다.[13] 수은을 부어 은을 걸러내는 방식을 파티오patio방식이라고 한다.[14] 새로운 제련법이 자리 잡으면서 은 생산은 크게 늘어났다. 그러나 정작 파티오에서 일한 원주민들은 빠르게 수은에 중독되었다. 원주민들은 밀가루처럼 곱게 빻은 광석과 물탱크 속의 수은을 발로 밟아 섞었는데, 이 과정에서 수은이 피부로 스며들었기 때문이다. 그들은 또한 탱크에 들어가 합금을 꺼내면서 혹은 수은 증기를 모으는 화로에서 높은 농도의 수은 증기에 노출되었다. 수은은 쉽게 기화하기 때문에 폐를 거쳐 핏줄로 들어갔고 온몸의 땀구멍을 통해 몸속 모든 장기에 도달하였다.

수은은 매우 독성이 강한 물질이다. 우리에게 잘 알려진 미나마타병은 수은에 중독되면 발생하는 병이다. 수은중독에 걸리면 우울해지고, 기억을 잃고, 잇몸에서 피가 나고 치아가 빠지며, 몸의 근육이 제대로 움직이지 못하고 사시나무 떨듯 온몸을 떨게 된다. 어떤 이는 쉴 새 없이 몸을 흔들다 잠을 자지 못해 지쳐 죽었다. 광산에서 일한 원주민 3명 중 2명은 수은중독으로 사망했으며 사망자 대부분은 30살 미만이었다. 수백 년이 지난 현재까지도 은광 노동자들의 뼈는 수은 때문에 썩지 않은 채 하얗게 반짝이며 당시 스페인인들의 만행을 고발하는 법의학적 증거로 남아 있다.

포토시 은광이 발견된 후 약 30년간 고품질의 은광 덕분에 은 생산이 지속적으로 증가했으나, 1570년경이 되면서 고품질의 은광은 고갈되었다.

그래서 갱도를 더 깊이 파야 했고 은 광석도 더 많이 채굴해야 했기 때문에 더 많이 노동하게 되었다.[15] 원주민들은 광맥을 찾아 무릎걸음으로 깊은 지하를 파고들어갔고, 섭씨 40도가 넘는 후텁지근하고 먼지 자욱한 깊은 갱도에서 날마다 강제노역에 시달렸다. 이들은 1주일 동안 갱도 내에서 숙식을 해결해야 했다. 오직 목요일 정오에만 따뜻한 음식을 먹기 위해 1시간 동안 갱도 밖에 나올 수 있었다. 일반적으로 3인 1조로 갱도에서 일했는데, 배낭처럼 생긴 가죽 가방에 한 번에 25킬로그램의 은 광석을 운반했고, 하루에 대략 25회 정도 운반했다.[16] 이들 대부분은 강제노역과 수은중독으로 1년 안에 사망하였다. 그래서 이들이 떠날 때 마을에서는 아예 장례식을 치르고 보냈다고 한다. 이에 따라 원주민의 수가 급격하게 줄어들었으며, 이는 은을 채굴할 노동자가 급격하게 줄어드는 것을 의미했다. 나중에는 아프리카 서부 해안지역에서 끌려온 흑인 노예들이 원주민 대신 은을 캐며 죽어갔다.

강제노역에 동원된 원주민에게는 매우 작은 액수이지만 화폐를 대가로 지불했다. 포토시의 은광 광부들은 그 돈으로 코카 잎을 사서 고된 노동의 괴로움을 달래고자 하였다. 원주민에게 코카 잎은 주로 고산병이나 위의 통증을 완화시키는 전통 약제이자 종교의식에 사용되는 제례용품으로, 공동체 관계를 유지시켜주는 역할을 했다. 코카 잎을 씹어 죽처럼 만든 다음 석회를 넣고 더 씹으면 카페인과 비슷한 효능을 내는 알카로이드가 나왔는데, 이 성분이 허기와 갈증, 피로 따위를 덜어주었던 것이다. 전통 약제이자 공동체 관계의 든든한 받침대였던 코카 잎은 이제 개인적으로 소비되는 상품이 되었고, 정신적 교감을 의미하는 대신에 고된 노동을 상징하게 되었다.

자원은 유한하다. 이윽고 그 많던 은도 바닥이 났다. 원광석의 질이 갈수록 떨어지고 은 제련과정에서 해결하기 어려운 문제들이 계속 생기자 끝내 광산들은 문을 닫게 되었다. 광산에 의존하던 사람들은 떠났다. 1800년이 되자 유럽의 잘 나가던 도시들과 어깨를 겨루면서 흥청대던 포토시는 간신히 유령 도시 신세를 면했고 사람들의 기억 속에서 서서히 잊혀졌다.

2. 스페인제국의 탄생과 실패

스페인제국의 탄생

콜럼버스는 1492년에 아메리카에 도착했다. 본래 콜럼버스는 인도와의 교역을 통해 이윤을 얻고자 했으며, 그가 원한 것은 인도로 가는 단거리의 좀 더 안전한 항로였다. 그러나 콜럼버스 탐험대가 도착한 곳은 인도가 아닌 카리브해의 바하마 제도에 있는 작은 섬이었다.[17] 콜럼버스가 아메리카에 도착한 해에 스페인에서는 여러 사건이 일어났다. 스페인의 왕들, 즉 아라곤 공국의 페르난도 왕과 카스티야 공국의 이사벨 여왕은 힘을 합쳐 스페인 땅에 남아 있던 이슬람 세력을 몰아냈다. 그리고 최초로 스페인어 문법책이 발행되었다.[18] 표준화된 문법책이 나오면서 멀리 떨어진 식민지에서도 스페인어를 공용어로 사용할 수 있는 주요한 토대가 마련된 것이다. 당시 스페인의 식민지배를 받았던 라틴아메리카 국가들은 지금까지도 스페인어를 사용하고 있다.

당시 이슬람제국인 오스만튀르크(현재 터키)는 서쪽의 모로코부터 동쪽의 아제르바이잔, 북쪽의 우크라이나와 남쪽의 예멘에 이르는 광대한 영역을 지배하고 있었다. 따라서 유럽 국가들은 지중해와 육로를 통해 이루어지던 기존의 동양 교역로를 이용하기 어려웠다. 그때까지 희망봉을 도는 인도양 항로는 개척되지 못한 상태였다. 한편 사회적으로는 '지구는 둥글다' 라는 혁명적 학설이 서서히 받아들여지고 있었다. 콜럼버스는 새로운 학설에 근거해 서쪽으로 계속 가면 인도나 중국으로 가는 새로운 항로를 찾을 수 있다고 페르난도 왕과 이사벨 여왕을 설득했다. 페르난도 왕과 이사벨 여왕은 동양으로 가는 교역로를 원했다. 사실 콜럼버스가 처음 항로 개척을 제안한 나라는 스페인이 아니라 포르투갈이었다. 포르투갈은 당시 서아프리카에 식민지를 개척하였고 아시아로 가는 무역로를 새롭게 개척하고 있었다. 15세기 최고 해양강국인 포르투갈은 허풍쟁이처럼 보이는 콜럼버스가 내민 손을 잡을 필요가 없었다. 그러나 동양으로 가는 무역로 개척의 후발 주자였던 스페인은 그가 내민 손을 덥석 잡았다.

콜럼버스는 자신이 도착한 곳에 황금이 많다는 것을 알아차렸다. 1492년 10월 12일 카리브해 지역에 도착한 후 다시 스페인으로 귀향하기 시작한 1493년 1월 17일까지 그의 일기에는 '금' 이라는 단어가 65회 이상 언급되어 있다. 페르난도 2세도 새로운 교역로뿐만 아니라 황금에 많은 관심을 보였다. 그는 1511년 "황금을 가져 와라. 가능하면 인도적으로, 그러나 어떤 위험을 무릅쓰고라도 금을 가져와라" 라고 명령했다.[19]

포토시에서 은광이 발견되었을 당시 스페인의 왕은 빅토르 위고의 희곡과 베르디의 오페라 〈에르나니〉에 나오는 그 유명한 카를로스 1세였다.[20] 그는 외할아버지와 외할머니로부터 엄청난 유산을 물려받았다. 그의 외할아버지와 외할머니는 콜럼버스를 후원해준 페르난도 왕과 이사벨 여왕이다. 그는 6살이 되던 해 이미 네덜란드를 물려받았다. 16살에 스페인 왕이 되면서 외할아버지인 페르난도에게서 아라곤 연합 왕국과 나폴리, 시칠리아 및 세르데냐의 이탈리아 영토를 물려받았다. 또 외할머니인 이사벨에게서 카스티야 왕국,[21] 아메리카와 아프리카 등의 해외 영토도 물려받았다.

그가 재위하는 동안 코르테스가 아즈텍제국을, 피사로가 잉카제국을 정복함으로써 멕시코, 페루, 볼리비아에서 금광과 은광 채굴권도 장악하였다. 카를로스는 거대한 제국을 지배했다. 이전의 그 누구도, 심지어 로마 황제들도 그보다 거대한 영토와 다양한 민족, 풍부한 부를 거머쥐지는 못했다. 카를로스 1세는 스페인제국의 창시자였다.

이처럼 16세기에 가장 강력한 제국으로 등장해 17세기 전반까지 유럽의 중심이었던 스페인은 17세기 중반 이후 추진력과 역동성을 급속하게 상실해 갔고 18세기에 들어서자 유럽의 주변부로 밀려났다.[22] 스페인의 수도 마드리드에 있는 프라도 미술관에는 고야의 〈카를로스 4세의 가족〉라는 작품이 전시되어 있는데, 이 작품은 스페인 제국의 퇴장을 상징하고 있다. 〈카를로스 4세의 가족〉은 1799년에 궁정화가가 된 고야가 그린 작품으로, 어쩐지 위엄 있고 우아한 왕족과는 거리가 멀고 이상하고 우스꽝스럽게 보인다. 한 평론가는 왕족의 초상화라기보다는 '복권에 당첨되어 벼락부자가 된 빵집 가족'의 초상화 같다고 하였다. 카를로스 4세는 화려한 의상을 입고 훈장을 달고 있으나 얼굴은 자비롭기보다는 멍청해 보이고, 중앙에 서 있는 마이자-루이자 왕비는 당시 유행했던 20세 정도의 아가씨에게나 어울릴 법한 드레스와 보석으로 치장하고 있지만 어딘지 미라 같으면서 표독스러워 보인다. 왼쪽 귀퉁이에는 고야 자신을 그려 넣었는데 그의 시선은 왕족들의 시선과 반대쪽을 보고 있다. 그림 속 다른 인물들의 시선과 표정에 대한 구구한 설명을 생략한다 할지라도 이쯤 되면 이 그림을 통해 고야가 몰락한 스페인제국과 무능한 카를로스 왕가를 조롱했다는 사실을 알 수 있다. 아메리카 대륙에서 엄청난 금은보화와 각종 자원을 수탈했음에도 스페인이 영국이나 미국과 같이 산업화를 통한 발전의 길을 가지 못하고 갑작스럽게 쇠퇴하게 된 이유는 무엇일까?

스페인 왕실의 아메리카 식민지 경영 목표는 부의 증진이었다. 스페인령 아메리카는 엄밀하게는 카스티야 왕실의 소유였다. 따라서 스페인의 아메리카 식민정책은 카스티야 왕실의 재정 수입을 극대화하는 것이었다. 스페인 왕실은 15세기 말 이사벨 여왕과 페르난도 국왕의 시기부터 세금 징수, 면허권 발급, 여러 특권, 임대료 징수 등을 통해 얻은 이익을 왕실의 재정으로 취하였다. 스페인 왕실은 아메리카 대륙에서 은이나 금, 다이아몬드 같은 귀금속 광물 및 사탕수수, 생강, 담배, 목재 등의 자원을 수탈하였다.[23]

비제의 〈카르멘〉과 로시니의 〈세비야의 이발사〉로 유명한 세비야는 아메리카 대륙과의 무역항이었다. 세비야 성당에는 콜럼버스가 처음으로 아메리카 대륙에서 가져온 금으로 만든 십자가와 그의 유해가 보존되어 있다. 스페인 왕실은 1503년 세비야에 무역사무소를 세웠다. 세비야는 당시 유럽에서 거의 유일하게 아메리카 대륙과 무역을 할 수 있는 항구였다. 세비야를 흐르는 과달키비르 강은 세비야가 바다와 13킬로미터나 떨어져 있는데도 항구 역할을 할 수 있을 만큼 수량이 풍부했다. 아메리카 대륙에서 가져온 금은보화를 실은 배가 들어오면 지금도 과달키비르 강가에 서 있는 황금탑에 저장하였다.

그러나 아메리카 대륙에서 쏟아져 들어온 은은 산업화를 위한 자본으로 사용되지 못했고, 도로, 운하, 항만 등 국가 인프라 시설을 구축하는 데도 사용되지 않았다. 당시 스페인 왕실은 금과 은을 많이 가지면 부유하다고 생각해서 원칙적으로 아메리카 대륙에서 들어온 은이 스페인 밖으로 나가는 것을 금지했다. 그러면서 유럽의 다른 나라와 전쟁을 하기 위한 자금을 충당하거나, 과시적인 기념물들을 세우거나 사치스러운 생활을 즐기기 위해서 은을 마구 사용하였다.[24] 방대한 영토를 갖게 된 카를로스 1세는 모든 영토를 통합해 가톨릭 종교를 기반으로 한 초국가적 제국을 건설하려고 하였다. 그는 아메리카에서 들어오는 모든 부를 스페인의 경제성장과 정치 안정에 쓰기보다는, 유럽에서 패권을 잡고 그것을 유지하기 위한 전쟁을 끊임없이 치루는 데 썼다. 카를로스 1세의 아들인 펠리페 2세도 아메리카 대륙에서 들어오는 막대한 은을 스페인의 무적함대를 만들고 유지하는 데 지불하였다.

카를로스 1세는 세금을 더 걷기 위해 귀족과 제조업자에게 무거운 세금을 부과하였다. 그래서 귀족이나 민중의 반감을 샀다. 당시 스페인 카스티야 지역의 도시 제조업자와 상인들은 지중해 지역의 강력한 무역 세력이었다.[25] 콜럼버스가 아메리카 대륙에 도착하기 이전 스페인에는 제조업이 상당 수준까지 발달해 있었다. 14세기경 카스티야 왕국은 메리노 울(면양의 한 품종)의 최고 생산지였다. 카스티야의 메리노 울은 특히 플랑드르에서 인기였고 수요가 많았다. 스페인은 철, 백반, 소금, 포도주, 올리브유, 레몬, 아몬드, 과일, 쌀 등도 수출하였다. 또한 그라나다산 실크는 유럽 최고의 상품이었다.[26] 제조업자 및 상인들은 제조업과 상업활동에 대한 자유권과 자치권을 추구했지만, 이는 당시 카를로스 1세가 추구하던 중앙집권적인 제국의 이상과는 배치되었다. 카를로스 1세는 도시의 제조업자에게 무거운 세금을 부과했으며, 이 때문에 1520년 4월 카스티야의 코무네로스 Comuneros(자치도시주민)가 반란을 일으켰다. 하지만 코무네로스의 반란은 실패했고, 제조업이나 장인들은 반란의 주역으로 탄압받기 시작하였다. 이후 스페인의 제조업은 쇠퇴의 길을 걷게 되었고 상인이나 제조업자들은 부르주아 계급으로 성장할 기반을 상실하고 말았다.

카스티야 코무네로스 반란 과정에서 스페인 귀족은 왕실 편을 들었으며, 그 대가로 세금을 면제 받았다. 토지를 소유한 귀족은 세금을 면제 받은 반면, 직공과 제조업자의 세금부담은 증가하였다. 지주나 귀족계급은 아메리카 대륙의 금과 은을 독식하는데다 세금까지 면제되어 더욱 부유해졌다. 따라서 아메리카와의 교역으로 돈을 번 상인들도 산업자본이나 기술 개발에 투자하기보다는 토지를 사서 대토지 소유주가 되기를 원했다.[27]

한편 당시 스페인은 인구와 식량 수요가 증가했고 이에 따라 곡물가가 급등한 상황이었다. 귀족들은 면세 대상인 토지에서 얻은 밀, 올리브나무와 포도나무에서 생산되는 농산물 등을 신대륙으로 수출할 수 있는 독점권을 소유했다. 스페인 왕실이 자국의 올리브유나 포도주 같은 농업 생산물을 보호하기 위해 귀족들에게 독점권을 부여했기 때문이다. 포도나 올리브나무 열매로 만든 술이나 기름 시장은 점차 성장했으며, 귀족들은 농작물의 교역을 통해 아메리카 대륙에서 흘러들어오는 금과 은을 더 많이 챙길 수 있었다. 따라서 상인들은 자기 자식이 상인보다 귀족이 되기를 원했다. 게다가 당시 스페인 사회는 금융업에 대해서도 호의적이지 않았다. 당시 금융업은 전당포 주인이나 고리대금업자 정도로 인식되었으며 그나마도 유대인들이 주로 담당하고 있어서 사회적 인식이 더욱 좋지 않았다. 1492년 유대인의 추방 이후 가뜩이나 이교도에게 배타적이었던 스페인 사회는 유대인이나 하는 고리대금업에 종사하면서 신의 은총을 잃느니 차라리 가난하게 사는 것이 더 가치 있는 삶이라 생각했다. 스페인의 부유한 상인의 자식들은 넓은 토지를 사서 으리으리한 저택을 짓고 최고급 상품을 소비하면서 자신의 부를 과시하고 귀족처럼 생활했다.

하지만 토지가 많아졌다고 이에 비례해 생산량이 증가하지는 않았다. 가장 먼저 경작을 시작한 곳은 비옥도가 가장 높지만, 예전에는 거들떠보지도 않았던 마을에서 떨어진 초지, 구릉, 덤불 숲 혹은 산지 등 비옥도가 낮은 토지까지도 경작지로 사용하기 때문에 점차 단위토지당 생산비는 증가하기 마련이다. 토지의 단위당 생산비가 증가하면 농작물 가격이 올라갈 수밖에 없다. 아메리카 식민지를 개척한 이후 곡물가 상승, 제조업의 쇠퇴, 화려한 생활을 유지하기 위한 소비 증가 등이 상승작용을 일으켜 스페인은 엄청난 인플레이션에 시달리게 되었다. 스페인의 물가는 1501~1550년 사이에 완만하게 상승하다가 1550~1600년까지 가파르게 상승하였다.[28] 이는 아메리카에서 들어오는 은의 양 추이와 거의 일치한다. 스페인 국내의 임금이 올랐지만 다른 물가도 상승해 실질임금지수는 오히려 하락하였다. 유럽의 다른 나라에 비해 월등히 높은 물가 때문에 더 싼 가격에 더 많은 물건을 생산하는 다른 나라와 경쟁하기 어려웠다. 그나마 괜찮은 수입을 올리던 양모 수출도 라만차 운하 지역에 대해 영국이 지배권을 확장함으로써 독일과 네덜란드 시장으로의 수출길이 막혀버렸다.

스페인은 200년 이상 아메리카 대륙에서 막대한 금과 은을 약탈했음에도 산업 발전을 이루지도 못했고 경제적 부도 축적하지 못했다.[29] 아메리카 대륙에서 들어온 은은 제조업 부분에 투자되지 못하고 외국 물건을 구입하는 대금으로 빠져나갔다. 당시 스페인의 재무장관이었던 오르티스_Ortiz는 펠리페 2세에게 올린 비망록에 이런 상황을 다음과 같이 설명하였다.

스페인과 신대륙에서 온 원자재, 특히 실크, 철, 코치닐(붉은색 염료)을 외국인들은 1플로린에 사들인 다음 완제품을 만들어 스페인에 10~100플로린 사이의 가격으로 되팝니다. 스페인은 이렇게 하여 우리가 인디오들에게 강요한 것보다 더 심한 굴욕을 유럽인들로부터 받고 있습니다. 스페인인들은 별 가치도 없는 장신구를 주고 금은을 바꾸어왔지만 정작 우리의 원자재로 만든 가공품을 엄청난 가격에 도로 사들임으로써 온 유럽의 비웃음거리로 전락하였습니다.[30]

스페인의 선단에 실려 대서양을 건너온 막대한 은은 세계시장에서의 교역을 촉발시켰다. 포토시의 은은 스페인으로 흘러들었고, 스페인의 은은 중국 명나라로 흘러들어갔다. 1565년부터 약 250년 동안 스페인에 의해 이루어진 유럽, 아메리카, 아시아를 잇는 무역을 갤리언 무역이라고 한다. 갤리언은 돛이 여러 개 달린 스페인의 대형 범선을 말한다. 갤리언 무역은 영국과 네덜란드 해적선의 습격을 피해 군함이 호위하는 선단 제도를 취했으며, 필리핀의 마닐라, 멕시코의 아카풀코와 베라크루스, 스페인의 세비야 혹은 카디스 항구를 거점으로 삼았다. 멕시코의 아카풀코와 필리핀의 마닐라 사이의 태평양을 횡단하는 무역은 역사상 처음 나타난 세계 교역이었다. 국제 교역의 역사는 오래됐지만 아메리카가 포함된 세계 교역은 16세기 스페인에 의해 시작되었다. 재화 및 서비스, 자본의 국제 이동 증가와 이로 인한 국가 간 경제의 상호의존성 증가라는 관점에서 볼 때, 스페인의 갤리언 무역이야말로 자본주의를 태동시킨 세계화의 출발점이라고 할 수 있다.

스페인 왕실은 갤리언 무역에서 무역독점권을 행사해 왕실 재정을 안정적으로 확보하려 했다. 무역독점권을 행사하면 국가의 통제와 관세 과세가 쉬워지기 때문에 스페인 왕실은 본국과 아메리카 대륙 간의 교역에서 엄격한 통제정책을 실시했다. 갤리언 무역은 〈그림 2〉에서 볼 수 있듯이 인디아스 무역로와 태평양 인디아스 무역로로 나뉜다. 인디아스 무역로는 세비야의 독점 하에 이루어진 스페인과 아메리카 식민지 간 대서양 항로다. 스페인 왕실은 아메리카 대륙과의 무역을 세비야 항으로만 제한하고 세비야 상인들에게 무역독점권을 주었다.[31] 16세기 초 세비야의 무역사무소는 스페인과 아메리카 대륙 간 모든 항해 및 상업 행위에 대한 권한을 가지고 있었다. 그러나 스페인의 세비야에는 스페인인들을 시쳇말로 '바지 사장'으

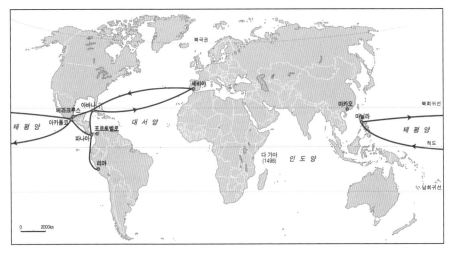

〈그림 2〉 갤리언 무역 루트

로 내세운 외국계 자본들이 금융업과 무역업을 통해 막대한 부를 축적했다.

한편 태평양 인디아스 무역은 멕시코의 아카풀코와 필리핀의 마닐라 사이에 이루어진 것으로, 스페인의 식민지 중 하나인 누에바에스파냐(현재의 멕시코)인들이 담당하였다. 태평양 인디아스 무역은 1565년 펠리페 2세 때 태평양 항로를 따라 이루어지기 시작했다.[32] 태평양 항로는 오스만튀르크제국이 지배하던 동쪽의 육로나 아프리카의 희망봉을 돌아가는 인도양 항로보다 상대적으로 안전하고 빨랐다. 이 무역로는 인디아스 무역로보다 규모는 작았지만 막대한 이익이 보장되었다. 태평양 인디아스 무역로도 스페인 왕실이 직접 개입해 통제하였다. 스페인 왕실은 아메리카 식민지와의 교역 독점권을 세비야에 부여함으로써 인디아스 무역로를 통한 교역을 효과적으로 통제했던 것처럼, 1593년 '허가칙령'을 통해 아카풀코를 통해서만 아시아와 교역할 수 있게 했다. 특정 항구로 무역을 제한함으로써 스페인 왕실은 무역의 유동량을 모두 파악할 수 있었다. 이는 효율적인 관세 및 세금 징수로 이어졌다.

태평양 인디아스 항로를 통한 항해는 왕복으로 약 8개월 정도가 소요되었다. 갤리언선의 항해 일정은 필리핀 마닐라에 도착해 화물을 하역한 다음 곧바로 아시아 전역에서 온 산물을 싣고 다시 아카풀코로 회항하는 것이었다. 아카풀코에서 출발한 갤리언에는 아메리카의 은, 코치닐 염료, 씨앗, 고구마, 담배, 완두콩, 카카오, 수박, 포도나무, 무화과나무 등이 실렸다. 스페인에서 수송해온 포도주, 올리브유와 유럽의 다른 나라에서 온 검류의 무기와 마구도 실려 있었다. 마닐라에 도착한 갤리언들은 중국 상인들에게 비단과 도자기, 향신료, 염료, 주석, 왁스, 화약 등과 면직물, 보석, 문방구류, 자개류, 장신구를 비롯한 사치품들을 구입하였다.[33]

중국 상인들은 아메리카 대륙에서 유입된 스페인의 은을 상품 대금으로 받았다. 당시 중국에서는 은 수요가 매우 많았고, 은의 가치가 아메리카 대륙에 비해 2배 가까이 높았다. 이는 14세기 말 지폐를 표준 교환수단으로 삼았던 명나라의 화폐정책이 실패했기 때문이었다. 당시 지폐를 과도하게 발행함으로써 중국 지폐의 통화가치는 동이나 은과 같은 대체 통화가치에 비해 폭락하였다. 명나라가 은의 사용을 금지했음에도 화폐로써 은의 수요는 점점 더 증가하였다. 결국 명나라가 원활한 세금 징수 등을 위해 은을 단일화폐로 사용하면서 은의 사용량이 급증하게 되었다. 멕시코 중부지역과 남아메리카의 포토시에서 채굴된 은은 세상을 한 바퀴 돌아 중국의 화폐로 사용되었다. 마닐라에 도착한 갤리언은 화물을 하역하고 바로 아시아의 상품들을 싣고 아카풀코로 향했다. 무역풍을 피해 쿠로시오 해류를 타고 북쪽을 향하는 항로였다. 따라서 회항 시 갤리언들은 일본 해적, 즉 왜구의 공격을 자주 받았다. 갤리언들은 인디아스 무역로의 선단과 마찬가지로 해적의 공격을 피하기 위해 스페인 해군의 호위를 받았다.

스페인은 갤리언 무역에서 중상주의 정책을 펼쳤다. 중상주의의 핵심은 국내시장을 확보하고 해외시장을 개척할 목적으로 수행되는 보호주의 정책이라는 점이다. 스페인 왕실이 명확한 이론적 근거나 사전 준비를 통해 중상주의 정책을 취한 것은 아니었다. 스페인식 중상주의는 특정 기업에 독점권을 부여하면 제국과 독점 기업이 모두 이익을 얻을 수 있다는 막연한 기대감으로 국내 상품의 수출 장려, 외국제 완제품의 수입 금지와 제한, 국내 원료의 수출 금지, 해외 원료의 수입 장려 등의 조치를 취했다. 중상주의는 이윤이 기본적으로 생산과정이 아닌 유통과정에서 발생한다고 간주했으며, 당시에는 화폐로 사용되었던 금이나 은이 부의 근원이라고 생각했다.

스페인 왕실은 자국의 산업을 보호하고 귀금속을 지키기 위해 갤리언 무역에서 무역규제조치를 엄격하게 적용하였다. 예를 들면 페루와 멕시코 간 교역을 금지하는 법을 제정해 시행하거나 일종의 무역 쿼터제와 같은 허가칙령을 시행하기도 했다. 1593년 허가칙령의 경우 아카풀코와 마닐라를 횡단하는 갤리언선은 2척으로 제한하고 배는 300톤 이하로 하며 적재 화물 가치는 마닐라로 갈 때는 25만 페소, 아카풀코로 올 때는 50만 페소 이하로 규정하였다. 마닐라의 스페인 식민정부는 중국의 배에 실린 아시아 상품에는 관세를 부과하여 막대한 수입을 올린 반면, 마닐라로 들어온 갤리언선에는 세금을 부과하지 않았다. 그 배가 다시 회항해 아카풀코에 귀환할 때는 세금을 내야 했다.[34] 스페인 왕실의 보호 아래 갤리언 무역의 수익률은 약 300퍼센트 이상으로 매우 높았다. 그러나 경비가 많이 들고 위험한 여행이었다. 16세기 스페인에는 이런 대규모 사업을 수행할 귀족들이 별로 없었다. 물론 이런 대규모 사업을 수행할 자본을 가진 귀족계급이 존재했지만, 그들은 갤리언 무역 같은 상업활동을 천한 행위로 간주했기 때문에 갤리언 무역에 투자하지 않았다. 또한 스페인 중산계급의 꿈은 귀족이 되는 것이지 상인이 되는 것이 아니었다. 이런 상황에서 이탈리아의 제노바인, 네덜란드의 플랑드르인, 독일의 푸거 가문 등 유럽의 외국인이 갤리언 무역을 담당하였다. 영국, 네덜란드, 프랑스, 덴마크의 배들이 중국의 광둥지방을 중심으로 활발하게 무역을 했다.

한편 16세기 동안 계속해서 벌인 전쟁과 국내 산업의 쇠퇴로 스페인의 경제는 피폐해졌다. 1588년 해적에 대한 영국의 지원을 근절시키고자 펠리페 2세가 출정시킨 무적함대는 영국 해군에게 패했고, 스페인은 더 이상 유럽에서 주도권을 행사할 수 없게 되었다. 1630년대부터는 아메리카에서 유입되던 은의 양이 급격하게 줄어 국가 수입이 감소했다. 1640년에 왕실에 재정적으로 큰 도움이 되었던 세비야의 무역체계가 와해되었고, 오랫동안 스페인제국을 지탱해온 정치조직은 붕괴되었으며, 포르투갈의 귀족들은 영국과 네덜란드의 지원 하에 리스본에서 반란을 일으켰다. 1668년에 스페인은 리스본 조약을 체결해 아프리카의 세우타를 양도받는 대신에 포르투갈의 독립을 승인하였다. 펠리페 2세가 1598년에 죽은 후 펠리페 3세, 펠리페 4세로 이어지는 스페인의 왕권은 무기력했다.[35] 권력을 잡은 귀족에 의해 총신정치寵臣政治가 이루어졌다. 펠리페 4세의 뒤를 이은 카를로스 2세는 백치 왕이라고 불렸다. 그는 몰락해가는 스페인을 되살리기에 역부족이었다. 1762년 영국 군대는 스페인 식민지의 핵심이었던 아바나와 아카풀코 갤리언의 주요 거점이었던 마닐라를 점령했다. 1778년 무역자유화 때문에 누에바에스파냐에 아시아 상품을 공급하던 스페인의 특권은 사라지고 경쟁력도 잃게 되었다.

점점 넓어지는 세계와 증가하는 교역량을 모두 힘으로 통제하려고 했던 스페인의 중상주의는 영국과의 경쟁에서 밀렸다. 영국은 아시아, 아프리카와의 무역을 적극적으로 추진했고 스페인 식민지에서도 불법 무역 행위를 활발하게 진행하였다. 또한 스페인의 영토였던 북미지역에 본격적으로 식민지를 건설하였다. 영국의 식민지 경영은 스페인과 달랐다. 영국은 스페인을 보면서 식민지에서 금이나 은을 뺏아오는 것만으로는 국가가 부유해지지 않는다는 것을 깨달았다. 대신 식민지에서 저렴한 가격에 원료를 수입해서 본국에서 완제품으로 만들어 다시 비싼 가격에 파는 것이 국가가 부유해지는 지름길임을 알아차렸다. 이 과정에서 영국은 국내 제조업의 성장뿐 아니라 무역을 통한 상업자본과 금융부문이 성장했다. 그리고 위험한 장거리 항해를 지원하기 위해 해군의 호위보다 보험이나 주식회사 같은 근대적 자본주의 체제가 더 효율적이라는 것도 인식했다. 영국산 면제품의 증가로 누에바에스파냐에서 아시아 비단이나 면제품에 대한 수요가 감소하면서 스페인의 갤리언 무역은 막을 내렸다. 1815년 페르난도 7세는 갤리언 무역의 폐지를 공식적으로 선언하였다.[36] 스틴스고르N. Steensgaard는 스페인이나 포르투갈의 식민지 지배 방식과 영국이나 네덜란드 방식의 차이에 대해 다음과 같이 설명하였다.

> 스페인이나 포르투갈의 경우 주로 무력을 사용해 상대방의 이윤을 빼앗는 약탈의 방식으로 접근했다면 영국이나 네덜란드는 약탈 자체가 아니라 자신에게 유리하게 교역을 강요하는 방식으로 접근했다. 스페인이 포토시에서 은을 자국으로 가져가는 방식이었다면 네덜란드의 경우 아시아의 어느 지역에서 물건을 사 아시아 다른 지역으로 가서 처분하고 그 돈으로 다시 그곳의 상품을 사서 다른 곳에 판매하는 과정에서 막대한 이윤을 챙기는 방식이었다.[37]

영국이나 네덜란드 방식의 식민지배 과정에서 시장경제가 발달하기 시작했고 그러한 시장경제의 조류에 일찌감치 합류한 국가들은 오랫동안 부를 누린 반면, 그러지 못한 스페인은 쇠퇴하고 말았다.

카리브해의 해적

　식민시기 스페인은 식민지에서 생산된 금, 은 등을 쿠바의 아바나Havana 항으로 집결시켰다. 아바나와 플로리다 반도 사이에서 출발하는 멕시코만류가 유럽까지 흘러가므로 이를 이용하면 손쉽게 스페인의 세비야까지 닿을 수 있었기 때문이었다. 북대서양의 해류는 〈그림 3〉에서 볼 수 있듯이 시계 방향으로 순환한다. 멕시코만에서 생성된 난류인 멕시코만류는 북아메리카의 대서양안을 따라 북상한 후 동진해 이베리아 반도에 닿거나 다시 북대서양해류를 따라 영국까지 도달한다. 차가워진 해류는 한류인 카나리아 해류가 되어 아프리카 대륙을 따라 남하해 북회귀선 및 그 이남에서 다시 서진해 카리브해 및 멕시코만에 이른다. 이러한 북대서양의 해류 순환 시스템은 유럽과 카리브해 지역, 그리고 아메리카 간의 교역에 큰 도움이 되었으며, 이후 대서양 삼각무역의 배경이 되었다.

　식민시기 멕시코 중부지방에서 생산된 은은 육로를 거쳐 베라크루스까지 운반된 후 해운을 통해 아바나로 수송되었다. 안데스산맥의 고지에 위치한 포토시에서 생산된

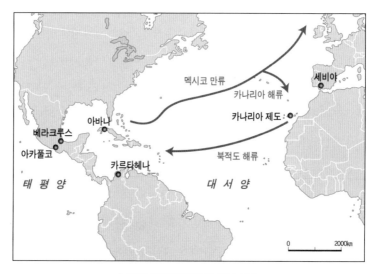

〈그림 3〉 멕시코 만류와 인디아스 루트

은도 나귀의 등에 실려 리마로 옮겨졌으며, 과야킬에서 생산된 금 또한 리마로 옮겨졌다. 리마에 수합된 보물들은 스페인 해군의 보호 아래 파나마 지협까지 수송되었으며 이후 육로를 통해 파나마 지협을 건넌 후 다시 아바나 항까지 운반되었다. 또한 현재의 콜롬비아 지역의 금과 은은 카르타헤나로 수송되어 아바나까지 수송되었다. 중국에서 생산된 도자기, 비단 등도 마닐라에서 아카풀코까지 해로로, 다시 아카풀코에서 멕시코 중부의 고원을 넘어 베라크루스까지 육로로 운송된 이후 아바나로 집결되었다. 막대한 보물이 아바나 항에 집결되어 하나의 항로를 이용해 스페인까지 수송되었다. 아바나 항 및 스페인의 보물선들이 해적들의 목표가 된 것은 어찌 보면 당연한 일이었다.

식민시기 스페인 정부의 행운은 유럽 각국의 시기를 샀으며 이는 사략선(정부의 허가를 받은 무장선)과 스페인의 보물을 노리는 해적들의 창궐로 이어졌다. 유럽 제국들, 특히 영국 관리들은 해적들을 용인했을 뿐 아니라 자국에 이익이 되는 한 해적을 장려하였다. 해적의 시기는 약 2세기가량 지속되었는데, 영국과 프랑스는 이를 적극 지원했다. 특히 1570년경부터 1670년경까지 특정 국가에서는 법적인 제도 내에서 해적 행위가 처벌되지 않거나, 정부가 이를 무시하거나 혹은 비밀리에 후원하였다.

이러한 유형의 가장 대표적인 예로는 스페인 보물선들을 공격한 드레이크 선장의 약탈을 들 수 있으며 영국, 프랑스, 네덜란드의 스페인 보물 선단에 대한 공격의 대부분이 이에 속하였다. 유럽 열강의 정부나 상인들은 정치적, 경제적 목적으로 해적의 존재를 묵인하거나 지원하였다. 당시 해적의 스페인 보물선 공격은 스페인의 식민지 지배력을 약화시켰을 뿐 아니라 유럽 제국들의 아메리카 및 카리브해 지역에서의 영향력을 증대시켰다.

해적의 창궐에 대해 스페인은 카리브해 및 플로리다 연안의 항구를 요새화하는 것으로 대응했으며 화물 수송을 보호하기 위한 대선단인 플로타flotas를 구성하였다. 스페인은 호송선단(플로타) 시스템을 이용해 스페인으로 돌아오는 보물선 선단을 호위했으며, 1년에 2번만 식민지에서 이베리아 반도까지 플로타를 운행하였다. 플로타는 대규모의 선단과 무장한 해군함대로 구성되었는데, 매년 4월과 8월에만 스페인의 세비야를 떠나 누에바에스파냐의 베라크루스, 누에바그라나다의 카르타헤나, 놈브레 데 디오스Nombre de Dios(현재 포르토벨로Portobelo)를 거쳐 상품을 수송한 이후 쿠바의 아바나를 출발해 다시 세비야로 돌아오는 항해가 주를 이루었다. 스페인 플로타의 출발지인 아바나는 지속적으로 해적들의 공격 대상이 되었으며, 카리브해뿐 아니라 리마에서부터 파나마까지의 노선, 마닐라에서부터 아카풀코까지의 노선 등 스페인의 보물선이 지나는 경로는 해적들에게 주요한 공격 대상이었다.

해적들은 보물을 따라 카리브해로 몰려들었고, 카리브해의 섬들은 만이 많고 복잡해 해적들에게 좋은 기지를 제공하였다. 카리브해 대부분 지역은 물에 잘 용식되는 석회암으로 이루어져 해안 동굴, 땅굴 등과 같이 은신처로 사용하기 용이한 지형들이 잘 발달하였다. 토르투가Tortuga(현재 아이티의 북부 연안), 뉴프로비던스New Providence(현재의 바하마), 포트 로얄Port Royal(현재 자메이카, 1692년 지진으로 파괴) 등에는 대표적인 해적 기지들이 들어섰다. 스페인은 카르타헤나, 베라크루스, 산토도밍고, 산후안, 아바나 등에 강력한 요새를 건설하였으며 플로리다 북부 해안에 샌 어거스틴에도 요새를 건설하였다. 샌 어거스틴에 세워진 요새는 북미 대륙 최초의 도시가 되었다.

3장

부자나라의 탄생

독일의 경제학자인 리스트는 이를 가리켜 '사다리 걷어차기'라고 불렀다. 그는 19세기 영국처럼 제조업을 독점하는 나라가 필연적으로 세계를 지배할 것이라 하였다. 이미 산업화를 달성한 국가와 이제 막 산업화를 시작하려는 국가 간의 무역은 분명 산업화를 달성한 국가에게 유리하기 마련이다. 따라서 산업화를 시작하려는 국가들은 자국의 제조업이 경쟁력을 갖추기 전까지 보호무역을 시행해야 한다고 하였다. 보호무역을 하면 관세 때문에 값이 비싸고 품질 낮은 국산 공산품을 사용해야 하는 소비자의 고통은 있겠지만, 머지않아 국민 전체의 생산력이 증대됨으로써 보상받을 수 있을 것이라고 하였다.

1. 부는 공장에서 만들어진다

기술혁신, 근대적 부의 근거

아메리카에서 유입된 스페인의 은화는 비단, 양초, 의류, 피혁제품 등 값비싼 제조품을 공급했던 베네치아와 네덜란드 그리고 프랑스의 은행으로 흘러들어갔다. 은화가 유럽 시장을 점령했고 이 때문에 유럽의 물가도 상승하였다.[1] 16세기 후반부터 17세기 전반에 이르는 약 1세기 동안 아메리카 대륙에서 유입된 은이 스페인을 통해 유럽에 대량으로 유입되어 물가가 급속하게 상승한 현상을 가격혁명price revolution이라고 한다. 유럽의 물가 상승은 영국과 네덜란드를 비롯한 유럽 여러 국가의 경제에 중대한 영향을 끼쳤다. 물가가 상승했음에도 임금상승은 정체되어 노동자의 생활수준은 저하되었다. 반대로 기업 경영자나 상인의 초과이윤은 늘어나 자본을 축적할 수 있게 되었다. 이에 따라 공업, 산업 및 금융업에서 대규모 경영을 촉진해 자본주의적 생산 발전의 토대가 마련되었다.

근대적 번영의 진정한 근거지는 스페인이 아닌 영국이었다. 영국은 스페인에서 유입된 은을 산업자본으로 사용해 초기 자본주의를 발달시킴으로써 스페인과는 다른 길을 걷기 시작했다. 스페인이 올리브와 포도 농업에 치중한 반면, 영국은 제조업에 투자하였다. 스페인과 영국의 당시 상황을 풍자한 그림에서는 아메리카 대륙이라는 커다란 젖소의 목줄을 붙잡고 "이 소는 나의 것이다"라고 목청 높여 외치는 스페인과, 젖소 밑에서 열심히 우유를 짜는 영국의 모습이 등장한다. 맨체스터의 섬유공장은 포토시의 광산보다 더 가치가 있었다. 사람들은 시간이 지나면서 금이나 은이 아니라 제조업이 부를 창출한다는 것을 깨달았다. 제조업이 진정한 황금이었던 것이다. 영국은 세계에서 가장 먼저 근대적 자본주의 경제체제로 이행하였다.

근대적 부의 탄생은 산업혁명과 관련이 있다.[2] 딘P. Deane은 『영국의 산업혁명The First Industrial Revolution』에서 최초의 산업혁명의 시발점을 영국의 면직물 산업이 성장하기 시작한 1780년대로 보았다.[3] 홉스봄E. Hobsbawm은 "산업혁명에 관해 말하는 사람들은 모두 면직물을 언급한다"고 하였다.[4] 영국에서도 잉글랜드 북서쪽에 위치한 맨체스터와 그 주변 섬유공장지역은 산업혁명의 요람이었다. 맨체스터는 방적기의 발명과 증기기관을 이용한 공장을 건설함으로써 면직물 부문에 대한 기술적 우위를 점유하여 산업혁명을 주도하였다.

제조업의 발달은 기술혁신과 관련이 있다. 사실 아주 오랜 옛날부터 전 세계 농부와 그 가족들은 면화로 실을 잣고 면직물을 짜왔다. 우리나라에서도 문익점이 중국에서 목화씨를 들여온 이후 사람들은 목화솜을 깨끗이 바르고 실을 자아 옷을 만들어 입었다. 면직물 생산은 매우 노동집약적 작업이었다. 지금은 면직물이 생필품에 널리 사용되면서 대중적인 섬유로 인식되고 있지만, 1700년대 초반만 해도 사치품에 속했다. 면섬유에는 자체에 꼬임이 있어서 울이나 린넨(마직류) 또는 실크에 비해 손으로 실을 자아내기가 훨씬 어려웠다. 한 여성이 500그램의 면화를 실로 자아내기 위해서는 꼬박 20일을 일해야 했다.[5]

산업혁명을 이야기할 때 면화를 언급하는 이유는 사람이 만들던 면직물을 기계가 만들면서 산업혁명이 시작되었기 때문이다. 영국의 면직물 산업이 성장하는 데에는 증기기관과 방적기의 발명이 결정적 역할을 하였다. 그러나 발명은 하늘에서 떨어진 선물처럼 한순간에 이루어지지 않는다. 지식이 축적되고 다른 많은 발명이 이루어진 뒤에야 방적기가 발명될 수 있었다.

목화솜에서 옷감이 완성되기 위해서는 여러 단계를 거쳐야 한다. 먼저 목화솜에서 씨와 기타 불순물을 제거하는 조면공정을 거쳐 정제면을 만든다. 이후 정제면을 실로 잣는 방적공정, 실을 완성된 제품으로 짜는 방직공정을 거쳐야 한다. 1733년 영국의 방직공인 케이J. Kay가 발명한 '나는 북flying shuttle'은 영국 산업혁명의 시작을 알리는 기계였다.[6] 당시의 방직기는 한 손으로 북을 잡고 그것을 날실 사이로 밀어 넣어 다른 한 손으로 그것을 받아 씨실을 꿰게 되어 있었다. 폭이 넓은 천을 짤 때는 두 사람이 이 작업을 했다. 케이의 '나는 북'은 직기의 양쪽에 북통을 설치하고 그 북통 사이에 북이 내왕할 수 있도록 개발되었다. 이 방직기 덕분에 폭이 넓은 천도 한 사람이 짤 수 있게 되었고 그만큼 천을 짜는 시간이 빨라지게 되었다.

그러나 면직물을 만드는 단계 중 한 단계만 개선되었기 때문에 나머지 두 단계에서 병목현상이 일어났다. '나는 북'에 의해 방직공정은 개선되었지만 조면공정과 방적공정이 개선되지 않기 때문에 면직물의 생산속도는 그다지 빨라지지 않았던 것이다. 정제면에서 실을 만들어내는 방적공정은 기계화하기가 매우 어려웠는데, 그 시대 기술로는 여성들의 엄지와 검지를 사용해 만들어낸 미세한 꼬임을 모방할 수 없었기 때문이다.

그러다 아크라이트R. Arkwright가 증기기관의 원리를 이용해 1769년에 최초의 기계방적기인 '수력방적기'를 개발했다. 그 이후 하그리브스J. Hargreaves

의 '제니방적기', 크롬튼s. Cropton의 물 방적기가 발명되었다. 잇따른 기계의 발명은 방적과 방직공정 시간을 단축시켰다. 이것은 기계를 조작하는 사람들의 숙련도와 전문성을 덜 요구하면서 더 섬세하고 완성도 높은 면직물을 생산할 수 있게 되었음을 의미했다. 크롬튼의 방적기를 사용하면 숙련되지 않은 단순노동자도 숙련된 장인조차 만들기 어려운 다양한 굵기의 부드러운 실을 대량으로 생산할 수 있었다.

기술이 발전함에 따라 면직물 가격은 1786년 1파운드당 38실링에서 1800년대 10실링 이하로 떨어졌다.[7] 면섬유는 인간 생활의 여러 부분에 활용도가 높은 상품이기 때문에 가격이 조금만 떨어져도 수요가 크게 늘어났다. 면직물 산업이 발달하자 오랫동안 영국의 주요 생산품이었던 린넨(마직류)이나 양모는 거의 사라지고 농부와 도시빈민도 값싼 면직 의류를 입을 수 있었다. 이처럼 값싼 면직물은 시장을 확장하면서 영국의 경제성장을 견인하는 진정한 성장산업이 되었다.

영국의 성장을 이끈 또 다른 제조업은 철강산업이었다. 근대 이전에 철은 목탄을 이용한 제련을 통해 생산되었다. 따라서 1700년대 말 잉글랜드 주조소 인근의 숲은 땔감 채취로 인해 거의 사라져버렸다. 공장을 가동시키려면 스코틀랜드에서 땔감용 나무를 수입해야 했는데, 운송수단이 발달하지 않았던 당시에는 중량이 무거운 나무의 운송료가 매우 높아서 스웨덴의 철을 직접 수입하는 게 더 쌀 지경이었다. 당시 잉글랜드에는 석탄 코크스가 풍부했는데, 1785년 헨리 코트H. Cort가 코크스를 사용해 철을 생산할 수 있는 교련법을 개발함으로써 비싼 나무를 사용하지 않고도 철을 생산할 수 있게 되었다.[8] 이처럼 섬유와 철강산업에서 끊임없이 기술 개발이 이루어졌다.

와트의 증기기관 발명은 다양한 과학적 발견과 발명을 결합시켜 시너지효과를 내면서 섬유와 철강산업 성장의 플랫폼 구실을 했다. 증기기관에 의한 시너지효과는 상상을 초월했다. 증기기관은 아크라이트의 수력방적기에 적용되어 공장의 대량생산체제라는 혁명적 변화를 이끌었고, 증기기관을 이용한 증기선과 증기 기차가 발명됨으로써 철강, 석탄과 섬유제품을 신속하게 운송할 수 있게 되었다. 성장론자들은 이러한 거침없는 기술혁신에 따른 제조업의 발달이야말로 경제성장의 궁극적인 토대라고 주장한다.

기술혁신이 어렵다면 모방이라도

영국과 더불어 미국도 근대에 부국으로 성장한 대표적인 국가다. 미국은 1783년 영국으로부터 독립했다. 독립 당시 미국의 제조업은 별 볼일 없는 수준이었다. 그러나 1855년 미국의 인구 규모는 잉글랜드를 앞질렀고, 1870년에는 경제 규모도 영국보다 커졌다.[9] 그 사이에 무슨 일이 있었던 것일까?

독립 당시 미국 대서양 해안에서는 시아일랜드sea island 면화가 재배되고 있었다.[10] 시아일랜드 면화는 부드럽고 흡수성이 높으며 실크와 같은 자연 광택을 지닌 고급 면화로 상품성이 높다. 120번수 이상의 면사를 방적할 수 있어 16세기 말 영국이 서인도제도를 정복한 이후 영국 왕실 및 귀족의 사랑을 받아왔다. 그런데 이 고급 면화는 재배 기간이 오래 걸렸고 모래 토양이 필요하기 때문에 내륙지방에서는 재배할 수 없었다. 그래서 미국에서 생산된 면화는 극소량이었다. 당시 미국의 면화 생산량은 적어서 1784년 미국이 처음 영국으로 면화를 수출했을 때, 영국 관리의 오해로 통관이 거부되는 사태까지 발생했다. 영국의 항해조례[11]에 따르면 영국 항구로 들어오는 농산물은 영국 배나 원산지 배가 싣고 들어와야 했다. 그러나 미국의 면화 생산에 대해 들어본 적이 없던 영국 세관의 관리들은 미국이

면화를 생산한다는 사실 자체를 믿으려 하지 않았다. 결국 세관의 관리들은 미국 배가 면화를 싣고 들어오는 것이 항해법에 저촉된다고 판단해 통관을 허락하지 않았고, 결국 미국의 면화는 영국 리버풀의 부두에 방치되어 썩고 말았다.

미국의 내륙지방에서는 시아일랜드 면화보다 생장 기간도 200일 정도로 짧고 재배조건 또한 그다지 까다롭지 않은 육지면을 재배하였다. 그러나 육지면은 씨가 끈적끈적해 씨를 감싸고 있는 섬유질에서 씨를 떼어내기가 무척 힘들었다. 면화에서 씨를 분리하는 조면작업은 오랜 시간이 걸렸다. 한 사람이 하루에 목화밭에서 20킬로그램의 면화를 따더라도 목화에서 씨를 분리하려면 25명이 하루 종일 일해야 했다.[12]

1793년 휘트니E. Whitney가 간단한 구조의 조면기를 발명함으로써 이러한 문제는 해결되었다. 기계의 원리는 간단했다. 원통에 1.3센티미터 간격으로 못을 박아 원통이 돌아가면 못이 창살 모양의 판을 통과하면서 면화에서 솜을 떼어내고 씨를 파낸다. 그리고 분리된 솜과 씨가 각각 다른 칸으로 떨어지게 하는 것이다. 조면기는 25명이 하루 종일 하던 일을 한 사람이 할 수 있게 해주었다.

조면기의 발명이 미국 남부의 경제에 미친 영향은 엄청났다. 휘트니의 조면기가 발명되기 전 미국의 면화 생산량은 매우 미미했다. 그러나 조면기가 발명된 이후 면화 생산량은 급증했다. 1830년에는 미국이 전 세계 면화 생산량의 절반 이상을 차지했다. 1850년에는 3분의 2 이상을 차지하게 되었다. 미국 남부지역은 그렇게 세계 최대 면화 생산지가 되었다. 영화 〈바람과 함께 사라지다Gone with the Wind〉(1939)의 배경이 되기도 한 사우스캐롤라이나와 조지아 주의 피드몬트 지역에는 면화농장이 넓게 펼쳐졌다. 앨라배마 주와 미시시피 주의 미시시피 강 삼각주 지역은 면화 왕국이 되었다. 루이지애나 주도 주요 면화 생산지역으로 떠올랐다. 이들 5개 주가 미국 면화 생산의 4분의 3을 담당했다.[13]

　19세기 중반 미국은 정제면의 세계적인 생산지로 떠올랐지만 아직까지 실로 잣거나 옷감을 짜는 기술은 없었다. 당시 방적과 방직기술은 영국이 독보적이었다. 영국은 경쟁국이 등장하는 걸 막기 위해 방직과 방적 부문의 기계와 기술에 보호의 고삐를 놓지 않았다. 당시에 섬유산업을 발전시키려면 자체적으로 기술을 개발하거나 모방하는 수밖에 없었다. 이에 영국은 방적과 방직기술이 유출되지 못하도록 철저하게 관리했다. 영국은 방적기와 방직기의 수출뿐만 아니라 직공의 해외여행이나 이민도 금지했으며 신문에 직조기술에 대한 기사조차 싣지 못하게 했다.

　미국의 제조업은 영국인 슬레이터s. Slater에 의해 시작되었다. 1768년 영국에서 태어난 그는 14세에 직물공장의 견습생으로 들어가 7년간 도제수업을 받았다. 스무 살을 갓 넘긴 그는 견습 과정을 마치자 자신의 사업을 시작하고 싶었다. 그렇지만 이 젊은 청년에게는 자본이 없었다. 그는 자신이 가진 방직과 방적기술의 가치를 인정해 자본을 대줄 수 있는 미국으로 건너가기로 결심했다. 당시에는 섬유 직공의 해외여행이나 이민이 금지되었기 때문에 그는 승객 명단에 자신의 직업을 '농장 인부'라고 적었다.[14]

　그는 미국에 도착한 이후 기업가의 지원을 받아 1년 동안 방적공장에 필요한 기계들을 만들어 나갔다. 1790년 12월 20일 드디어 미국에 최초의 방적공장이 문을 열었다. 미국의 산업혁명이 시작되는 순간이었다. 미국은 영국의 기술을 모방해 손쉽게 근대 산업화 단계에 들어섰다.[15] 이런 맥락에서 본다면 빈곤한 국가들이 빈곤의 덫에서 빠져나오기 위해서는 선진국 기술을 모방하거나 국내기술을 발전시켜야 할 것이다. 그러나 과거 경험 때문인지 미국은 현재 지적재산권의 보호를 강력하게 주장하면서 자신들의 기술이 외부로 유출되는 것을 엄격하게 통제하고 있다. 그러니 오늘날 빈곤한 국가들이 선진국의 기술을 모방하는 것은 현실적으로 매우 어렵다.

미국 최초의 근대식 방적공장은 당시 재무장관이었던 해밀턴A. Hamilton의 각별한 관심 속에 뉴잉글랜드 지역 전체로 빠르게 확산되었다. 섬유산업이 발달하기 전 미국 북부의 뉴잉글랜드 지역은 척박한 토양과 길고 추운 겨울 때문에 불모지나 다름없었다. 워튼E. Wharton의 『이선 프롬Ethan Frome』은 어머니, 아내 지나, 애인 매티를 부양하기 위해 척박한 뉴잉글랜드를 떠나지 못하는 프롬의 빈곤한 삶을 그린 소설이다. 당시 뉴잉글랜드 지역에는 젊고 값싼 노동력이 넘쳐 났다. 집안에 갇혀 지루하고 외로운 삶을 살아가던 이선 프롬의 아내 지나 애인 매티 같은 여자들이 뉴잉글랜드의 방적공장들에 고용되었다. 방적공장에서 일하기 시작한 그녀들은 가난에서 탈출할 수 있었다. 또한 뉴잉글랜드에는 유속이 빠른 강이 많아 안정적으로 동력을 공급받을 수 있었다. 1814년 로웰F. C. Lowell이 방적에서 염색까지 모든 공정이 한 곳에서 이루어지는 새로운 개념의 공장을 매사추세츠 주에 세웠으며, 이로써 세계 최초의 섬유 제조 통합 공장이 탄생하였다.[16] 1879년에는 에디슨T. A. Edison이 전기에너지를 빛에너지로 바꾸는 전구를 발명했다. 전구는 록펠러의 석유램프를 대체하면서 미국을 공업국가로 탈바꿈시키는 데 공헌하였다. 에디슨의 전구 덕분에 미국의 방적공장은 밤늦도록 가동할 수 있었다. 미국 북부지역은 섬유산업을 토대로 제조업이 폭발적으로 성장했고 이에 종사하는 인구도 빠르게 증가하였다. 이렇게 북부지역은 미국의 경제 중심지로 거듭나고 있었다.

2. 약탈이나 다름없는 무역

부자 나라로 가는 길

산업혁명 이후 영국은 해외무역 시장을 확장함으로써 번영했으나 영국의 무역은 스페인의 갤리언 무역과는 다른 양상으로 전개되었다. 스페인의 갤리언 무역은 군사작전처럼 수행되었으며 해적, 약탈, 무장 상인, 모험, 탐험, 정복 활동 등의 결과물이었다. 반면 영국의 무역이 성공할 수 있었던 것은 제조업의 우위와 식민화에 의한 시장 확장의 결과였다. 식민화란 영토에 대한 군사적 정복과 두 사회 사이의 일방적 관계 설정을 통해 식민지배 세력이 다른 사회를 물리적·심리적 강압으로 종속시키는 것을 일컫는다.

19세기에 교역은 부를 창출하기에 가장 좋은 수단이었다.[17] 교역으로 부를 창출하기 위해서는 최대한 값싸게 물건을 만들어 최대한 비싸게 팔아야 한다. 식민지에서 들어온 원자재를 그대로 파는 것보다 상품으로 가공해 원자재 가격의 10배, 100배에 이르는 가격으로 파는 것이 훨씬 이익이라는 사실을 영국은 일찌감치 알아차렸다.

교역을 통해 부를 얻기 위해서는 시장 조건을 자신들에게 유리하게 조성할 필요가 있다. 이를 위해 유럽은 1815년에서 1914년까지 거의 100년 동안 큰 전쟁을 벌이지 않았다. 칼 폴라니K. Polanyi는 『거대한 전환The Great Transformation』(1944)에서 이 기적에 가까운 평화의 원인은 우선 프랑스혁명에 대한 반동이며, 또한 그 당시 막 일어났던 산업혁명의 물결이 하나로 합쳐지면서 전 세계적으로 영리 활동을 확립하려는 강력한 흐름의 결과라고 설명하였다.

19세기의 성장은 국제무역에 의존했기 때문에 전쟁이 일어나면 무역의 흐름이 멈추고 성장도 멈출 수밖에 없었다. 따라서 유럽 강대국들은 평화를 유지하기 위해 최선을 다하였다. 100년간 지속된 유럽의 평화는 국제 무역을 유지하기 위한 수단이었고, 그 배경에는 새로운 경제활동 조직이 있었다. 새롭게 탄생한 부르주아 계급은 이익을 위해 움직이는 행위자이자 평화라는 이익을 지키는 강력한 담지자였다.

해외 교역의 부문에서 영국의 성공은 인상적이었다. 본래 교역은 약탈과 다르다. 그러나 영국의 교역은 약탈이나 다름없었다. 영국은 18, 19세기에 지구 육지 면적의 약 4분의 1에 해당하는 지역을 통치하고 있었고, 세계 인구의 3분의 1이 에드워드 7세의 신민이었다. 영국은 식민지에서 금과 은을 가져오는 대신 자국에서 구하기 어려운 원자재와 1차상품을 저렴하게 구매하였다. 그리고 이를 이용해 상품을 생산하여 식민지에서 다시 비싸게 판매하였다.

식민지 주민들은 식민지 본국 사람들이 소유한 플랜테이션 농장의 노예, 농민, 노동자로서 적은 임금을 받으며 설탕, 차, 식물성 기름, 면화, 커피, 땅콩 등의 수출용 단일작물을 생산하였다. 따라서 고유한 농업 생산 양식은 쇠퇴하였다. 또한 식민지배국들은 식민지에서 제조업이 발전하는 것을 허락하지 않거나 기존의 수공업마저도 약화시켰고 토착산업을 파괴하였다. 따라서 식민지는 농업의 기반을 잃게 되었을 뿐 아니라 산업 발전의 기회도 놓치게 되었다.

대표적인 예로 영국이 인도를 지배하는 동안 인도의 면방직 산업이 와해된 것을 들 수 있다. 19세기까지 인도산 면으로 만든 모슬린과 사라사는 중국산 비단과 마찬가지로 유럽 시장에서 고급상품이었다. 17세기에 영국에 처음 들어온 인도산 면직물은 가볍고 무늬가 화려하며 세탁도 편해서 세계 최고의 품질을 자랑했다. 사람들은 이 멋진 인도 면직물에 완전히 매료되었다.[18] 그러나 영국 정부는 인도산 수입 완제품에 70~80퍼센트의 관세를 부과한 반면, 인도산 생 면화의 경우 거의 무관세로 수입하도록 했다. 영국의 무역상들은 값싼 생 면화로 맨체스터의 섬유공장에서 면직물 의류를 만들어 인도에 비싸게 팔았다.[19] 가격경쟁에서 밀린 인도의 전통적인 면방직 산업은 19세기 이후 쇠퇴하였다. 인도는 면직물 수출국에서 면화 수출국으로 변하고 말았다. 인도의 간디가 "인도의 물레로 인도의 옷을 만들어 입자"고 하면서 스스로 물레질을 한 것은 인도를 면화라는 원자재 수출국으로 변화시킨 식민정책을 비판하는 상징적 행동이었다.

19세기 후반 제조업 분야에서 세계 제일이라는 자신감을 갖게 된 영국은 이제 자유무역을 열렬하게 주장하였다. 자유무역은 보호무역과 대비되는 개념이다. 자유무역은 관세나 다른 규제 없이 국가 간의 경제적 교환이 이루어지는 무역제도이고, 보호무역은 자국의 산업을 보호하기 위해 관세나 수입할당제 등을 통해 정부가 대외무역에 개입하는 무역제도다. 사실 영국은 19세기 중반까지도 자유무역이 아닌 보호무역을 시행했으며 당시 영국의 평균 관세는 50퍼센트에 이르렀다. 영국의 자유무역은 1846년 곡물법의 폐지와 동시에 시작되었다. 영국의 곡물법은 400년 동안 곡물수출과 수입을 규제하고 관세를 부과하여 영국의 생산자들을 보호했는데, 영국의 주요 수입품이었던 밀에 대한 관세를 철폐한 것은 기념비적인 조치였다.[20] 영국은 증가하는 인구를 부양하기 위해서 값싼 곡물을 수입할 필요성이 높아지자 고육지책으로 곡물법을 폐지할 수밖에 없었다. 곡물법의 폐지로 농촌경제는 파탄이 났고 토지귀족은 몰락했다. 대신 영국은 무역 상대국을 식량과 원료품 생산국 지위로 묶어두었고 다른 나라가 제조업 국가로 성장하지 못하도록 막음으로써 제조업 부문의 세계시장을 독점하였다.

독일의 경제학자인 리스트F. List는 이를 가리켜 '사다리 걷어차기'라고 불렀다.[21] 그는 19세기 영국처럼 제조업을 독점하는 나라가 필연적으로 세계를 지배할 것이라 하였다. 이미 산업화를 달성한 국가와 이제 막 산업화를 시작하려는 국가 간의 무역은 분명 산업화를 달성한 국가에게 유리하기 마련이다. 따라서 산업화를 시작하려는 국가들은 자국의 제조업이 경쟁력을 갖추기 전까지 보호무역을 시행해야 한다고 하였다. 보호무역을 하면 관세 때문에 값이 비싸고 품질 낮은 국산 공산품을 사용해야 하는 소비자의 고통은 있겠지만, 머지않아 국민 전체의 생산력이 증대됨으로써 보상받을 수 있을 것이라고 하였다.

미국의 남북전쟁은 경제성장 단계에서 자유무역과 보호무역의 역할을 잘 보여주는 사례다. 1800년대 초반만 해도 미국의 남부지역은 목화농장과 정제면 수출을 기반으로 부를 구가하였다. 그러나 1800년대 초반 이후 미국 남부와 북부의 경제 사정은 역전되기 시작했다.[22] 무역에서 남부와 북부가 지향하는 가치와 이념 체계는 달랐다. 미국 북부의 제조업은 연방정부의 지원 하에 성장하였다. 1815년 영국의 값싼 면직물이 미국에 쏟아져 들어오자 걸음마 단계였던 미국 뉴잉글랜드의 섬유산업은 위기에 처하게 되었다. 미국의 섬유제조업자들은 영국의 경쟁자로부터 보호받을 수 있는 조치를 취해달라며 보호관세를 요청하였다. 미연방의회는 1816년 면직물 1미터당 27센트의 관세를 부과하는 법안을 통과시켰고, 1828년 연방의회는 국내 산업을 보호하기 위해 관세법을 통과시켰다.[23] 연방정부가 미국 북부의 제조업을 보호하지 않았다면 선진국인 영국 제조업을 따라갈 수 없었을 것이다.

1820년대 미국의 한 하원 의원이 영국의 여러 제품들처럼 리카도의 이론도 단지 수출용으로만 만들어진 것 같다고 말한 바 있다. 당시 미국인의 금언 중에는 "영국인들이 말한 대로 하지 말고, 영국인들이 했던 대로 하라"는 말이 있었다.[24] 당시 미국은 북부의 제조업을 성장시키기 위해 보호무역 정책을 꾸준히 시행하였다. 그러나 남부의 입장은 달랐다. 남부 지역의 경제는 목화 생산업에 의존하고 있었다. 토지와 농장을 소유한 남부의 상류층은 영국에 면화를 수출하고 대신 질 좋고 값싼 영국 제품을 수입하는 것을 선호했다. 게다가 북부 산업가들과는 정치적으로도 경쟁관계에 있던 터라 그들이 생산한 비싸고 질 나쁜 제품을 굳이 구입할 이유가 없었다. 그러나 1861년부터 4년에 걸친 남북전쟁에서 남부가 패배하자 미국 경제의 중심은 농업 중심의 남부에서 제조업 중심의 북부로 이동했고, 연방 정부의 보호무역 정책으로 미국의 경제는 급속도로 성장하기 시작했다.

미국에서는 항상 보호무역정책과 자유무역정책이 충돌했지만 미국 경제의 성장기에는 대부분 보호무역이 승리하였다. 미국 초대 워싱턴 정부시절 재무부 장관을 지낸 해밀턴은 보호무역정책의 전통을 만든 핵심 인물이었다. 해밀턴이 의회에 제출한 「제조업 분야에 관한 보고서」에서 그는 섬유산업 같은 유치산업infant industy이 힘을 기를 때까지 보호관세 등을 통해 정부가 보호 육성해야 한다고 주장하였다.[25] 그는 재무장관을 지냈음에도 현재 미국의 10달러짜리 지폐에 등장하는 반면, 해밀턴의 보호주의에 반대했던 열렬한 자유무역 옹호자인 제퍼슨T. Jefferson은 대통령이었음에도 2달러짜리 지폐에 등장한다.[26] 이를 통해 노예노동에 의존한 농업국가를 세계 최강의 부유한 산업국가로 끌어올리기 위한 두 가지 정책 중 미국인들이 마음속으로 지지한 정책이 어느 것이었는지를 짐작할 수 있다. 영국과 마찬가지로 미국도 19세기 경제성장기에는 보호무역을 지지하다가 자신들이 세계 제일의 경쟁력을 갖추자 자유무역 옹호자로 돌아섰다. 현재 미국은 경제성장을 원하는 개발도상국에게 자유무역을 해야 빈곤에서 벗어날 수 있다고 권고한다. 그렇지만 진정 경제성장을 원하는 빈곤한 국가들은 미국이 하라는 대로 하지 말고, 미국이 했던 대로 하는 편이 나을 것이다.

속도가 돈, 돈이 곧 속도

시장의 확장은 전 세계 곳곳을 연결해줄 교통수단이 발달했기에 가능하였다. 교통수단이 발달하여 물류 수송비가 감소하는 것은 무역시장이 확장되고 국제 무역량이 증가하는 데 매우 중요한 요소다. 상품이 아무리 낮은 생산비로 풍부하게 생산된다고 하더라도 한 장소에서 다른 장소로 옮기는 데 시간이 걸리고 비용이 많이 들면 이윤을 창출하기 어렵다. 재화와 사람을 신속하게 수송하고 중요한 정보를 빠르게 전달하기 위해서는 교통통신 수단뿐만 아니라 관련 인프라도 발달되어야 한다.

1800년대 이전에는 정보와 기술 전파 속도가 매우 느렸다. 1815년 1월 8일에 뉴올리언스에서는 영국군과 미국군 간의 전투로 1,000여 명의 영국군 사상자가 발생하였다. 사실 양국은 1814년 12월 24일에 겐트에서 평화조약을 체결했으나 당시 뉴올리언스의 영국군 장교는 이 사실을 알지 못했다. 만약 평화조약이 체결되었다는 정보가 신속하게 알려졌다면 일어나지 않았을 비극이었다.[27] 이처럼 정보의 전파 속도는 19세기 초반이나 고대나 별 차이가 없었다.

교통수단의 발달은 증기기관의 발명으로 가속화되었다. 증기기관이 등장하자 사람들은 증기기관을 철도와 접목해봐야겠다고 생각했다. 1804년 영국 남부 웨일스 지방의 제철소에서 기괴한 모습의 최초의 기관차가 승객 70명과 철광석 10톤을 싣고 칙칙 폭폭 소리를 내며 레일을 움직이기 시작했다. 최초의 기관차는 제철소에서 16킬로미터 떨어진 선적장까지 총 4시간 5분이 걸렸다. 평균 시속은 4킬로미터에 불과했다.[28]

철도가 많은 화물과 사람을 효율적으로 운송하기 시작한 것은 1830년 9월 15일 산업도시 맨체스터와 항구도시인 리버풀을 잇는 도시 간 철도인 리버풀 앤 맨체스터 레일웨이Liverpool & Manchester Railway가 개통되면서부터였다.[29] 리버풀 앤 맨체스터 레일웨이의 개통은 영국 철도 시대의 시작을 알렸는데, 이후 영국의 철도망이 확장되었고 철도는 상용화되었다. 19세기 철도의 운송비는 역마차 등의 약 5퍼센트밖에 되지 않아 물류 수송비가 엄청나게 감소하였다. 리버풀 항구와 맨체스터 공장 사이에 화물과 사람들이 빠르게 운송되었으며, 리버풀 항은 외국산 원료를 하역하고 영국산 공산품을 선적하는 배들로 북적였다.

리버풀 앤 맨체스터 철도 회사가 철도의 실용성을 증명해 보이자 미국에서도 철도 건설 계획이 수립되었다. 철도는 운하에 비해 건설이 용이하고, 지형의 구애도 덜 받으며, 1년 내내 운영할 수 있다는 장점이 있어 미국 내 철도는 급속하게 늘어났다. 1830년에 고작 3.2킬로미터에 불과했던 철도가 1840년에는 4,500킬로미터, 1850년에는 약 15,000킬로미터, 남북전쟁이 일어난 1860년대에는 49,000킬로미터, 1900년에는 약 40만 킬로미터로 70년 동안 무려 12만 5,000배 늘어나 전국을 하나의 경제권으로 빠르게 묶어주었다.[30] 유럽에서는 철도가 기존 도시를 연결하는 역할을 했다면, 미국에서는 철도가 도시를 만들었다. 철도가 닿는 곳마다 도시와 마을이 생겨났다. 싼 물류비 덕분에 거대 시장이 탄생할 수 있었으며 한 나라 안에서도 지역별로 고립되어 있던 시장들이 하나로 통합됐다. 19세기 미국의 경제학자 해들리A. Hadley는 자신의 저서 『철도교통Railroad Transportation』에서 철도 교통의 장점을 다음과 같이 설명하였다.

운하시대만 해도 높은 운송비로 인해 밀은 생산지로부터 300킬로미터 이내에서 소비되어야 했지만 철도가 건설된 후에는 텍사스 주 오데사의 공급량이 시카고에서의 가격을 결정하는 주요 요인이 되었고 미국 다코타에서 생산된 밀이 인도나 러시아 밀과 직접 경쟁하게 되었다.[31]

선박 부문에서도 범선 대신 증기선이 등장해 대양 횡단에 활용되었다. 교통수단이 발달함에 따라 시장의 크기뿐만 아니라 기업의 규모도 커졌다. 대장간 수준이었던 산업체가 대량생산체제로 바뀌었다.

정보의 전달 속도도 급속히 빨라졌다. 전기가 발견된 이래 과학자들은 정보를 전달하는 데 전기를 이용하기 위해 다양한 시도를 하였다. 19세기 중반 전신기가 등장하고 1851년에 프랑스와 영국 간 해저 전신 케이블이 매설되면서 정보의 전파 속도는 그전에 비해 약 100배 이상 빨라졌다. 수만 명의 전신 보조원과 수백 마일의 증기 동력 기송관 장치가 복합적인 전신 기지국의 네트워크를 연결하였다. 19세기 이후 세계는 속도 경쟁에 열을 올렸다. 어느새 속도가 돈이 되는 세상이 되었다.

3. 투자하라, 보호해줄게

만약 법으로 재산권이 보호되지 않는다면 사람들은 자신의 재산을 침대 밑이나 장롱 속에 숨겨 둔 채 투자하지 않을 것이다. 개인 재산에 대한 소유권을 보장하는 것은 고대사회에서도 찾아볼 수 있다. 비옥한 초승달 지역인 고대 메소포타미아 지역에서도 증인이 보는 앞에서 토지를 매매하고 기록해 공공기록보관소에 저장하였다.[32] 그러나 당시 사유재산은 황제나 귀족 등 권력을 가진 사람들에 의해 쉽게 몰수될 수 있었기 때문에 법으로 보장되었다고 보기 어렵다. 이에 대해 애덤 스미스는 그의 저서『국부론 An Inquiry into the Nature and Causes of the Wealth of Nations』(1776)에서 다음과 같이 이야기하였다.

자기보다 지위가 높은 사람들의 폭력을 끊임없이 걱정해야 하는 불행한 나라에 사는 국민들은 자기 부의 대부분을 (땅에) 파묻거나 (금고에) 숨기곤 한다. 이것은 터키와 인도뿐 아니라 아시아의 대부분 나라에서 일반적인 관행인 것으로 생각된다.

중세 영국에서는 1066년 노르만 정복 이후 재산권 분쟁을 비롯한 재판 상황이 벌어졌을 때 결투를 통해 사건의 시비를 가릴 수 있는 권리가 피고에게 주어졌다. 이에 따라 당사자 가운데 한 사람이 죽을 때까지 싸우는 방식으로 피고와 원고가 결투를 벌였다. 이러한 결투 방식은 1300년대 거의 자취를 감추고 배심원 평결이 이를 대신하였다.

1689년에 제정된 영국의 권리장전은 현대 경제성장을 촉발시킨 계기가 되었다.[33] 권리장전의 내용에는 의회의 동의가 없다면 왕권에 의한 법률 제정 및 집행, 과세가 위법이며 재산권을 법으로 보장한다는 내용이 포함되었다.[34] 법으로 보장된 재산권은 재산의 소유와 관리, 사용, 처분을 재산 소유주의 의사에 따라 자유롭게 할 수 있는 권리를 의미한다. 법으로 보장된 재산권은 계약 자유의 원칙과 더불어 근대 경제성장의 원동력이 되었다.[35]

재산권이 보장된다 할지라도 투자의 위험성이 높다면 재산을 기술 개발이나 교역, 인프라 건설 등에 쉽게 투자하려 하지 않을 것이다. 예를 들어 성공할 확률이 5분의 1인 사업이 있다고 가정해보자. 투자하거나 차입해야 하는 금액이 1,000만 원이고 사업에 성공한다면 1억 원을 번다고 해보자. 성공할 경우 이윤이 자그마치 9,000만 원에 달한다. 그러나 실패할 확률이 80퍼센트다. 이는 자신이 투자한 1,000만 원을 모두 잃을 수도 있다는 것을 의미한다. 이런 상황에서 9,000만 원의 이윤보다 1,000만 원의 손실이 더 크게 느껴진다. 더구나 그 1,000만 원이 어렵게 빌린 돈이라면 선뜻 투자에

나서지 못할 것이다. 채무 불이행은 근대 이전의 유럽에서는 감옥에 가는 것을 의미했고 고대 그리스에서는 노예가 되는 것을 의미했다. 이처럼 큰 위험을 감수하고 투자하겠다고 나서는 사람은 별로 없었을 것이다.

식민시기 스페인의 갤리언 무역은 왕실의 보호 아래 수익률이 300퍼센트 이상으로 매우 높았지만 비용이 많이 들고, 위험한 투자였다. 재산권을 보장하고 투자의 위험을 줄여주는 제도는 네덜란드에서 발달하였다. 1700년에 네덜란드는 1인당 GDP가 가장 높은 부유한 국가였다. 1515년부터 스페인의 통치를 받아오던 네덜란드는 1581년 스페인군을 몰아내고 독립하였다. 독립전쟁 속에서도 네덜란드 선박의 해외 진출은 활발해 1602년에는 네덜란드 동인도회사, 1621년에는 서인도회사가 설립되었다. 16~17세기 원격지 무역회사는 많은 사람들을 투자자로 끌어들여야 했다. 네덜란드의 동인도회사는 처음에는 상인들이 했던 것처럼 모험사업 방식으로 운영되었다. 배가 출항하기 전에 자금을 투자할 투자자들을 모으고 배가 돌아오면 이익이나 손해를 분담하고 해체되었다. 투자에는 위험이 따른다. 전 재산을 털어 투자했는데 풍랑이라도 만나 배가 침몰한다면 그 사람은 완전히 망하게 된다. 따라서 투자자를 구하기 어렵고 지속적이고 안정적인 투자원을 확보하지 못하였다.

이들 회사는 투자자를 모으고 투자의 안정성을 확보하는 문제를 위험부담을 분산시키고 책임을 나누는 합자회사 방식으로 해결하였다. 1657년 네덜란드 동인도회사는 위험의 공동화와 분산, 이에 따른 투자자본의 증가를 모색하기 위해 합자회사 방식을 도입하였다. 합자회사는 대부분의 위험을 수천 명의 투자자들에게 분산시키고, 개인들도 여러 종류의 채권에 분산 투자함으로써 위험을 줄이도록 한 제도다. 만약 전 재산이 아니라 소액을 투자한다면 이익이 많지는 않지만 설령 배가 바다에 빠진다고 해도 파산에 이르지는 않는다. 여러 사람이 그 위험을 공동 분산하기 때문이다.

합자회사라는 제도를 통해 투자위험이 분산되자 투자자가 늘어났다. 위험이 줄어들자 대자본가뿐만 아니라 직공, 하녀 등 가난한 사람들도 투자하기 시작하였다. 투자자들은 투자한 자금을 배가 들어온 직후 회수하지는 못했고, 회수하고 싶으면 주식시장에 가서 자신의 주식을 팔아야 했다. 회사 입장에서는 투자자의 변동과 관계없이 자본이 항상 보존되었고 경영인을 제외한 일반 주주들은 회사경영에 신경 쓰지 않아도 되었다. 이것이 세계 최초의 주식회사인 셈이다.[36]

합자회사는 결과적으로 이자율도 낮추었다. 네덜란드는 단기채권이나 연금 형식의 국공채를 발행하였다. 단기채권을 가진 사람들은 언제든지 은행이나 거래소에서 채권을 현금으로 매각할 수 있었다. 국공채의 이자율은 점차 낮아져 1655년 정부는 4퍼센트의 이자율만으로도 자본을 차입할 수 있었다.[37] 현재 이자율 4퍼센트는 높은 금리라 할 수 있지만 당시 상황에서는 환상적으로 낮은 금리였다.

당시 암스테르담은 화폐를 효율적으로 거래할 수 있는 시스템을 갖춘 유럽 금융의 중심지가 되었다. 암스테르담 시청사를 중심으로 몇 블록 내에 중개 및 교역회사의 사무소뿐만 아니라 보험회사와 금융기관들이 모여 있었다. 합자회사, 낮은 이자율, 강력한 금융시스템 등을 기반으로 풍부한 투자자금이 조성되었다. 이는 네덜란드 무역을 발전시키는 원천이 되었다. 그러나 1770년 이후 네덜란드 금융시장은 강제력이 있는 중앙은행이나 투자자를 보호할 규제기관이 없었고, 영국과 미국이라는 경쟁국이 등장하면서 빠르게 약화되었다.

1688년의 명예혁명 이후 영국은 열성적으로 네덜란드의 금융을 모방하였다. 영국의 자본시장은 네덜란드의 자본시장을 압도할 정도로 빠르게 성장하였다. 영국의 왕들은 기존에 의존했던 단기 대부보다 네덜란드식 장기 국채 발행을 선호하였다. 그리고 많은 사람들의 투자를 유인하기 위해 위험을 분산하는 방식인 네덜란드식 합자회사 제도를 도입하였다. 19세기 교통통신 인프라를 구축하기 위한 영국과 미국의 대규모 토목공사는 17~18세기의 원격지 무역보다 수십 배 많은 사람들을 투자자로 끌어들여야 가능했다. 회사 채무에 개인적으로 책임을 지지 않는 유한책임회사 제도 덕분에 보통 사람들도 투자하기 시작하였다. 유한책임회사에 투자한 개인은 회사가 망하더라도 오직 자기 투자분만 잃을 뿐 자신의 나머지 재산은 보호되기 때문이었다.

유한책임회사가 아니라면 모든 사업 파트너와 일반 주주는 다른 사람의 행동에 대한 책임을 지고 재산을 몰수당한다든지, 감옥에 갈 수도 있다. 그렇다면 투자에 참여할 사람은 매우 극소수가 될 것이고 기업은 가족 단위로 운영될 수밖에 없을 것이다. 가족 중에는 기업을 운영하고 발전시킬 만큼 똑똑한 사람도 있겠지만, 세대를 거쳐 그러한 재능을 타고난 사람이 나온다는 것은 거의 불가능하다.[38] 유한책임회사 제도는 수많은 대중과 운영을 책임질 똑똑하고 지도력을 갖춘 사람들이 참여할 수 있게 했다.

영국에서도 주식 공모가 본격화되었고 투자자의 저변도 확대되었다. 영국에서 합자회사가 효율적인 자본시장을 형성하는 데에는 의회가 절대적인 역할을 했다. 1820년 이후 영국 의회는 거품방지법과 같이 투자를 제한하는 법률들을 점차 폐지하였고, 각종 법률을 입법해 합자회사의 구성을 단순화했으며 유한책임회사에 투자한 개인 보호를 확대하였다. 그리고 채무자 투옥도 폐지하였다. 영국에 이어 미국의 모든 주와 서유럽의 많은 나라가 유사한 규정을 통과시켰다. 영국에서는 자본을 더 이상 숨겨두지 않고 은행에 맡겨 이자를 받거나 기업에 투자하게 되었다. 19세기 말 영국은 세계 투자자본의 가장 중요한 원천이 되어 재능 있는 사업가와 발명가들이 자금을 조달하기 위해 런던으로 모여들었다. 이렇게 영국 경제는 전 지구적 자본의 중심지가 되었다.

4. 만약 불공정한 교역이 없었다면

성장론자들은 영국이나 미국 등이 부유해진 이유로 기술혁신에 의한 산업화, 자본축적, 재산권보호 제도 등을 열거하고 있다. 그러나 불공정한 무역구조가 없었다면 이 모든 것이 가능했을까? 원자재와 완제품 사이에는 가치 증식이 발생한다. 앞서 영국 사례에서 볼 수 있듯이 원자재를 수입해 완제품을 수출하는 것이 부유한 나라가 되는 지름길이다. 그러나 반대로 원자재를 수출하고 완제품을 수입하는 것은 가난한 나라가 되는 지름길이다. 역사적으로는 중동지역의 몇몇 국가를 제외하면 제조업 없이 원자재 수출로만 부유해진 경우는 별로 없다.

서로 완제품을 교역하는 대칭적 무역은 서로에게 좋다. 그렇지만 A국은 원자재만 수출하고 완제품을 수입하는 반면, B국은 원자재만 수입하고 완제품을 수출하는 비대칭적 교역이라면 이는 A국에게 일방적으로 불리하다. 비대칭적 교역에서 모든 나라는 이익이 되는 쪽에 서고 싶을 것이다. 어느 나라도 자발적으로 무역이라는 게임에서 원자재만 수출하는 패자가 되고 싶어 하지 않을 것이다.

그러나 힘이 약하고 제조업을 성장시킬 기술 능력이 부족한 빈곤한 국가는 손해를 보는 입장이 되기 십상이다. 그들이 자발적으로 불공정한 교역 게임에 참여하지는 않는다. 그들은 강제적으로 불공정한 교역의 파트너로 세계 교역 시장에 참여하게 되는 것이다. 영국이나 네덜란드는 16세기의 스페인처럼 금이나 은을 강탈하는 방식으로 식민지를 경영하지 않았지만 군사력을 이용해 다른 나라들이 강제로 교역에 참여하도록 하였다. 이들 국가는 식민지를 원자재와 노동력의 공급지로, 그리고 완제품의 판매시장으로 활용하였고 식민지에서의 제조업 발달을 강제로 금지시켰다. 1941년 영국의 처칠w. Churchill과 미국의 루스벨트F. D. Roosevelt 간에 오고간 대화에서는 18세기 영국의 식민정책이 잘 나타나 있다.

> 루스벨트: 영국의 무역협정 때문에 인도와 아프리카의 사람들, 서남아시아와 동아시아의 모든 식민지 국민이 지금까지도 그렇게 낙후된 것입니다.
> 처칠: 대통령 각하, 영국은 한순간이라도 우리 영토에서 유리한 지위를 내놓겠다는 제안을 하지 않습니다. 영국을 위대하게 만든 무역은 계속될 것이며 그것도 영국의 장관들이 정한 조건 아래서 계속될 것입니다.
> 루스벨트: 당신과 내가 의견 일치를 보지 못하는 지점이 바로 여기요. 나는 우리가 안정적으로 평화에 이르려면 반드시 후진국의 발전, 후진국 국민의 발전이 있어야 한다고 굳게 믿습니다. 어떻게 하면 그 일을 이룰 수 있을까요? 분명한 것은 18세기 방법으로는 어렵다는 것입니다. 이제는……
> 처칠: 누가 18세기 방법을 주장하고 있습니까?
> 루스벨트: 누구라 할 것도 없이 당신의 장관들은 식민지 국가의 원자재로 부를 쌓으면서 그 나라 국민에게는 아무것도 돌아가지 않는 정책을 권장합니다.

프랑스, 독일, 벨기에 등 식민지 건설에 참여한 유럽의 후발주자들도 이들과 유사한 방식으로 식민지를 통치하였다. 이러한 식민지배 방식은 스페인의 식민지배 방식보다 훨씬 오랫동안 자국의 부를 축적하게 해주었다. 대신 식민지배를 받은 나라들은 오랫동안 성장의 발판을 빼앗기고 말았다. 원자재만 생산하도록 강요당한 식민지는 인위적으로 빈곤 상태에 머물도록 만들어진 것이다.

4장

기울어진 찻잔

영국의 차문화를 위해 강제로 시행된 타밀족의 이주에서 시작된 종족 간의 갈등은 결국 내전이라는 극단적인 방향으로 흘러갔다. 그 길고 긴 전쟁은 이제 끝났으나 국민 전체가 종족 갈등의 소용돌이 속에 말려들면서 30년에 걸친 기나긴 가난과 불안의 터널을 통과해야만 했다.

1. 무역과 폭력

동인도회사와 서인도회사

영국이나 네덜란드의 원격지 교역은 스페인과 다른 형태로 이루어졌다. 스페인의 갤리언 무역은 왕실이 통제하였다. 그러나 스페인 왕실의 힘이 약해지면서 통제력도 무너지고 말았다. 영국과 네덜란드의 교역은 국가나 왕실이 주도하기보다는 자본과 결합하는 방식으로 이루어졌다. 왕실과 자본의 결합으로 만들어낸 회사가 바로 동인도회사다.[1] 동인도회사는 17세기 초 후추, 육두구, 비단, 면화 등 동양의 값비싼 상품을 교역하기 위해 영국과 네덜란드 등의 국가가 직접 나서서 만든 회사 연합체였다.

동인도회사가 만들어지기 전에도 모험적인 상인들이 아시아와의 향신료 교역에 뛰어들었다. 향신료 교역은 수익성이 높았던 반면, 배가 침몰하거나 해적을 만날 수도 있는 매우 위험한 투자였다. 그리고 많은 상인들이 경쟁했기 때문에 공멸의 위험도 컸다. 영국이나 네덜란드는 이러한 문제들을 국가가 직접 해결하기보다 동인도회사를 만들어 회사가 해결하도록 하였다. 이를 위해 왕실은 동인도회사에 인도, 중국, 일본 등 아시아 여러 나라를 상대로 하는 무역에 대한 독점권을 부여했고, 요새를 건설하고 군사력을 사용할 수 있는 권한도 부여했다. 동인도회사의 지역 상관商館[2]은 식민지 확장을 위한 전초기지 역할을 했다.

영국의 동인도회사는 네덜란드 동인도회사보다 먼저 설립되었다. 엘리자베스 1세는 스페인의 펠리페 2세의 무적함대를 격파함으로써 스페인과 포르투갈이 독점했던 동인도의 향신료 무역에 나설 수 있는 발판을 마련하였다. 그리고 동인도 지역과의 무역을 촉진하기 위해 1600년에 동인도회사를 법인으로 인정하는 특허장을 발급하였다.

동인도회사를 인가한 배경에는 랭커스터J. Lancaster의 활약이 있었다. 날카로운 턱수염과 호리호리한 골격을 지닌 랭커스터는 보나벤처호의 선장을 맡아 스페인 무적함대와의 전투에서 공을 세웠다. 그는 전투에서 공을 인정받아 인도로 가는 교역 항해의 지휘를 맡았다. 그의 첫 번째 항해는 실패했으나 두 번째 항해는 성공적이었다. 그는 두 번째 항해에서 여러 나라가 교역을 통해 우호와 친선을 쌓을 수 있다고 다른 나라 사람들을 설득하는 대신 해적질을 했다. 그는 브라질에 있는 포르투갈 점유지를 공격해 수많은 노획물을 챙기고 향신료가 가득한 무장상선도 약탈하였다. 랭커스터는 수많은 전리품을 안고 돌아왔으며 그에게 투자한 사람들은 너무 기뻐서 모험적 교역사업을 합법화해달라고 여왕을 설득하였다. 엘리자베스 여왕은 대영제국 확장에 필요한 군사비용을 충당하기 위해 일부 상인들과 제조업자에게 특정 상품의 독점 제조 및 교역의 특허를 허락할 필요가 있었다. 그래서 1600년에 동인도회사에 특허장이 발급되었다.[3]

엘리자베스 1세 여왕에게서 특허를 받은 동인도회사의 선박 4척은 1601년 런던을 떠나 인도네시아 수마트라 섬의 아체에 도착하였다. 이 4척의 선박은 1603년에 100만 파운드가 넘는 후추를 싣고 돌아왔다.[4] 당시 유럽에서 후추는 금보다 더 높은 값을 쳐주는 값비싼 상품이었다. 이후 영국의 동인도회사는 '영광의 회사'로 불렸으며, 전성기에는 대영제국의 군대를 통제하고 사실상 무제한적인 부를 관장하였다.

네덜란드인들도 1602년 네덜란드 동인도회사를 세웠다. 당시 네덜란드 정부는 동인도회사에 군대를 보유하고 요새를 건설할 수 있는 막강한 권한을 주었다. 네덜란드 동인도회사는 영국 함대를 물리치고 포르투갈을 제치면서 말레이제도를 장악하였다. 그들은 원주민을 죽이거나 쫓아내고 상관을 개설하였다. 1600년대 중반 네덜란드 동인도회사는 무력을 사용해 약 20여 곳의 상관들을 개설하고 각 상관들을 연결해 현지 무역이 이루어지도록 하였다. 그리고 상관들 간의 교역을 총괄하는 본부를 인도네시아의 바타비아(현재 자카르타)에 설치했다.[5] 네덜란드 동인도회사는 향신료 시장을 독점하기 위해 시장에 후추가 과잉 공급되면 후추나무를 뽑아버리고, 이후 후추가 부족해지면 대규모의 후추 플랜테이션을 조성했다. 이에 저항하는 원주민에게는 식량공급을 중단하는 만행도 서슴지 않았다.

네덜란드 동인도회사가 말레이제도와의 교역에서 큰 성공을 거두자 네덜란드 정부는 1621년에 서인도회사를 설립하였다. 정부는 서인도회사에 서아프리카와 아메리카 대륙 간 교역 독점권을 부여하였다. 26척의 배와 3,300명의 선원으로 출범한 네덜란드 서인도회사는 처음에는 스페인과 포르투갈 선단의 보물을 약탈하는 해적 행위를 했다.[6] 물론 해적 행위가 항상 성공할 수는 없었기에 안정적인 수입을 올리지는 못했다. 이에 서인도회사는 서아프리카뿐 아니라 수리남, 브라질 등 아메리카에서도 독자적으로 식민지를 개척하였다. 브라질에 사탕수수와 커피 플랜테이션을 건설한 네덜란드 서인도회사는 플랜테이션 농장을 운영하는 데 필요한 노동력을 공급하기 위해 서아프리카 노예무역에 적극적으로 개입하였다.

영국도 아프리카와의 교역에 관심을 가졌다. 영국의 찰스 2세가 왕립모험회사에 아프리카 교역 독점권을 부여하였으나 당시 아프리카 교역은 네덜란드 서인도회사가 주도권을 잡은 상태였다. 이에 영국은 왕립아프리카회사the Royal African Company라는 새로운 회사를 만들었다. 왕립아프리카회사는 그 이름에서 알 수 있듯이 왕실이 적극적으로 후원하고 왕실 가문이 투자에 참여하기도 했다.[7] 사실 서아프리카에서 노예무역을 처음 시작한 나라는 포르투갈이었다. 포르투갈은 많은 흑인들을 황금해안의 엘미나와 앙골라의 루안다의 요새에 감금한 후 배에 실어 유럽이나 아메리카에서 노예로 팔았다. 포르투갈의 뒤를 이어 네덜란드 서인도회사 및 영국 왕립아프리카회사도 이 해안에서 황금과 노예를 가져갔다.

아프리카의 노예무역 주도권은 1600년대 후반부터 네덜란드에서 점차 영국으로 넘어갔다.[8] 당시 아프리카 노예는 매우 비싼 상품이었고, 노예무역은 이윤이 많이 남는 사업이었다. 스페인제국은 필요한 노예를 얻기 위해 직접 노예무역에 나서지 않고 외국에 의존했다. 스페인의 식민지에 노예를 공급하는 특권을 아시엔토asiento라고 하는데, 국제 무역 및 외교에서 가장 탐나는 이권사업이었다. 아시엔토를 놓고 영국, 프랑스, 네덜란드, 포르투갈이 치열하게 경쟁했다. 1700년대 유럽에서 일어난 수많은 전쟁은 스페인의 아시엔토를 따내는 것과 관련이 있었다.[9] 영국은 각종 무역전쟁에서 이겨 프랑스, 네덜란드, 포르투갈을 제치고 노예무역에서 주도권을 행사하게 되었다. 실제 영국은 아프리카 노예무역을 통해 자국의 식민지 플랜테이션에 노동력을 제공했을 뿐만 아니라 경쟁국인 프랑스의 식민지였던 아이티의 설탕 플랜테이션에까지 노예노동력을 공급했다. 영국은 세계에서 가장 앞서가는 노예무역국일 뿐만 아니라 가장 인정받는 노예운송국이 되었다.

영국 왕립아프리카회사는 노예무역으로 재미를 톡톡히 보았다. 영국은 서아프리카에서 노예를 배에 잔뜩 싣고 북아메리카의 목화농장으로, 아이티, 자메이카, 트리니다드, 쿠바, 수리남, 브라질의 사탕수수와 커피농장으로 실어 날랐다. 식민지에서의 플랜테이션 노동력 수요가 증가함에 따라 영국의 노예무역 규모는 점차 증가하였다. 1680년과 1686년 사이에 왕립 아프리카회사는 연평균 5,000여 명의 노예를 수송하였다.[10]

프랑스에서도 1604년 동인도회사가 설립되었지만 별 역할을 하지 못했다. 루이 14세의 재상 콜베르. B. Colbert가 1664년에 프랑스 동인도회사를 재편하였다. 프랑스 동인도회사는 인도 동해안의 찬다나가르, 퐁디셰리를 근거지로 하여 세력을 확대했지만, 영국과의 식민지 경쟁에서 패한 후 해체되고 말았다. 프랑스의 동인도회사는 해체되었지만, 프랑스는 찬다나가르, 퐁디셰리 등의 무역항을 1949년까지 지배하였다.

콜베르는 프랑스의 서인도회사도 편성하였다. 루이 14세는 서인도회사에 특허권을 하사하여 아메리카의 프랑스 식민지에서 네덜란드 무역상들을 몰아내고, 아프리카 서해안지역과의 무역을 담당할 수 있게 하였다. 서인도회사는 아메리카 대륙에서는 캐나다, 아카디아, 앤틸리스제도, 카옌, 아마존에서 오리노코까지 이르는 지역에 대한 지배권과 자산을 소유했으며, 세네갈과 기니 해안을 포함한 서아프리카의 지역에서도 다양한 특혜를 누렸다. 또한 45척의 선박을 소유하는 등 자본도 막강했다.[11] 그러나 설탕 생산에서 영국과의 경쟁에서 패했고, 서아프리카와의 노예무역도 영국에 졌다. 재정 악화와 부채에 시달리던 프랑스 서인도회사는 1674년 해체되었고 이후 프랑스 정부는 식민지를 직접 통치하기 시작했다.

설탕 플랜테이션과 노예

아프리카 노예무역은 특히 설탕 플랜테이션과 깊은 관련이 있다. 사탕수수에서 설탕을 추출하기 위해서는 여러 공정이 필요하다. 사탕수수 섬유

질을 분쇄해 수액을 얻은 후 이를 끓이고, 위에 뜬 찌꺼기를 걷어내 졸이는 과정을 거쳐야 한다. 거기에 열을 통제하면서 설탕을 고체화하는 작업은 매우 까다로운 기술이 필요하다. 설탕산업은 사탕수수를 재배하는 작업에 더하여 연초부터 5월까지 베어내기, 분쇄하기, 끓이기, 항아리 담기 등의 작업이 동시에 이루어져야 했다. 사탕수수는 부패하기 쉬워서 베는 즉시 가공해야 했고 수액 역시 상하기 쉬워서 신속하게 가공해야 했다. 이처럼 설탕 생산업은 교대 근무를 하며 노동력을 집중적으로 투입해야 하는 산업이었다.[12]

영국의 설탕산업은 카리브해의 바베이도스에서 시작되었다. 작은 영국이라고도 불리는 바베이도스의 설탕 플랜테이션은 1640년대에 급격히 확장되었으며 이후 자메이카까지 확산되었다.[13] 자메이카는 그 면적이 바베이도스보다 30배나 넓어 설탕을 생산하기에 충분한 대지를 제공했고, 영국은 세계 설탕산업의 패권을 장악하게 되었다.

영국의 설탕산업은 18세기에 전성기를 맞았다. 영국의 유례없는 설탕 전성기는 생산의 확대와 철저한 독점 덕분에 가능했다. 사탕수수 농장을 확장하고 가공정비 시설을 확충함으로써 설탕 생산량이 대폭 늘었다. 나아가 생산물을 분화시켜 설탕 관련 시장을 확장시켰다. 처음에는 설탕과 당밀이 개발되었고 이후 달콤한 술인 럼이 개발되었으며, 다양한 종류의 설탕과 시럽도 개발되어 유럽 소비자들의 입맛을 사로잡았다. 한편 18세기 영국 정부는 외국산 설탕제품의 수입을 금지해 영국계 설탕 플랜테이션 농장주들이 자국의 시장을 독점할 수 있도록 하였다. 또한 설탕 생산량이 증가해 국제가격이 떨어지더라도 국내시장에서는 독점 가격을 유지할 수 있게 하여 자국의 설탕산업을 보호하였다.[14]

설탕산업에서 가장 큰 문제는 노동력의 확보였다. 설탕산업을 처음 카리브해 지역에서 시작할 때에는 아메리카 원주민의 노동력을 활용하고자 했으나 많은 원주민들이 과도한 노동, 불충분한 식사, 질병 등으로 사망하였다. 원주민 인구가 급감해 노동력이 부족해지자 유럽에서 백인 계약노동자들을 데려왔으나 이들의 공급에는 한계가 있었다. 이에 영국은 카리브해 지역 설탕산업의 노동력 부족 문제를 해결하기 위해 아프리카의 흑인 노예를 데려왔다.[15] 영국의 설탕산업이 번영할 수 있었던 건 흑인 노예 덕분이었다. 설탕 플랜테이션이 발전함에 따라 영국의 노예무역의 규모도 크게 확장되었다.

노예무역이 크게 확대된 17세기를 지나면서 아프리카인들에 대한 유럽인들의 시각은 '이색적인 인종'이라는 이미지에서 '추하고 원시적이며 동물적이고 거친 인종'이라는 이미지로 바뀌었다. 그리고 유럽인이 노예를 강제로 끌고 온 것이 아니라 그들이 자발적으로 온 것이라고 정당화하며 노예무역이 죄악이 아니라고 생각하였다. 유럽인들의 이러한 인식은 팀 버튼T. Burton의 영화 〈찰리와 초콜릿 공장Charlie And The Chocolate Factory〉(2005)의 움파룸파족을 묘사한 방식에서 잘 나타난다. 감독은 폐허가 된 끔찍한 나라에서 밀림의 야수들에게 위협당하고 벌레를 먹고 살아야 했던 소인족 움파룸파족이, 그들이 좋아하는 카카오 열매를 평생 마음껏 먹게 해주겠다는 제안에 자발적으로 고향을 떠나 영국에 있는 윌리윙카의 초콜릿 공장에 온 것으로 묘사했다.

영국이 노예무역을 독점하면서 삼각무역은 본격화되었다. 17세기에 출현해 18세기에 무르익었던 영국의 삼각무역은 유럽과 아프리카와 아메리카를 연결하며 이루어졌다. 유럽에서 럼주, 옷가지, 총기류 등의 공산품을 실은 유럽의 배가 카나리아 해류를 따라 아프리카 해안까지 이르면, 아프리카 부족들은 유럽인들이 가져온 물건을 받는 대신 그들이 사냥한 다른 부족인들을 유럽인들에게 내어 주었다. 유럽 상인들은 공산품을 아프리카에 내려놓고 다시 아프리카인들로 배를 가득 채워 적도 해류를 이용해 카리브해의 노예시장에 도착하였다.

카리브해의 노예시장에 사람들을 내려놓은 배는 그곳에서 사탕수수 원액이나 럼주를 사서 싣거나 혹은 북아메리카 해안지역에서 그것들을 구입해 유럽으로 돌아갔다. 영국은 자메이카에서 아프리카 노예노동력을 이용해 설탕을 만들었고 이 설탕을 보스턴에 보내 럼주로 가공하였으며, 이 럼주를 다시 아프리카에 싣고 가서 더 많은 노예와 바꾸었다. 절묘한 거래였다. 이를 삼각무역이라 한다. 삼각무역의 특징은 인간이 사고팔 수 있는 상품이 되었다는 점과 생산자 집단은 생산품을 거의 소비하지 못한 채 생산지와 소비지가 분리되었다는 점이다.

아프리카 노예노동이 생산해낸 열대의 산물은 영국에서 소비되었고 그들이 창출해낸 부는 대부분 영국으로 돌아갔다. 삼각무역으로 축적된 자본은 조선업과 철강업과 같은 중공업, 은행업과 보험업에 투자되었다. 증기기관을 발명한 것으로 유명한 제임스 와트에게 제공된 자본도 서인도무역에서 축적된 자본이었다. 증기엔진이 석탄 채굴에 도입되자 제철산업이 발전했고 철도가 건설되었다. 18세기에 많은 은행과 보험회사가 리버풀과 맨체스터에 세워졌고, 그중 많은 은행과 보험회사는 직접 노예무역에 투자하거나 플랜테이션에 투자하였다. 17~18세기 식민지 플랜테이션 농장에서 노예가 생산한 설탕이나 커피같은 열대작물은 유럽의 식탁문화를 바꾸었을 뿐 아니라 유럽 여러 국가에서 부르주아 계급과 부를 창출하였다.

2. 아이티, 최초의 흑인 노예 국가

흑인 노예가 만든 국가

아이티는 히스파니올라Hispaniola 섬에 위치한 나라다. 〈그림 4〉에서 볼 수 있듯이 현재 섬의 서쪽 3분의 1은 아이티이고, 동쪽 3분의 2는 도미니카공화국이다. 히스파니올라 섬 상공에서 아래를 내려다보면 임의로 구불구불 자른 듯한 국경선 사이로 동쪽 도미니카공화국은 짙은 녹색이고, 서쪽 아이티는 옅은 녹색에 갈색이 섞인 풍경이 펼쳐진다. 국경선 지역에 서서 동쪽으로 고개를 돌리면 소나무 숲이고 서쪽으로 고개를 돌리면 나무가 없는 허허벌판이다.[16] 아이티와 도미니카공화국은 생태 환경뿐만 아니라 경제적으로도 많은 차이가 있다. 생태 환경의 차이는 상당 부분 식민지배 경험의 차이에서 기인한다.

히스파니올라 섬은 콜럼버스가 정복한 최초의 아메리카 지역이었다. 콜럼버스가 히스파니올라 섬에 도착했을 때 그곳에는 이미 5,000년 전부터 아메리카 원주민이 살고 있었다. 그러나 스페인인에 의한 강제노역, 농업 체계의 붕괴, 유럽에서 전해진 질병 등으로 원주민 대부분이 사망하였다. 16세기 말 아라와크족의 인구 규모는 콜럼버스 도착 이전의 10분의 1 정도밖에 되지 않았으며 17세기 말에는 대부분 원주민 부족이 절멸했다. 스페인인들은 처음에 이 지역에서 금을 비롯한 귀금속을 찾아 캐냈으나 이내 고갈되었다. 16세기 중반 멕시코시티 북부지역과 포토시에서 은광이 발견되자 히스파니올라 섬에 대한 스페인인들의 관심은 급격히 줄어들었다. 이에 브라질 동북부지역의 네덜란드인들과 유대인들이 아이티에 진출하기 시작했다. 그리고 이내 영국과 프랑스인들이 이 지역을 교역기지로 활용하였다.

〈그림 4〉 히스파니올라 섬의 아이티와 도미니카 공화국

1697년 프랑스는 히스파니올라 섬의 서부지역의 3분의 1(현재 아이티 영토)을 리스위크 조약[17]에 의거해 스페인으로부터 양도받았다. 막대한 양의 설탕이 생산되는 아이티는 프랑스에는 금싸라기 같은 식민지였다. 반면 동쪽지역(현재 도미니카공화국 영토)은 스페인의 식민지였으나 16세기 말부터 스페인의 관심에서 벗어나 있었다. 프랑스는 아이티에서 노예제에 기반한 집약적 플랜테이션 농업을 발전시켰지만 스페인은 히스파니올라 식민지를 방치하였다.[18] 아이티에 정착한 프랑스인은 이곳에 설탕 플랜테이션 농장을 만들고 자신들의 농장에서 일할 흑인 노예를 아프리카에서 강제로 이주시켰다. 그들은 흑인 노동력을 이용해 설탕뿐만 아니라 커피, 카카오, 인디고 및 면화를 재배해 유럽에 수출하였다. 당시 아이티에서 생산된 작물은 프랑스 국부의 4분의 1에 이르렀다.[19]

18세기 말 당시 아이티 인구 10명 중 9명은 흑인 노예였고, 현재 아이티인 대부분도 이들의 후손이다. 당시 아이티의 인구는 백인이 3~5만 명, 백인과 흑인의 혼혈인 물라토mulato가 3~4만 명, 그리고 흑인 노예가 50~70만 명 정도로 흑인 노예 인구가 압도적으로 많았다.[20] 50~70만 명

에 이르는 아프리카 흑인 노예를 착취해 이루어진 아이티의 플랜테이션 경제는 수천 명의 프랑스인에게 거대한 부를 안겨주었다. 아이티는 18세기 말까지 카리브해에서 가장 부유한 섬이었다. 노예선이 아메리카의 사탕수수 플랜테이션 농장에 노예를 활발하게 공급하던 18세기 프랑스의 커피하우스에서는 몽테뉴M. Montaigne 같은 계몽주의자들이 흑인 노예가 생산한 설탕을 커피에 타서 마시면서 평등과 인권과 자유에 대해 토론하고 노예제도의 문제점을 통렬하게 비판하였다. 디킨스C. J. H. Dickens는 이러한 18세기를 '최상의 시대이자 최악의 시대'라고 표현하였다.

1789년 프랑스혁명은 아이티에도 영향을 미쳤다. 당시 압도적인 흑인 노예의 수에 불안을 느낀 아이티의 백인 농장주는 점점 수와 세력을 불려가는 물라토들을 권력에서 배제하기 위해 철저한 인종차별 체제를 강화하는 한편, 흑인 노예들에 대한 폭력적 감시와 처벌 체제의 강도를 높였다.[21] 아이티의 물라토 계층은 백인을 상대로 완전한 시민권과 참정권을 요구하면서 게릴라전을 시작하였다. 백인들도 사병을 조직하였으며 이들의 교전은 몇 달 동안이나 지속되었다. 자유민들 사이에서 갈등이 발생하자 아이티의 노예들도 1791년 8월 중순경 보두교vodou 집회에서 반란을 결의하였다. 이후 1주일 동안 아이티 전역으로 봉기 계획이 조용히 전해졌다. 8월 21일 아이티 전역에서 흑인 노예들이 폭동을 일으켰다. 그들은 동원할 수 있는 모든 무기를 동원해 백인의 무기고를 장악했다. 소수의 백인이 지배하는 사회에서 다수의 흑인, 특히 흑인 노예들의 불만은 결국 혁명으로 이어졌다.

노예들의 봉기 소식에 프랑스의 루이 16세는 아이티로 병력을 투입했다. 전투는 백인, 흑인, 물라토 간의 3파전으로 전개되었다. 물라토군은 백인 편에 서서 흑인 노예군을 공격하였다. 그러던 와중에 프랑스혁명군에 의해 루이 16세가 처형당하자 혼란의 틈을 타고 영국군이 아이티를 침공하였다. 백인 군대는 물라토와 틀어지고 흑인 노예부대는 산으로 달아났다. 영국군을 물리치기 위해서 흑인 노예부대의 도움이 필요했던 프랑스 정부는 1793년 아이티에서 노예제도 폐지를 선언했다.

끝없는 폭력과 빈곤에도 불구하고 아이티는 스스로의 힘으로 라틴아메리카 최초의 독립국가이자 흑인 국가를 건설하였다.

불안정한 정치, 계속되는 빈곤

흑인이 세운 최초의 독립국이었던 아이티는 유럽 국가는 물론이고 미국에도 인정받지 못했다. 1804년 아이티의 독립 이후 약 20여 년간 프랑스는 아이티를 '반란 식민지'로 규정해 정식으로 승인하기를 거부했다.[22] 1820년대 독립한 라틴아메리카 국가들조차 대부분 아이티의 독립을 인정하지 않았다. 미국과 유럽 국가들이 아이티에서 생산된 설탕 원액을 구매하려 하지 않았기 때문에 사탕수수 플랜테이션으로 부유했던 아이티의 경제는 독립 이후 내리막길을 걸었다.

프랑스의 샤를 10세는 1825년 4월 17일의 칙령으로 아이티의 독립을 정식 승인했다. 프랑스는 아이티의 독립을 승인하는 조건으로 쫓겨난 프랑스 농장주들을 위해 1억 프랑이라는 막대한 배상금을 1887년까지 지불하고 프랑스 상인들에게 상업적 특혜를 제공하라고 하였다. 조약 조건 승인을 압박하기 위해 프랑스 함대가 아이티의 수도를 에워싼 가운데 아이티의 부아예 대통령은 민중의 반대를 무릅쓰고 프랑스의 요구를 받아들였다. 프랑스가 독립을 승인한 이후 영국도 1833년에야 아이티의 독립을 승인하였다.

독립을 인정받은 이후에도 연이은 정권교체로[23] 아이티의 정국은 혼란에 혼란을 거듭했다. 아이티의 정국 및 치안의 혼란은 상상을 초월했다. 1908년에서 1915년 사이에 대통령이 7번 바뀌었고 약 20번가량의 봉기와 반란이 있었다.[24] 여러 차례의 군부 쿠데타 및 독재가 있었으며 계엄령도 종종 선포되곤 했다. 아이티의 지도자들 간에 음모와 폭동이 지속되면서 외채의 압력은 급증하였다. 아이티 사회와 정치가 불안정하고 국민들이 경제적으로 어려운 사이 미국을 포함한 서구 열강 세력은 이권을 추구하기 위해 경제적으로 또는 군사적으로 아이티에 개입하였다. 독일은 자국민을 보호한다는 명분으로 아이티 수역에 함정을 배치했다. 프랑스는 아이티에 많은 차관을 제공하면서 종주국의 역할을 자처했다.

지리적으로 가까운 미국의 개입은 특히 심했다. 1890년대부터 미국은 군사 지원의 대가로 아이티에서 상업적 특권을 누렸다. 미국은 1905년부터 아이티의 세관을 관리하였다. 아이티 세관의 관세 수입은 대부분 프랑스와 미국에 대한 외채를 갚는 데 사용되었다. 미국의 세관 통제는 1947년까지 계속되었다. 한편 아이티의 정치적 불안정도 극에 달해 1915년 상V. G. Sam 대통령이 취임하자마자 암살당하는 사건이 벌어졌다.[25] 이에 미국은 아이티에 투자한 자국 기업을 보호하고 파나마 운하로의 접근로를 보호한다는 명분으로 곧바로 아이티에 군대를 투입했으며, 이후 1934년까지 19년간 아이티를 지배하였다.

정치적 불안정과 열강의 개입으로 이미 엉망이었던 아이티의 경제 사정은 급속도로 나빠졌다. 프랑스의 식민 기간 동안 대부분 노예였던 아이티의 국민들은 독립한 국가에서도 정쟁과 외세 개입이라는 소용돌이 속에서 살아야 했다.

1957년 대통령에 당선된 뒤발리에는 부유한 물라토 출신 엘리트들의 지배 종식과 흑인 대중의 정치 및 경제적 혜택을 주장했다. 그는 국민의 복지 증진을 위해 진보 정책을 추진해 애칭 '파파독'으로 불리며 국민의 신망을 받았으나 집회 금지 및 언론 탄압 등과 같은 독재정치를 강화하기도 했다. 1964년 뒤발리에는 스스로를 종신 대통령으로 선언한 후 헌법을 개정해 애칭 '베이비독'으로 불리던 아들인 장 클로드 뒤발리에J. C. Duvalier를 후계자로 지명하였다.

그의 집권 후부터 미국의 지원이 중단되고 관광사업도 쇠퇴하였다. 미국의 군사 및 기술 지원이 중단되자 아이티의 경제는 커피 수출에만 의존해야 했다. 결국 쿠데타가 일어나 1986년 장 클로드 뒤발리에는 프랑스로 도주하였다. 그 이후에도 아이티의 정국은 혼란에서 벗어나지 못했다.

1957년부터 1986년까지의 독재 기간 동안 가난한 아이티 국민들은 더욱 빈곤해졌다. 아이티 국민의 3분의 2 이상이 언덕배기의 작은 토지를 경작하는 영세농이거나 대규모 농장의 계절노동자였다. 인구의 증가로 더 많은 토지가 필요해지자 남아 있던 언덕들마저 개간하고, 자신의 경지를 더 작게 분할하여 자식들에게 물려주어야 했다. 더 이상 휴경지를 남길 수 없었다. 전력 공급 능력이 제한되어 대부분의 아이티인들은 취사나 온수용 연료로 신탄(땔나무, 숯)을 사용했다. 아이티에 남아 있는 삼림의 비율은 전 국토의 3퍼센트도 되지 않았다.

아이티가 위치한 카리브해 대부분 지역은 유럽인이 도착하기 이전에는 열대림으로 뒤덮여 있었다. 아이티의 울창한 열대우림은 플랜테이션을 조성하고 사탕수수를 가공하기 위해 베어졌다. 삼림을 베어낸 것은 사탕수수 재배용 경작지를 확보하기 위해서이기도 했으나, 사탕수수 원액을 설탕으로 만드는 데 필요한 연료로 사용하기 위해서, 또한 주택, 목책, 선박 등의 재료로 사용하기 위해서였다. 삼림이 사라져 노출된 열대 토양은 쉽게 침식되었고 몇 차례의 경작 이후에는 지력이 쇠하였다. 그러다보니 경작

가능한 토지를 얻기 위해 계속해서 삼림을 베어내고 새로운 토지를 개간해야 하는 악순환이 이어졌다.

열대의 폭우가 쏟아지면 그렇지 않아도 식생이 없어 쉽게 침식되는 산지의 토양이 씻겨 내려갔다. 2004년 5월에도 1주일 동안 1,500밀리미터가 넘는 폭우가 쏟아졌다. 폭우 때문에 벌거벗은 언덕이 순식간에 흘러내려갔으며, 흙탕물이 된 하천의 수위가 높아졌다. 아이티에서 발생한 사망자 수가 3,000명에 달했고 도미니카공화국과의 국경에 위치한 마포우 시에서만 1,600명의 아이티인이 사망하였다. 폭우가 지나간 바위투성이의 메마른 땅에서는 농사를 짓기가 어려웠다. 게다가 2010년 대지진이 강타해 수도 포르토프랭스가 거의 초토화되었다. 사망자 수와 부상자 수는 각각 50만 명에 달하며, 180여만 명의 이재민이 발생하였다. 정부 청사와 공공건물, 병원을 비롯한 수많은 건물들이 피해를 입었고 사회기반시설도 대부분 파괴되었다. 세계 최빈국 아이티의 참상은 텔레비전을 통해 전 세계에 알려졌다.

현재 아이티의 빈곤 문제는 매우 심각하다. 아이티는 2013년 유엔에서 발표한 최빈국 47개국 중 아메리카 대륙에 속하는 유일한 국가다. 한때 프랑스의 가장 부유한 식민지로 열대의 보석이라고까지 불렸던 이 지역은 세계은행 자료에 의하면 2014년 현재 1인당 연간 소득이 약 800달러 수준에 불과하다. 아이티의 기대수명은 63세로 아메리카 전체에서 가장 낮으며 영양실조에 걸린 아동의 비율이 매우 높고 유아 1,000명당 사망률 또한 57명으로 아메리카 대륙에서 가장 높다. 국민 대다수가 전기와 상·하수도, 의료 및 복지 혜택을 받지 못하고 있다.

수많은 아이티 사람들이 계속되는 정쟁과 빈곤에서 벗어나기 위해 바다로 나가 보트피플boat people[26]이 되었다. 100만 명 이상의 아이티 사람들이 미국, 도미니카공화국, 캐나다, 바하마 등 여러 국가에서 일하면서 받은 돈을 고국의 가족들에게 보내고 있다. 혼란이 지속되는 상황에서 아이티의 경제는 커피 수출과 송금으로 유지되고 있다. 불모지로 변한 땅에서는 곡식이 자라기 어렵고 그나마 생산성이 높은 토지는 커피를 비롯한 수출용 작물이 재배된다. 21세기에 들어 국제 곡물가격이 지속적으로 상승하자 아이티 사람들은 더 높은 가격에 쌀을 수입해야 했고, 많은 이들이 쌀과 식료품을 살 수 없는 처지가 되었다.

3. 티파티와 스리랑카의 눈물

티파티와 아편

예로부터 유럽인들은 동양의 차에 열광하였다. 유럽인에게 처음 소개되었을 당시 차는 귀족 등 한정된 엘리트만이 구할 수 있는 고가의 약재였다. 영국은 서유럽의 다른 국가에 비해 차를 늦게 접했다. 영국 국회의원 피프스S. Pepys는 1660년 9월 25일자 일기에 "차 한 잔을 청했다. 전에는 한 번도 마셔본 적이 없었다"고 기록하였다. 동인도회사가 설립된 지 60년이 지난 1660년까지도 영국에는 차문화가 소개되지 않았던 것이다. 이후 영국의 부유한 사람들은 동양에서 들어온 신비한 사치품에 관심을 갖기 시작했다. 차 문화는 뒤늦게야 영국에 소개되었지만 다른 어느 곳보다 짧은 시간 동안 빠르게 확산되었다.

영국의 차문화는 왕실에서부터 시작되었다. 1662년 영국 찰스 2세는 포르투갈 공주인 캐서린과 결혼하였다. 캐서린은 친정에서처럼 하인에게 홍차 한 잔을 달라고 했다. 당시 아시아에 식민지가 없던 영국에서는 홍차를 거의 마시지 않았기 때문에 젊은 하인은 당황할 수밖에 없었다. 한편 캐서린 공주는 시집오면서 지참금 명목으로 포르투갈의 식민지였던 봄베이(현재 뭄바이)를 물려받았다. 캐서린의 지참금에는 인도 봄베이뿐만 아니라 그곳에서 나는 찻잎과 포르투갈 식민지인 브라질의 플랜테이션에서 생산한 설탕도 포함되어 있었다. 그녀는 영국 왕실에 찻잎 우리는 방법을 가르쳤고 차 마시는 문화를 소개하였다.[27]

영국 왕실에서 즐기기 시작한 홍차는 귀족들 사이에서 빠르게 퍼져 나갔고, 에일Ale 맥주에 절어 지내던 영국의 대중들도 점차 술 대신 차를 마시게 되었다. 빅토리아 여왕 시대에 이르러서는 보통 사람들의 식탁에도 홍차가 올랐다. 당시 가스등이 개발되어 활동할 수 있는 시간이 늘어나자 사람들의 저녁식사도 늦어졌다. 점심식사와 저녁식사 사이의 간격이 길어지면서 배고픔을 느낀 사람들은 오후 시간에 짬을 내서 홍차를 즐기기 시작했다.[28] 영국의 날씨는 가는 가랑비가 일 년 내내 내리며 특히 겨울에는 차갑고 습한 기운이 뼛속까지 스며드는 듯하다. 이러한 영국의 기후 탓에 비스킷을 곁들인 달콤한 홍차 한 잔이 주는 위안은 생각보다 컸을 것이다.

1600년대 영국의 동인도회사는 아시아 교역을 통해 별 재미를 보지 못했다. 그래도 아시아 교역에서 수익을 창출하려는 노력은 멈추지 않았다. 영국의 동인도회사는 처음에 관심을 두었던 향신료에서 이윤이 남지 않자 신비스런 동양 차에 관심을 갖기 시작했다. 당시 영국에서는 차 소비가 계속해서 증가하고 있었다. 그러나 18세기에 홍차는 모두 중국에서 들어왔다. 중국은 비단과 마찬가지로 차를 독점하고 싶어 했고 실제로 독점하고 있었다.

영국인들은 찻잎 값으로 많은 양의 은을 기꺼이 지불하였다. 따라서 영국인의 차 소비가 증가할수록 영국과 중국 간 무역 불균형도 증가하였다. 영국인의 홍차 중독은 대영제국의 금융안정성을 위협할 정도였다. 그래서 비용을 지불할 다른 방법을 찾아보기 시작하였다. 동인도회사는 지불수단으로 은 대신 그들이 풍부하게 생산하는 양모를 제안했다. 그러나 인도의 소비자와 마찬가지로 중국의 소비자에게도 영국의 양모는 별 쓸모가 없었다. 당시 중국의 무역항인 광저우의 기후는 더웠고 비단에 익숙한 사람들에게 양모는 너무 거칠었다.

동인도회사는 양모 대신에 아편을 선택하였다. 중국인들을 아편중독자로 만들어 영국의 차 중독자들을 만족시키고 무역 균형도 맞춰가기 시작한 것이다. 이렇게 영국 역사에서 가장 추악한 사건이었던 아편전쟁의 서막이 열렸다. 아편은 양귀비 열매에서 채취한 유즙으로 만든다. 영국의 동인도회사는 인도의 벵골지역에서 소규모로 재배되던 양귀비를 독점해 중국에 제공하였다. 동인도회사는 벵골지역에서 양귀비가 아닌 다른 작물을 재배하지 못하게 하였다. 동인도회사 선단은 영국의 제조업 상품을 벵골지역으로 실어갔고 이것을 아편 완제품으로 바꾸어 중국에 판매하였다.

중국의 아편 수요는 폭발적으로 증가하였다. 1780년 무렵 약 1,000상자에 불과했던 아편의 수입량은 1830년에는 1만 상자, 아편전쟁 직전에는 4만 상자까지 늘어났다. 이는 무게로 치면 거의 300만 톤에 육박하는 것이었다.[29] 당시 중국에서는 고위관료, 지주, 상인, 군인 등 지위가 높은 사람들에서부터 일반 백성까지 많은 사람들이 아편을 피웠다. 아편은 마약이기 때문에 한번 중독되면 쉽게 끊을 수 없어 죽을 때까지 피울 수밖에 없었다. 1839년부터 1860년까지 중국은 영국과 두 차례의 전쟁을 벌였지만 두 번 모두 패배하였고, 그 결과 중국에는 아편이 쏟아져 들어갔다.

립톤과 스리랑카의 타밀족

차나무는 기온이 연평균 섭씨 13~16도이고 강수량이 1,300밀리미터 이상인 지역에서 재배된다. 연평균 기온이 섭씨 16도 이상인 곳에서도 차를 재배할 수 있고 수확량도 많지만 고품질의 차는 생산하기 어렵다. 차를 재배하는 데에는 강한 햇살보다는 부드럽고 따스한 햇살, 그리고 약간 습도가 있는 환경이 제일 바람직하다. 이런 조건 때문에 차나무는 1800년대 중반까지도 중국에서만 자랐다. 만약 중국의 구릉지대 대신에 영국의 열대 식민지 플랜테이션에서 차를 재배할 수 있었다면 아편전쟁과 같은 부끄러운 전쟁은 일어나지 않았을 것이다. 차 교역에서 중국을 배제시키고 싶었던 영국은 자신들의 식민지였던 인도에서 차를 재배할 방법을 연구했다. 그런데 그 연구라는 것이 중국에서 차나무를 훔쳐와 인도에서 재배하는 것이었다.

영국의 동인도회사에 고용된 정원사 포춘R. Fortune은 중국에 세 차례나 잠입해 차나무와 씨를 훔쳐 인도로 밀반출하였다. 중국에 잠입하는 것은 위험한 일이었다. 그는 중국옷을 입고 가짜 변발을 한 채 배를 타고 은밀히 강을 따라 중국 북부의 차 재배지를 돌며 차나무 묘목과 종자를 수집하였다. 그는 재배 방법에 대해서도 꼼꼼하게 기록하였다. 그렇게 모은 2만 종에 이르는 종자가 영국 동인도회사의 수목원으로 보내졌다. 포춘의 차 묘목은 인도 곳곳으로 퍼졌으며 다르질링지역에도 들어갔다.[30] 한편 열대지역인 인도의 아삼지역에서 야생차가 발견되었다. 차의 새로운 공급처가 생긴 것이다. 영국인은 이내 인도 아삼지역의 야생 차나무의 진가를 인식하였다. 그들은 원주민인 싱포족으로부터 교묘하게 토지를 수탈하고 몰래 빼돌린 중국 차 종자와 차 농장 노동자들을 이용해 아삼차를 재배하기 시작했다. 동인도회사는 모기가 들끓는 정글에서 차 농장을 점차 넓혀나갔다.

찻잎을 따고 분류하는 데에는 엄청난 노동력이 소요되었다. 이에 영국의 식민정부는 농사를 지속하기 힘들 정도로 토지세를 대폭 인상함으로써 원주민들 스스로 자신의 토지를 포기하고 영국인의 차 농장으로 일하러 올 수밖에 없도록 만들었다. 그래도 부족한 노동력은 인도의 농촌지역을 돌며 극빈자를 유인해 충원하였다. '쿨리coolie'[31]라고 불리는 이들 노동자들은 늘 굶주림에 시달렸다. 그들은 만성적인 영양실조에 시달렸으며 많은 이들이 병에 걸린 상태였다. 그럼에도 그들은 굳은 땅에 괭이질을 하여 정글을 개간하고 찻잎을 수확해야 했으며, 날마다 가해지는 신체적 폭력을 견뎌야 했다. 이는 노동 역사상 가장 비참한 장면 중 하나였다. 이렇게 차 재배지는 온대기후지역에서 열대우림지역으로 확장되었다.

영국인들은 실론Ceylon이라는 이름으로 더 익숙한 섬나라 스리랑카에도 차나무를 심었다.[32] 실론 섬의 홍차는 섬 중앙의 2,000미터 정도의 고원지대에서 재배된다. 실론 섬이 최고의 차 생산지가 된 것은 영국의 식민지배와 깊은 관련이 있다. 스리랑카는 포르투갈과 네덜란드로부터 약 300년간 식민통치를 받다가 또다시 1815년부터 1948년까지 약 152년간 영국의 식민통치를 받았다. 실론 섬에 도착한 영국인들은 산 중턱의 원시림을 모두 베어내고 커피나무를 재배하였다. 그러나 1860년에 커피녹병이 퍼져 커피산업이 심각한 타격을 입자 1867년, 테일러J. Taylor가 인도의 아삼종 차나무를 수입하였다. 커피녹병으로 피해를 입었던 농장주들은 테일러의 차 재배 경험과 노하우를 공유하면서 커피 농장을 차 농장으로 전환하기 시작하였다.

실론에서 차가 안정적으로 재배되기 시작하자 스코틀랜드의 백만장자인 립톤T. Lipton이 그때까지 남아 있던 커피농장을 헐값에 구매하였다. 그는 매입한 대규모 농장에서 노동자계급이 구입할 수 있는 저렴한 차를 대단위로 생산했으며 '다원茶園에서 차 주전자로'라는 슬로건을 내걸고 광고하였다. 19세기 말 '차tea'라는 단어는 더 이상 중국에서 온 비밀스럽고 신비로운 것이 아니라 열대의 무성한 숲과 실론의 매혹적인 풍경을 연상시키는 단어가 되었다. 립톤과 실론은 동일시되었다. 실론과 인도에 홍차 붐이 일어났다. 대규모 자본이 실론 섬으로 몰려들었고 소농이 경작하는 차밭은 더 이상 유지하기 어려워졌고 결국 대규모 농장으로 병합되었다. 차밭 근처에도 와본 적이 없는 대농장주들은 북인도 아삼지역에서 운영되었던 플랜테이션 방식을 실론의 다원에서도 재현하였다.[33]

차 플랜테이션을 유지하기 위해서는 찻잎을 채취하는 대규모의 상주 노동력이 필요했다. 영국인들은 인도 남부에서 타밀족을 데려와 실론 섬 북단에 이주시킴으로써 이 문제를 해결하였다. 차 농장에서 차를 재배하고 찻잎을 수확할 노동력을 충원하기 위해 강제 이주시킨 인도 남부의 타밀족을 자프나 타밀이라고 부른다. 원래 실론 섬의 원주민은 대부분 싱할리족이었다.[34] 현재 스리랑카 국민의 75퍼센트는 싱할리족이고 타밀족이 18퍼센트 정도를 차지한다. 싱할리족은 주로 불교를 믿고 타밀족은 힌두교를 믿는다.

영국은 그렇게 실론 섬의 노동력 부족 문제를 해결하면서 홍차를 안정적으로 공급받았다. 그러던 중 1876년부터 3년 동안 동아시아에 몬순이 불어오지 않았다. 실론 섬에 비가 내리지 않자 실론 북부지역에서 광활하게 재배되던 차나무가 말라 죽어갔다. 설상가상으로 세계적 가뭄으로 인해 국제 경기가 침체하자 홍차와 같은 사치품의 수요가 급감하였고 가격도 급락했다. 찻잎을 따는 노동자는 임금을 받지 못했고 고향으로 돌아갈 여비조차 없었다. 멀리에서 이주해온 타밀인은 지역 공동체의 도움도 받을 수 없었다.

실론 섬은 차 같은 수출작물을 주로 재배했기 때문에 먹을거리를 생산하지 않았다. 전통적인 혼합농경을 그만두고 차만 재배하도록 강요당한 실론 섬의 농부와 노동자들은 현금을 주고 곡물을 사야 했는데, 곡물가격마저 하늘 높은 줄 모르고 치솟았다. 배고픈 세계시장에서 부족한 곡물은 자연스럽게 가장 높은 가격을 부르는 곳으로 갔다. 차가 생산되지도, 팔리지도 않아 매우 궁핍해진 인도나 실론 섬의 차밭 노동자들은 주곡 식량을 두고 유럽인들과 경쟁해야 했다. 실론의 일꾼들은 곡물가격이 상승함에 따라 자신들이 항상 구매하던 식량을 더 이상 사지 못하게 되었다. 수만 명의 타밀인들이 굶어 죽어갔다. 만약 예전처럼 다양한 작물을 길렀다면 적게나마 식량을 생산했을 것이고, 이처럼 많은 사람이 굶어 죽지는 않았을 것이다.

수백만 명이 힘든 시간을 보내야 했지만 살아남은 자들은 또다시 찻잎을 따는 노동자로 섬에 머물렀다. 타밀족은 영국에 의한 강제이주 이후 200년 동안 실론 섬의 한 구성원으로 자리 잡으면서 완전히 정착하게 되었다. 대부분의 식민지 지배가 그러하듯 영국도 자국어, 즉 영어 중심의 교육정책을 폈는데, 타밀족은 이를 수용해 영어를 잘 구사했던 반면 싱할리족은 자신들의 전통언어를 고수하였다. 영국은 원활한 식민지 지배를 위해 영어구사가 가능한 타밀족을 공직에 임명하였다. 이것이 독립 후에 싱할리족으로 하여금 공직에서 타밀족을 배척하도록 하는 원인이 되었다.[35]

스리랑카가 영국으로부터 독립한 이후 스리랑카 인구의 다수를 차지하는 본토 싱할리족이 권력을 잡게 되자, 상대적으로 소수민족이었던 타밀족은 피지배계층이 되어 차별적 탄압을 받기 시작했다.[36] 스리랑카 정부는 영국으로부터 독립한 이후 타밀족에게 선거권과 시민권을 부여하지 않음으로써 타밀족을 무력화시켰으며, 이러한 정치적 차별은 나중에 동북부지역의 타밀족이 타밀엘람해방호랑이(Liberation Tigers of Tamil Eelam)(타밀호랑이) 같은 반군을 결성하게 되는 단초가 되었다. 1958년에는 싱할리족 우대법이 제정되어, 이 법에 따라 타밀족 출신은 공공기관이나 민간 부문의 직장에서 쫓겨나거나 차별대우를 받게 되었다. 교육, 주택, 복지 분야에서도 이러한 차별이 적용되어 타밀족이 거주하는 지역에는 도로와 학교, 병원 및 공공시설이 매우 부족해졌다.[37] 2010년 스리랑카 통계청 자료를 보면 싱할리족이 거주하는 서부와 남부지역은 소득, 교육, 보건, 인간개발지수 등 모든 지표에서 타밀족이 주로 거주하는 북부지역이나 동부지역에 비해 우위에 있다. 특히 북부지역의 경우 마나 자치구를 제외하고는 통계치가 아예 없기 때문에 비교할 수조차 없다. 통계치가 잡힌 북부지역의 마나 자치구의 경우도 20개 자치구 중 모든 지표에서 꼴찌를 차지하였다.[38]

　　1983년 타밀족 반군이 스리랑카 군대를 공격해 발생한 유혈충돌로 종족 간의 내전이 본격화되었다. 두 종족 간의 보복살해가 이어지면서 단순한 부족 간의 분쟁 수준을 넘어서 본격적인 내전 양상을 띠게 되었다. 1990년대까지 스리랑카 북부지역 대부분은 반군의 지배하에 있었다. 이 내전은 약 30년간 지속되면서 약 8만 명 이상의 사망자를 냈고, 2009년에 이르러서야 타밀족의 반군이 소탕되면서 막을 내렸다.[39] 영국의 차문화를 위해 강제로 시행된 타밀족의 이주에서 시작된 종족 간의 갈등은 결국 내전이라는 극단적인 방향으로 흘러갔다. 그 길고 긴 전쟁은 이제 끝났으나 국민 전체가 종족 갈등의 소용돌이 속에 말려들면서 30년에 걸친 기나긴 가난과 불안의 터널을 통과해야만 했다.

5장

자원의 저주에 걸린 가난한 나라들

차라리 그들에게 고무나무와 콜탄이 없었다면 지금처럼 가난하지 않았을지도 모른다. DR콩고를 비롯한 많은 국가들은 고무나무나 콜탄처럼 산업 발달에 반드시 필요한 원자재를 풍부하게 보유하고 있지만, 풍부한 자원이 경제성장에 도움이 되기는커녕 오히려 부유한 국가의 착취 대상이나 분쟁 원인이 된다. 그것이 바로 자원의 저주다.

1. 풍요로운 자원이 불러온 빈곤

1970년대 우리나라에서는 〈제7광구〉라는 노래가 유행했다. 1970년대 석유파동으로 경제적 어려움을 겪었던 우리나라 사람들은 만약 우리나라에서 석유가 난다면 경제적으로 부유해질 것이라고 생각했다. 정부에서는 석유를 찾기 위해 매장 가능성이 있는 해안지역을 탐사했다. 그러나 끝내 경제성이 있는 석유 매장지는 찾지 못했다. 우리나라, 정확히 남한의 경우 석유뿐 아니라 자원이 거의 매장되어 있지 않다. 자원이 빈약한 우리나라 사람들은 천연자원 매장량이 많은 나라를 무척 부러워한다. 그러나 세계의 국가들을 살펴보면, 자원이 많다고 해서 반드시 부유하지 않다는 사실을 확인할 수 있다.

빈곤한 국가들이 집중적으로 분포한 아프리카와 라틴아메리카에는 자원부국들이 수두룩하다. 오히려 이들 국가 중에는 풍부한 자원 때문에 국가의 발전이 저해되는 나라들이 많다. 에너지·광물·식량 등 자원이 풍부한 나라일수록 빈곤하고 국민 삶의 질이 낮아지는 현상을 '자원의 저주'라고 한다.[1] 제프리 삭스J. Sachs와 앤드류 워너A. Warner는 천연자원 수출비율이 높은 나라들이 동일한 조건 하에 있는 자원빈국보다 경제성장이 낮았다는 것을 보여주었다.[2] 일부 예외가 있지만 이러한 현상은 특정 지역, 특정 자원 및 시기에 국한되지 않고 전반적으로 나타났다.

자원이 많을수록 빈곤하다는 것은 상식적으로 이해하기 어려운 일이다. 이 이해할 수 없는 현상을 논리적으로 어떻게든 설명해보려는 노력이 여러 분야에서 이루어졌다. 프레비쉬-싱거Prebisch-Singer는 국가들이 자원의 저주에 걸린 이유를 석탄, 구리 같은 원자재를 수출하는 국가의 경우 수출 품목을 다각화하기 어렵기 때문이라고 하였다. 단일품목에 의존하는 국가는 자동차, 세탁기, 컴퓨터 같이 다양한 공산품을 수출하는 국가와의 교역에서 불리할 수밖에 없다. 원자재 수출에 의존하는 국가들은 자국에서 생산한 원자재를 점점 더 낮은 가격에 수출해야 하는 반면, 외국에서 생산한 공산품은 점점 더 높은 가격으로 수입해야 한다.[3]

물론 원자재 수출국이 가끔 원자재 가격의 상승으로 일시적으로 횡재하기도 한다. 그러나 그와 같은 상태는 부유한 국가가 주도하는 국제기구나 전쟁을 통해 가격이 조정되기 때문에 오래 지속되지 못한다. 따라서 자원이 풍부한 나라는 시간이 흐를수록 빈곤해진다. 프레비쉬-싱거는 원자재 수출에 의존한 국가들이 빈곤에서 탈출하려면 수출로 벌어들인 수입을 교육과 기술 역량을 확대하는 데 투자해 제조업을 발전시키고 수출품목을 다각화해야 한다고 조언한다.

자원의 저주에 걸리는 이유를 가격변동성 요인으로 설명하기도 한다. 일반적으로 식량이나 원자재는 공산품보다 가격변동이 심한 편이다. 제조업의 경우 소비가 증가하거나 감소하면 생산량을 늘리거나 줄일 수 있는 반면 식량이나 원자재는 수요량의 변화에 따라 공급량을 단기간에 빠르게 조정할 수 없다. 이 때문에 커피, 카카오, 차, 천연고무, 목재 등의 원자재는 시장 변화에 따라 빠르게 생산량을 조정할 수 없다. 생산량을 조정한다고 해도 시간 차이가 발생한다. 곡물을 비롯한 여러 원자재는 수확시기가

정해져 있다. 상품에 대한 수요가 줄어드는 환경에서 생산량을 빠르게 감소시키지 못한다면 가격은 떨어질 수밖에 없다. 반대로 수요가 증가해도 생산량을 빠르게 증가시키지 못하는 경우도 있다. 시장가격의 변화는 당해 연도가 아닌 다음 해 경작 계획에 반영될 수밖에 없다. 하지만 그때는 이미 수요가 변해 있기 마련이다. 따라서 이들 곡물이나 자원의 가격은 변동성이 크고, 이 때문에 생산국의 경제는 불안정하다.

일반적으로 곡물에 비해 광물자원 생산은 시장 변화에 좀 더 탄력적으로 대응할 수 있을 것이라고 생각한다. 그러나 광물의 생산비용은 이미 고정되어 있는 경향이 있다. 광물을 채굴하기 위한 운영비가 장기간 고정되어 있기 때문에 광물도 시장 변화에 탄력적으로 대응하기 어렵다. 반면 공장에서 생산하는 제조상품은 시장 변화에 훨씬 탄력적으로 생산량을 조정할 수 있다. 수요가 적어지면 제품을 적게 만들면 되고, 수요가 많아지면 더 많이 만들면 된다.

일부 국가는 원자재는 풍부하나 원자재를 제조상품으로 가공하는 기술이 부족하기 때문에 자신들이 소비할 제조상품을 주로 수입에 의존한다. 자신들의 수출상품은 시장 변화에 따른 가격변동성이 큰 데 비해 수입하는 제조상품은 시장 변화에 따른 가격변동성이 적다. 따라서 자원에 의존한 국가경제는 세계시장 변화의 영향을 크게 받는다. 원자재의 경우 가격변동이 심하기 때문에 이에 의존하는 정부의 세입도 불안정하다.

자원의 저주를 설명하는 또 다른 이유로 원자재의 낮은 연쇄효과를 들수 있다. 연쇄효과는 한 산업의 발전이 여타 산업에 미치는 경제적 효과를 의미한다. 제조업은 농업이나 원자재 수출산업보다 연쇄 효과가 훨씬 큰편이다. 1920년대 포드 자동차가 미국 경제에 미친 영향은 우리가 상상한것 이상이었다. 자동차산업은 수만 명의 노동자에게 일자리를 제공해주었을 뿐 아니라 자동차를 만드는 데 필요한 철강산업, 타이어의 원료가 되는 고무산업, 유리산업을 활성화시켰다. 자동차의 발달로 도로 건설과 포장 등 건설산업은 활황을 맞았다. 도로 건설에 필요한 시멘트와 채석산업도 덩달아 성장하였다.

1900년만 해도 미국 도로의 대부분이 비포장 상태였다. 포드 자동차가 개발되자 1920년에는 60만 킬로미터의 도로가, 1930년에는 100만 킬로미터가 훨씬 넘는 도로가 포장되었다. 1905년 세인트루이스에 최초의 주유소가 생겼으며 1930년에는 주유소의 수가 수만 개로 늘어났다. 당시 가솔린을 팔던 동네 상점이 자동차의 연료도 같이 팔기 시작하면서 주유소가 되었다. 오늘날에도 미국의 주유소는 우리나라의 주유소와 달리 상점 역할도 한다. 자동차가 발달하면서 석유산업은 그야말로 노다지를 캐는 것처럼 큰 부를 안겨주었다. 자동차의 발명은 예상치 않게 광고전달 방식도 변화시켰다. 말을 타거나 걸으면서 보게 되는 길거리 광고판과 시속 60킬로미터로 달리는 자동차에서 보는 길거리 광고판은 달라야 했다. 빨리 지나치면서도 한눈에 들어올 수 있도록 회사들은 앞 다투어 로고를 만들기 시작했고, 친절한 설명 대신 강렬한 이미지를 만들어냈다. 이러한 과정에서 미국의 광고산업은 점차 전문화되었다. 포드 자동차의 연쇄효과는 실로 어마어마했다.[4]

반면 원자재 수출산업은 제조업과 달리 발전을 촉진시킬 만한 연관 분야가 적어 국가경제 성장을 견인할 추진체로서 역할을 하기 어렵다. 금이나 구리 채굴, 카카오 콩 재배 등이 발생시키는 연쇄효과와 포드 자동차가 발생시킨 연쇄효과의 차이는 너무 커서 비교할 수도 없다. 카카오 수출산업은 열대우림의 카카오 농가를 방문해 카카오 콩을 수거하는 일자리거나 말린 카카오 콩을 수출업자에게 배송하는 일자리 등을 만들어내지만 실질적으로 연쇄효과가 그리 크지 않다. 허쉬만A. Hirschman은 해외기업이 원자재를 채굴해 수출하는 상황에서는 그 수익이 국내 경제성장을 위해 연관 산업분야에 재투자되지 않고 해외로 유출되는 상황이 빈번하게 발생한다고 하였다.[5]

대개 자원의 저주라고 하면 네덜란드병을 원인으로 떠올린다. 네덜란드는 1950년대 말 북해에서 대규모 천연가스 유전을 발견해 막대한 수입을 올렸다. 이후 네덜란드의 통화가치가 급등했고 임금이 상승했으며 인플레이션이 발생하였다. 국가나 국민의 수입이 늘어나자 고급스럽고 값비싼 수입 사치품에 대한 소비도 급증하였다. 결국 석유제품을 제외한 네덜란드의 제조업 경쟁력은 떨어졌고 이 때문에 경제는 침체되었다. 이러한 네덜란드의 경험에 비추어 자원에 의존해 성장을 이룬 국가가 물가나 통화가치 상승 때문에 제조업에서 경쟁력을 잃고 경제위기에 처하는 현상을 네덜란드병이라고 한다. 특정 자원이 풍부한 것이 오히려 경제발전을 저해시킨다는 논리다.

그러나 자원이 풍부한 모든 나라가 빈곤한 것은 아니다. 현재 사우디아라비아, 아랍에미리트연합, 카타르 등 에너지 자원이 풍부한 국가들은 매우 부유하다. 구매력평가지수PPP 면에서 카타르는 1인당 구매력 10만 달러 이상으로 2013년에 세계에서 가장 부유한 나라였다.[6] 명품 브랜드 전문 조사업체 레드버리리서치는 카타르가 2014년에는 전 세계 명품시장의 약 7퍼센트까지 점유해 가장 유망한 명품시장이 될 것으로 예측하였다. 카타르 여성들은 검은 히잡 속에 아르마니 옷을 입고 샤넬 화장품을 바르며 루이비통 핸드백을 맨다. 자신이 원하는 브랜드를 카타르에서 구하기 어려우면 비행기를 타고 두바이에 가서 구매한다. 두바이에서도 구하기 어려우면 미국이나 유럽에 가서 사오는 수고도 마다하지 않는다.

그러나 자원에 의존한 부는 자원이 고갈되면 끝이 난다. 네덜란드와 스페인의 경우를 보더라도 자원이 고갈되면 부유한 생활도 끝난다. 카타르의 경우 풍부한 천연가스와 원유 매장량을 자랑하는 자원부국으로, 재정 수입의 90퍼센트 이상이 석유 및 천연가스 수출대금이다. 특히 천연가스 매장량은 러시아와 이란에 이은 세계 3위로 천연가스 관련 산업이 GDP의 60퍼센트 이상을 차지한다. 반면 제조업의 발달은 매우 미미하다. 만약 자원의존형 경제구조를 바꾸지 않는다면 카타르는 최대 세계 명품시장이라는 명성을 계속 유지하기 어려울 것이다.

미국도 각종 지하자원 및 에너지 자원이 풍부한 대표적인 자원부국이지만 저주에는 걸리지 않았다. 미국의 석탄, 석유, 천연가스, 철광석 등 주요 광물 및 에너지 자원의 매장량과 생산량은 세계적 수준이다. 석유뿐만 아니라 석탄도 애팔래치아 산지와 로키 산지를 중심으로 대규모로 매장되어 있다. 철광석도 풍부하게 매장되어 있는데, 주요 광산으로는 세계적으로 유명한 노천광산인 메사비 광산이 있다. 메사비 광산의 철광석은 5대호의 수운을 이용해 애팔래치아 산맥의 석탄과 결합되어 그 중간에 위치한 디트로이트, 클리블랜드에서 세계 제일의 철강산업을 꽃피웠다. 뿐만 아니라 미국은 세계 구리 생산량의 22퍼센트를 차지하고 있으며 최근에는 오일셰일 혹은 샌드오일(석유를 포함하는 흙이나 모래층)에서도 석유를 추출하고 있다. 미국은 자원이 철강산업이나 자동차산업과 같은 제조업 발달과 연결되어 있기 때문에 카타르보다는 오랫동안 부를 누릴 수 있을 것이다.

사실 자원이 풍부한 국가가 빈곤한 원인으로 가장 많이 언급되는 것은 도둑정치kleptocracy다.[7] 도둑정치는 빈곤한 국가의 통치계층이나 정부에 의해 이루어지는 부패체제를 가리키는데, 일반적으로 도둑정치는 독재체제 하에서 이루어진다. 독재에서 도둑정치를 행하는 위정자, 즉 클렙토크라트 kleptocrat는 개인적 부와 권력을 탐하느라 국가의 사회·경제적 문제들을 등

한시하여 국가가 위기에 직면했을 때 무능한 모습을 보인다. 그 결과 민간 사회와 법의 지배가 붕괴되어 대다수 국민들이 고난과 고통을 겪게 된다. 그러나 자원의 저주에 걸린 국가의 빈곤을 정치 부패의 결과로 설명하는 것은 자원부국의 빈곤 문제를 국내 정치 역량의 문제로 귀결시키는 것이다. 이는 자원이 풍부하지만 빈곤한 국가의 정치지도자는 탐욕스럽고 부패하다는 또 다른 인종적 편견을 갖게 한다.

코울S. Koul 감독의 다큐멘터리 〈나는 경제저격수였다Apology of an Economic Hit Man〉(2008)는 자원부국의 정치적 지도자들의 도둑정치가 강대국의 이해관계와 얼마나 밀접하게 연결되어 있는지, 그리고 어떤 메커니즘으로 진행되는지를 잘 보여준다. 이 다큐멘터리는 미국의 안보와 경제성장을 위해 자원부국에서 작전을 펼쳤던 이들 중 한 명인 존 퍼킨스의 실화를 바탕으로 만들어졌는데, 경제저격수들이 협상, 대통령 암살, 쿠데타, 전쟁 등을 통해 자원부국의 지도자를 길들이는 방법을 구체적으로 보여준다.

다큐멘터리에 의하면 경제저격수의 임무는 자원부국을 찾아가 정·재계 거물들을 배후에서 조종해 미국 기업들이 이익을 추구할 수 있는 발판을 마련하는 것이다. 경제저격수들은 개발을 위해서는 자원을 민영화하고 외국 투자를 받아들여야 한다면서 미국 기업에 유리한 조건으로 자원개발권을 넘기도록 설득한다. 그리고 경제개발을 위해 막대한 차관 도입을 유도한다. 그 차관은 대부분 인프라 건설을 맡은 미국 기업들에게 지불된다. 경제 여건이 나빠져 차관 상환이 어려워지면 국제통화기금IMF과 세계은행이 가혹한 구조조정과 민영화 등을 강요하며, 결국 미국 기업들이 헐값에 자산을 인수한다. 경제저격수의 활동은 과거 제국주의 시대에 선교사가 먼저 원주민들을 정신적으로 무장 해제시킨 후 경제적 침탈을 본격화했던 것과 흡사하다.

경제저격수들은 이제 성경 대신 자유시장 이론과 장밋빛 개발의 환상으로 자원부국의 지도자를 설득하거나 회유한다. 나아가 그들에게 개인적으로 부를 축적할 기회를 제공하는 배려도 잊지 않는다. 그러나 설득과 뇌물이 통하지 않을 땐 자칼이라는 제국의 용병이 CIA를 등에 업고 지도자 암살과 체제 전복을 시도한다. 암살당한 지도자의 후임 지도자들은 미국의 요구를 들어주면서 개인적 부를 축재하고 권력을 남용하는 방식을 선택하게 된다. 다큐멘터리는 콩고, 이란, 과테말라, 인도네시아, 칠레, 파나마, 에콰도르 등 수많은 자원부국에서 왜 민족주의적 정치지도자가 사라지고 탐욕스러운 도둑정치 지도자가 권좌를 유지하는지, 그리고 그러한 국가가 왜 빈곤의 덫에서 빠져나오지 못하는지를 잘 보여준다.

2. 가장 비싼 보석, 다이아몬드 광산을 가진 가난한 나라

아프리카는 가장 오래되었으며 모든 것이 시작된 대륙이다. 약 5억 5,000만 년 전에 오늘날 아프리카 대륙과 흡사한 모양의 땅덩어리가 만들어졌다. 땅덩어리가 생겨나서 굳기까지 약 400만 년이 걸렸다. 아프리카 대륙의 생성 연대가 오래되어 좋은 점은 다이아몬드, 금, 백금 등 귀금속이 많이 매장되어 있다는 점이다. 특히 아프리카 남부에서 다이아몬드가 많이 채굴되는데, 이 지역은 기후가 온화해 사람이 살기에도 좋다. 이 지역에는 말라위, 잠비아, 짐바브웨, 모잠비크, 보츠와나, 나미비아, 남아프리카공화국 같은 나라가 있다.

다이아몬드는 단단한 광물로, 석탄과 똑같이 육지 어디에나 있는 탄소로만 이루어져 있다. 석탄과 다른 점은 충분한 압력이 가해져 4개의 탄소

원자가 풀리지 않게 팔짱을 꽉 끼고 있다는 점이다. 흑연에 섭씨 1,000도 이상의 온도에서 약 150킬로미터 높이로 쌓아올린 바위덩어리가 누르는 정도의 압력을 가하면 다이아몬드가 된다.[8]

다이아몬드는 19세기 유럽인의 아프리카 식민지배에 대한 회의를 말끔히 걷어냈다. 당시 유럽 여러 나라가 관여했던 아프리카 노예무역은 비용에 비해 점점 효용성이 떨어지고 도덕적 측면에서도 강한 비판이 있어서 서서히 중단되었다. 유럽의 여러 나라는 1884년 베를린회의 후 아프리카 대륙을 분할해 직접 통치하기 시작하였다. 식민통치 과정에서 아프리카인의 저항도 거세고 인프라를 건설하는 비용도 만만치 않았다. 그래서 유럽 본국에서는 식민지를 거느릴 필요가 있는가에 대한 회의론도 많았다. 하지만 남아프리카에서 다이아몬드 광맥이 발견되자 그런 말은 쏙 들어갔다.

아프리카의 다이아몬드를 이야기하면서 세실 로즈C. J. Rhodes[9]를 빼놓을 수 없다. 영국에서 태어난 로즈는 1867년 영국의 케이프 식민지의 킴벌리 부근에서 다이아몬드 광맥이 발견되자 그곳으로 건너갔다. 그는 유대계 자본인 로스차일드가의 지원을 받아 다이아몬드 제조회사인 드비어스사를 설립하였다. 드비어스사는 '다이아몬드는 영원히'라는 광고 문구로 유명하다. 다이아몬드 반지를 주고받으며 결혼을 약속하는 것은 사실 서구의 오래된 문화라기보다는 1968년 드비어스사가 전 세계 사람들의 마음을 사로잡았던 광고의 결과물이다. 당시 드비어스사는 세계 다이아몬드 공급량의 90퍼센트를 장악하였다. 오늘날에도 다이아몬드 시장가격을 쥐락펴락하는 등 막강한 영향력을 행사하는 세계 최대의 다이아몬드 회사다.

다이아몬드로 막대한 부를 축적한 로즈는 현재 짐바브웨(남로디지아), 잠비아(북로디지아), 말라위(니아살랜드) 지역의 땅을 원주민들로부터 헐값으로 사들이거나 불법적으로 몰수하였다. 그리고 1923년에 자기 이름을

〈그림 5〉 로디지아와 이투리 우림

따서 로디지아라고 명명한 후 사유 식민지로 선포하였다.[10] 그가 사들인 땅은 영국 영토보다 4배나 넓었다. 그는 영국인의 관점에서 볼 때 아프리카 식민지 개척의 영웅이었지만 아프리카인들에게는 악랄한 사기꾼이자 냉혈한이었다.

로즈의 식민지 로디지아는 다른 식민지에 비해 오랫동안 유지되었다. 북로디지아는 1964년에야 잠비아로 독립하였고, 니아살랜드는 말라위로 독립하였다. 그러나 당시 영국 정부는 남로디지아(현재 짐바브웨)의 독립을 인정하지 않았다. 이에 케이프 식민지에 거주하던 백인들은 1961년에 남아프리카공화국에 편입되면서 독립을 선언하였고, 남로디지아에 거주하던 백인들은 1965년에 영국에 맞서 독립을 선언하는 속임수를 써서 그들만의 정부를 세웠다. 남로디지아는 1970년부터 스스로를 로디지아라고 불렀다.[11] 1975년 모잠비크, 앙골라 등에서 포르투갈이 철수하면서 대부분 백인이 유럽으로 돌아갔지만 남아프리카공화국, 로디지아와 나미비아의 백인들은 백인 우위의 인종차별 정책인 아파르트헤이트[12]를 실시하면서 계속 아프리카에 남아 주인행세를 하였다.

닐 블롬캠프 감독의 영화 〈디스트릭트 9District 9〉(2009)은 남아프리카공화국의 이러한 아파르트헤이트 정책을 비판한 영화로 실제로 남아프리카공화국에서 촬영되었다. 영화에서 남아프리카공화국 상공에 외계인들이 불시착하게 된다. 이들은 요하네스버그 인근 지역의 외계인 수용구역 디스트릭트 9에 임시 수용되어 28년 동안 인간의 통제와 차별을 받게 된다. 외계인 관리국은 디스트릭트 9을 강제 철거하기로 결정한다. 그런데 철거 책임을 맡은 주인공 비커스가 철거 과정에서 외계물질에 노출되는 일이 발생하고, 이후 그는 유전자 변이를 일으키면서 외계인으로 변해간다. 영화는 그가 인간에서 외계인으로 변화하는 과정에서 느끼는 차별과 소외를 정밀하게 그리고 있다. 영화 속 외계인은 본래부터 그곳에서 오랫동안 살았던 남아프리카공화국의 흑인을 상징한다.

로디지아의 백인 정권은 1978년 아파르트헤이트를 포기하고 인종혼합정권을 받아들였다. 당시 무가베R. G. Mugabe가 이끄는 쇼나족과 은코모J. Nkomo가 이끄는 은데벨레족의 해방 전사들의 투쟁으로 마지못해 인종혼합정권을 승인한 것이었다. 아파르트헤이트 정책을 실시하던 남아프리카공화국과 로디지아, 나미비아 중 로디지아가 최초로 인종혼합정권을 받아들였다. 2년 후에 로디지아는 실제적으로 독립하였으며, 이후 국명을 짐바브웨로 바꿨다. 짐바브웨라는 국명은 쇼나족의 말로 '돌Bwe로 지은 집Zimba' 이라는 의미로, 인구의 70퍼센트를 차지하는 쇼나족이 기원전부터 이룩한 석조문명인 그레이트 짐바브웨에서 유래했다.

염원하던 독립은 이루었으나 너무 오랜 기간 동안 인간이 아닌 노예 취급을 받으며 살아왔기에 짐바브웨 사람들은 자본을 축적할 여력이 없었고 교육을 받을 기회도 적었으며 기술을 개발할 능력도 없었다. 짐바브웨는 2009년 2억 3,100만 퍼센트라는 상상을 초월한 살인적인 하이퍼인플레이션에 시달렸고 결국 자국 화폐를 폐지하였다.[13] 당시 휴지조각이 되어버린 세계 최고액 지폐인 100조 짐바브웨달러는 관광객에게 기념품으로 팔렸다. 남아프리카공화국 화장실에는 비치된 화장지만 사용하고 짐바브웨 지폐를 휴지로 사용하지 말라는 경고문까지 붙어 있었다.

현재 짐바브웨는 소득, 실업률, 평균 수명 등 여러 지표들이 20여 년 전보다는 개선되었다. 그러나 1,300만 명에 달하는 짐바브웨 인구 대부분은 여전히 굶주림에 시달리고 있다. 세계은행 자료에 따르면 2013년 짐바브웨의 연간 1인당 소득은 820달러에 불과하고 평균수명은 58세다. 국민의 10명 중 8명이 실업자로, 짐바브웨에서 안정적인 일자리를 잡기는 하늘에 별 따기 만큼 어렵다.

2006년부터 채굴되기 시작한 짐바브웨 동부의 마랑게 지역의 다이아몬드 광산에서는 엄청난 양의 다이아몬드 원석이 생산되어 1년에 수십억 달러를 벌어들이고 있다. 풍부한 다이아몬드 광산이 있으면서도 국민 대다수가 절망적인 빈곤에서 벗어나지 못하고 있다는 점은 쉽게 이해하기 어렵다. 마랑게 광산은 남아프리카공화국의 드비어스사가 독점 채굴권을 갖고 있다가 2006년 영국계 기업 ACR에 넘어갔다. 그러나 무가베 정부는 외국 기업들의 자원 수탈을 막기 위해 ACR의 채굴권을 몰수했다.

무가베 대통령은 2000년 초반까지 미국과 유럽국가의 재정적 원조를 받으며 오랫동안 우호관계를 유지하였다. 그러나 무가베가 장기집권을 위해 부정선거를 했다고 영국과 유럽연합이 비판하자 무가베와 이들 국가의 사이가 벌어지기 시작했다. 짐바브웨는 백인의 토지를 몰수해 흑인에게 재분배하는 과정에서 유럽연합의 제재조치를 받았고 2003년 영연방에서 축출되었다. 2004년 무가베 스스로도 짐바브웨가 영연방에서 탈퇴하겠다고 선언하였다. 미국과 유럽연합은 남아프리카공화국과 나미비아 등 인근 국가에게 무가베와 관계를 단절하라고 요청하여 짐바브웨를 고립시키려 하였다.[14]

서구사회의 제재조치로 경제적 어려움이 가중된 짐바브웨는 다이아몬드를 팔아 외화를 벌어들이고자 하였다. 이에 드비어스사는 사이트 홀더들에게 마랑게 광산에서 채굴된 다이아몬드는 부당노동으로 생산된 다이아몬드이므로 구입하지 말라고 권고하였다. 무가베 정권은 마랑게가 내전 지역이 아니기 때문에 킴벌리프로세스에 저촉되지 않는다고 주장하면서 이곳에서 캐낸 다이아몬드를 유럽, 인도, 아랍에미리트연합 등에 은밀히 판매하였다.[15] 다이아몬드는 매우 고가인데다 운반도 간편해 밀거래가 용이한 광물이다. 다이아몬드는 분명히 광산에서 채굴되었고 거래되었지만 판매한 대금은 사라졌고 짐바브웨 정부에 세금으로도 들어오지 않았다. 공식적 루트를 통해 판매하고 받은 대금이 아니었기 때문에 정부 회계 장부에 올리지 못한 채 무가베의 금고로 들어갔을 것이다. 많은 사람들이 값비싼 보석인 다이아몬드 광산을 가진 짐바브웨가 가난한 이유를 무가베의 권력욕과 잘못된 정치 때문이라고 말한다.

킴벌리프로세스는 원래 분쟁 다이아몬드의 유통과 거래를 막기 위한 협약이다. 글로벌 위트니스 등은 시민단체와 협력해 부유한 나라의 소비자들의 마음을 사로잡은 다이아몬드가 아프리카 지역에서 전개된 피의 분쟁과 밀접하게 관련되어 있다고 주장하면서, 다이아몬드의 원산지 증명 의무를 부과하고 관리할 기구가 있어야 한다고 주장했다. 2002년 유엔 회원국

간에 킴벌리프로세스에 대한 합의가 이루어져 정부가 다이아몬드 원석에 대한 정부의 원산지 증명을 부과하게 되었다. 킴벌리프로세스 이후 모든 다이아몬드 원석에 대해 정부가 발행한 원산지 증명을 엄격하게 요구할 것 같지만, 사실 위조 증명서의 발행, 통계의 미정비, 원산지 분류 기술의 문제, 우회국의 발생, 수입국 측의 규제 문제 등 빠져나갈 구멍은 많다. 무엇보다도 가난한 다이아몬드 수출국에 대한 규제에 치중해 부유한 수입국에 대한 규제는 엉성하다는 것이 문제였다.[16] 드비어스사는 자신들이 판매하는 다이아몬드에 분쟁이나 피라는 이미지가 겹친다면 매출이 떨어질 수도 있을 것이라는 우려에서 분쟁 다이아몬드의 매입을 금지하겠다고 발표했다. 그러나 실제로는 분쟁 다이아몬드를 포함해 모든 다이아몬드를 사들였다. 그러나 영국의 채굴권을 몰수한 짐바브웨의 다이아몬드는 매입하지 않을 뿐 아니라 다른 나라에도 매입 금지 압력을 가함으로써 짐바브웨 경제의 가느다란 숨통까지도 조였다.

사람들은 짐바브웨를 세계 최대 다이아몬드 산지인 이웃 나라 보츠와나와 비교하곤 한다. 보츠와나는 짐바브웨보다 14년 정도 빠른 1966년 영국에서 독립하였다. 보츠와나의 1인당 소득은 짐바브웨의 10배가 넘는다. 보츠와나는 25년간 매년 10퍼센트 이상의 GDP성장률을 유지했고 재정자립도도 높다. 보츠와나는 최빈국에서 탈출했으며 이는 세계적으로도 매우 드문 일이다. 보츠와나는 짐바브웨와 달리 민주주의 제도가 발전되어 독재 등의 정치적 불안 요인이 없다고 평가 받는다.[17]

보츠와나와 비교해보면 짐바브웨의 무가베의 독재정치가 짐바브웨를 빈곤하게 한다는 점은 더욱 분명해 보인다. 그러나 사람들은 짐바브웨를 실질적으로 통제하기 위해 취한 미국과 유럽연합의 고립정책이 짐바브웨의 빈곤에 미친 영향에 대해서는 말하지 않는다. 그리고 드비어스사가 짐바브웨 마랑게 다이아몬드를 피의 다이아몬드로 몰아세워 시장 판로를 통제하는 것이 이 나라의 빈곤에 미치는 영향에 대해서도 언급하지 않는다. 드비어스사는 짐바브웨의 마랑게 다이아몬드 채굴 과정에서 일어난 인권침해를 비판했다. 그러나 자신들의 다이아몬드 광산 개발을 위해 보츠와나 정부가 광산 주변에 살고 있는 부시맨을 잔인하게 학살한 것에 대해서는 침묵하였다.

3. 세계에서 가장 가난한 나라 콩고민주공화국, 자원부국의 초상

그 많던 고무나무는 어디로 갔을까?

식민지 해방운동의 대표적 지도자인 프란츠 파농F. Fanon은 콩고민주공화국(이하 DR콩고)을 권총처럼 생긴 아프리카 대륙의 방아쇠로 비유하였다.[18] 이는 DR콩고 막대한 부존자원을 탐내는 선진국 간의 알력과 아프리카 전체의 발전을 좌지할 수 있는 이 나라의 지정학적 중요성을 강조한 표현이었다. DR콩고는 아프리카 중심부에 넓게 위치하고 있으며 9개국과 국경을 맞대고 있어 전략적으로 매우 중요한 나라다. 북쪽에 중앙아프리카공화국과 수단이, 남쪽에 잠비아가 있으며 동쪽에 우간다, 르완다, 부룬디, 탄자니아가, 서쪽에 콩고공화국과 앙골라가 있다. DR콩고는 '큰 강'을 뜻하는 자이르라고 불렸다. DR콩고의 국토 면적은 한반도의 약 11배에 이르며 알제리에 이어 아프리카에서 두 번째로 넓다.

콩고 강의 수자원이 풍부하고 농지로 활용 가능한 토지가 우리나라의 40배가 넘어 DR콩고의 경작지 잠재력은 세계 3위에 이른다. DR콩고에는 지질학적 스캔들이라고 불릴 만큼 금, 다이아몬드, 콜탄, 구리 등 다양한 종류의 광물이 매장되어 있다. 무엇보다도 전 세계 매장량의 26퍼센트에 달하는 공업용 다이아몬드가 매장되어 있다. 최근 남아프리카공화국 다이아몬드 광산의 공급량이 감소하고 하이테크 산업에서 다이아몬드의 신규 수요가 증가하면서 DR콩고의 다이아몬드의 중요성은 더욱 부각되고 있다. 또한 DR콩고는 세계에서 가장 고품질의 금광도 보유하고 있으며 IT산업의 핵심 부품을 만드는 데 필요한 콜탄 매장량도 세계적 수준이다. 세계 콜탄 매장의 80퍼센트가 아프리카에 분포하는데 그중 80퍼센트가 DR콩고에 매장되어 있다.[19] 이렇듯 지하자원이 풍부하고 드넓은 경작지와 풍부한 수자원을 가졌지만 2013년 1인당 GDP는 394달러에 그쳐 DR콩고는 세계에서 가장 빈곤한 국가였다.

콩고 강이 굽이쳐 흐르는 이투리Ituri 우림은 DR콩고 국토의 3분의 2를 차지한다. 이투리 열대우림에는 예전부터 고무나무가 울창했다. DR콩고의 끔찍하고도 슬픈 역사는 이투리 우림의 이 고무나무 때문에 시작되었다. 지도만 보면 콩고 강이 대서양으로 흘러 들어가기 때문에 콩고 강을 따라 대서양에서 콩고 분지까지 갈 수 있을 것 같다. 그렇지만 콩고 강의 유속이 빠르고 단차가 심한 곳이 많아 부분적으로만 항해가 가능하다. 따라서 이 강을 통해 대서양에서 콩고 분지까지 탐험하는 것은 사실상 불가능했다. 게다가 말라리아 때문에 15세기부터 아프리카에 진출한 포르투갈, 네덜란드, 프랑스, 영국 등이 콩고 강을 따라 울창한 아프리카 심장부까지 진출하지 못했다. 그런데 1850년 말라리아 치료약 키니네가 발견됨으로써 콩고 강을 따라 아프리카 내륙 본토까지 본격적으로 탐험할 수 있게 되었다.[20]

영국 태생의 미국인 탐험가 스탠리H. M. Stanly가 1874~1877년에 콩고 강을 탐험하고 콩고의 반투족과 교역하였다. 스탠리의 콩고 강 탐사는 벨기에의 국왕 레오폴드^{Léopolde} 2세가 후원하였다. 벨기에의 레오폴드 2세는 영국, 프랑스, 네덜란드 등이 아직까지 차지하지 않은 식민지를 갖고 싶어 했다. 콩고의 열대우림지역을 탐험하고 돌아온 스탠리에게 레오폴드 2세는 콩고 강 탐사 경비를 후원하는 대신 이투리 우림지역을 식민지로 만들어줄 것을 당부했다. 스탠리는 콩고 강 탐사 과정에서 콩고 내 400여 부족과 주권이양 조약을 체결하였으며, 이투리 우림지역은 레오폴드 2세의 식민지가 되었다.[21] 이후 레오폴드 2세는 DR콩고의 현재 수도인 킨샤사 Kinsasha에 무역창고를 설치하고 레오폴드빌Léopoldville이라고 명명한 후 식민 지배의 기지로 사용하였다. 이로써 1830년 네덜란드로부터 독립한 유럽의 아주 작은 나라 벨기에의 국왕이었던 레오폴드 2세는 막바지 식민지 쟁탈전에 뛰어들었다.

19세기 말 아프리카에서 유럽 열강의 식민지화가 격렬해지자 1884년에 영국, 프랑스, 벨기에, 독일, 이탈리아, 포르투갈, 스페인 등 13개 유럽 국가들이 독일 베를린에 모여 사하라이남 아프리카를 분할 통치하기로 결정했다. 벨기에의 레오폴드 2세는 1885년 베를린회의에서 콩고 강과 이투리 열대림을 포함하는 유역의 노른자 땅을 식민지로 인정받았다. 이후 유럽의 아주 작은 나라 벨기에는 자국의 76배에 달하는 지역을 1960년까지 식민지배하였다. 독일인의 유머책과 벨기에의 역사책이 가장 얇다는 유럽 유머가 있을 정도로 벨기에의 역사는 매우 짧고, 벨기에의 면적은 남한의 3분의 1도 되지 않을 만큼 작다.

우리가 생각하는 벨기에는 와플과 초콜릿처럼 달콤하고 품격 있는 유럽 국가다. 그러나 이러한 이미지와 달리 벨기에의 식민통치는 상식적인 수준을 넘어 경악할 정도로 잔인했다. 벨기에는 원주민 한 사람당 2주에 3~4킬로그램씩 말린 고무를 할당하였다.[22] 말린 고무는 고무나무에서 고무분 유액인 라텍스를 채취해 건조시킨 것이다. 전통적인 고무 채취 방식으로는 벨기에인들이 요구한 할당량을 채울 수 없었기 때문에 원주민들은 고무나무 넝쿨을 절단해야 했다. 넝쿨이 절단된 고무나무는 곧 죽어버렸다. 마을 가까운 곳의 넝쿨들이 이내 사라져버렸고 사람들은 할당량을 채우기 위해 점점 멀고 깊은 열대우림까지 들어가야 했다. 이투리 우림의 풍요로웠던 천연 고무나무 군락지는 빠르게 파괴되었다.

정해진 양을 채우지 못한 사람은 시코트(하마 가죽을 말려서 만든 나선형의 채찍)로 매질을 당했다. 맞다가 의식을 잃는 경우가 태반이었고 100대 정도를 맞으면 대부분 목숨을 잃었다. 고무 채취에 협력하지 않는 마을은 군대의 공격을 받고 몰살당하기도 하였다. 유럽 장교들은 이런 잔악한 일을 원주민 군인에게 시켰다. 원주민 군인들이 주민들에게 제대로 일을 강요했다는 증거로 총알 사용 여부를 확인했으며, 이도 모자라 총을 쏴서 죽인 시체의 오른손을 잘라 훈증 처리해 가져오도록 했다. 일부 원주민 군인들은 배당받은 총알을 동물 사냥에 사용한 후 산 사람의 오른손을 잘라 훈증 처리해 가져가기도 했다.

콩고 강 유역에서는 야생고무나무 이외에도 상아, 야자유, 다이아몬드 등을 얻을 수 있었다. 그런데도 벨기에가 유독 고무나무 수액 채취에 열을 올린 이유는 당시 전 세계적으로 고무 수요가 급증했으나 다른 지역에서 생산되는 고무의 공급량이 줄었기 때문이다. 수요량은 늘어나는데 공급량이 줄어들면 가격은 오르기 마련이다. 가격이 오르면 파는 사람 입장에서 이윤이다. 그래서 벨기에는 고무나무 수액을 무자비하게 원했던 것이다.

당시 고무 수요가 급증한 것은 고무의 탄성을 유지하는 기술과 자동차 산업이 발달했기 때문이었다. 고무는 추우면 딱딱하게 굳고 더우면 끈적거리는 성질 때문에 19세기 이전에는 기껏해야 덧신이나 방수 옷감을 만드는 데 사용되었다. 현재 세계적인 타이어 회사 이름으로 알려진 굿이어C. Goodyear라는 미국인이 생고무에 황을 혼합하는 실험을 거듭하다가 1839년 우연히 뜨거운 난로에 떨어뜨린 가황 고무조각이 더위와 추위에 견디는 성질이 있음을 발견하였다. 이로써 고무의 탄성 문제가 해결되었다. 이후 자전거가 대중화되고 자동차 소비가 증가하면서 바퀴에 들어가는 고무 타이어의 수요가 기하급수적으로 증가하였다.[23] 또한 새로운 기계가 등장할 때마다 고무 수요는 폭증했다.

반면 세계 고무 시장의 공급량은 감소했다. 19세기 말까지 가장 중요한 고무 생산지는 브라질 아마존 강 유역이었다. 이 지역에서 영국이 과도하게 고무수액을 채취해 고무나무들이 사라지게 되었고 생산량도 급격하게 감소하였다. 이에 영국은 고무나무 씨앗을 인도, 실론(스리랑카), 말레이시아 등 아시아의 식민지에 심었다. 그러나 나무가 완전히 성숙해 수액을 채취하기까지는 많은 시간이 필요했다. 이로 인해 1890년대부터 상당 기간 고무의 가격이 폭등하였다. 레오폴드에게 고무 가격의 폭등은 더할 나위없는 기회였다. 콩고에서 1킬로그램의 고무를 수집해 벨기에 본사에 보내는 데에는 0.013프랑의 비용이 들었지만, 그곳에서는 10프랑에 팔렸으므로 700퍼센트 이상 남는 장사였다.

그러나 고무나무로 인한 횡재는 오래 지속되지 못하였다. 원자재 생산은 수확체감원리가 적용되기 때문이다. 고무나무 같은 원자재의 생산량 한 단위를 증가시키기 위해서는 더 많은 단위의 자본과 더 많은 노동을 투입해야 한다는 것이다. 우리가 이용할 수 있는 천연자원의 질은 저마다 다르다. 가까이에 있는 나무, 멀리 떨어져 있는 나무, 고무수액이 잘 나오는 나무, 잘 나오지 않는 나무 등 매우 다양하다. 사람들은 우선 가까이에 있으며 고무수액이 잘 나오는 고무나무에서 고무를 채취하다가 할당량을 채우기 위해 더 멀리 더 깊은 열대우림까지 들어갔고, 고무수액이 잘 나오지 않는 고무나무에서까지 고무를 채취하였다. 고무 생산이 늘어날수록 점점 더 멀리까지 나가야 했고 더 품질이 낮은 나무까지 활용하게 되었다. 더 많은 고무를 얻기 위해 나무 자체를 절단함으로써 이투리 우림의 고무나무 숲도 사라져버리고 말았다.

콜탄을 둘러싼 끝나지 않은 전쟁과 빈곤

DR콩고가 벨기에로부터 독립했을 당시 가장 유망한 지도자로 떠오른 사람은 루뭄바P. Lumumba였다. 초대 총리로 선출된 그는 DR콩고를 식민지 상태에서 실질적인 독립국가로 이끌기 위해 노력했지만, 구리 등 광물자원이 풍부한 카탕가Katanga 주에서는 분리운동이 전개되었다. 루뭄바는 이를 반란으로 규정하고 유엔에 즉시 지원을 요청했으나 거절당했다.[24] 그래서 그는 소련에 도움을 요청했고 소련은 루뭄바에게 고문단과 항공기를 지원했다.

당시 1960년대는 미·소 냉전의 분위기가 극에 달한 시기였다. DR콩고에 대한 소련의 지원은 미국의 즉각적인 반발을 불러일으켰다. 당시 미국 대통령 아이젠하워는 중앙아프리카 지역에서 소련의 영향력이 확대되는 것을 저지하면서도 직접적인 충돌 또한 피해야 한다고 생각했다. 이를 위해 아이젠하워의 승인 하에 CIA가 루뭄바를 제거할 계획을 세우고 대신 그들의 꼭두각시였던 모부투J. Mobutu 대령을 지원했다.[25] 1961년 모부투는 자신의 부대를 동원해 루뭄바를 살해하고 정권을 장악하였다. 그리고 1965년 쿠데타를 일으켜 스스로 대통령이 되었다. 아이젠하워는 콩고에서 불법적인 방법으로 소련의 영향력을 막는 데 성공했으나 그 대가로 콩고의 분열과 내란 상태를 초래하고 말았다.[26]

모부투는 미·소의 양극체제 속에서 미국의 지원을 받으며 1965년부터 1997년까지 32년간 독재정치를 자행하였다. 그는 국가명을 '자이르'로 바꾸었다. 자이르는 76년 동안 이루어진 벨기에의 온갖 착취와 비인간적 정책만을 경험하고 민주정치가 무엇인지 학습할 기회조차 박탈당했던 상태에서 독립하였다. 모부투와 그 밑에서 권력을 잡은 정치지도자들은 벨기에의 식민지배자와 똑같이 국민들을 수탈하고 온갖 부정부패를 저질렀다. 국가가 엄청난 외채에 올라앉아 있는 동안 모부투 대통령은 벨기에 은행에 반복적으로 수십만 달러를 비축해 두었다. 모부투의 부정 축재 규모는 약 50억 달러에 달했다. 서아프리카, 브라질, 모로코 등 각지에 호화 별장과 대저택을 보유했고, 스위스나 바하마 제도 등의 역외금융센터의 계좌에 부정 축재한 돈을 감춰두었다. '도둑정치'라는 용어는 그의 정치 행태에서 유래한 것이다.[27] 한편 그의 도둑정치는 풍부한 지하자원을 노린 미국의 지원이 없었다면 불가능했을 것이다.

미국의 지원을 받아 32년간 도둑정치를 지속했던 모부투는 결국 카빌라L. Kabila가 이끄는 반군에 의해 쫓겨났다. 카빌라는 르완다 투치족의 지원으로 1997년 새로운 대통령이 되었다. 대통령에 오른 카빌라는 국명을 자이르에서 DR콩고로 변경하였다.[28] 내전을 겪는 과정에서 DR콩고의 경제는 악화될 대로 악화되어 1990년대에 세계에서 가장 가난한 나라가 되었다. 1993년 콩고의 물가상승률은 9,800퍼센트에 달했다.

불행하게도 DR콩고의 새로운 대통령 카빌라 역시 권위주의, 부패, 인권 유린 등의 면에서 전임자 모부투와 다를 게 없었다. 그는 집권 후 DR콩고 내에 있는 르완다 후투족의 토벌을 금지했고 르완다 투치족 정부군의 철수를 명령하였다. 카빌라의 정권 창출을 도왔던 르완다 투치족 정부군은 배신을 당했다고 생각했다. 이에 카빌라와 대립하는 새로운 반정부 세력인 콩고민주연합RCD을 지원하였다. 르완다 정부군은 콩고민주연합뿐 아니라 우간다, 부룬디와 손을 잡고 카빌라 정권을 전복하려 하였다. 이로써 2차 콩고전쟁이 시작되었다. 이에 대항해 카빌라가 새롭게 짐바브웨, 나미비아, 앙골라, 수단, 잠비아와 동맹관계를 맺고 반격을 함으로써, 2차 콩고전쟁은 아프리카의 여러 국가가 참가한 범아프리카 전쟁으로 확대되었다. 1998년부터 시작된 2차 콩고전쟁으로 인해 10년 동안 약 500만 명이 사망했다.[29] 두 차례의 전쟁을 겪으면서 DR콩고의 경제는 피폐할 대로 피폐해져서 벨기에로부터 독립했을 때보다 훨씬 더 열악한 수준이 되었다. 전쟁이 종식된 이후 경제가 조금씩 나아졌으나 2013년에야 1960년대 수준을 겨우 회복하였다.

2차 콩고전쟁이 아프리카 전쟁으로 확대된 것은 표면적으로는 카빌라의 배신 때문인 것으로 보인다. 그렇지만 전쟁에 참여하거나 지원한 나라의 진짜 속셈은 DR콩고의 동부지역인 키부에 매장되어 있는 콜탄[30]을 차지하는 것이었다. 콜탄은 IT산업이 발달하기 전에는 그저 쓸모없는 돌멩이에 불과했다. 콜탄이 정제되면 탄타륨이 되는데,[31] 탄타륨은 내열성을 갖는 전기분해 콘덴서로서 휴대전화, 비디오카메라, 노트북·퍼스널 컴퓨터, 가정용 게임기 등 전자 기기 분야에서 활용된다. 또한 항공우주산업이나 원자력 에너지 분야에서도 이용되어 현대 산업에서 빠질 수 없는 핵심 광물자원이다.[32] IT산업의 발달에 따라 세계시장에서 탄타륨 가격이 천정부지로 올랐다.[33] 국제 탄타륨 광석 가격이 급등하자 금광 채굴에 종사하던 광부나 가난한 농민들이 키부지역의 탄타륨 광산으로 몰려들었다.

현재 투치족 출신의 은쿤다L. Nkunda가 이끄는 반군은 후투족의 위협에서 콩고 투치족을 보호한다는 명분으로 이 지역을 점령하고 콩고정부군과 대립하고 있다. 키부를 장악한 은쿤다의 반군, 르완다 군대, 우간다 군대

등은 콜탄을 판매하여 매년 1억 5천만 달러의 수익을 올리는 것으로 알려져 있다. 이들은 이 막대한 자금으로 무기를 사들이고 수만 명에 달하는 병력을 유지하고 있다. 반군들이 상당수의 콜탄 광산을 통제하고 있어서 이 지역의 치안은 매우 불안하다. 이 때문에 대규모 광업사들이 진출하지 못하고 있다. 따라서 이 지역의 콜탄 생산 대부분은 열악한 작업환경에서 영세 광부들에 의해 수작업으로 채굴된다.[34] 2009년 인권 리포트에 따르면 언제 무너질지 모르는 광산에서 어른은 하루 18센트, 아이는 9센트의 급료를 받으면서 일한다고 한다. 반면 DR콩고 정부는 반군이 점령한 지역에 세금을 부과할 수 없기 때문에 광물자원으로는 한 푼도 벌어들이지 못하고 있다.

한편 콩고전쟁이 격화된 1990년대 후반부터 DR콩고 주변 국가들(르완다, 부룬디, 우간다)이 콜탄을 수출하기 시작했다. 미국 지리연구소에 의하면, 르완다의 콜탄 수출량이 1997년부터 2000년 사이 2배 이상 증가하였다. 또한 우간다도 1998년 이후 갑자기 미국에 콜탄을 수출하기 시작하였다. 이 콜탄들은 대부분 반군들이 직접 소유한 광산에서 생산된 것으로, 반군의 통제 하에 광물을 중간상인에게 팔고, 중간상인들이 또 다른 상인에게 파는 식으로 국경을 넘어 주변 국가로 밀반출된 뒤, 외국 상인에게 낮은 가격으로 비밀스럽게 거래된 것이다.

전 세계의 콜탄 정제와 유통은 대부분 독일, 미국, 중국의 회사가 독점하고 있다. 이들 회사들은 유엔으로부터 'OECD 다국적기업 가이드라인을 위반하고 있다'는 경고를 받기도 했다. 유통업체를 거치며 원산지가 위장된 콜탄은 애플, 삼성, 노키아 등의 휴대폰 제조 공장에 납품된다. 그러나 정제·유통 과정을 거쳐 국제시장에 나오기까지 다양한 원산지에서 채굴된 콜탄 광석이 섞이기 때문에 최종적인 원산국 확인은 어렵다.[35] 기업들은 한결같이 자신들은 분쟁 콜탄(무장세력의 자금원이 되는 콜탄)을 취급하지 않는다고 주장한다. 카보트사는 "대부분의 콜탄은 오스트레일리아와 캐나다에서 수입하며 일부만 다른 지역에서 수입하고 있다. 우리가 아는 한 분쟁지역에서 수입한 것은 없다"고 한다. 콜탄의 길고 복잡한 유통 경로를 밝히는 것이 거의 불가능하기 때문에 이들의 주장이 거짓이라는 것은 알지만 물증이 없기 때문에 반박할 수 없다.

IT산업의 발달로 콜탄에 대한 수요가 급증하고 콜탄의 국제가격도 높은 상황이지만, 콜탄이 많이 매장된 DR콩고의 국민은 여전히 너무나 가난하다. DR콩고에 거주하는 7,000만 명의 국민들은 진정한 민주주의를 경험할 기회가 없었으며 DR콩고에는 도로를 비롯한 기본적인 사회기반시설조차 거의 갖추어져 있지 않다. 2005년 국가 국민총소득 중 약 20퍼센트가 대외 원조에 의한 것이었으나 이마저도 줄어들고 있다. 자원이 풍부한 DR콩고는 세계에서 가장 빈곤한 나라에서 벗어나지 못하고 있다.

차라리 그들에게 고무나무와 콜탄이 없었다면 지금처럼 가난하지 않았을지도 모른다. DR콩고를 비롯한 많은 국가들은 고무나무나 콜탄처럼 산업 발달에 반드시 필요한 원자재를 풍부하게 보유하고 있지만, 풍부한 자원이 경제성장에 도움이 되기는커녕 오히려 부유한 국가의 착취 대상이나 분쟁 원인이 된다. 그것이 바로 자원의 저주다. 경제학자와 정치학자들은 여러 이유를 들어 자원이 풍부한데도 빈곤한 이유를 설명하지만, 첨단기술, 거대자본과 강력한 무기로 중무장한 부유한 서구 국가로부터 자신의 것을 지킬 힘이 없었던 것이 가장 결정적인 이유였다는 것에 대해서는 이야기하지 않는다.

6장

바나나공화국과 다국적 식품기업

최근 유나이티드프루츠는 기업이미지를 쇄신하기 위해 기업명을 치키타로 바꿨다. 또한 사회적 책임을 지는 기업이라는 이미지가 이윤 창출에 도움이 될 것이라 판단해 다국적 과일기업 중 가장 먼저 SA8000인증을 획득하였다. 미국 신제국주의의 첨병이자 상징이었던 기업이 노동자 권리를 보장하고 친환경 공정무역 바나나를 생산하는 기업으로 표면적으로는 완벽하게 탈바꿈했다. 우리는 치키타의 과거를 모른 채 유기농 공정무역 바나나를 구매한다는 일종의 자부심을 느끼며 치키타 바나나를 장바구니에 담고 있다.

1. 냉전과 냉장선

냉전시대의 미국과 라틴아메리카

아메리카 대륙은 …… 유럽 강국에 의한 식민 대상이 아니다. …… 유럽 강국 간에 벌어진 전쟁에서 우리는 어느 쪽도 편들지 않았거니와, 그렇게 편든다는 것이 우리의 정책에 맞지 않는다. …… (유럽) 강국들의 정치체제는 …… 본질적으로 미국의 체제와 다르다. …… (유럽 여러 나라가) 그들의 체제를 이 반구의 어떤 부분으로든 확장하려는 어떠한 시도도 우리의 평화와 안전에 대한 위협으로 간주한다는 것을 선언하는 바다(먼로J. Monroe 대통령의 1823년 12월 대의회 연설 중에서).

1823년 미국의 먼로 대통령은 일명 '먼로독트린'을 선언하였다. 독트린의 요지는 1821년 스페인으로부터 독립한 라틴아메리카 국가들과 미국에 대한 유럽 열강의 간섭을 거부하는 것이었다. 이는 나아가 유럽 대신 미국이 아메리카에 주요한 세력이 될 것임을 선언하는 것이기도 했다. 먼로독트린 선언 이후 미국은 현재와 거의 같은 영토 체계를 구성하고 나아가 라틴아메리카 국가들에 대한 영향력을 넓히면서 스스로 아메리카 대륙의 패

권국이 되었다.[1]

먼로독트린이 선언된 때만 해도 현재 미국의 서부지역은 멕시코의 영토였다. 1846년 당시 멕시코에 속했던 텍사스지역의 독립 문제로 촉발된 미국과 멕시코 간의 전쟁은 1848년 미국의 승리로 막을 내렸고, 승전국 미국은 멕시코의 북부지역을 멕시코로부터 구매했다. 멕시코는 현재의 캘리포니아, 애리조나, 뉴멕시코 등 미국 서부지역을 미국에 '판매' 해야 했으며 이는 당시 멕시코 영토의 51퍼센트에 달하는 광대한 것이었다. 미국의 영토 확장은 여기서 그치지 않았다. 1898년 미국은 스페인이 마지막까지 갖고 있던 주요 식민지인 쿠바를 확보하기 위해 미·서 전쟁을 일으켰다. 전쟁의 명분은 쿠바 식민지에 대한 스페인의 잔인한 탄압이었다. 미국은 이 전쟁에서 승리함으로써 스페인의 식민지였던 필리핀, 괌, 푸에르토리코 등을 차지하게 되었고 쿠바를 독립시켜 친미적인 정부를 세울 수 있었다.

20세기에 들어서면서 아메리카의 패권자가 된 미국은 제국으로서의 행보를 본격적으로 시작하였다. 그 신호탄은 파나마 운하의 건설 및 파나마의 독립이었다. 파나마 운하의 공사를 맡은 프랑스회사가 파산하자 미국이 운하 부설권과 조차권을 넘겨받아서 완성하였다. 미국은 운하에 대한 지배권을 확보하기 위해 1903년 파나마를 콜롬비아로부터 독립시켰다. 1914년 파나마 운하가 개통됨으로써 〈그림 6〉에서 볼 수 있듯이 대서양과 태평양이 연결되었으며 덕분에 케이프 혼을 우회하는 장시간의 위험한 여행을 하지 않아도 되었다.[2] 운하가 개통되자 미국의 자본가들은 중앙아메리카의 바나나, 페루·콜롬비아·베네수엘라의 석유, 칠레의 구리에 투자하였다. 1917년에는 덴마크의 카리브해 식민지를 구입해 미국령 버진 군도를 만들었다.

미국은 양차대전의 직접적인 피해를 거의 입지 않았으며, 오히려 전쟁을 계기로 군수품을 중심으로 하는 경제 호황까지 맞았다. 2차 세계대전 이후 경제력과 군사력을 바탕으로 미국은 초강대국으로 떠올랐다. 세계 질서는 공산주의와 자본주의 진영으로 양분되었다. 소련을 중심으로 하는 동구 공산주의와 미국을 중심으로 하는 서구 자본주의는 여러 면에서 경쟁하였

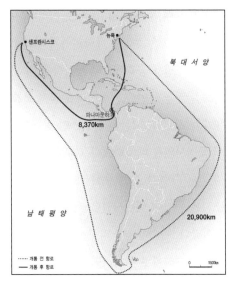

〈그림 6〉 파나마운하 개통 전 · 후 항로

다. 특히 두 진영 간의 군사력 경쟁은 치열하게 전개되었다. 미국과 소련은 전 세계적으로, 특히 중립적인 국가를 상대로 동맹이나 우방을 구축하는 데 몰두했다. 새로운 동반자를 추가한다는 것은 자기 진영의 힘을 강화할 뿐만 아니라 자신들의 체제 우월성을 입증하는 것이기도 했다. 고래싸움에 새우등 터진 격으로 아프리카와 중남미아메리카의 빈곤한 국가들은 소련과 미국 간 경쟁에서 정치적 혼란에 휘말려 희생되는 경우가 많았다. 미국은 특히 지리적으로 가까운 라틴아메리카 지역에서 공산주의 정권이 들어서는 것을 결사적으로 막았다.

1959년 쿠바에서 일어난 카스트로 혁명과 사회주의 정권의 수립은 미국에게는 그야말로 청천벽력 같은 사건이었다. 친미 정권의 폐해에 맞서 혁명을 일으킨 카스트로와 체 게바라는 1960년 사회주의 정권을 세웠다. 쿠바는 미국 플로리다의 최남단 키웨스트에서 불과 150킬로미터 거리밖에

되지 않으며, 미국에게 쿠바 및 아바나는 라틴아메리카로 가는 주요 경유지였다. 미국은 쿠바를 재탈환하기 위해 1961년 4,500만 달러의 비용을 들여 피그스만을 공격했으나 처참하게 패배했다. 이를 계기로 쿠바는 미국과 국교 단절을 선언했고 소련과 협력적 관계를 맺었다.[3] 쿠바와 미국 간 모든 왕래는 끊겼다. 미국은 피그스만 공격이 실패한 이후 소련을 겨냥해 터키에 핵미사일을 배치하였다. CIA는 카스트로의 암살을 기도했으며, 미국에 망명한 쿠바인들을 이용해 카스트로 정권을 전복하려 했다. 여기에 대항해 소련은 쿠바에 핵미사일을 배치했다. 이는 당시 전 세계를 핵전쟁 위기로 몰아갔다. 아슬아슬한 외교전 끝에 미국과 소련이 터키와 쿠바에서 핵미사일을 철수하기로 합의하면서 핵전쟁의 위기를 모면하였다. 하지만 쿠바혁명과 관련된 일련의 사태를 거치면서 공산주의의 확산에 대한 미국의 불안감과 공포심은 더욱 커져만 갔다. 특히 미국은 자국과 가까운 중앙아메리카 및 카리브해 연안에서 공산주의 정권이 들어서는 것을 어떻게든 막고자 했다.

냉장선과 슈퍼마켓

본래 바나나의 원산지는 아시아다. 콜럼버스가 도착한 이후에 아시아의 바나나가 카리브해 지역으로 들어왔다. 그러나 미국의 시카고 시민들이 몇천 킬로미터 떨어진 온두라스의 신선한 바나나를 아침 식사로 먹을 수 있게 된 것은 19세기에 발명된 냉장선 덕분이었다. 오늘날 태평양 건너, 시카고보다 훨씬 더 먼 곳에 사는 우리도 온두라스의 소박한 농부들이 뙤약볕에 구슬땀을 흘려가며 재배한 바나나뿐 아니라 미국 캘리포니아에서 재배된 시큼한 레몬을 집 근처의 슈퍼마켓에서 살 수 있게 되었다. 이는 전 지구적 냉장사슬cool chains이 구축되고 운송기술이 발전하면서, 멀리 떨어진

국가의 농부가 재배한 신선한 과일 및 채소를 저온 상태로 전 세계의 슈퍼마켓에 운송할 수 있게 되었기 때문에 가능해진 일이다.

현재 치키타, 돌, 델몬트와 같은 글로벌 식품기업들은 서로 다른 기후대에 속한 생산자들을 잘 조율하고 연결해 연중 내내 우리의 식탁에 채소와 과일이 오를 수 있게 한다. 이들 기업들은 멀리 떨어진 국가의 소농들과 하청계약을 맺거나 소농을 직접 고용해 수출 가공용 과일과 채소, 작물들을 생산하며, 냉장선을 이용해 소비지로 운송한다. 냉장선 덕에 농가들은 한 국가만을 대상으로 하지 않고 전 지구적 시장에 농산물을 공급할 수 있게 되었다.

식품 소비의 영역을 획기적으로 넓힌 냉장선이 발명된 것은 19세기의 일이었다. 미국 매사추세츠 주 보스턴에 살던 튜더F. Tudor라는 청년이 추운 겨울 호수를 뒤덮은 얼음을 보고, 저 얼음을 열대지역에 갖고 가서 무더위에 지친 사람들에게 팔면 이윤이 남을 것이라고 생각했다. 1806년 2월, 그는 80톤의 얼음을 싣고 보스턴 항을 출발해 카리브의 프랑스령 마르티니크에 도착했으나 얼음은 대부분 녹아버렸다. 그나마 남아 있던 얼음도 보관할 수 있는 냉동창고가 없었고 마르티니크의 사람들은 얼음으로 무엇을 해야 할지 몰랐다. 튜더는 첫 번째 실패 이후에도 30년 동안이나 얼음 수출사업을 포기하지 않았다. 그는 얼음을 팔 열대지역에 단열이 되는 냉동창고를 짓고 그 지역 주민들에게 얼음을 활용하는 법을 가르쳤다. 얼음을 보관하는 단열재로는 톱밥이 가장 효과적이었다.[4] 튜더는 톱밥을 단열재로 사용해 배에 얼음을 싣고 미국 동부해안을 따라 항해하는 데 성공하였다.[5]

용기를 얻은 튜더는 인도에 얼음을 수출하기로 결심했다. 당시 보스턴에서 인도의 콜카타까지는 4~5개월이나 걸리는 먼 항해였고 적도를 두 번이나 통과해야 했다. 또한 정박할 항구의 바깥 기온은 섭씨 32도가 넘었다. 그는 얼음 주변을 톱밥으로 빈틈없이 채운 후 얼음덩이 위에 짚과 사과를 겹겹이 올렸다. 마침내 녹지 않은 얼음을 실은 배가 인도에 도착하였다. 그는 회사를 세워 뉴잉글랜드 지역의 얼음을 미국의 남부뿐 아니라 카리브 해 지역과 유럽, 심지어 인도에까지 수출하였다.[6] 튜더의 얼음 장사 성공기는 19세기 식품 교역의 패턴을 바꾼 획기적인 사건이었다. 사람들은 멀리 떨어진 곳에서 생산되는 과일을 신선한 상태로 먹는 것이 더 이상 불가능한 일이 아니라고 생각하게 되었다.[7]

한편 19세기 중반까지도 신선한 고기를 옮기기 위해서는 가축이 직접 도살장까지 걸어가게 하는 방법밖에 없었다. 따라서 유럽에서는 철따라 장거리를 이동하는 방목을 하였다. 미국의 카우보이는 소를 몰아 데리고 가는 사람들이었다. 도시와 도시 간에 철로가 건설된 이후 카우보이는 기차역까지만 소떼를 몰고 가면 되었고, 소는 살아 있는 채로 기차로 운송되었다. 도시의 도매업자는 살아 있는 소를 사서 도축한 후 소매업자에게 팔았다. 그러나 살아 있는 소를 소비시장까지 이동시키는 것도 쉬운 일이 아니었다. 며칠 혹은 몇 주간 움직이면서 제대로 먹지 못한 소들은 몸무게가 많이 줄었고 무엇보다도 운송비가 많이 들었다. 만약 소를 도축한 후 상하기 전에 전국의 다른 지역으로 배송한다면 비용을 훨씬 절감할 수 있었을 것이다. 그러나 당시로서는 신선한 상태로 고기를 운송하는 것이 대단히 어려웠다. 디트로이트의 정육업자인 해먼드G. Hammonds는 튜더의 얼음 운반선 원리를 이용해 냉동기차를 고안하였다. 그는 냉동기차를 이용해 다른 도시로 고기를 실어 날랐다. 더 이상 소떼를 이끌고 기차에 태워 도시의 도축장까지 갈 필요가 없어졌다.

고기는 먼 곳까지 운송할 수 있게 되었지만, 채소나 과일은 냉동기차에 실어서 이동할 수 없었다. 온도가 너무 낮으면 얼어서 상품가치가 떨어졌기 때문이다. 이에 1879년 스위프트F. Swift가 스위프트-페이스라는 얼음과 소금을 채운 냉장열차를 개발하였다. 냉장열차에 실은 농산물들은 얼지도 않고 신선한 채로 먼 곳까지 운송할 수 있었다.[8] 냉장차량 덕에 도시 사람들은 먼 농장에서 재배한 과일과 채소를 훨씬 더 신선한 상태로 식탁에 올릴 수 있게 되었고 멀리 떨어진 곳에서 도축한 고기도 신선한 상태에서 먹을 수 있게 되었다. 심지어 다른 나라에서 재배된 이국적인 과일과 채소도 맛볼 수 있게 되었다.

치키타나 돌같은 글로벌 과일기업은 이와 같은 냉동 및 냉장 운송수단의 개발 덕에 본격적으로 사업을 시작할 수 있었으며, 잘 짜인 물류 시스템 덕에 성장하였다. 채소와 과일 같은 농산물은 빠른 시간 내에 신선한 상태로 수송되어야 한다. 우리가 먹는 과일이나 채소, 특히 외국산 농산물들은 재배 이전부터 판매자와 계약을 맺고, 판매자의 기준에 맞는 선도, 당도, 크기 등에 맞추어 재배된다. 또한 선적 및 유통에 걸리는 시간을 고려해 수확을 한다. 수확된 채소와 과일은 미리 짜인 일정을 따라 최대한 빨리, 신선하게 선박, 항공기, 기차, 트럭 등을 통해서 국경을 넘고 바다를 건너 세계 곳곳으로 배송된다.

글로벌 과일기업의 성장은 최근 슈퍼마켓을 통한 농산물의 유통량이 증가함에 따라 가속화되었다. 먼 거리를 이동한 후 '입국심사'를 마친 채소와 과일들은 소비국가의 유통망을 이용해 전국으로 배포된다. 이 과정에서 전국적인 혹은 전 세계적인 유통망을 갖춘 슈퍼마켓 시스템이 결정적인 역할을 하였다. 1990년경 코스트코 같은 세계적인 슈퍼마켓을 통한 식품 판매 비율은 전체의 약 10~20퍼센트에 불과했지만, 2000년대 초반에는 50~60퍼센트로 증가한 것으로 추정된다. 미국, 영국, 프랑스의 경우 2005년 슈퍼마켓을 통한 식품 판매 비율이 70~80퍼센트에 이른다. 슈퍼마켓을 통한 농산물 유통 비율의 증가 경향은 유럽 및 북미에서 시작해 라틴아메리카, 동남아시아, 중국, 인도, 러시아 등을 비롯해 아프리카 지역으로도 확산되고 있다.

오늘날에는 제철 과일이나 지역 식품이라는 말이 사실상 별 의미가 없게 되었다. 냉장선이 개발되고 슈퍼마켓 시스템이 도입된 이후 미국의 글로벌 식품기업들은 과일, 채소, 고기의 생산을 계획적으로 외주화해 시장에 제공하고 있다. 뉴욕 시민들은 추운 겨울날에도 저녁 식사로 멕시코 산 신선한 아보카도 샐러드와 아르헨티나 팜파스에서 기른 쇠고기 스테이크를 먹는다. 물론 칠레산 청포도와 온두라스 산 바나나는 후식으로 즐긴다. 반면 빈곤한 국가의 농부는 수출 및 판매를 위한 특정 작물만 재배하도록 독려된다. 심지어 정치적 혼란을 부추기면서까지 특정 작물을 재배하도록 강요당하고 있다. 바나나공화국Banana Republic[9]이라고 불리는 중앙아메리카의 여러 국가의 사례는 이를 잘 보여준다.

2. 엘풀포와 바나나공화국

철도를 따라 간 바나나

바나나리퍼블릭(바나나공화국)은 미국의 직·간접적인 영향에 놓인 중앙아메리카의 국가들을 비웃는 표현으로 정치적으로는 불안정하고, 국가 경제가 바나나를 비롯한 한두 가지 농산물을 수출하는 데에만 절대적으로 의존하며, 부패한 독재자가 정권을 장악한 나라를 지칭하는 용어다. 코스타리카, 엘살바도르, 온두라스, 니카라과, 과테말라 등 중앙아메리카의 여러 나라들이 여기에 속한다.

〈그림 7〉 중앙아메리카의 바나나 공화국

빈곤한 나라가 경제성장을 위한 기본적인 인프라, 특히 철도나 항만 시설 등 비용이 많이 들어가는 사회기반시설을 갖추기 위해서는 부유한 국가의 자본에 의존할 수밖에 없다. 바나나공화국으로 불리는 중앙아메리카 국가들의 철도나 항만은 대체로 유나이티드프루츠(현재 치키타)나 스탠다드프루츠(현재 돌) 등 미국 식품기업 자본에 의해 건설되었다. 이들 기업들은 사회기반시설을 건설해주는 대신 토지를 무상으로 불하받고 관세를 면제받는 등 특혜를 받았으며, 심지어 이들 국가의 실질적 총독 노릇을 하였다.

열대 아시아가 원산지인 바나나는 쌀, 밀, 옥수수에 이어 네 번째로 중요한 식용작물이다. 미국은 세계에서 가장 많은 바나나를 수입하는 나라다. 동시에 자국에서는 단 한 개의 바나나도 생산하지 않지만 바나나 수출로 세계에서 가장 많은 돈을 버는 나라이기도 하다. 바나나가 서구인, 특히 미국 소비자들의 식생활에 소개된 것은 1870년이다. 미국의 베이커[L. D. Baker]는 베네수엘라에 광산용 채굴 기계를 운반해주고 돌아오는 길에 자메이카에 들러 바나나를 처음 맛보았다. 열대지역에서 바나나는 수확량이 많고, 매우 저렴한 과일이었으며 한 끼 식사로도 손색없는 유용한 과일이었다. 그는 기계를 싣고 갔던 화물선 텔리그래프호에 잘 익은 바나나를 싣고 뉴욕으로 돌아왔다. 미국에 바나나가 처음 도착한 순간이었다.[10] 이후 보스턴의 무역상들이 저렴한 자메이카산 바나나를 수입해 미국의 소비자들에게 공급하기 시작했다. 베이커는 10년 동안 과일무역에 종사하면서 동료와 함께 보스턴프루츠사를 설립하였다. 이들은 자메이카에 바나나 플랜테이션 농장을 세웠다.

한편 당시 미국의 젊은 사업가 키스[M. C. Keith]는 코스타리카 철도 건설을 도와달라는 형의 초청을 받았다. 당시 쿠데타로 정권을 잡은 구티에레스[T. G. Gutierrez] 대통령은 코스타리카산 커피를 유럽으로 수출하기 위해 내륙에서 카리브해까지 철로를 건설하고자 했다.[11] 코스타리카의 주요 커피 재배지는 중부 계곡의 고지대였다. 당시까지만 해도 커피콩은 달구지나 나귀의 등에 실려 울창한 밀림지대를 가로지른 후 태평양 연안의 항구도시 푼타레나스까지 운반되었으며, 그곳에서 외국으로 수출되었다.[12]

〈그림 8〉 1871년 코스타리카 철도 건설

열대우림을 가로지르는 철로를 건설하는 것은 매우 힘들고 어려운 일이었다. 노동력 확보와 재정적 어려움에 처한 코스타리카 정부는 키스에게 철로를 완공하는 대가로 철로부설 인근 지역의 미개간지 80만 에이커의 땅을 불하한다는 파격적

조건을 제시하였다. 이는 코스타리카 전 국토의 7퍼센트에 해당하는 어마어마한 크기의 땅이었다. 1871년 코스타리카 최초의 철로가 수도인 산호세에서 카리브해 연안도시인 푸에르토리몬까지 건설되었으며 이후 커피 재배지와 항구를 잇는 철로들이 연이어 건설되었다.[13]

키스는 불하받은 철로 주변의 80만 에이커에 파나마에서 수입한 그로스미셀 종이라는 바나나를 심었다. 바나나는 처음에는 노동자에게 먹일 식량으로 재배되었지만 곧 코스타리카 수출경제의 중심이 되었다. 키스는 3개의 바나나 수출회사를 소유하게 되었고 1882년 구티에레스 대통령이 사망하자 코스타리카에서 가장 강력한 권력을 갖게 되었다. 1899년 키스는 경쟁업체였던 보스턴프루츠와 연합해 유나이티드프루츠를 차렸다. 유나이티드프루츠는 냉장선을 이용해 미국 동부해안의 도시들에 바나나를 공급하였다.

이러한 과정이 과테말라에서도 반복되었다. 키스는 과테말라의 푸에르토바리오스 항구와 수도인 과테말라시티를 잇는 철로를 완공하는 조건으로 과테말라 정부로부터 철로 주변의 25만 에이커의 토지를 불하받았다. 또 35년 동안 수출세와 토지세를 면제 받았으며, 푸에르토바리오스의 부두를 통제하는 권한도 부여받았다.[14] 키스는 과테말라에서도 철로를 따라 바나나 나무를 심었다. 비슷한 사례가 파나마 서부와 온두라스에서도 나타났다. 이렇게 유나이티드프루츠는 온두라스, 과테말라, 코스타리카, 파나마, 자메이카, 콜롬비아 등지에 바나나 플랜테이션을 경영하면서 중앙아메리카 지역에 거대한 제국을 건설하였다. 사람들은 문어발식으로 중남미 전역을 장악했다고 해서 유나이티드프루츠를 가리켜 엘풀포el Pulpo('문어'라는 의미의 스페인어)라고 부른다.

유나이티드프루츠는 바나나를 재배하기 위해 삼림을 파괴했고, 값싼 바나나를 미국 시장에 공급하기 위해 현지 주민들에게 강압적인 노동을 요구했다. 바나나 농장에서 일하는 노동자들은 형편없는 숙소에서 생활했으며 회사가 운영하는 매점에서만 물건을 구입해야 했다. 매점은 스페인의 식민지배 시대부터 노동력을 농장이나 작업장에 묶어두는 전통적인 방식이었다. 원리는 간단하다. 노동자들이 일자리를 얻으려면 고용주가 운영하는 매점에서만 생필품을 구입해야 한다. 매점에서는 일반 상점에 비해 터무니없이 비싼 가격으로 곡물, 의류 등 생필품을 판매했다. 노동자들은 열심히 일하지만, 날이 갈수록 매점 외상장부에는 빚이 쌓여 갔다. 노동자들은 평생 열심히 일했지만 막대한 양의 부채를 매점, 즉 고용주에게 진 채로 죽게 된다. 고용주는 이 빚을 사망한 노동자의 자녀에게 물려주었다. 매점은 노예제도를 대신해 노동자들을 일자리에 묶어두고 노동을 강제하는 제도였다.[15] 이에 분노한 노동자들이 파업을 해도 유나이티드프루츠는 아랑곳하지 않았다.

슬픈 바나나공화국, 과테말라

과테말라는 대표적인 바나나공화국이며, 세계에서 가장 가난한 나라 중 하나다. 멕시코 남부 유카탄 지역과 함께 마야문명의 발상지인 과테말라는 국토 면적이 한반도의 2분의 1에 불과한 작은 국가다. 독립 이후 100여 년 동안 과테말라 정부는 유나이티드프루츠의 영향력 하에 있었다. 미국의 바나나 회사인 유나이티드프루츠는 과테말라의 바나나 농업뿐만 아니라 정치·경제·사회 전반을 손아귀에 넣고 쥐락펴락하였다.

본래 과테말라를 비롯한 중앙아메리카 지역에서 매우 유리한 사업을 진행하던 유나이티드프루츠는 미국인 제머리S. Zemurray에 의해 글로벌 과일 기업이자 미국의 신제국주의를 상징하는 기업으로 성장하였다. 가난한 러시아 이민자 출신 미국인 제머리는 1899년 바나나 사업에 뛰어들었다. 자본이 적었던 그는 너무 익어서 빨리 처분해야 하는 바나나를 싸게 구입한 뒤 소상인에게 판매해 돈을 벌었다. 유나이티드프루츠와도 너무 익은 바나나를 처분해주는 계약을 맺으면서 처음으로 인연을 맺었다. 그의 사업은 날로 번창하였다. 2대의 화물선을 소유하고 온두라스 바나나 플랜테이션을 운영하게 되자 그는 직접 쿠야말프루츠를 창립하였다.[16]

1910년경 중앙아메리카 국가들은 정치적 혼란과 경제적 어려움이 가중되어 유럽에서 들여온 차관을 갚지 못하고 있었다. 미국은 중앙아메리카에서 자신들의 지배력을 강화하기 위해 모건 은행으로 하여금 중앙아메리카 국가들에 대한 채무지급 보증을 서게 하였다. 그리고 중앙아메리카 국가의 세관에 모건 은행의 직원들을 파견해 수출입 물품에 대한 관세를 직접 징수하게 하였다. 이에 제머리는 관세를 회피하고자 자신이 정치적으로 후원했던 온두라스 대통령 다빌라M. R. Da'vila를 압박하였다. 그러나 미국 정부 역시 다빌라를 압박해 제머리의 말을 듣지 못하도록 하였다.

제머리는 자신의 요구 사항이 받아들여지지 않자 다빌라 대통령을 권좌에서 끌어내리기로 결심했다. 그는 전직 대통령이었던 보니야M. Bonilla에게 소수의 사병집단과 소총, 탄약, 기관총이 실린 개인 화물선을 주고 쿠데타를 종용하였다. 그로부터 6주 후, 온두라스 정부는 쿠데타로 전복되었고, 보니야는 다시 대통령이 되었다. 온두라스 의회는 제머리의 사업권을 보장해주었고 그에게 25년간 납세 의무를 면제해주는 특별법을 통과시켰다. 1930년경 쿠야말프루츠는 온두라스 및 니카라과와 뉴올리언스 사이를 오가는 증기선 13대를 보유했고, 별도의 사탕수수 플랜테이션 농장과 정제소도 소유하고 있었다. 유나이티드프루츠와의 경쟁도 치열해졌다.

1929년 노동자 파업의 후유증으로 유나이티드프루츠의 주가는 떨어졌고, 쿠야말프루츠의 주가는 올랐다. 유나이티드프루츠는 최고 경영자인 키스가 사망하자 쿠야말프루츠와 경쟁하기보다는 인수합병하는 것이 낫다고 판단하였다. 제머리는 유나이티드프루츠의 최대 주주가 되고 이사직을 얻는 조건으로 유나이티드프루츠에 쿠야말프루츠를 합병시켰다. 이후에도 회사의 주가가 계속 떨어지자 유나이티드프루츠는 그에게 경영책임을 맡겼다. 제머리가 유나이티드프루츠의 최고 경영책임자가 되었을 때 회사는 심각한 위기 상황이었다. 1940~1950년대에 바나나 나무를 죽이는 파나마병(곰팡이병)이 발병해 토양을 감염시켰고 농장의 바나나가 절멸 위기에 처한 것이다.[17] 그는 바나나 농장을 옮기는 한편, 농장 인력을 감축하고 임금을 삭감했다. 그러나 그는 무엇보다도 냉전체제를 활용해 중앙아메리카 여러 국가들을 길들임으로써 특혜를 보장받는 방식으로 위기를 타개하였다.

1999년 6월 1일 이탈리아 볼로냐에서는 테너 가수 루치아노 파바로티가 머라이어 캐리, 라이오넬 리치, 비비킹, 글로리아 이스테판 등 세계적으로 쟁쟁한 가수들과 함께 '과테말라와 코소보 난민을 위한 파바로티 앤 프랜즈'라는 자선공연을 열었다. 당시 코소보 사태는 날마다 언론에서 다뤄졌기 때문에 코소보 난민을 위한 공연은 이해가 되었다. 하지만 대부분 사람들은 과테말라 내전이 얼마나 심각했는지 몰랐기 때문에 과테말라 난민을 위한 공연이 뜬금없게 느껴졌다. 1999년 클린턴 미국 대통령은 과테말라를 방문해 아르수 대통령에게 과거 미국의 과테말라 군사정권 지원이 잘못된 것이라며 사과하였다. 과테말라 난민을 위한 공연, 미국 대통령의 사과 등을 볼 때 과테말라의 난민과 미국의 개입은 밀접한 관계가 있을 것이라고 생각할 수 있다. 또한 그 중간에는 다국적 바나나 기업인 유나이티드프루츠가 깊숙이 연루되어 있었다. 유나이티드프루츠의 과테말라 길들이

기는 미국의 기업과 군대가 어떻게 중앙아메리카 국가들을 바나나공화국으로 만들었는지 잘 보여준다.

1950년대까지 코스타리카와 온두라스는 수출액의 절반 이상을 바나나 단일품목이 차지했는데, 유나이티드프루츠가 이를 독점하였다. 유나이티드프루츠는 이들 국가에 절대적인 영향력을 행사했다. 2차 세계대전 이후 중앙아메리카 지역에도 변화의 바람이 불었다. 1953년 코스타리카에서 치러진 선거에서 사회민주주의 성향의 페레르J. F. Ferrer가 대통령으로 당선되었다. 페레르 대통령은 코스타리카에서 바나나 생산을 독점하던 유나이티드프루츠를 추방하지 않는 대신 국가가 받던 이익 배당금을 10퍼센트에서 30퍼센트로 상향 조정하였다.[18]

코스타리카가 유나이티드프루츠와의 협상에 성공하자 과테말라와 온두라스 등 이웃 나라에서도 이러한 움직임이 일었다. 그러나 제머리는 코스타리카와의 협상을 다른 나라에서까지 반복하고 싶지 않았다. 그는 과테말라를 희생양으로 삼아 중앙아메리카 국가들에게 더 이상의 협상은 불가함을 보여주고자 하였다. 1950년 아르벤스s. Arbenz Guzman가 사회주의 세력의 절대적인 지지를 받아 과테말라 대통령에 당선되었다. 코스타리카가 유나이티드프루츠로부터 자국 이익 배당금을 10퍼센트에서 30퍼센트로 상향 조정하던 당시 과테말라의 대통령은 아르벤스였다.

아르벤스 대통령은 진보적인 개혁정책의 일환으로 농지개혁을 단행하였다. 그는 유나이티드프루츠가 소유한 농지 중 휴경지를, 그 회사가 신고한 가격대로 매입하였다. 당시 유나이티드프루츠가 바나나 생산을 위해 소유했던 엄청난 토지 중 85퍼센트가 휴경지였다.[19] 유나이티드프루츠는 그동안 세금을 회피하기 위해 토지가격을 실제보다 훨씬 낮은 금액으로 신고해왔다. 그는 싼값에 사들인 농지를 10만 가구의 땅 없는 농민들에게 배분하였다.

그런데 아르벤스는 상대를 잘못 골랐던 것 같다. 토지를 빼앗긴 제머리는 아르벤스 대통령을 제거하기 위해 자신의 정치력과 경제력을 적극 이용하였다. 먼저 정치적으로는 미국 정부를 대상으로 강력한 로비활동을 하였다. 당시 유나이티드프루츠와 제머리에게는 앨런 덜레스A. Dulles라는 든든한 후원자가 있었다. 덜레스는 아이젠하워 대통령 정권의 미국중앙정보국 CIA 국장이었다. 또한 덜레스의 집안은 미국에서 매우 영향력이 높았는데, 할아버지와 삼촌은 국무장관을 지냈고, 형 존 포스터 덜레스는 아이젠하워 대통령 행정부의 국무장관이었다. 이 막강한 두 형제는 당시 유나이티드프루츠의 주주였다. 더구나 형 존 포스터 덜레스 미 국무장관은 개인적 이해관계를 넘어 중앙아메리카에 공산주의가 확산되는 것을 막기 위해서라도 과테말라의 아르벤스 정권을 끌어내릴 필요가 있다고 판단하였다.[20]

제머리는 정치인뿐만 아니라 대중의 지지도 얻어야 한다고 판단해 많은 돈을 들여 여론을 조작하였다. 유나이티드프루츠는 버네이즈E. Bernays와 계약을 맺어 회사의 긍정적 이미지를 만들어내고 있었다.[21] 버네이즈는 우리에게는 다소 생소하지만 미국에서는 'PR의 아버지'라 불릴 정도로 유명하다. 시사 주간지 《타임TIME》은 그를 '미국 PR의 토마스 에디슨'이라 극찬하기도 하였다. 그는 베이컨의 판매량을 늘리기 위해 미국식 아침식사라는 생활양식을 만들어낸 사람이기도 하다. 미국식 아침식사는 유럽식 아침식사보다 푸짐하다. 유럽식 아침식사가 페이스트리, 토스트, 크루아상 등 빵 종류와 커피, 주스 등으로 간단히 먹는 반면, 미국식 아침식사는 빵, 커피, 주스 이외에도 베이컨, 햄, 계란 등 지방과 단백질이 풍부한 뜨거운 조리음식이 추가된다. 1920년대 중반 미국의 한 대형 베이컨 생산업체가 판매를 촉진하기 위해 버네이즈에게 도움을 요청했다. 버네이즈는 베이컨 판매량을 높이기 위해 아침식사를 충분히 하는 것이 건강에 좋다는 뉴욕의 저명한 의사들의 의견을 모아 신문에 실었다. 기사 덕에 사람들은 든든한 식사의 대명사로 생각되는 베이컨과 달걀을 추가로 먹기 시작하였다.[22] 우리가 호텔 메뉴판에서 보던 미국식 아침식사는 이렇게 버네이즈가 고안한 것이다.

버네이즈는 영특하고 천재적인 능력으로 과테말라에 매우 가혹한 일을 했다. 《뉴욕타임스》의 기사에 대한 대중들의 신뢰도가 높다는 것을 잘 알았던 버네이즈는 이 신문이 유나이티드프루츠에 대해서는 호의적인 기사를, 과테말라에 대해서는 적대적 기사를 쓰도록 부추겼다. 그는 기사를 통해 과테말라의 아르벤스 정권이 미국의 정치적 안정에 위협을 가하는 공산정권이라는 인식을 대중들에게 심어주고자 했다. 1952년에는 취재를 위해 언론인들과 함께 과테말라를 여행하였다. 버네이즈와 동행했던 언론인들은 자신들이 자유롭게 여행을 하였고 느낀 그대로 기사를 썼다고 생각했지만, 사실 여행 도중 일어난 대부분 상황은 버네이즈가 치밀하게 계획하고 연출한 것이었다. 기자들은 과테말라의 상황에 대해 왜곡된 기사를 쓸 수밖에 없었다. 그러나 《뉴욕타임스》의 과테말라 특파원은 과테말라의 상황에 대해 잘 알았기 때문에 버네이즈가 원하는 방향대로 기사를 쓰지 않았다. 그는 그 일로 인해 멕시코시티로 전보 발령을 받았다.[23]

제머리의 정치적 로비와 버네이즈의 여론 형성 결과, 미국은 베네수엘라의 수도 카라카스에서 열린 제10회 미주기구[24]회의에서 공식적으로 과테말라를 공산주의 정권으로 규정하였다. 그러나 당시 과테말라는 소련과 공식적인 외교관계조차 맺지 않은 나라였다. 미국은 아르벤스 정권을 전복시키기로 결정하였다. 1953년 아이젠하워 대통령은 피비 석세스PB Success라는 아르벤스 정권 전복 작전을 위해 특별 예산을 편성하였다.

이 작전을 통해 아르벤스 대통령의 측근 70여 명이 살해되었다. 위기를 느낀 아르벤스 정권은 노동자와 농민으로 구성된 민병대를 창설하고 폴란드에서 무기를 수입하였다. 1954년 미국의 CIA와 미국 해병대의 지원 하에 아르마스c. c. Armas 대령이 과테말라를 침공하였다. 아르벤스 대통령은 멕시코로 망명해 우루과이, 멕시코 등지를 떠돌다 1971년 멕시코시티에서 사망하였다. 이로써 1945년부터 10년간 지속되었던 과테말라의 민주주의는 사라졌다.

피비 석세스 작전은 제머리에게는 성공적인(?) 것이었지만 과테말라에는 비극적인 역사의 시작이었다. 1954년 아르벤스 대통령이 유나이티드 프루츠의 땅을 농부들에게 불하한 사건으로 촉발된 미국 CIA의 개입은 이후 과테말라 내전으로 발전했으며, 내전은 무려 40년간 지속되었다. 미국의 개입으로 아르벤스 정권을 축출하고 대통령이 된 아르마스는 아르벤스 정부가 수용했던 유나이티드프루츠의 토지를 제머리에게 돌려줬다. 아르마스 대통령은 1956년 헌법을 새로이 제정해 모든 진보정당들을 해산시켰고 반정부 세력을 더욱 심하게 억압하였다. 그의 집권 시기 1만여 명이 넘는 반정부 인사들이 사망했으며, 결국 그 자신도 암살당했다. 1996년까지 20만 명 이상이 살해되었고 100만 명 이상이 다른 나라로 망명하였다.

미국은 군사독재정권에 대한 군사적·경제적 원조를 아끼지 않음으로써 과테말라에서 패권을 공고히 하였다. 미국으로부터 자금과 군사훈련을 제공받은 정부군은 반군을 축출한다는 명분으로 마을을 불태우고 파괴했다. 내전의 와중에 대량학살도 자행되었다. 과테말라 경제 역시 내전으로 인해 피폐해질 대로 피폐해졌다. 세계적으로 흥행했던 영화 〈코만도〉나 〈바나나공화국〉 등에서 묘사된 것처럼, 과테말라는 이렇게 미국에 의해 조정되는 우스꽝스러운 바나나공화국이 되고 말았다.

과테말라를 송두리째 뒤흔든 유나이티드프루츠의 정치적 폭력은 온두라스, 파나마, 니카라과 등 이른바 바나나공화국이라고 불리는 중앙아메리카의 다른 국가에서도 유사한 패턴으로 이어졌다. 회사의 요구가 있으면 미국 정부는 이들 국가에 군대를 보냈다. 1903년 이후 미국은 온두라스를 일곱 차례나 침공했고, 1920~1930년대 유나이티드프루츠는 자신들에게 협조적인 온두라스 정부를 세웠다. 미국은 파나마에 1908년 이후 네 차례나 침공하였고, 1910년에는 니카라과, 그리고 1921년에는 코스타리카를 침공하였다. 그리고 유나이티드프루츠는 이들 국가에 자신들에게 협조적인 정부를 세웠고 오랜 기간 무소불위의 권력을 행사하였다.

　유나이티드프루츠가 폭력적 권력을 행사하는 데에는 냉전체제가 중요한 배경이 되었다. 따라서 냉전체제가 종결되자 더 이상 기존의 강력한 권력을 행사할 수 없었다. 바나나공화국들은 민주주의 국가로 재탄생하기 위해 힘든 진통을 계속해왔지만 상황은 쉽지 않다. 오늘날에도 여전히 과테말라, 온두라스, 코스타리카의 국가경제는 바나나에 의존하고 있다. 정치적으로 불안하며 사회적 갈등은 심각하다. 실업률이 높고 빈부격차가 극심해 전체 인구의 절반 이상이 빈곤선 이하의 생활을 하고 있다. 예를 들어 과테말라는 상위 10퍼센트가 전체 소득의 절반 정도를 벌어들이고 있으며, 전 국민의 약 60퍼센트가 빈곤층에 속한다. 농촌에서는 경제적 상황이 더욱 열악해 농촌 인구 5명 중 4명이 굶주리고 있다. 국민의 절반 이상이 글을 읽지 못하며 의무교육제도도 효과를 거두지 못하고 있다.

　과테말라의 수도 과테말라시티의 쓰레기 매립장에서는 매일 4,000여 명에 달하는 극빈층 주민들이 쓰레기를 뒤진다.[25] 새벽이 되면 도심에서 얼마 떨어지지 않은 이 더럽고 위험한 작업장에 사람들이 도착한다. 이들은 은이나 금 같은 귀금속을 찾기 위해 쓰레기 산을 오르며 쓰레기에서 흘러나온 유독물질이 가득한 회색빛 강에 몸을 담근다. 운이 좋으면 쓰레기더미에 잘못 버려진 금목걸이나 반지를 찾을 수도 있다. 금이나 은을 찾지 못하면 재활용이 가능한 못이나 나사 등을 찾는다. 못이나 나사를 찾아도 500그램에 1,000원도 받지 못한다. 쓰레기 캐넌이라고 불리는 이 쓰레기더미는 폭우가 내리면 무너져서 이곳에서 쓰레기를 뒤지던 사람들이 매몰되어 죽거나 실종되기도 한다.

최근 소비자들은 친환경적이고 공정한 바나나를 원하고 있다. 건강과 환경을 걱정하는 소비자가 늘면서 유기농 바나나에 대한 수요가 증가했고, 자신의 소비가 세계를 좀 더 정의롭게 변화시킬 수 있을 것이라는 믿음을 가진 소비자가 늘면서 공정무역 바나나에 대한 관심도 증가하였다. 중앙아메리카 국가를 쥐락펴락한 유나이티드프루츠는 미국의 신제국주의의 민낯을 상징하는 부끄러운 이름이었다. 최근 유나이티드프루츠는 기업이미지를 쇄신하기 위해 기업명을 치키타로 바꿨다. 또한 사회적 책임을 지는 기업이라는 이미지가 이윤 창출에 도움이 될 것이라 판단해 다국적 과일기업 중 가장 먼저 SA8000인증[26]을 획득하였다. 미국 신제국주의의 첨병이자 상징이었던 기업이 노동자 권리를 보장하고 친환경 공정무역 바나나를 생산하는 기업으로 표면적으로는 완벽하게 탈바꿈했다. 우리는 치키타의 과거를 모른 채 유기농 공정무역 바나나를 구매한다는 일종의 자부심을 느끼며 치키타 바나나를 장바구니에 담고 있다.

바나나 소송 사건: 돌과 니카라과의 농부

치키타와 함께 바나나 시장을 양분하고 있는 돌Dole은 1960년대 바나나 뿌리에 기생하는 해충을 박멸하기 위해 '네마곤'이라는 살충제를 중앙아메리카의 바나나 플랜테이션에 대량으로 살포했다. 당시 네마곤은 강한 독성 때문에 미국에서는 금지되었던 약품이다. 니카라과의 바나나 플랜테이션에서 일했던 12명의 노동자들은 과도한 네마곤 사용으로 불임이 되고 암에 걸렸다며 1970년대에 돌을 상대로 소송을 제기했다. 재판은 30여 년간 지속되었으며 2007년 미국 로스엔젤레스 재판부는 니카라과 농부들의 손을 들어주었다. 힘없는 니카라과 농부들이 세계적 기업인 돌을 상대로 승리한 것이다. 이 사건은 미국 법원이 다국적기업의 네마곤 사용과 관련해 외국인 노동자의 손을 들어준 첫 번째 사례였다. 미국 법원에는 아직도 에콰도르, 코스타리카, 온두라스, 과테말라, 파나마 등 중남미 바나나 농장 노동자들이 제기한 같은 내용의 소송이 5건이나 더 남아 있다.

스웨덴 다큐멘터리 영화감독 게르텐은 골리앗과 같은 거대 다국적기업 돌에 맞서 승리를 거둔 12명의 니카라과 농부의 이야기를 그린 〈바나나 소송사건Bananas!〉(2009)이라는 다큐멘터리 영화를 제작하였다. 영화는 돌이 미국에서는 사용이 금지된 살충제를 니카라과에서 사용했다는 간단한 사실을 알렸다. 그러나 거대 다국적기업의 치부를 드러내는 것은 몹시 힘든 일이었다. 돌은 다양한 미디어 매체를 통해 자신들이 잘못한 것이 아니라 다큐멘터리가 잘못되었다는 식으로 사실 자체를 왜곡하였다. 또한 돌은 영화 상영을 막기 위해 영화감독이 허위 사실을 유포하였다고 주장하며 감독을 상대로 소송을 제기하였다. 이에 게르텐 감독은 〈바나나 소송사건, 그 이후Big Boys Gone Bananas!〉(2012)라는 다큐멘터리 영화를 통해 영화 〈바나나 소송사건〉의 상영을 막고자 돌이 제기한 소송에 맞선 그의 노력을 그렸다. 그를 구한 것은 스웨덴의 소비자였다. 스웨덴 국회에서 '바나나 소송사건'이 공개 상영된 것을 시작으로 돌의 제품에 대한 불매운동이 일어나자 돌은 결국 소송을 철회했으며, 게르텐 감독은 승소하였다. 그의 영화는 전 세계 50여 개 국가에서 상영되었으며 미국에서도 35개가 넘는 주에서 개봉되었다.

7장

누가 진짜 해적일까?

정부의 기능이 사실상 중단되자 소말리아 해역은 외국의 큰 어선들이 차지하게 되었다. 외국의 큰 어선들이 소말리아 해역의 물고기를 싹쓸이했고, 소말리아 어민들이 잡은 고기를 강탈했으며, 그들의 어망을 훼손하기까지 했다. 심지어 외국 어선들은 소형 어선들에게 충돌과 협박을 자행해 소말리아 어민들을 어장에서 쫓아냈다. 외국 선박들의 횡포는 이에 그치지 않았다. 외국 선박들은 소말리아 해역에 유독성 폐기물을 방류하였다. 소말리아 해역까지 폐기물을 싣고 와 방류할 경우 그 처리비용이 유럽의 100분의 1에 불과하기 때문이었다. 대형 어선들의 횡포와 해역의 오염으로 소말리아 바다에서는 물고기가 사라지기 시작했다. 물고기를 잡을 수 없게 된 소말리아 어부들, 일자리를 잃은 도시의 실업자, 전직 해군 출신들이 살기 위해 해적이 되었다.

1. 국가 대신 국제기구

IMF와 세계은행의 탄생

2차 세계대전이 끝나갈 무렵, 국제사회는 안정적인 세계 경제질서를 구축하기 위해 새로운 국제무역과 통화정책을 재편할 필요가 있었다. 이를 위해 영국의 케인스M. Keynes와 미국의 화이트H. D. White를 비롯한 44개국 관료가 1944년 여름 미국 뉴햄프셔에 위치한 브레턴우즈에서 만났다. 이들은 1930년대 대공황이 2차 세계대전의 발발로 이어졌다는 반성 아래 대공황이라는 쓰라린 경험을 되풀이하지 않도록 국제무역과 국제통화 규범에 대해 논의하였다. 그들은 단 3주 만에 새로운 무역규범과 통화규범에 대해 합의했는데, 이를 브레턴우즈 협정Bretton Woods agreement이라 한다. 브레턴우즈 협정은 이후 약 30년 동안 세계 경제를 지배하였다.

브레턴우즈 협정을 만드는 데 44개국 관료가 참석했지만, 이 협정은 실제로는 케인스와 화이트가 주도한 영국과 미국 간의 협정이었다.[1] 영국 정부를 대표해 브레턴우즈 회의에 참가한 케인스는 1936년에 대공황이 발생하고 지속되는 원인을 분석한 『고용, 이자 및 화폐의 일반 이론The General Theory of Employment, Interest and Money』이라는 걸작을 출간해 당대 최고의 영향력을 지닌 경제학자였다. 그는 장기적 관점에서 보면 수요와 공급이 보이지 않는 손에 의해 균형을 이루겠지만, 그때는 이미 우리 모두가 죽어 있을 것이라고 하면서 자유주의 경제체제를 비판하였다. 단기적으로 보면 수요가 너무 많거나 공급이 너무 많은 수급불균형의 문제가 언제든지 발생할 수 있다는 것이다.[2] 그는 수요가 너무 많을 때는 정부가 흑자재정을 편성해 금리를 인상하면 지나친 호황을 통제할 수 있고, 수요가 너무 적을 때는 적자재정 혹은 감세정책을 도입해 화폐공급을 늘림으로써 불황을 예방할 수 있다면서 국가개입주의를 주장하였다.

브레턴우즈 협상에서 케인스는 정부가 개입해 국가 내 수요와 공급을 조정할 필요가 있듯이 국가 간 교역에서 발생할 수 있는 국제수지불균형도 조정할 수 있는 시스템이 필요하다고 주장하였다. 그래서 그는 국제청산동맹International Clearing Union, ICU을 설립할 것을 제안했다. 그의 안은 야만적 유산인 금본위제도를 폐지하고 국제화폐인 방코르bancor를 도입해[3] 국제결제를 청산거래 방식으로 하며, 국제수지불균형에 대해서도 적자국과 흑자국 모두가 책임을 분담하는 방법으로 조정하고 국제적인 자본의 이동을 효과적으로 통제하는 방안 등을 포함하고 있었다.[4]

그러나 케인스의 안은 미국에 의해 거부당했다. 미국은 당시 세계 산업 생산의 절반 이상을 담당하고 세계 금 보유고의 3분의 2를 가진 나라였기 때문에 케인스의 주장을 수용할 수 없었다. 미국 대표였던 화이트는 타협책으로 미국 달러만 일정한 비율로 금으로 바꿀 수 있도록 하고, 다른 나라의 통화가치는 달러에 고정시키자고 제안하였다. 결국 미국 대표인 화이트의 주장이 받아들여졌으며, 달러와 금의 교환비율은 금 1온스당 35달러로 정해졌다. 미국 달러는 국가 간의 결제나 금융거래의 기본이 되는 기축통화가 되었다. 미국 화폐가 기축통화가 된다는 것은 미국이 세계 경제를 주도한다는 것을 의미했다.

케인스가 미국과 협상에서 자신의 입장을 고수하며 협상하는 것은 거의 불가능했다. 그는 이미 쇠잔해진 패권국의 재무장관 보좌관이었고 그의 상대는 새로운 패권국으로 등장한 미국의 재무차관이었다. 케인스의 제안은 무산되었지만 그의 주장이 완전히 폐기된 것은 아니었다. 케인스는 쇠락한 영국을 대표했지만 당시 그의 지적 권위는 대단했다. 브레턴우즈의 협상 파트너인 화이트나 당시 미국 대통령이었던 루스벨트는 다행히 케인스 이론을 존중하는 이른바 케인지안들이었다.

민간부문과 여러 나라의 국제기관을 통제·조정할 수 있는 국제금융 시스템이 필요하고, 저개발국과 선진국이 하나의 네트워크로 상호이익을 추구할 수 있는 국제 통화질서를 구축해야 한다는 케인스의 이념에 따라 브레턴우즈 협정에서 국제통화기금IMF과 국제부흥개발은행IBRD(일명 세계은행)을 설립하는 방안이 채택되었다. 이는 힘의 정치 논리나 제국주의가 세계시장을 지배하던 방식에서 IMF와 세계은행 같은 국제기구를 통해 세계시장을 지배할 토대를 마련했다는 데 그 의미가 있다. IMF가 국제 환율 안정과 유동성 확대 등의 역할을 수행했다면, 세계은행은 가맹국의 정부나 기업에 대한 융자나 빈곤국에 대한 기술 지원 등을 담당했다. IMF는 각국의 국제무역 규모, 국민소득액, 국제준비금보유량 등에 따른 회원국 정부의 출자로 이루어졌다.[5]

돈을 빌려드립니다. 대신…

IMF와 세계은행으로 대표되는 브레턴우즈 체제는 1970년대 이전에는 개별 국가의 정책 독립성을 인정하면서 작동했다. 1950~1960년대 IMF와 세계은행의 주요 임무는 전후 유럽의 재건을 돕는 것이었다. 유럽 재건이 마무리되고 유럽 경제가 번영하기 시작하자 1960년대 세계은행은 저개발국의 개발 사업에 돈을 빌려주는 임무에 집중하였다.[6] 브레턴우즈 협정에 따라 금융 이동이 통제되자 기업들이 직접 해외에 투자하기 시작했고, 당시 독립하기 시작한 저개발국은 빈곤에서 벗어나기 위해 천연자원과 농업 등 1차산업 의존도를 줄이고 제조업 중심으로 경제 체질을 바꾸면서 산업화 후발주자로 동참하였다. 빈곤한 국가는 제조업으로 산업구조를 전환할 여유 자본이나 인프라가 없었기 때문에 세계은행에서 자금을 빌렸다.

브레턴우즈 체제의 이념적 기반을 제공했던 케인스의 규범들은 현실적 변화와 경제정책 이념이 변하면서 서서히 사라졌다. 1960~1970년대 초반까지 미국은 장기적인 경제호황기를 누리면서 은행에 돈이 넘쳐났고, 사우디아라비아 등 아랍의 석유수출국가OPEC 회원국들도 석유수출로 올린 막대한 수입을 미국의 은행에 예치하였다. 미국은 이 돈을 저개발국에 낮은 이자로 빌려주었다. 세계은행은 미국이 저개발국에 돈을 지원해주는 주요 창구 역할을 했다. 냉전기간 동안 세계은행은 미국에 우호적인 정부라면 부패한 독재정권이어도 돈을 지원해주면서 친미동맹국을 구축하고 든든한 지원군 역할을 했다. 당시 IMF는 무역 부문의 국제수지 불균형으로 위기에 빠진 나라에 단기로 융자를 제공함으로서 이들 나라가 정상적으로 무역을 지속할 수 있도록 돕는 역할을 했다.

그러나 1970년대 초반 이후 개발도상국과의 제조업 경쟁과 석유파동에 따른 경제불황에 위협을 느낀 미국은 변동환율제를 도입하고 화폐자본의 자유로운 이동을 허용하면서 브레턴우즈 체제를 무너뜨렸다.[7] 이에 따라 금융자본의 전 세계적 운동이 확대되고 국가정책이 국제시장의 화폐 흐름에 직접적으로 종속되기 시작했다. 당연히 세계시장에서 국민경제의 독립성이 점차 약화되었으며, 국민경제를 금융자본의 단기적 투기에서 격리시키기 어려워졌다. 또한 금융자본이 생산자본과 분리되면서 전 세계적 금융관계의 확장이 가속화되었으며 이 결과 금융외환시장의 변동성과 불안정성이 커지게 되었다.

브레턴우즈의 케인스적 요소는 국제통화질서 전개과정에서 완전히 사라졌다. 이후의 국제경제질서는 세계적 불균형을 증대시키고, 자본의 이동이 대규모로 일어나며, 금융부분의 성장이 실물부문을 압도하는 방향으로 전개되었다. 결과적으로는 미국의 절대적 헤게모니를 강화했지만 빈곤한 국가는 더 빈곤해지는 결과를 낳고 말았다. 당시 세계은행에서 돈을 빌린 저개발국은 미국이 갑자기 금리를 올리는 바람에 외채가 눈덩이처럼 불어난 반면, 세계 유가가 급등함에 따라 석유를 수입하기 어려워졌다. 이에 1980년대 초반 많은 아프리카 및 라틴아메리카 국가의 경제성장이 멈추고 외환위기가 발생하였다. 이때 IMF와 세계은행은 돈을 빌려주면서 자유화, 개방화, 민영화라는 조건을 제시하고 구조조정을 실행하도록 요구했다.

비틀어 짜도 여유라고는 없는 빈곤한 국가들이 IMF가 제안한 긴축재정, 통화의 평가절하, 무역자유화, 민영화와 같은 정책을 받아들인 결과는 참담할 수밖에 없었다. 우리나라도 1997년에 IMF에서 구제금융을 받은 이후 많은 기업이 도산하고, 기업의 구조조정으로 많은 직장인들이 하루아침에 실업자가 되었던 기억이 매우 생생하다. IMF나 세계은행에서 지원을 받는다는 것은 그 국가의 경제주권과 재정 및 통화정책 상의 통제권을 유예당하고 중앙은행과 재무부가 재편되는 등 이들 국제기구의 실질적인 경제적 신탁통치를 받는다는 것을 의미한다. 구조조정 프로그램은 민주주의와 올바른 정치라는 명분을 내세워 채택된다. 그러나 IMF의 구제금융을 지원받은 빈곤한 국가는 급작스러운 구조조정 등으로 사회불안이 야기되고 IMF가 제안한 조건을 이행하는 과정에서 군부나 권위주의적 정권에 의한 정치적 억압이 수반되기도 한다. 이처럼 브레턴우즈 체제가 해체된 이후 세계무역과 금융거래는 높은 증가추세를 보였으나, 다른 한편으로 세계경제의 불안정과 불공정성 및 비민주성은 심화되었다.[8]

2. 르완다의 잘못된 역사, 잘못된 제안

벨기에가 남긴 잘못된 역사

동아프리카 호수 지대에 속하는 르완다는 아프리카에서 사람이 살기에 가장 좋은 곳 중 하나다. 르완다는 토양이 비옥하고 강수량도 적당하다. 해발 1,500미터의 산악지역에 위치해 날씨도 선선하다. 물리면 졸음이 오고 결국 죽음에 이르는 체체파리[9]에 시달리지 않아도 된다. 르완다 곳곳에는 아름다운 호수와 언덕이 그림처럼 펼쳐져 있다. 르완다는 외부세계와 교역이 활발하지 않은 아름답고 조용한 내륙 국가였기 때문에 아프리카의 티베트, 아프리카의 스위스라고 불렸다. 르완다의 면적은 우리나라의 경상도 정도로 작은 편이지만 인구는 경상도 인구의 2배에 달하는 1,200만 명 이상으로, 인구밀도가 아프리카에서 가장 높다.

르완다도 콩고민주공화국과 마찬가지로 벨기에의 식민지배를 받았다. 르완다는 원래 독일의 식민지였으나 독일이 1차 세계대전에서 패망하자 벨기에가 통치권을 넘겨받았다. 식민지 유지에 어려움을 느낀 벨기에는 1960년 갑자기 콩고민주공화국의 독립을 승인했고, 2년 후인 1962년에는 르완다의 독립도 승인하였다. 갑작스럽게 벨기에의 식민통치가 종식되자 르완다는 무정부 상태에 빠졌다.

르완다는 투치Tutsi족과 후투Hutu족 간 내전으로 잘 알려져 있다. 투치족과 후투족 간에 지속된 내전은 르완다의 정치경제 상황을 이해하는 키워드일 뿐만 아니라 그들의 빈곤을 이해하는 코드이기도 하다. 본래 후투족과 투치족은 모두 르완다로 이주해온 것으로 알려져 있다. 투치족은 15세기경 나일 강 유역에서 남하한 유목민으로 그 수는 적지만 상당히 호전적인 민족으로 알려져 있다. 반면 후투족은 투치족보다 훨씬 이전에 남서쪽에서 이주해온 농경 정착민이었다. 후투족은 땅딸막한 체구에 피부색이 짙고 납작코와 두꺼운 입술, 각진 얼굴을 하고 있다. 반면 투치족은 호리호리하고 피부색이 옅고 얇은 입술과 길쭉한 얼굴이 특징이다.[10]

서구 열강의 식민지배 이전 르완다의 정치체제는 일반적으로 귀족과 평민계급으로 양분되었다. 왕은 주로 투치족에서 선출되었다. 그러나 지방에서 실질적인 권력을 행사한 추장들 중 다수가 후투족이었다. 르완다의 사회 정체성은 후투족과 투치족이라는 민족적 구분보다는 키냐르완다어語를 사용하는 무냐르완다Munyarwanda라는 문화공동체적 정체성을 우선시했다.[11]

내전과 인종청소까지도 자행된 후투족과 투치족 간의 심각한 갈등은 벨기에의 식민지배가 남긴 유산이라는 견해가 지배적이다. 벨기에는 식민통치의 효율성을 위해 두 종족 간의 분열을 조장하였다. 그들은 르완다인 중에서 투치족을 식민지배의 말단 행정조직에 배치했다. 벨기에인들은 투치족을 '아프리카의 아리아인'이라고 추켜세우면서 다수의 후투족을 통치하도록 하였다. 식민통치 시기 르완다 인구 중 투치족이 약 14퍼센트 정도였고, 후투족이 약 85퍼센트로 다수를 차지했는데, 소수의 투치족이 다수의 후투족을 무리하게 착취해도 눈감아주었다. 나아가 벨기에는 1933년 코 길이와 같은 신체 조건이나 재산 정도에 따라 인종증명서를 발급하였다. 그 결과 후투족과 투치족 간의 구별은 더욱 뚜렷해졌고 후투족이 지배계급이 될 수 있는 가능성은 원천 봉쇄되었다.

2차 세계대전 이후 유럽열강의 식민지배를 받던 국가들이 독립하기 시작하자 르완다에서도 독립을 위한 열망과 움직임이 싹트기 시작했다. 벨기에는 르완다가 독립해 선거를 통해 대통령을 뽑는 상황이 되면 다수인 후투족 대표가 대통령이 될 가능성이 높다고 판단했다. 이에 벨기에 행정부는 르완다가 독립한 후에도 영향력을 계속 행사하기 위해 갑자기 다수인 후투족을 후원하기 시작했다. 실제로 1962년 르완다가 독립할 때 벨기에의 후원을 입은 후투족 중심의 정부가 수립되었다. 그 후로 20년 동안 르완다 투치족 중 100만 명 가까이가 산악지역으로 숨어들어 빨치산이 되었다. 빨치산이 된 투치족은 이웃나라인 우간다의 젊은 정치인인 무세베니Y. Museveni의 빨치산 군대에서 군사훈련을 받았다.[12]

1990년 르완다의 투치족 반군은 우간다를 출발해 남쪽으로 150킬로미터 떨어진 르완다의 수도 키갈리 방향으로 향했다. 당시 르완다의 대통령 하비야리마나J. Habyarimana는 프랑스 미테랑 대통령에게 군사원조를 요청했고 프랑스 낙하산 부대가 키갈리 공항에 도착하였다. 교전 끝에 경상도만큼이나 작은 나라인 르완다는 북동부를 투치족이, 나머지 지역을 후투족이 지배하는 분단국가가 되었다.[13]

1994년 4월 6일 탄자니아에서 회의를 마치고 돌아오던 하비야리마나가 탄 비행기가 정체불명의 미사일 2대를 맞아 추락하였다. 누가 대통령의 전용기를 격추시켰는지는 지금까지 알려지지 않았다. 당시 후투족은 비행기 격추와 대통령 암살을 투치족의 소행으로 몰았다. 그렇지만 많은 사람들이 투치족에게 관대한 정책을 펼치던 하비야리마나 대통령에게 불만을 품은 후투족 극단주의자의 소행일 것이라고 추정한다.

하비야리마나의 죽음을 알리는 라디오 방송이 신호탄이 되어 르완다의 후투족은 투치족을 잔인하게 살해하였다. 후투족 극단주의자들은 라디오 방송을 통해 "바퀴벌레를 모두 없애자"[14]며 후투족을 선동하였다. 상황은 끔찍했다. 색출 대상 명단에 올라 있던 투치족 인사 수백 명이 자택에서 붙잡혀 살해되었다. 몽둥이와 대형 칼과 단도로 무장한 폭도들이 집집마다 다니며 투치족을 찾아냈다. 도로차단벽을 지키고 섰던 민병대 병력은 신분증 검사로 찾아낸 수천 명의 투치족을 그 자리에서 살해했다. 투치족에게 안전한 장소에 모여 숨어 있으라고 유도한 후 살해하기도 하였다. 당시 후투족 민간인 중 3분의 1이 투치족 학살에 가담하였다.[15]

1994년 4월 7일부터 시작된 후투족의 잔악한 학살 행위는 북동부에 있던 투치족 르완다애국전선RPF 군대가 수도 키갈리를 점령하고 전국을 장악할 때까지 100여 일에 걸쳐 자행되었다. 당시 내전으로 인해 100여 일간 약 80만 명 이상이 사망한 것으로 추정되었다.[16] 날마다 8,000명씩 살해되었으며 1분당 5명 이상씩 죽었다. 몇 달 동안 동굴과 늪지, 숲, 헛간과 벽장, 다락에서 숨어 지내면서 간신히 학살을 면한 투치족 사람들은 굶주리고 기진맥진한 모습으로 나타났다. 당시 사망한 인구는 르완다 투치족의 4분의 3에 이르렀으며 르완다 전체 인구의 약 10퍼센트에 해당했다. 세계 역사상 가장 짧은 기간에 가장 많은 사람들이 살해된 사건이었다. 영화 〈호텔르완다Hotel Rwanda〉(2004)는 아름다운 나라 르완다에서 벌어진 참혹한 비극을 밀 콜린 호텔[17]을 배경으로 비교적 상세하게 그리고 있다.

르완다에는 유엔평화유지군이 주둔해 있었지만 투치족의 학살이 시작되자 철군명령이 내려졌다. 프랑스 정부에서 파견한 평화유지군은 후투 정부군 편에 섰다. 미국은 르완다 내전에 대해 부족 간 갈등 같은 단어를 사용함으로써 아프리카에서 흔히 발생하는 종족 간의 싸움이라는 태도를 취했다. 내전이 종료된 이후 투치족 반군세력인 RPF의 지도자 폴 카가메P. Kagame가 르완다의 새로운 대통령이 되었다. 그는 민족화합과 통합을 강조했으며 스스로를 투치족이나 후투족이 아닌 르완다인으로 생각해줄 것을 촉구하였다. 그럼에도 200만 명에 이르는 후투족이 인접 국가인 콩고민주 공화국과 탄자니아로 망명하였다. 반면 이웃 나라에서 망명 생활을 하던 투치족 75만 명은 르완다로 돌아왔다.[18]

IMF와 세계은행의 잘못된 제안

많은 이들이 르완다에서 벌어진 대량학살의 원인을 부족 간의 해묵은 증오 때문이라고 설명한다. 그러나 벨기에가 신분증 발급을 통해 후투족과 투치족을 구분하기 이전까지 후투족과 투치족은 한 마을에서 살고 같은 교회와 학교를 다니며 같은 사무실에서 일하고 결혼도 하였다. 후투족과 투치족 간에 개인적 친분관계가 있는 사람도 많았는데 어떻게 그토록 잔악한 학살행위가 일어났는지에 대해 많은 이들이 의문을 제기했다. 게다가 대량학살이 일어난 것은 벨기에로부터 독립한 1960년대가 아니라 그로부터 약 30년이나 지난 1990년대였다.

후투족 출신인 하비야리마나 대통령은 투치족과 더불어 살 수 있도록 후투족 위주의 권력구조를 개편하였다. 르완다는 하비야리마나가 집권한 이후 약 15년간 안정과 평화를 누렸다. 보건, 환경, 교육, 경제지표가 모두 향상되었다. 그러나 르완다는 우리나라만큼 인구밀도가 높은 나라다. 독립 이후에도 르완다의 농업은 기계화되지 못하고 전통적 농법에 의존했다. 전통적 농법으로는 늘어난 인구를 먹여 살릴 수 없었다. 인구가 증가함에 따라 르완다 사람들은 산을 개간하고 늪을 매워 새로운 농지를 조성하였고, 휴한지를 줄이고 이모작이나 삼모작을 통해 수확량을 늘리고자 하였다. 1980년대에는 가파른 산 위에서 아래까지 모두 개간되었다.

비옥도가 가장 떨어진 땅까지 개간해 사용한 결과, 한동안은 증가한 인구까지도 부양할 수 있을 만큼 곡물 수확량이 증가했다. 그러나 생산효율성은 낮았고, 인구 증가 속도는 너무 빨랐다. 나무를 없애고 산을 개간해 만든 농지는 흙의 이동을 막고 빗물을 담아둘 나무뿌리가 없기 때문에 비가 오면 빗물에 떠밀려 내려갔다. 삼림 파괴로 비의 양은 점점 줄어들어 가뭄이 들었고, 적은 비에도 홍수가 났다. 식량은 극도로 부족해졌다. 젊은이들은 결혼해도 자기 소유의 땅을 갖기 어려웠다.[19]

더구나 1980년대 후반 르완다의 주요 수출품목인 커피와 홍차의 국제 거래 가격이 급락하였고, 설상가상으로 심한 가뭄이 들었다. 정부의 긴축 재정으로 사회적 안전망이 가동되지 않자 르완다 국민들은 빈곤 속으로 빠져 들어갔다. 1988년 세계은행 대표단은 르완다의 공공지출 계획을 검토하기 위해 르완다에 도착했다. 대표단은 르완다 정부에 지속적으로 경제성장을 하기 위해서 두 가지 시나리오 중 한 가지를 선택하라고 하였다. 첫번째 시나리오는 지금까지 국가경제 정책을 유지할 때 발생할 수 있는 암울한 상황을 제시한 것이었고, 두 번째 시나리오는 자유시장 체제로 전략변화를 할 경우를 상정한 정책계획서였다.

세계은행이 제시한 두 번째 시나리오는 현실에서 '나타날 것 같은' 정책 결과를 시뮬레이션한 것이었다. 세계은행은 르완다 정부에게 두 번째 시나리오를 선택하면 1989~1993년 투자와 수출이 늘어나 무역수지가 개선되고 부채 부담이 줄어들며 소비 수준은 현저하게 높아질 것이라고 하였다. 이를 위해서는 르완다 정부가 무역자유화 정책을 받아들이고 통화 평가절하 정책을 채택해야 하며, 농업에 대한 보조금과 커피가격 안정화 국가기금을 폐지하는 한편 국영기업을 민영화하고 공무원을 감축해야 한다고 권고하였다.

르완다 정부에 제시된 시나리오는 두 가지였지만 선택의 여지는 없었다. 르완다 정부는 두 번째 시나리오를 선택해야 했다. 르완다 정부는 커피 수출을 부양하기 위해 1990년 르완다 프랑을 50퍼센트 평가절하했다. 르완다 프랑을 평가절하한 후 유류비와 생필품 가격을 대폭 인상한다고 발표하였다. 르완다 프랑의 가치가 폭락하자 르완다 국민의 실질소득은 감소했고 인플레이션이 유발되었다. 물가상승률은 1989년 1퍼센트 정도였던 것이 1991년 20퍼센트까지 상승했고, 무역수지도 극도로 불안해졌으며, 1990년 한 해에만 미상환 외채가 2배 이상 증가하였다.[20] 국영기업은 도산하였고 IMF가 최우선으로 강조한 긴축정책 때문에 의료와 교육서비스 등 공공서비스가 붕괴되었다.

어린이들의 영양 상태는 급속도로 악화되어 수많은 어린이들이 영양실조 상태가 되었다. 보건소에서 항말라리아 의약품이 부족해 말라리아 발병률이 20퍼센트 이상 증가했고, 수업료가 인상되어 아동의 초등학교 취학률은 낮아졌다. 절망에 빠진 농부들은 약 30만 그루의 커피나무를 뽑아버렸다. 1992년에 르완다의 경제위기는 절정에 달했다. 세계은행의 차관을 받은 르완다 정부는 물가가 급등했음에도 임금을 1989년 수준으로 동결하였고 커피가격 안정을 위한 국가기금을 사용할 수도 없었다.

1992년 IMF는 르완다 정부에 통화를 다시 평가절하하라고 요구하고, 카사바, 콩, 사탕수수와 같은 곡물시장도 개방할 것을 요구했다. 이러한 상황에서 르완다는 커피와 같은 상품작물뿐 아니라 식량작물 시장도 불안정해졌다. 1992년 세계은행은 르완다의 국영 에너지 공사인 엘렉트로가스사의 민영화를 지시하고 매각 수익을 외채상환용으로만 사용하도록 하였다. 국영에너지공사가 민영화되자 관리인력이 해고되었고, 즉각적으로 전기요금이 폭등해 도시의 공공서비스는 더욱 악화되었다. 그 밖에도 정부의 긴축재정에 따라 교사와 보건의료인을 감축하였고, 공무원 월급을 삭감하였으며, 보건, 교육의 민영화를 계속 추진하였다.

불안감이 르완다의 전 계층, 전 지역으로 확산되었고 르완다 사회는 총체적인 혼란에 빠졌다. 국가의 통제 능력은 유명무실해졌다. 그 와중에도 세계은행은 르완다의 공공투자 계획을 면밀하게 검토한 후 공공투자를 절반 이하로 줄여야 한다고 끊임없이 요구했다. 이렇듯 경제 상황이 지속적으로 악화되자 국민들 사이에서는 불만이 팽배해졌고 이것이 결국 폭발해 1994년 후투족의 투치족 대량학살로 이어졌다. 역사적으로도 주요 민란은 가뭄이나 홍수 같은 자연재해가 발생한 이후 일어나는 경향이 있다. 먹고살 것이 부족해지면 사회적 갈등이 증폭되는 것이다. 흔히들 르완다는 내전 때문에 빈곤해졌다고 하는데 이러한 주장은 일견 사실처럼 보인다. 그러나 그 반대일 수도 있다. 실제로 아프리카 여러 국가에서 일어나는 내전은 빈곤 때문에 일어난 경우가 더 많다. 싸워서 가난해진 것이 아니라 가난했기 때문에 싸웠다는 것이다.

르완다는 IMF 구제금융을 받은 후 집단 간 학살이 발생하였다. 물론 집단 간 갈등의 뿌리는 유럽인에 의한 차별정책에서 기인하지만, 그러한 집단 간 학살이 독립 직후가 아니라 몇십 년이 지나 IMF 구제금융을 지원 받은 후에 일어났다는 데 주목할 필요가 있다. IMF나 세계은행이 제안한 구조조정 과정을 따르면 통화를 평가절하함으로써 곡물가 등 생필품의 가격이 국제시장 가격으로 상승하게 된다. 긴축재정으로 일자리는 줄어들었고 그나마 해고당하지 않고 버틴 사람들의 임금은 화폐가 평가절화되면서 실질적으로 감소하였다. 식료품 등 생필품 가격은 국제시장 가격으로 오르는데 임금 수준은 선진국의 70분의 1도 채 되지 않았다. 그런 상황에서 극소수를 제외한 대부분 사람들의 생활은 극단적으로 어려워질 수밖에 없었다.

나눌 자원이 부족해지면 해묵은 집단 간 갈등이 증폭되기 마련이고,

더 이상 참을 수 없는 단계에 이르면 집단학살과 같은 잔악한 분쟁이 일어나기 쉽다. IMF와 세계은행의 잘못된 조언은 빈곤을 양산하고 분쟁의 원인이 되었다. IMF와 세계은행의 조언에 따른 구조조정은 국가경제 정책을 의도적으로 단기간에 조정하는 과정으로, 심각한 경우 르완다에서처럼 집단학살을 유발하기도 한다. 대량학살에 적극적으로 참여한 사람들은 농사를 지을 땅도 없고 특별한 수입도 없는 젊은이들이었다. 경제적 어려움으로 인해 쌓여가던 불만이 폭발하는 도화선 역할을 한 것이 바로 르완다 대부분의 지역에서 오랜 기간 지속되던 종족 간의 해묵은 증오였던 것이다.[21]

3. 지상에 있는 지옥, 소말리아

말라깽이 어부가 해적이 된 까닭

동아프리카는 코뿔소의 뿔처럼 생겼다고 해서 '아프리카 뿔 지역'이라고 부른다. 이 지역은 최근 가뭄이 자주 들어 농사에 매우 불리한 환경으로 변하면서 최악의 빈곤지역으로 주목받고 있다. 특히 소말리아의 빈곤문제는 심각하다. 최근 연이은 최악의 가뭄과 전쟁으로 소말리아는 세계에서 가장 빈곤한 나라이자 지상의 지옥으로 불린다.

2013년에 개봉된 영화 〈캡틴 필립스Captain Phillips〉는 2009년 실제 소말리아 해적에게 납치된 앨라배마호 선장 필립스의 납치 과정을 그린 영화다. 앨라배마호에는 아프리카 구호식량을 실은 컨테이너가 가득 선적되어 있었다. 앨라배마호는 오만에서 출항해 아덴만과 인도양의 소말리아 바다를 지나 케냐의 몸바사 항에 도착할 예정이었다. 그러나 앨라배마호 선장 필립스는 소말리아 해적 4명에게 납치당한다. 미 해군과 특수부대 네이비

실은 좁고 느린 구명정에 탄 미국 선장을 구출하기 위해 첨단 군장비를 동원해서 소말리아 해적 대장인 무세를 체포하고 나머지 3명의 해적을 사살한다.

이 영화는 선량한 사람을 납치한 나쁜 해적과 나쁜 해적을 무찌른 정의로운 미군이라는 헐리우드 스타일의 미국식 영웅주의 그 이상을 보여준다. 영화 속 카메라 앵글은 빈부의 대비에 초점을 맞추고 있다. 영화가 그린 빈부의 스펙트럼의 양 극단에 미국과 소말리아가 있다. 감독은 이러한 극적 대비를 통해 우회적으로 미국의 패권주의를 비판하려 했는지도 모른다. 카메라는 세계에서 가장 부유한 국가인 미국과 세계에서 가장 빈곤한 국가인 소말리아, 거대한 컨테이너 화물선과 금방이라도 바다가 삼킬 듯한, 그것도 고장 난 목선, 경제적·사회적으로 안정된 지위를 지닌 백인 선장과 헤진 옷에 신발조차 신지 못한 삐쩍 마른 흑인 해적, 엄청난 규모의 미국 군함 및 전투기와 바다에 표류하는 작은 구명정 등을 끊임없이 하나의 화면에 잡아낸다.

영화가 끝나면 미국의 영웅주의나 톰 행크스가 열연한 불안과 공포, 가족에 대한 사랑보다는 소말리아 해적에 대한 안타까움에 콧날이 시큰해진다. 영화에서 소말리아 해적 대장 무세가 소원했듯이 그들이 소말리아가 아닌 미국에서 태어났다면 아마도 뉴욕에서 살면서 자동차를 모는 중산층으로 생활했을지도 모른다. 영화 속에서 필립스 선장이 무세에게 해적질을 그만두고 다른 일을 하라고 권유하자 그는 "미국에서라면 가능하겠지"라고 작은 목소리로 대답한다. 그러나 영화는 끝까지 소말리아가 왜 굶주리는지에 대한 대답을 주지는 않는다. 소말리아가 왜 굶주리게 되었는지, 그 긴 이야기를 해보자.

소말리아는 〈그림 9〉에서 볼 수 있듯이 아프리카 뿔의 가장자리에 있

〈그림 9〉 소말리아와 그 주변 지역

으며, 영토의 형태는 부메랑 같이 생겼다. 소말리아의 북쪽에는 아덴만 해안선과 병행해 산맥이 뻗어 있는데, 그 위쪽은 사막에 가까운 건조지역이다. 남쪽은 에티오피아의 아비시니아 고원에서 인도양으로 완만하게 뻗어 있는 평원지대로 사바나 기후 지역이다. 사바나 기후는 연중 기온이 높지만 건기와 우기가 뚜렷이 구분된다. 건기에는 가뭄이 들어 동부평원에서 먼지폭풍이 자주 발생하고 우기에는 홍수가 자주 발생한다. 소말리아 전국토의 약 70퍼센트가 사바나 초원이고 26퍼센트 정도가 삼림지역이며, 농사를 지을 수 있는 경지는 2퍼센트 정도에 불과하다. 따라서 과거에는 소말리아 국민의 70퍼센트 정도가 유목생활을 하였다. 유목생활을 하려면 가축을 먹일 초지와 식수를 확보해야 하기 때문에 씨족의 결속력이 요구된다. 따라서 소말리아는 중앙집권적 정부가 아닌 씨족 중심 사회를 유지해

왔다.

소말리아 앞바다인 아덴만은 소말리아와 예멘 사이에 위치한 만으로 인도양 항로와 연결된다.[22] 따라서 소말리아는 냉전시대에 전략적으로 가치가 높은 지역으로, 경제적으로나 군사적으로 소련과 미국의 관심과 지원을 받았다. 그 와중에 처음에는 소련, 다음에는 미국에 의해 무기가 대량 유입되었다. 그 결과 소말리아는 먹을 것은 없어도 총은 많은 나라가 되었다. 하지만 냉전시대가 끝난 후 소말리아의 지정학적 가치는 낮아졌으며, 강대국에게 버림받은 비극적인 땅이 되었다.

소말리아 기아 문제는 전쟁과 분리해 설명할 수 없다. 그리고 소말리아 전쟁은 식민지배의 역사와 분리될 수 없다. 소말리아 전쟁은 인종이나 문화적 동질성을 고려하지 않은 채 유럽의 이해에 따라 국경을 분할한데서 시작되었다. 현재 소말리아의 영토는 영국이 지배했던 북부 소말릴란드와 푼트랜드, 이탈리아가 지배했던 남부, 그리고 프랑스가 지배했던 프랑스령 소말릴란드(현재의 지부티), 에티오피아 동부 · 케냐 북동부에 산재한 소말리족의 거주지까지 다섯 조각으로 분열되어 있다.[23]

여러 유럽 국가의 식민지배는 전통적인 유목사회를 급격하게 변화시켰다. 이탈리아가 지배하던 남부지역에는 이탈리아에서 비싸게 팔리던 바나나 플랜테이션 농장이 들어섰다. 식민행정과 약탈적 무역의 중심지로 성장한 소말리아의 도시들은 도시의 외관은 갖추었지만 공업화가 이루어지지 않아 자체적인 생산 기반을 갖추지 못한 기형적인 식민지 도시로 발전하였다. 그러나 무엇보다도 심각한 식민지배의 유산은 식민 본국과 유착된 씨족 엘리트계급의 성장이었다.

1960년 독립 당시에는 영국이 지배했던 북부와 이탈리아가 지배했던 남부만이 통합된 상태였다. 소말리아는 아프리카 대부분의 신생 국가와 달리 공통의 언어와 이슬람이라는 공통의 종교, 유목의 관행과 전통이라는 문화적 동질성을 공유한 상태에서 독립하였다. 이것은 상당한 이점이었다. 반면 유목사회의 전통과 다양한 유럽 국가에 의한 식민지 경험은 하나의 국가 건설과 중앙집권화 시스템을 구축하는 데 장애가 되기도 하였다.

식민지배 기간 동안 성장한 씨족 엘리트는 목축과 농업의 잉여자본을 제조업을 발전시키기 위한 투자자본으로 전환하는 데 관심이 없었다. 그들은 지대를 얻는 손쉬운 방법에만 몰두했다. 그 과정에서 얼마 되지 않던 잉여자본은 외국자본에 넘어가버렸다. 그 결과 국가의 대외 의존도는 높아졌고 잉여자본은 유출되었다. 소말리아는 저투자와 저생산성의 악순환에 빠지고 말았다.

1969년 사회주의자인 바레s. Barre가 쿠데타를 일으켜 대통령으로 취임하였다. 그는 국가 주도적인 사회주의 경제정책을 실시하였다. 사기업을 국유화하고 은행, 보험, 도매업의 사적 소유를 금지하였다. 바레 정권의 경제 개입은 부정적인 결과를 낳았다. 숙련기술의 부재, 값비싼 수입 원자재, 자본 부족 등의 이유로 생산성은 점점 낮아졌다. 이윤분배에 관한 결정은 중앙의 과두 엘리트에 의해 권위적이고 비민주적으로 이루어졌다. 그는 자신의 리더십을 정당화하기 위해 대소말리아 제국 건설이라는 구호 하에 민족주의를 자극하였다. 그는 소말리어 사용 인구와 지역, 특히 에티오피아 동부에 있던 오가덴 지역이 모두 통합되어야 한다고 주장했다. 오가덴은 과거 식민시대에 에티오피아에게 빼앗긴 소말리아의 옛 영토다. 그는 국경을 새로이 설정하고 소말리아의 옛 영토가 반환되어야 한다고 요구했다.

에티오피아의 황제 셀라시에 1세H. Selassie I 정권이 혼란에 빠지자 바레는 에티오피아의 오가덴 지역을 찾아올 수 있는 절호의 기회라고 생각했다. 에티오피아의 정치적 혼란이 계속되던 1977년 여름, 은밀하게 진행되던 전쟁이 마침내 터졌다. 이것이 바로 오가덴 전쟁이다. 오가덴 전쟁이 발발한 당시는 대외적으로 미·소 간 대립이 절정에 달하던 시기였다. 1972년 이집트가 친소정책에서 친미정책으로 돌아서자 소련은 홍해, 아덴만, 인도양 항로에 영향력을 행사하기 위해 소말리아, 에티오피아 양국 모두와 우호적 관계를 맺을 필요가 있었다. 오가덴 전쟁 동안 소련은 에티오피아와 소말리아 양국에 군대를 지원하였다. 소련의 군대가 에티오피아 편에 서서 전투에 참가하는 것을 확인한 바레는 소말리아에서 소련군을 모두 철수시켰다. 소말리아에서 철수한 소련군은 모두 에티오피아로 이동했다. 소말리아군은 총력전을 펼친 끝에 오가덴의 넓은 지역을 차지하게 되었다.[24]

영토의 3분의 1을 빼앗긴 에티오피아 정권이 붕괴 조짐을 보이자 소련군은 에티오피아를 대대적으로 지원하였다. 1978년 3월 소말리아군은 오가덴 전투에서 참패한 후 전면 철수를 선언했다. 소련군의 지원으로 에티오피아는 승리하고 소말리아는 패배하였다. 이 전쟁으로 인해 소말리아에서는 2만 5,000여 명이 사망하였고, 오가덴에 거주하던 50만 명의 소말리아인이 난민이 되었다.[25] 궁지에 몰린 소말리아의 바레 정권은 붕괴되기 일보 직전이었고 결국 미국에 구원 요청을 하였다. 미국 카터 대통령은 독재자 바레를 지원하는 것이 탐탁지 않았으나 소련에 맞서기 위해 사회주의 국가인 소말리아를 지원하였다. 이후 소말리아는 서남아시아와 동아프리카 지역에서 소련의 팽창을 저지하기 위한 미국의 주요 전략기지로 부상하였다.

IMF와 세계은행의 잘못된 권고

미국의 지원을 받은 바레 대통령은 소말리아 전쟁 이후 사회주의 발전

노선을 포기하고 개방적 경제발전 전략을 추진했다. 소말리아는 IMF와 세계은행의 권고를 받아들여 경제 자유화를 단행했다. 목축업의 사유화를 인정했고 가축 사육 규모를 확대했다. 세계시장에서 미국이나 오스트레일리아산 육류와 경쟁하기 위해 가격 유인정책을 채택했다. 한편 국제 육류시장에서 경쟁력을 갖추기 위해서는 위생시설 등의 설비에 대규모 자본이 투자되어야 했다. 그러나 자본이 많지 않은 소말리아의 육류산업은 미국이나 오스트레일리아의 육류산업과 경쟁할 수 없었다. 게다가 1981년 IMF가 소말리아의 실링화를 평가절하한 이후 연료비, 비료 값, 사료비, 가축용 수입의약품 값 등 농업 및 목축 생산비가 증가했고 도시의 구매력도 감소하였다. 게다가 1984년 오스트레일리아와 유럽연합의 축산업자들이 사우디아라비아에 쇠고기를 수출하게 되자 사우디아라비아는 육류의 위생 불량을 이유로 소말리아산 가축의 수입을 금지하였다.[26]

여러 악재가 겹치면서 소말리아의 목축업자들은 도산하였다. 목축산업의 축소는 가축용 사료를 재배하던 곡물 생산업자에게도 영향을 미쳐 목축업 및 농업경제가 전반적으로 붕괴되었다. 더구나 자유무역에 의해 값싼 미국산 곡물이 들어오면서 농촌경제는 완전히 붕괴했다. 외국의 식량원조는 농촌의 빈곤을 더욱 가속시켰다. 이에 외국 채권자들은 곡물보다는 바나나 같은 과일이나 커피 등 수출용 상품작물을 재배하라고 권고하였다.

곡물을 생산하던 토지는 바나나와 커피 같은 상품작물을 생산하는 토지로 전환되었다. 소말리아는 상품작물을 수출하고, 그 대금으로 곡물을 수입하게 되었다. 상품작물의 국제 거래가가 낮은 해에는 곡물을 살 돈이 부족해진다. 하지만 곡물이 부족하다고 커피콩으로 끼니를 때울 수는 없는 노릇이다. 결과적으로 외국 채권자의 권고로 소말리아인들은 더욱 굶주리게 되었다. 한편 소말리아 정부는 정부 재정의 15퍼센트를 투자하면서까지 제조업을 성장시키려고 했으나 숙련기술과 관리경험의 부재로 공장가 동률이 30퍼센트를 넘지 못했다. 제조업의 이익은 감가상각비에도 미치지 못해 계속 적자를 냈다.

그러던 중 냉전체제가 종식되자 미소 양 진영에서 재정적 원조가 중단되었다. 미국의 소말리아에 대한 군사원조는 1988년에, 경제원조는 1989년에 중단되었다.[27] 원조가 끊긴 바레 정권은 전쟁으로 인해 취약해진 재정을 보강하고자 자신들이 감당하지 못할 정도의 빚을 졌다. 외채는 기하급수적으로 증가했다. 1990년에는 외채 규모가 소말리아 국내 총생산의 3.6배에 달했다. 바레 정권 말기에 소말리아 중앙은행이 붕괴되었고,[28] 결국 1991년 바레 정부도 함께 붕괴되고 말았다. 바레 대통령은 국외로 탈출하였다. 당시 소말리아는 오가덴 전쟁의 패배로 정치적으로도 분열되어 있었다. 그가 떠난 이후 그의 군대는 씨족별로 해체되었고 미국의 지원을 받아 무기고에 쌓아 놓았던 총기들이 소말리아는 물론 아프리카 뿔 지역 전체로 퍼져 나갔다.

바레 정부가 해체된 이후 소말리아는 사실상 무정부 상태의 전쟁터가 되었다. 미국은 소말리아 내정에 개입했고, 유엔은 1992년 12월 소말리아에 대한 인도적 무력 개입을 승인했다. 희망회복작전Operation Restore Hope으로 명명된 이 작전에 유엔평화유지활동PKO 요원 4,500명이 파견되었다. 곧이어 미국이 주도하는 2만여 명의 다국적군도 파병되었다.[29] 그러나 미국과 유엔이 회복하려는 희망은 소말리아인들의 안정을 되찾아주기 위한 희망이 아닌 자신들에게 호의적인 정부를 세우기 위한 희망이었다. 미국은 다수파인 아이디드F. Aidid가 아니라 자신들이 다루기 쉬운 소수파들을 지원했다. 이에 불만을 품은 아이디드가 1993년 평화유지군 24명을 살해했다.

미군은 아이디드의 주요 거점과 시설을 폭격하기 시작하고 아이디드

체포 작전에 돌입하였다. 소말리아의 반군 지도자 아이디드가 이끄는 민병대와 이를 제압하려는 미국의 특수부대 간의 지옥 같은 전투가 벌어졌다. 1993년 10월 3일에 육군 델타 포스, 75 레인저 연대, 해군 네이비실, 160 특수작전 항공연대, 공군 낙하구조대·전투통제팀 등으로 이뤄진 미국의 '태스크포스 레인저'는 아이디드 민병대의 지도자들을 사로잡기 위해 모가디슈를 공격하였다. 이날 항공기 19대, 차량 20대, 160명의 전투병으로 이뤄진 공격팀이 아이디드 민병대의 지도부가 모여 있는 올림픽 호텔을 급습하였으며, 미군의 작전은 전반적으로는 성공적이었다.

그러나 그 과정에서 다목적 전술 수행 공격 헬리콥터 UH-60 블랙호크기 2대가 격추되었다. 미군 병사들 중 일부는 귀환할 수 있었지만 나머지는 추락한 블랙호크 조종사들을 구출하기 위해 현장에서 교전을 벌였다. 이에 아이디드 민병대가 온 사방에서 이들을 공격하였다. 이 유혈 시가 전투는 다음 날까지 하루 낮밤에 걸쳐 계속되었다. 이것이 1차 모가디슈 전투다. 이 전투로 약 1,500명가량의 소말리아 민병대와 민간인이 사망했고 3,000명 이상이 부상을 입었으며 미군 역시 19명이 전사하고 73명이 부상을 입었다. 민병대를 이끈 아이디드는 1996년에 살해당했다.[30] 영화 〈블랙호크 다운Black Hawk Down〉(2001)은 1차 모가디슈 전투를 배경으로 제작한 영화다. 미군 희생자들이 소말리아 민병대에 유린당하는 참혹한 영상이 언론에 보도되자 여론이 악화되었고 결국 미국은 소말리아에서 군대를 철수하였다.

2004년 9월 미국 주도 하에 내전 종식을 목표로 케냐의 나이로비에서 과도연방회의가 개최되었다. 그러나 당시 과도연방회의에서는 소말리아 북부지역을 통치하던 이슬람법원연합UIC을 제외시킨 채, 친미 성향의 아메드Y. Ahmed를 대통령으로 선출하고 과도연방정부TFG를 출범시켰다. 미국의 개입으로 소말리아는 남북으로 분단될 상황에 놓이게 되었다. 결국 분단을 저지하기 위해 북부의 이슬람법원연합이 군사행동을 개시하고 수도인 모가디슈를 장악하였다. 이에 미국이 에티오피아를 부추겨 소말리아를 침공하게 했고, 다시 친미세력들이 모가디슈를 장악했다. 이것이 2차 모가디슈 전투다.

현재 소말리아는 엄밀히 말해 국가라고 할 수도 없는 실패국가다. 소말리아는 2013년 미국의 외교전문지 《포린 폴리시Foreign Policy》가 발표한 실패국가지수에서 177개 국가 중 1위를 기록했다. 2008년 이후 6년 연속 1위다. 소말리아 사람들 중에는 하루에 1.25달러도 못 버는 사람이 대부분이다. 그러나 운 좋은 해적들은 최소한 연간 2만 달러 이상을 벌 수도 있다. 어업은 과거 소말리아의 핵심산업이었다. 소말리아인들은 전통적으로 해산물을 소비하지 않기 때문에 해산물의 대부분을 외국으로 수출했다. 그런데 정부의 기능이 사실상 중단되자 소말리아 해역은 외국의 큰 어선들이 차지하게 되었다. 외국의 큰 어선들이 소말리아 해역의 물고기를 싹쓸이했고, 소말리아 어민들이 잡은 고기를 강탈했으며, 그들의 어망을 훼손하기까지 했다. 심지어 외국 어선들은 소형 어선들에게 충돌과 협박을 자행해 소말리아 어민들을 어장에서 쫓아냈다. 외국 선박들의 횡포는 이에 그치지 않았다. 외국 선박들은 소말리아 해역에 유독성 폐기물을 방류하였다. 소말리아 해역까지 폐기물을 싣고 와 방류할 경우 그 처리비용이 유럽의 100분의 1에 불과하기 때문이었다.[31] 대형 어선들의 횡포와 해역의 오염으로 소말리아 바다에서는 물고기가 사라지기 시작했다. 물고기를 잡을 수 없게 된 소말리아 어부들, 일자리를 잃은 도시의 실업자, 전직 해군 출신들이 살기 위해 해적이 되었다. 영화 〈캡틴 필립스〉의 도입 부분에는 해적을 선발하는 장면이 나오는데, 어부였던 사람들이 살기 위해 너도 나도 지원한다. 현재 해적활동은 소말리아인들이 굶주림에서 벗어날 수 있는 유일한 출구인 셈이다. 생각해보면 진짜 해적은 바다를 빼앗긴 소말리아 어부들이 아니라 그들을 해적으로 내몬 미국의 욕심과 세계은행이나 IMF 의 잘못된 조언일 수 있다.

8장

세계를 여행하는 부품들, 이주하는 공장들

"누가 고향땅을 빼앗아 갔죠?"

"정부가요. …… 우리가 세금을 낼 수 없으니까, 정부에서 국경의 마킬라도라에 가서 일하라고
말했어요. 고향땅을 지키려면 돈을 벌라고. 하지만 여기선 돈을 못 벌어요. 정부와 공장들이 전
부 빼앗아가니까요. 돈은 전부 그들에게 가죠. 우리에겐 아무것도 없어요. 우리 아버지는 미국에
일하러 가셨어요. 여러 해 동안 보질 못했죠. 하지만 우리가 뭘 어쩌지요? 우린 땅도 없고, 고향
에 돌아가지도 못해요. 이제 아무것도 없어요."

1. 포디즘과 포스트포디즘의 공간 분업

오! Ford

2차 세계대전 이후 자본주의 세계는 고도의 경제성장과 장기 호황으로 이어진, 이른바 황금시기를 맞았다. 이 시기 서구의 자본주의 국가에서는 생산성이 성장하면서 소득도 함께 증가했고, 이윤율은 안정되었으며, 인플레이션도 완만하게 유지되었다. 2차 세계대전 이후 서구 자본주의 국가들의 호황은 대중문화가 탄생하고 꽃피는 밑거름이 되었다. 1960년대, 세계의 젊은이들은 비틀즈에 열광하고 히피 문화에 취해 있었으며 산업화와 소비문화의 발달은 팝아트의 탄생으로 이어졌다. 인류 역사상 가장 낭만적이었다고 하는 1960년대의 대중문화는 포디즘적 축적체제와 케인스적 복지국가, 그리고 미국의 헤게모니를 바탕으로 꽃피웠다.

인류는 2차 세계대전 이후 가파른 경제성장을 했으며 인류 역사상 유래가 없을 정도로 많은 이들이 경제성장의 혜택을 받게 되었다. 서구 자본주의 사회가 이렇게 안정적으로 장기 호황을 지속할 수 있었던 것은 국가들이 경제적으로는 포디즘Fordism을 채택하고, 정치적으로는 케인스주의적 국가개입주의를 택했으며, 국제적으로는 미국이 서구세계의 헤게모니를 장악했기 때문이었다.

미국의 대량생산, 대량소비의 시대는 헨리 포드H. Ford에 의해 열렸다. 헨리 포드는 설명할 필요도 없을 정도로 유명하다. 자동차의 왕으로 불리는 헨리 포드는 체계적인 교육을 받지 못했지만 기계 공학에 타고난 재능을 보였다. 그는 자신이 살던 건물의 뒷마당에서 직접 자동차를 만들었고, 그가 만든 경주용 자동차는 매번 경주대회에서 입상하였다. 당시, 즉 1900년경 자동차는 고도의 숙련자가 망치와 렌치 등을 이용해 수작업으로 제작하였다. 모든 과정을 수작업으로 하다 보니 숙련공 한 명이 한 달에 1대, 1년에 12대 정도만 생산할 수 있었다. 그러다 보니 자동차는 돈 있는 부자만을 위한 것이었다.[1]

1903년 포드는 자신의 이름을 내건 자동차 회사를 설립했다. 1908년 포드사에서는 T모델 자동차를 출시했으며, 이 모델은 이후 전설적인 차가 되었다. 당시 자동차 도로는 비포장이 대부분이고 포장이 되었다 하더라도 공포스러울 정도로 거칠고 울퉁불퉁한 곳이 많았다. T모델은 당시 도로 사정을 견딜 수 있을 만큼 내구성이 좋았다. 그러나 T모델 자동차를 역사적으로 유명한 차로 만든 것은 내구성이 아니라 컨베이어 방식으로 생산되었다는 점이다.

컨베이어 방식에 의한 자동차의 대량생산은 새로운 자본주의 생산체제를 여는 역사적 사건이었다. 포드는 육류판매공장의 컨베이어벨트에서 자동차 공장의 조립라인을 착안하였다. 즉 컨베이어벨트 위에서 천천히 이동하는 동물 사체를 차례대로 해체하고 포장하는 모습을 보고 자동차도 이러한 방식으로 조립할 수 있겠다고 생각한 것이다.[2] 자동차 제작공정 별로 각 단계에 꼭 맞는 도구와 기계를 만들었고, 각각의 기계들을 작업공정 순서대로 배치하였다. 모든 기계들은 오직 한 가지 공정만을 위해 사용되었고 각각의 공정은 컨베이어벨트로 연결되었다. 노동자들의 업무도 세분화되었고, 각각의 노동자가 생산라인에서 자신이 맡은 일을 하면 컨베이어벨트의 마지막 단계에서는 제품이 완성되었다. 그 이전에는 한 사람의 장인이 제품의 전체 혹은 매우 많은 부분을 만들었다. 그러나 이제는 여러 노동자들이 단순작업을 반복하는 사이에 부품들이 컨베이어벨트를 거치면 제품이 완성되어 있었다.

이렇듯 작업과정을 세분화하고 파편화해 장인이 아닌 단순 작업자들이 컨베이어벨트로 상품을 생산하는 방식을 그의 이름을 따서 포디즘이라고 부른다.[3] 포디즘적 생산체제는 생산 과정에 소요되는 인력과 시간을 절약함으로써 자동차의 가격을 낮췄다. 자동차 1대를 조립하는 데 드는 시간도 불과 93분으로 짧아졌고 1916년 자동차 가격은 360달러에 불과했다. 당시 다른 자동차 가격이 2,000달러가 넘었던 점을 감안하면 T모델의 가격은 헐값이나 다름없었다.

그러나 대량생산이 되어도 대량소비가 이루어지지 않는다면 공장에 재고만 가득 쌓이게 마련이다. 대량생산으로 자동차 가격이 낮아졌지만 여전히 대중들은 자동차를 구입할 여력이 없었다. 대량생산된 제품을 소비할 다수의 소비자가 필요하다는 것을 깨달은 포드는 노동자들의 임금을 최저생계비 이상으로 인상하였다. 1914년 포드는 기자들을 모아놓고 포드사에서 일하는 노동자의 하루 최저임금을 5달러로 인상하고, 근로시간도 9시간에서 8시간으로 단축하며, 연말에 이익분배금으로 1,000만 달러를 내놓겠다고 발표하였다.[4] 당시 다른 제조업체의 하루 평균 임금은 2.5달러도 되지 않았다. 다른 경쟁업체나 은행 등은 포드가 곧 망할 것이라고 비웃었다. 그러나 그의 회사는 망하지 않고 오히려 성장하였다. 포드가 노동자들을 생산자만이 아니라 구매자로도 만들었기 때문이다. 헨리 포드는 대량생산과 대량소비를 통해 생산자들의 생산과 이윤을 확대하면서도 안정적으로 자본을 축적할 수 있도록 한 자본주의의 신화적 존재가 되었다.

T모델 자동차가 생산된 지 25년도 지나지 않아서 영국의 소설가 헉슬리는 유명한 SF 고전 소설 『멋진 신세계Brave New World』(1932)에서 인간마저 공장에서 생산하는 고도로 산업화된 미래세계를 그렸다. 그 세계에서는 예수 그리스도가 아니라 헨리 포드가 탄생한 해를 기원력으로 사용한다. 사람들은 성호를 긋는 대신 (T모델에서 따온) 'T'를 그린다. 그리고 '맙소사'라는 의미에서 '오, 주여Lord'라고 말하지 않고 '오, 포드Ford'라고 말한다.

2차 세계대전 이후 포드주의 생산체제에서 미국의 자본주의는 대량생산과 대량소비를 통해 생산량과 이윤이 확대되었고 안정적으로 자본을 축척하였다. 생산성이 늘어난 만큼 노동자의 임금도 상승했고, 임금의 상승은 곧 소비의 증대로 이어졌으며, 이는 다시 생산의 확대로 이어졌다. 이러한 포드주의적 방식은 자국 내의 시장을 성장시키는 방식으로, 외부의 시장 규모를 확대하는 식민주의와는 대조적인 방식이다.

한편 포디즘적 생산체제를 통해 노동 과정을 효과적으로 통제하고 규제할 수 있게 되었다. 작업의 세분화, 단순화, 기계화와 연속화의 원리로 작동하는 포디즘적 생산체제는 생산성 향상이라는 측면에서만 보면 매우 합리적인 시스템이다. 그러나 포디즘적 생산체제에서는 창의성이나 주관적인 판단력을 가진 사람은 필요하지 않고 돌아가는 기계에 맞춰 제때 일하는 사람만 있으면 충분했다. 1936년에 제작된 찰리 채플린의 〈모던 타임스Modern Times〉는 이와 같은 포드주의적 노동통제를 비판적으로 풍자한 영화다. 주인공 찰리는 공장노동자로 컨베이어벨트에서 나사 조이는 일을 반복한다. 그는 몸에 남아 있던 나사 조이는 습관 때문에 일하지 않을 때에도 모든 사물을 조이고자 하는 강박 증상을 보이게 되고, 결국에는 정신병원에 수용된다.

포드사에서는 고임금을 미끼로 노동자에 대한 통제권을 강화해갔다. 우선 출퇴근시간기록 시스템을 도입했다. 또한 컨베이어벨트를 따라 움직이는 생산방식이 중단되지 않도록 노동자의 휴식 시간을 하루에 딱 한번 15분간의 점심시간으로 제한하였다. 심지어 화장실에 가는 시간도 이 시간에 포함되었다. 작업 시간에 잡담을 하거나 휘파람을 부는 일, 그리고 담배를 피우는 것도 금지되었다. 이러한 규칙들이 제대로 지켜지는지를 감시하기 위해 감시자를 배치하고 순회하며 감독하도록 하였다. 때문에 포드 공장 노동자들은 입술을 움직이지 않고 말하는 복화술로 대화를 나눴는데 이를 '포드 속삭임'이라고 불렀고, 얼굴에 감정을 드러내지 않기 위해 무표정한 얼굴을 지었는데 이를 '포드화'라고 하였다.[5]

포디즘적 생산체제는 작업과정의 세분화와 생산요소의 규격화를 통한 이윤 증식을 목표로 한다. 이러한 생산체제 하에서는 단기간에 익힐 수 있는 단순업무들이 늘어나면서 노동자들의 지속적인 탈기술화 현상이 이어졌다. 예전에는 하나의 상품을 만들기 위해서 수년간 도제생활을 하며 배워야 했지만, 포디즘적 생산 조립 작업에서는 높은 수준의 기술이 필요치 않은 작업들이 나타났다. 이렇듯 생산의 각 단계를 세분화하고 단순화하여 노동과정이 세분화되고 탈기술화되자 의류 및 신발 산업에서도 노동 집중도는 높으나 숙련된 기술이 필요하지 않은 절단, 재봉, 봉제 등의 과정이 국경을 넘어 저임금 지역으로 이전되기 시작했다. 이후 전기, 자동차, 컴퓨터 관련 산업의 조립 업무도 인건비가 낮은 국가로 이전되었다. 또한 포디즘적 노동통제 방식도 함께 이전되었다. 이렇듯 포디즘적 생산체제는 새로운 형태의 국제 분업 가능성을 열었다.[6]

　　빈티지 매니아인 내 동생은 오늘도 국내와 해외 사이트를 뒤지며 미국제 리바이스 청바지를 구한다. 중학교 영어 교과서에서 리바이스 청바지는 서부 개척시대 미국에서 만들어진 것이라고 배웠다. 그런데 동생의 말이, 이젠 미국에서 생산된 리바이스 청바지는 이른바 레어 아이템이라는 것이다. 이미 오래전부터 리바이스 청바지는 미국이 아닌 카리브해 국가나 남아시아 국가에서 생산된다고 한다. 예전에 미국에서 만들어진 리바이스 청바지는 상표에 E가 대문자인데, 외국에서 만들어진 청바지는 상표의 e가 소문자란다. 바지야 똑같은데 그걸 따져서 뭐하냐고 해도 동생은 들은 척 만 척 오늘도 밤늦게까지 중고사이트를 비롯해 여러 사이트를 뒤지며 대문자 E 로고가 새겨진 리바이스 청바지를 찾는다.

　　현대 자본주의의 시기들을 컴퓨터 프로그램의 버전version에 비유하기도 한다. 1930년대 대공황 이전, 초기 현대 산업자본주의를 자본주의 1.0버전이라고 한다면 포디즘적 생산체제에 의한 대량생산·대량소비의 시기인 1970년대까지를 자본주의 2.0 버전이라고 한다. 1970년대 이후 브레턴우즈 체제는 경제 침체를 부추기는 요소들로 작용했다. 1970년대 포디즘적 축적체제는 붕괴되었으며 케인스주의적 복지국가는 한계를 맞았고, 미국의 헤게모니도 쇠퇴하기 시작했다. 자본주의 세계는 다시 위기를 맞이하였다.

　　2.0 버전 자본주의의 퇴조는 1970년대 두 차례에 걸쳐 전 세계를 강타한 석유파동이 이끌었다. 1차 석유파동이란 1973년 10월 4차 중동전쟁의 발발로 1배럴당 2.9달러였던 유가가 1974년 1월 11.6달러로(두바이유 기

준) 폭등한 사건을 말한다. 이로 인해 1974년 주요 선진국들의 물가상승률은 두 자릿수에 달했고 성장률은 마이너스를 기록했다. 환율은 요동쳤으며 실업률은 치솟았다.

2차 석유파동은 1978년 이란에서 시작되었다. 그해 12월 이란의 정치 지도자이자 혁명가인 호메이니가 이슬람혁명을 일으킨 후 석유수출을 중단하였다. 이에 1배럴당 13달러 정도였던 국제 유가가 20달러까지 급등하였다. 1980년 이란-이라크 전쟁이 발발하면서 국제 유가는 30달러를 넘어섰고, 1981년 사우디아라비아가 석유무기화를 천명하자 두바이유의 가격이 39달러까지 올랐다. 2차 석유파동의 여파는 1차 석유파동보다 약했으나, 지속적인 불황을 타개하기 위해서는 자본주의 체제를 전반적으로 수정해야 한다는 공감대가 국제사회에 형성되는 계기가 되었다.

1960년대 말부터 서구 자본주의 진영의 성장이 둔화되기 시작하자 정부의 적극적인 역할을 강조하던 케인스주의(수정자본주의)에 대한 비판이 제기되었다. 신고전학파 경제학자들은 1980년대 자본주의 위기의 원인을 노동자의 임금상승에서 비롯된 수익성 감소와 인플레이션, 정부의 복지부문 확대에 따른 국가예산의 비효율적 지출로 진단하였다. 이들은 정부의 조세제도 강화로 인한 자본 형성의 어려움, 기업 활동에 관한 국가의 지나친 간섭, 독과점 금지법, 환경보존법 등의 법적·제도적 측면의 제약도 세계 경제의 위기를 가중시켰다고 하였다.

세계적인 경기침체가 지속되자 노동자의 임금상승과 국가의 개입이 비효율을 양산한다는 주장이 힘을 얻게 되었으며, 케인스적 수정자본주의에 반하는 신자유주의가 등장하였다. 신자유주의자들은 국가의 역할과 개입을 최소화하고 국가의 통제보다는 시장 메커니즘을 중시해야 한다고 주장했다. 정부의 개입을 줄이고 시장의 기능을 강조하는 이른바 신자유주의를 바탕으로 한 자본주의를 자본주의 3.0 버전이라고 한다. 3.0 버전의 자본주의는 생산체계의 유연화, 정보 분야의 발전, 생산 및 금융의 세계화 등으로 특징지을 수 있다. 생산체계의 유연화는 기존의 경직된 포드주의적 생산체제에서 탈피해 불확실한 시장 상황과 경제 환경에 적절하게 대처할 수 있도록 생산체제를 갖추는 방향에서 이루어졌다.

포드 자동차의 신화도 1920년대부터 점점 그 빛이 바래기 시작했다. T모델이 완벽하다고 생각한 헨리 포드는 자동차를 저렴하게 만드는 데만 신경을 썼다. 1912년 전기 시동기가 발명되었음에도 배터리 무게가 늘어난다는 이유로 수동크랭크만을 고집했다. 수동크랭크로 인해 운전자의 팔이 부러지기까지 했는데 말이다. 포드는 신용판매도 하지 않았고, 다른 색깔에 비해 도료가 빨리 마른다는 이유로 자동차의 색도 검정색만 고집했다. 생산가격을 낮추기 위해 노동통제를 강화했고, 이를 통해 더 이상 낮출 수 없을 만큼 자동차의 가격을 낮췄다. 그런데 어느 정도 시간이 지나자 소비자들은 더 이상 T모델 자동차를 사지 않았다.

반면 포드 자동차의 라이벌 회사인 제너럴모터스는 자동차가 운송수단 이상의 의미를 가지고 있다는 것을 파악했다. 즉 사람들에게 자동차는 자신과 타인을 구별해주는 자기정체성의 일부였다. 이에 제너럴모터스는 대중적인 모델인 쉐보레부터 럭셔리 모델인 캐딜락까지 다양한 모델을 선보였다. 자본주의가 발달하고 시장이 전 세계적으로 확장되면서 신제품의 유통주기가 짧아졌고, 이에 기업은 소비자의 기호를 따라잡기 위해 변화해야 했다. 즉 빠르게 변하는 소비자의 기호 변화에 따라가기 위해 기업들은 상품의 생산방식과 투입재의 사용, 재고품의 활용, 판매전략 등 여러 과정이 유연해져야 했다.

포디즘적 노동통제 또한 위기를 맞았다. 포디즘적 생산체제는 끊임없이 고강도의 단순노동을 강요했고, 이는 결국 파업이나 태업이라는 노동 저항을 불러왔다. 서구에서 절정을 맞이했던 포디즘은 위기에 빠졌다. 기업들은 위기를 탈출하기 위해 저임금 지역의 개척이라는 새로운 공간전략을 구상하였다. 기업들은 짧은 유행과 유동적인 수요에 맞추기 위해 생산 과정을 유연화할 필요가 있었다. 즉 다품종 소량생산으로 체계를 전환해 생산비를 줄여야 했다. 이를 위해 생산공정 중 반복 작업이 요구되는 업무를 분리해 노동력이 저렴한 빈곤 국가로 이동시켰다.[7]

선진국의 높은 인건비를 감당할 수 없는 노동집약적 산업이 가장 먼저 이동하였다. 예를 들면 미국 오리건 주에 본사가 있는 나이키는 티셔츠를 박음질하는 과정이라든지, 운동화를 꿰매는 작업과 같이 저기술의 노동집약적 생산공정을 한국과 인도네시아 등 해외 공장으로 이전시켰다. 1990년대 초반 인도네시아 신발 생산 노동자는 '하루' 평균 1.03달러를 받았는데, 당시 미국의 노동자는 '시간당' 6.94달러를 받았다.[8] 높은 노동 강도와 낮은 인건비를 받는 노동자들의 땀방울이 없었다면 우리가 신는 나이키 신발은 지금보다 가격이 몇 배 높았을지 모른다. 현재 나이키의 미국 본사에는 약 7,000명이 근무하지만 다른 나라의 공장에는 약 4만여 명이 일하고 있다. 이들 국가에서 생산된 상품은 대부분 다시 미국을 비롯한 부유한 국가로 재수출된다. 미국에서 소비되는 의류의 50퍼센트 이상이 아시아와 라틴아메리카에서 수입된 저렴한 의류다.

기업들은 이윤을 극대화하기 위해 생산공정을 더욱 세분화하였다. 미국에서 팔리는 폴로셔츠 한 장을 예로 들면, 장미 자수는 중국에서 수를 놓고 상표는 과테말라에서 박음질하며 단추는 멕시코에서 단다. 과테말라의 여공은 하루 종일 티셔츠에 유명 상표의 로고를 박음질하지만 그녀의 월급으로는 절대 그 티셔츠를 살 수 없다. 최소한의 임금만을 받는 여공은 하루 종일 일하지만 겨우 생계를 이어나갈 정도의 임금만 받는다. 이들은 임금이 낮을 뿐만 아니라 고용 안정성도 낮다. 기업은 작업량이 많을 때 집중적인 노동을 요구할 수 있고, 작업량이 감소했을 때 단기간에 해고할 수도 있다. 하청업체에서 일하는 노동자들은 전 지구적 규모의 상품사슬의 아주 작은 고리에 불과하며, 그들에게 고용안전이나 노동권은 거의 없다시피 하다.

기업들이 공장을 해외로 이전하는 과정에서 저렴한 인건비만 고려하는 것은 아니다. 세금 혜택 및 환경 규제의 완화, 노사관계 등도 중요한 변수다. 기업들은 인건비가 저렴하면서도 세제 혜택이 좋고, 노동조합이 약하거나 아예 존재하지 않으며, 환경 부문에 대한 의무가 적은 지역을 선호한다. 그래서 빈곤한 국가의 노동자들은 낮은 임금을 받고, 노동조합을 통해 노동권을 보장받을 수 없으며, 생산 과정에서 건강에 해가 될 수 있는 약품에 노출될 수 있고, 공장에서 정화처리하지 않고 버린 화학약품 때문에 오염된 식수를 마실 수 있다.

선진국 공장을 유치하고자 하는 빈곤한 국가의 정부는 경제자유구역을 지정하여 노조를 설립할 수 없도록 하고 세제 혜택을 제공하며 환경 규제를 완화해준다. 그리고 더 나은 노동 조건을 요구하는 노동자들을 저지하기 위해 경찰 인력을 파견하기도 한다. 인도의 경우 경제자유구역 내의 직업은 비경제자유구역의 직업보다 34퍼센트 낮은 임금률이 적용된다. 경제자유구역 내에서는 순종적인 여성과 어린 노동자들을 선호하는데, 여성과 어린이는 적은 임금을 받으면서도 장시간 노동을 감내하기 때문이다. 나이키가 파키스탄에서 생산한 수제 축구공은 5~14세 어린이들이 노예와 같은 조건에서 하루 20시간 가까이 일해 만든 것이라는 비난을 받았다. 물론 그 어린이들의 임금은 어른보다 훨씬 적었다. 빈곤한 국가의 정부가 이렇게 하는 이유는 선진국의 공장이 입지함으로써 주민들이 일자리를 얻고

지역경제가 활성화되며 나아가 국가경제에 도움이 될 것이라고 생각하기 때문이다. 그리고 주민들이나 정부가 기업의 행위에 대해 부당함을 표현하거나 혹은 환경 규제를 강화한다면 선진국의 공장은 언제든지 다른 나라로 이전할 수 있기 때문이다.

이동한 포디즘의 공간, 마킬라도라

우리나라는 실질적인 국경이 없다. 그래서 우리나라 사람들은 '국경'이라는 단어를 들으면 철조망, 단절 혹은 검문 등과 같은 단어를 떠올리곤 한다. 유럽을 여행하고 온 사람 중에는 여러 나라를 지나며 국경을 통과한 줄도 몰랐다며 신기해하는 사람도 적지 않다. 한편 국경지역은 서로 마주하는 국가들 간의 관계에 따라 다소 차이가 나타나는데, 많은 사람들과 상품이 날마다 넘나들어 긴밀한 관계를 맺고 있으며, 멀리서 보면 마치 하나의 도시인 듯 연속된 시가지마저 나타나는 지역이 있다. 바로 미국과 멕시코 간의 국경지역이다. 미국과 멕시코 국경 사이에는 수많은 출입국 관리소가 설치되어 있고 철조망이나 장벽으로 경계 지워진 국경이 있지만, 이를 사이에 두고 쌍둥이 도시들도 발달하였다. 미국과 멕시코 국경지역의 가장 서쪽에 위치한 도시인 티후아나와 샌디에이고 간의 국경은 연간 5,000만 명의 사람들이 넘나든다. 두 도시 간의 월경소 중 하나인 샌 이시드로 포트는 세계에서 가장 많은 인구가 월경하

1. 티후아나 - 샌디에이고 2. 테카테 3. 메히칼리 - 칼렉시코 4. 산 루이스리오 콜로라도 - 유마 5. 소노이타 - 루크빌 6. 노갈레스 - 노갈레스 7. 나코 - 나코 8. 아구아 프리에타 - 더글라스 9. 라스 팔로마스 - 콜럼버스 10. 씨우다드 후아레스 - 엘파소 11. 오히나가 - 프레디시오 12. 씨우다드 아쿠나 - 델리오 13. 피에드라스 네그라스 - 이글 패스 14. 누에보 라레도 - 라레도 15. 미겔 알레만 16. 카마르고 17. 레이노사 - 맥알렌 18. 마타모로스 - 브라운즈빌

〈그림 10〉 미국과 멕시코의 쌍둥이 도시들

는 지점으로, 일일 월경 인구가 최대 30만 명에 이른다.

멕시코와 미국은 3,700킬로미터에 달하는 긴 국경선을 마주하고 있다.[9] 국경에 위치하던 마을 중에는 국경선이 확정된 이후에도 별 장애 없이 주민들이 양국을 드나들며 생활하던 곳들이 많았으나, 시간이 지나면서 국경을 넘는 데 서류가 필요해졌고 더욱 엄격한 법률이 적용되었다. 국경에 철조망과 출입국 사무소가 설치되고 심지어 장벽이 세워지기도 하였다. 그렇지만 양 지역 간의 통합은 오히려 더욱 빠른 속도로 진행되고 있다. 이 통합을 주도한 것은 '마킬라도라maquiladora' 라는 국경을 넘어선 분업체계다.

마킬라도라는 일반적으로 멕시코 북부접경지대에 위치하고 수출을 원칙으로 하는 멕시코의 조립가공업체를 일컫는다. 엄밀히 정의하면 마킬라도라 산업은 산업 그 자체가 아니라 수출을 장려하는 특정한 조약체계다. 마킬라도라의 어원이 되는 '마킬라maquila' 는 '곡식을 빻아주고 받는 품삯'이라는 뜻이다. 즉 마킬라도라는 부품을 가져오면 노동을 해주고 품삯을 받는 일이며, 주로 저렴한 인건비의 노동집약적 산업임을 그 어원에서부터 알 수 있다. 멕시코 마킬라도라의 가장 큰 특성이자 장점은 세계에서 가장 큰 소비시장인 미국과 바로 맞닿아 있다는 점이다.

멕시코의 마킬라도라가 처음 시작된 것은 1965년이다. 멕시코 정부는 미국의 산업체를 북부접경지역에 유치하기 위해 북부접경지역 산업화프로그램을 추진하였다. 이를 위해 멕시코 북부접경지역 20킬로미터 이내에서는 외국인이 멕시코 내에서 공장을 소유할 수 있게 되었고, 수출을 전제로 하는 원자재 및 부품의 수입과 상품의 수출에 대해서는 면세 혜택이 주어졌다. 미국 샌디에이고와 국경을 마주하고 있으며 로스앤젤레스에서 불과 3시간 거리에 위치한 멕시코의 국경 도시 티후아나에서부터 섬유와 장난감 등 경공업을 중심으로 마킬라도라 산업이 발달하기 시작했다. 당시 멕시코의 상공장관이었던 살라스 O. C. Salas는 마킬라도라의 목표를 "홍콩, 일본, 푸에르토리코의 대안으로 자유로운 기업행위를 (미국에) 제공하는 것"이라고 밝히기도 하였다.

초기 마킬라도라 산업은 젊은 여성노동력에 기반한 노동집약적 산업 중심으로 계획되었다. 국경을 따라 조성되는 접경지 공장지대는 봉제업, 장난감 조립 등 저렴한 임금을 바탕으로 하는 공장들이 속속 들어섰다. 수출을 위한 조립가공업체의 수는 1968년 79개에 불과했으나 1988년에는 약 1,400개로 증가하였다. 멕시코의 마킬라도라 지역에 위치한 티후아나, 시우다드 후아레스 등의 도시들은 빠르게 성장했으며, 국경지역의 도시 대부분이 미국의 도시들과 시가지를 마주하고 있다.

1982년 멕시코의 모라토리엄 선언과 연이은 경제위기로 페소화가 큰 폭으로 평가절하되자 멕시코의 노동비용 또한 감소하였다. 세계에서 가장 거대한 소비시장인 미국과 인접한 지역이고, 세제 혜택이 큰데다 임금마저 크게 감소하자 미국을 비롯한 여러 국가의 기업들이 마킬라도라 산업지구에 속속 입주하였다. 미국뿐 아니라 여러 나라의 자본이 이곳에 공장을 건설하였는데, 더 이상 자국에서 버티기 힘들게 된 공해산업이나 무노조 저임금의 노동력을 찾아 떠나오는 노동집약적 산업이 주를 이루었다.

1980년 중반 이후 다국적기업들은 멕시코 국경지역에 자동차 엔진과 텔레비전 조립공장 등 기술집약적인 제조업 공장을 건설하기 시작했다. 그리고 높은 기술 설비를 요구하는 자본집약적 산업도 입지하기 시작했다. 1994년 북미자유무역협정 NAFTA[10]이 발효된 이후부터 2000년 사이에는 그성격이 다변화되면서 인구뿐만 아니라 경제적으로도 급성장하였다. NAFTA가 발효되자 북미, 일본, 유럽의 기업들이 거대한 북미시장의 전초 기지로 멕시코에 진출하였다.[11] 특히 전자 조립 분야의 다국적기업들이 대규모 공장들을 건설했다. 우리나라를 비롯한 외국 업체의 입장에서 볼 때 멕시코 북부지역은 거대한 북미시장에 접근할 수 있으면서도 노동비가 저렴하기 때문에 전자, 컴퓨터, 자동차 등의 자본집약적 산업체가 입지하기에 최적지였다.

NAFTA의 발효로 미국의 기업들이 값싼 노동력과 무관세의 이득을 취할 수 있는 지역은 멕시코 전역으로 확대되었다. 실제로 플로리다 지역과 가까운 해안지역인 유카탄반도에서도 의료기기를 중심으로 마킬라도라 산업이 발달하였다. 그러나 기업들은 여전히 미국과 멕시코 국경지역의 입지를 선호하였다. 왜냐하면 멕시코의 공장에서 (미국 국적의) 트럭에 상품을 실으면 국경을 통과해 상품을 받는 물류센터나 중간 도매상, 심지어 소매상에 바로 내려줄 수 있기 때문이다. 하루에도 수많은 트럭들이 미국-멕시코 국경을 넘어 부품을 멕시코로 수송하고 완성된 상품을 미국 전역으로 수송하고 있다. 2000년을 전후해 마킬라도라 산업은 멕시코 국내총생산의 25퍼센트, 총 고용의 17퍼센트를 차지했다. 그렇지만 대부분 부품들을 미국 등지에서 수입해 단순 가공 및 조립하는 형태여서 국내산업과의 연쇄효과는 낮다.[12]

2. 세 도시 이야기

공포의 장소로 전락한 죽음의 도시, 시우다드 후아레스

'마킬라도라의 수도'라고도 불리는 멕시코 북부 국경도시 시우다드 후아레스[13]에는 모래가 섞인 바람이 분다. 가파른 작은 언덕에는 콘크리트 블록으로 만든 오두막들이 아무렇게나 흩어져 있다. 지나다니는 사람들은 거의 보이지 않으며, 순찰병을 태운 군용 순찰차만이 아주 가끔 거리를 지나다닌다. 시가지는 도시의 유명세에 비해 너무 추레하고, 더럽고, 심지어 버려진 도시처럼 보이기까지 한다. 허름한 주택들 건너편에 모래로 뒤덮인 진입로와 철제 담장으로 된 국경선이 보인다. 국경선 너머로는 미국 도시인 엘패소 서부 교외지구의 모습이 보인다. 중산층 거주지인 코로나도 힐스와 리지크레스트의 모습은 마치 다른 세상 같다. 이처럼 멕시코와 미국 국경선에 마주해 위치한 쌍둥이 도시들에서는 개발도상국의 추레한 모습과 선진국의 눈부신 풍요가 한 프레임에 공존한다. 이 지역에서 흔히 볼 수 있는 이러한 극명한 대비는 불균등한 부의 분배에 의한 지구적 균열을 단적으로 보여준다.

시우다드 후아레스는 21세기 들어 세계 최악의 범죄도시로 알려졌다. 2006년 칼데론 대통령이 마약과의 전쟁을 선포한 이래 한 해 수천 건에 달하는 살인 사건이 일어나고 폭력이 일상화되어 살인·강간·마약 거래 등의 상징처럼 되어버렸으며, 노동착취·부패와 같은 근대적 악이 일상화된 곳으로 알려졌다. 이곳에서 일어난 끔찍한 사건을 열거하자면 끝이 없다. 2009년 한 해에만 2,600명 이상이 살해된 것으로 집계되었으나 이마저도 정확하지 않다. 2010년에는 미국 영사관 직원들이 살해되었으며 미국은 안전상의 이유로 시우다드 후아레스의 영사관을 폐쇄하기까지 했다.[14] 시우다드 후아레스 시민들은 국경 너머의 엘패소로 가족들을 피신시켰는데, 2010년에만 그 규모가 10만 명에 이르렀고 이 중에는 시우다드 후아레스 시장의 가족들도 포함되었다.[15]

그러나 시우다드 후아레스의 비극은 마약과의 전쟁보다 훨씬 이전부터 시작되었다. 이 도시에서는 이미 1990년대부터 범죄 수사극에나 나올 법한 연쇄 살인 사건들이 이어졌으며, 그 대상은 주로 젊은 여성들이었다.[16] 살해된 여성들은 대부분 일자리를 찾아 멕시코의 다른 지방에서 올라온 이주자로, 열악한 노동환경 속에서 일하며 살아가는 마킬라도라의 공장 노동자들이었다.

볼라뇨R. Bolano의 소설 『2666』은 시우다드 후아레스에서 일어난 연쇄 살인 사건을 모티브로 삼고 있다. 소설의 시작과 끝이 미국과 멕시코 간 국경도시에서 만나며 '뫼비우스의 띠' 구조로 전개되는데, 시우다드 후아레스에서 일어난 엽기적인 연쇄 살인 사건들이 결코 예외적이고 개인적인 사건들이 아니라 저임금 노동자를 찾아 이동하는 신자유주의적 경제체제가 초래한 구조적 결과임을 암시한다. 2006년에 개봉된 나바G. Nava 감독의 영화 〈보더 타운Border town〉에서도 시우다드 후아레스에 대규모 마킬라도라 산업지구가 형성되면서 나타난 급격한 사회적 · 문화적 변동 가운데, 특히 '학살'이라고 불릴 정도로 빈번하게 발생한 여성 노동자들에 대한 연쇄 살인 사건을 조명하고 있다.

NAFTA의 발효 이후 세계적인 대기업을 비롯한 많은 기업들이 이주해 오면서 마킬라도라 산업의 상징처럼 되어버린 시우다드 후아레스는 멕시코 전역에서 이주민들을 끌어들였다. 시우다드 후아레스는 티후아나와 함께 멕시코에서 가장 빨리 성장하는 도시가 되었으며 1990년대 이후 멕시코의 10대 도시로 성장하였다. 특히 후아레스 시정부는 외국계 공장에 대해 설립 시 법률서비스부터 건물임대까지 전 과정을 적극적으로 도와주는 쉘터 플랜Shelter Plan을 제공하고, 공업용수 및 전기, 도로, 창고 등을 제공해 적극적으로 대규모 산업체를 유치하였다. 그 결과 시우다드 후아레스에는 저임금의, 노동조합을 결성하지 않는 노동력을 필요로 하는 초국적 기업들이 다수 입지하였다. 1,000개가 넘는 마킬라도라 공장들이 들어섰고, 3초마다 텔레비전 1대씩, 7초마다 컴퓨터 1대씩이 생산되었다. 이 국경도시를 이렇듯 성장시키고 경제적 활력을 불어넣은 마킬라도라 산업은 성공한 것처럼 보였다. 적어도 노동자들에게 일자리를 제공할 수 있다고 말하는 신자유주의 경제의 축복은 실현된 것처럼 보였다.

시우다드 후아레스로 이주해온 사람들 중 다수는 농민이나 어부였던 사람들과 그 가족들이었다. 1982년 부채를 갚지 못해 모라토리엄을 선언한 멕시코는 IMF의 구조조정안을 받아들여 개방경제체제로 돌아섰다. 실질임금은 감소했으며 실업률은 치솟았다. 공공요금은 하늘 높은 줄 모르고 치솟았고 세금은 올랐으며 빈곤층에게 주어지던 복지 혜택은 사라졌다. 금지되었던 외국산 농산물과 수산물이 수입되었다. 모라토리엄 선언 이후 경제적으로 어려움을 겪게 된 영세한 농민과 어부들은 외국계 자본과도 경쟁해야 했다. 1994년 북미자유무역협정NAFTA이 체결되자 값싼 미국 농수산물이 물밀듯 들어왔다. 특히 주곡 작물인 옥수수의 개방은 농민들에게 절망 그 자체였다. 고향에서 더 이상 살 길을 잃은 농민과 어부, 그리고 그 가족들은 일자리를 찾아 대거 이주하였다. 국경도시들은 삶의 터전을 잃은 멕시코 전역의 사람들을 유인하였다. 영화 〈보더 타운〉 속 에바와 로렌의 다음 대화는 국가 정책이 저임금 노동자를 어떻게 양산하는지 잘 보여준다.

"누가 고향땅을 빼앗아 갔죠?"

"정부가요. …… 우리가 세금을 낼 수 없으니까, 정부에서 국경의 마킬라도라에 가서 일하라고 말했어요. 고향땅을 지키려면 돈을 벌라고. 하지만 여기선 돈을 못 벌어요. 정부와 공장들이 전부 빼앗아가니까요. 돈은 전부 그들에게 가죠. 우리에겐 아무것도 없어요. 우리 아버지는 미국에 일하러 가셨어요. 여러 해 동안 보질 못했죠. 하지만 우리가 뭘 어쩌지요? 우린 땅도 없고, 고향에 돌아가지도 못해요. 이제 아무것도 없어요."

농촌에서 밀려온 사람들은 피난민 수용소를 연상케 하는 오두막 같은 집들을 직접 짓는다. 나무막대, 가시철조망, 불탄 매트리스 프레임 등으로 울타리를 친다. 이웃집 수도꼭지에서 물을 끌어다 쓰고 근처 전신주에서 전기를 훔쳐다 쓴다. 전기를 훔치거나 임시방편으로 대충해놓은 배선 때문에 감전 사고가 나기 일쑤고, 그로 인한 화재 또한 끊이지 않는다. 불이 나더라도 소방서도 없고, 관청에서는 신경도 쓰지 않는다. 노동자 거주지를 흐르는 하천과 강은 공장들에서 흘러나온 유독물질로 오염된 지 오래다.

주민들의 꾀죄죄한 집들과는 달리 마킬라도라의 공장들은 현대적이다. 노동자들의 모든 작업은 실시간으로 감시되며 방송으로 전달되는 명령이 이들을 통제한다. "1번과 3번 라인이 할당량에 못 미칩니다. 생산 속도를 올리세요." 교대 시간이 되면 부저가 길게 울린다. "근무가 끝났습니다. 속히 나가주십시오. 다음 교대조 근무가 10분 후에 시작됩니다. 속히 이동해주십시오." 마치 기계처럼 모든 사람이 작업을 끝내고 공장을 비우며, 다시 일군의 노동자들이 라인을 채운다.

마킬라도라는 가혹한 작업 조건에서 저임금을 받고 일하더라도 불평이 적은 어린 여성들을 주로 고용한다. 어린 여공들은 동생들을 학교에 보내야 하는 가장이거나 어린 자녀를 둔 미혼모인 경우가 많다. 마킬라도라 공장들은 술을 먹고 결근하기 일쑤인 남자들보다는 책임감과 생활력이 강한 여성 노동자들을 선호한다. 대부분 마킬라도라는 하루 24시간 가동되며 노동자들은 교대로 투입된다. 다수의 여공들이 늦은 밤이나 새벽에 출퇴근하기 때문에 범죄 대상이 되기 쉽지만 회사들은 여공들을 위해 어떠한 안전조치도 제공하지 않았다. 시우다드 후아레스는 이들 여공들에 의해 성장했지만 동시에 많은 수의 여공들이 출퇴근길에 살해당했고, 이들의 저렴한 노동력을 바탕으로 성장한 회사들과 정부는 이들의 안전을 무시했다.

시우다드 후아레스의 외적 성장 뒤에 감춰진 공적 · 제도적 무관심으로 인해 마킬라도라 젊은 여성 노동자들은 저임금, 노동권 박탈, 공공서비스 및 복지의 결여뿐 아니라 심각한 안전상의 위협까지도 감수해야 했다.

2000년 이후 시우다드 후아레스의 마킬라도라는 위기를 맞게 된다. 기업들이 훨씬 값싼 노동력이 있는 아시아, 특히 중국이나 방글라데시로 이전하면서 마킬라도라의 수가 줄어들기 시작한 것이다. 그리고 마약의 최대 소비국인 미국이 마약 원산지와 조직망에 대해 강력한 단속을 펴자 마약조직들은 (미국과의 활발한 경제활동으로 인해) 상대적으로 감시가 소홀한 시우다드 후아레스를 마약 중개지로 주목하였다. 도시를 장악한 마약조직의 세력은 국가 공권력을 넘어섰다. 심지어 마약조직과 공권력은 구조적 커넥션 관계를 유지했다. 마약상들의 횡포와 치안의 부재는 기업들의 이주 현상을 더욱 부추겼다. 범죄집단들이 기업들로부터 받아내는 일종의 상납금이 매달 4,000~8,000달러에 달해 이에 지친 사업자들이 떠나갔다. 특히 소기업들의 이주 현상이 두드러졌으며 이는 시우다드 후아레스 시의 고용 및 경제에 심각한 타격을 주었다. 자신이 살던 땅에서 쫓겨나 이곳의 저임금 노동자가 된 사람들은 기업이 중국이나 방글라데시 등으로 이전하자 다시 일자리를 빼앗겼다. 게다가 시우다드 후아레스는 미국으로 불법 이주하려는 사람들을 위한 공간이자 미국에서 추방되어 온 사람들의 공간이 되었다. 그렇게 시우다드 후아레스는 세계 최악의 범죄도시로 악명의 조건을 하나씩 갖춰나갔다. 시우다드 후아레스에서 일자리를 잃은 젊은이들은 미국 국경을 넘기 위해 기회를 엿본다. 그러면서 마약경제에 빠져들거나 살인을 하거나 살해당하기도 한다.

때르르르릉. 2013년 4월 21일 오후 1시 방글라데시 수도 다카 미르푸르 지역의 한 의류공장에 흡사 화재경보 같은 소리가 울려 퍼졌다. 점심시간을 알리는 이 소리에 공장 노동자 수십 명이 밖으로 몰려나갔다. 폭 1.5미터쯤 되는 계단은 성인 2명이 동시에 내려가기에는 비좁아 보였다. 지난해 4월 24일 라나플라자 참사를 키운 원인 가운데 하나로 피해자들은 '좁은 계단'을 꼽았다. 반팔 티셔츠를 만드는 한 '라인(작업공정)'에는 15명이 분업을 하고 있었다. 각자 일하는 공간은 넓지 않아 앞에서 재봉틀을 돌리는 이의 팔꿈치가 뒷자리 재봉사의 책상에 닿을 듯했다. 한 노동자는 상표 태그를 일일이 붙이고 있었다. 더위를 쫓기 위해 천장에서는 대형 선풍기들이 쉼 없이 돌았다. 그 때문에 바닥에 널브러진 원단 조각들과 먼지들도 바람에 흩날렸다. 4층에서 옥상으로 올라가는 계단은 아예 원단 조각들로 막혀있었다. 밖으로 통하는 문은 주출입구 하나밖에 없었다. 주변에서 본 의류공장 건물 네 군데에도 주 출입구 하나 외엔 비상구가 없었다. 그마저도 이중 철제문 구조여서 사람 한 명이 드나들 공간밖엔 없었다. 주 출입구는 대부분 대로변과 맞닿아 있었다. 주변엔 창문이 옆 건물에 막혀버려 햇빛조차 들지 않는 공장들도 있었다.[17]

방글라데시는 남아시아에서 가장 빈곤한 국가다. 1979년 파키스탄으로부터 독립한 방글라데시는 독립 이후 수십 년간 지속된 낮은 경제성장률과 인구 급증으로 빈곤에서 벗어나지 못하고 있다. 사회제도나 기반시설도 체계적으로 갖춰지지 않았으며, 홍수, 태풍 등의 자연재해도 끊이지 않는다. 온갖 오지 여행에서도 그 지역의 매력과 에너지를 긍정적으로 전달한 여행가 한비야도 그의 여행기 『바람의 딸 지구 세바퀴 반』에서 방글라데시에 대해서만은 비운과 참을 수 없는 불편함을 토로한다. 도심 한가운데 쓰레기가 쌓여 있고 하수도 시설이 갖춰져 있지 않은 골목에는 오물이 고여 있다. 특히 몬순이 불어 비가 내리는 8월에서 10월 사이에는 전 국토의 60퍼센트 이상이 물에 잠기고 경작지들은 마치 바다처럼 보이기까지 한다. 수도인 다카 시내에는 매연이 가득해 숨을 쉬기 어려울 지경이다. 도로에는 까만 매연을 내뿜는 폐차 직전의 버스와 릭샤(자전거 수레)가 엉겨 있으며, 가끔 외제차도 같이 뒤엉켜 있다. 텔레비전에서 보면 다카 시내의 버스는 예외 없이 만원이고 지붕에까지 사람들이 빼곡히 앉아 있다. 도로 표지판은 물론이고 신호등조차 제대로 갖춰져 있지 않은 도로를 운전자들은 마치 곡예하듯이 운전한다. 거리에서는 아이를 안은 여자, 장애를 가진 사람들, 땟국물이 줄줄 흐르는 어린아이들이 구걸하는 모습을 심심치 않게 볼 수 있다.

방글라데시에는 우리나라보다 약간 큰 국토에, 우리나라 인구의 3배가 넘는 1억 6,000만 명이 살고 있다. 아시아는 다른 대륙에 비해 인구밀도가 높은 편인데, 그중에서도 방글라데시는 세계에서 인구밀도가 가장 높은 나라다. 전체 노동인구 중 약 60퍼센트가 농업에 종사하고 있으며 여성취업률이 약 25퍼센트에 지나지 않아 유휴 노동력이 매우 많다. 그러다보니 방글라데시의 최저임금은 세계에서도 가장 낮은 수준이다. 방글라데시의 1인당 연간 국민소득은 약 900달러로, 세계에서 가장 가난한 나라 중 하나다.

최근 중국의 인건비가 급격하게 상승하고 노동법규가 강화되면서 방글라데시는 중국을 대체할 수 있는 노동집약적 산업의 최적지로 떠오르고 있다. 수도 다카의 웬만큼 쓸 만한 건물에는 대부분 봉제공장이 입주해 있을 정도다. 방글라데시의 봉제공장은 특히 다카와 치타공이라는 수출가공 지역에 집중되어 있으며, 대부분 방글라데시의 값싼 노동력을 이용하기 위해 진출한 자라, 유니클로, GAP, 타미힐피거, 노스페이스 등 선진국의 유명한 의류회사의 하청 공장들이다. 방글라데시 정부는 이들 지역에 외국인 투자를 유인하기 위해 세제혜택을 비롯해 우호적인 정책을 취하고 있다.[18]

선진국의 다국적기업인 의류회사들은 가난한 나라에서 싸게 만든 옷에 유명 브랜드의 라벨을 부착해 부자 나라에서 비싸게 판매한다. 이들 의류 가격은 대체로 1대 3의 법칙에 따라 정해지는데, 이는 의류의 생산원가가 1달러라면 이에 3배 정도의 마진을 붙여서 4달러에 판매하는 것이다. 기업들은 현재 공장을 운영하는 나라의 임금이 오르면 더 싼 가격에 옷을 생산할 수 있는 다른 나라를 찾아 옮겨 간다. 다국적기업들의 공장 이전 가능성은 가난한 나라 노동자의 노동권과 임금상승을 억누르는 가장 큰 무기가 된다.

방글라데시에서 봉제공장은 고용 창출 잠재력이 높은 유일한 노동집약적 산업이며, 실제로 도시 및 농촌의 빈곤계층에게는 생명줄과도 같다. 봉제공장 노동자는 80퍼센트 정도가 젊은 여성들이다. 방글라데시에서 봉제공장에 직접 고용된 사람은 약 400만 명 정도이지만 공장에서 생산한 의류의 운송, 선적 등 관련 부문에 종사하는 사람들까지 하면 약 2,000만 명이 넘는다. 봉제공장에서 생산한 섬유제품의 수출은 방글라데시 전체 수출액의 약 80퍼센트를 차지하였다. 방글라데시의 섬유 부문 수출액은 터키와 중국에 이어 세계 3위다.[19]

방글라데시의 봉제공장 노동자 임금은 전 세계 최저 수준이다. 2006년까지 봉제공장 노동자의 월급은 15달러도 채 되지 않았다. 방글라데시 노동자의 비극은 최저임금을 올리기는커녕 이마저도 받지 못하는 상황에 있었다. 2008~2009년 방글라데시, 중국, 파키스탄, 인도 등 주요 의류수출국가 사이에는 실질적인 가격전쟁이 일어났다. 가격인하 경쟁 때문에 의류

가격이 하락하자 기업들은 그 부담을 임금삭감, 임금과 초과근로수당 미지급, 임금체불 등을 통해 노동자에게 전가하였다. 2008~2009년 이후 노동자들의 임금은 거의 30퍼센트가 삭감되었다. 2009년 방글라데시 정부의 조사에 의하면 조사대상 825개 업체 중 122개 업체가 임금을 제때 지급하지 않았고 일부 공장은 최저임금조차 지급하지 않았다.[20]

2009년 노동자들의 불만은 확산되었고 파업과 항의 시위가 잇따랐다. 미지급된 임금을 요구하는 시위에서 6명의 노동자가 방글라데시 경찰이 쏜 총에 사망했다. 봉제공장 노동자들의 시위 집회는 더욱 과격해지고 시위는 폭력적으로 변했다. 2010년 6월과 7월의 경우 하루도 평화로운 날이 없다시피 했다.[21] 연이은 시위와 파업으로, 정부는 마침내 봉제 노동자들의 최저임금을 수정하기 위해 최저임금위원회를 설치했고, 최저임금을 43달러로 올렸다. 이렇게 노동자들의 최저임금이 상승했어도 기본 식재료 값이 치솟아 실질임금은 하락하는 꼴이 되어 여전히 최저 생계조차 유지하기 어려웠다. 임금은 올랐지만 노동자들은 오른 임금의 절반 이상을 쌀과 같은 기본 식재료를 구입하는 데 써야 했다. 노동자들은 최저 생계를 유지할 수 있도록 최저임금을 72달러로 올려달라고 주장했다.

이들의 주장에 대해 선진국의 기업들은 노동자들의 임금이 오르면 방글라데시가 가진 값싼 노동력이라는 비교우위가 사라지기 때문에 철수하겠노라고 위협하였다. 방글라데시 정부 또한 이들 기업이 철수하면 일자리가 사라지기 때문에 나라가 더 빈곤해질 수 있다고 판단해 노동자들의 집단교섭권이나 임금인상 요구를 들으려 하지 않았다. 2010년 방글라데시의 최저임금 43달러는 세계에서 가장 낮은 수준이었다. 당시 중국의 최저임금은 약 300달러였고, 인도는 약 106달러, 베트남은 약 92달러, 파키스탄은 약 116달러, 스리랑카는 약 92달러였다.[22] 노동자들이 요구한 월 72달러도 여전히 세계에서 가장 낮은 수준이었다.

임금뿐 아니라 방글라데시 봉제공장의 근로조건도 열악하기 그지없다. 2013년 4월 방글라데시 수도 다카 인근의 의류공장 라나플라자 건물이 붕괴되었다. 열악하고 비인간적인 근로 조건 속에서 일하던 봉제공장 노동자 1,130명이 목숨을 잃고 2,500여 명이 부상을 당하는 참사가 발생했다. 역사상 최악의 산업재해로 기록된 라나플라자 붕괴 사고가 전 세계의 이목을 끌자 방글라데시 정부와 기업은 최저임금을 월 68달러까지 인상하였다. 그러나 이는 여전히 동남아 다른 나라의 의류 공장 임금보다 낮은 수준이었다. 방글라데시 봉제공장 노동자 약 400만 명은 여전히 열악한 노동환경에서 매일 12시간 이상의 중노동에 시달리고 있으며, 공장의 안전 설비나 노동환경 개선 또한 제대로 이루어진 것이 하나도 없다. 라나플라자 건물 붕괴 참사 이후, 30여 개의 유럽계 의류 기업이 사고 재발방지와 의류산업 노동환경 개선을 위한 안전협약에 가입했다. 그러나 일본의 유니클로와 미국의 월마트 등은 자체 안전기준을 고수하겠다며 방글라데시의 노동안전협약에 가입하지 않았다. 한편 안전협약에 가입한 기업들 중 일부는 방글라데시 공장을 철수하고 베트남, 캄보디아와 인도네시아 등으로 이전함으로써 임금 착취와 열악한 작업환경에서 생산된 제품이라는 이미지에서 탈피하려고 하였다.[23] 실제로 라나플라자 건물 붕괴 이후 2014년 한 해 동안 방글라데시의 의류 수출은 감소하였다.[24]

파산한 자동차 수도, 디트로이트

미국 미시간 주의 동남부에 위치한 디트로이트 시는 1701년에 세워진, 미국 중서부지역에서 가장 오래된 도시 중 하나다. 1825년 이리 운하가 개통된 이후 디트로이트 시는 미국의 경제성장을 이끌었다. 19세기 말의 디트로이트는 기차, 기관차, 선박 엔진, 조선, 스토브, 마차, 목재, 페인트, 신발, 의약품 등을 생산하는 공업도시였다. 이들 제조업에서 축적된 자본 및 기술, 그리고 인력은 당시로서는 벤처사업이었던 자동차산업이 성장할 수 있는 주요 기반이 되었다. 디트로이트는 미국 자동차의 빅3 회사인 지엠, 포드, 크라이슬러의 본사가 입지함으로써 명실상부한 자동차산업의 수도가 되었다. 자동차산업의 성장으로 디트로이트의 도로는 미국에서 가장 먼저 포장되었고, 가장 먼저 교통신호기가 설치되었다. 자동차산업에 종사한 노동자는 1904년 2,000명이 넘었으며 1920년에는 7만 5,000명으로 늘어났다.[25] 자동차산업이 호황을 구가하던 1950년대 디트로이트는 미국에서 4번째로 규모가 큰 도시로 성장하였다.

그러나 디트로이트는 1980년대 자동차산업이 쇠퇴하면서 미국에서 가장 많은 실업자를 양산하는 도시로 전락하였다. 자동차산업과 관련 산업들이 노조가 약하고 임금이 저렴한 남부로 이주하고, 다시 멕시코로 내려감에 따라 디트로이트는 경제의 원동력을 잃어버렸다. 이는 영화 〈로보캅 RoboCop〉(1987)에서 잘 나타나는데, 영화 속의 디트로이트는 근대 공업도시의 쇠잔한 모습, 흑인 노동자, 범죄, 극심한 빈부격차, 거의 반 폐허가 된 다운타운 등으로 그려졌다. 다운타운의 크고 작은 건물들은 사용되지 않고 버려진 채 방치되어 있다. 20세기 초반 백인 중산층이 주를 이루던 디트로이트의 인구구성은 현재 흑인 인구의 비중이 80퍼센트 이상을 차지한다. 2012년 6월 기준 디트로이트의 실업률은 18.3퍼센트였으며 이는 미국 전국 평균의 2배가 넘는 것이었다. 디트로이트에서 직업을 가진 사람의 수가 1970년에 비해 53퍼센트나 감소했으며, 도시의 세수입도 1960년대 이후 40퍼센트나 감소하였다. 따라서 시정부는 치안이나 가로등과 같은 기본적인 서비스도 제대로 공급하지 못하고 있으며, 결국 디트로이트는 지난 20

년간 미국에서 가장 위험한 도시로 꼽히고 있다.

2013년 12월 미국의 연방 파산 법원은 디트로이트 시의 파산을 결정했다. 디트로이트는 미국에서 파산한 도시 중 가장 규모가 큰 도시이며, 20세기 미국의 산업화를 이끌었던 자동차산업의 메카였다는 점에서 디트로이트의 파산은 가히 충격적인 일이었다. 디트로이트의 파산 선언은 신분업 체제에서 선진국의 제조업 및 경제가 어떠한 영향을 받는지를 단적으로 보여주는 주요한 사건이라고 할 수 있다. 기업들이 세계적인 스케일로 생산 과정을 확대하는 과정에서 선진국의 국내 산업은 탈산업화가 이루어지고 있었다. 선진국 경제는 대부분 제조업을 중심으로 성장했음은 앞의 장에서 여러 차례 이야기하였다. 그러나 1980년대 이후 선진국의 제조업 중 실질적인 상품 생산 과정의 상당 부문이 개발도상국으로 이전하고, 선진국의 산업은 관리 및 연구, 금융 등의 활동 중심으로 재편되었다. 디트로이트를 중심으로 5대호 연안에 입지했던 자동차 및 관련 산업체들은 65번 고속도로를 따라 남하하였고, 더 나아가 국경을 넘어 멕시코로 이전하거나 더 멀리 중국으로 이전하였다. 이는 결국 선진국 노동자들 중 상당수가 일자리를 잃었음을 의미한다.

1980년대부터 디트로이트의 자동차산업은 침체되기 시작하였다. 1970년대 말과 1980년대 초반 석유파동을 겪으면서 휘발유 가격은 2~3배 폭등하였다. 미국 정부는 미국 내 중·소형차의 지속적인 연비 개선을 요구하는 CAFE법을 통과시켰다.[26] 이 법은 개인 승용차에 대해서는 상당한 연비 개선치를 요구했지만 픽업트럭과 같은 차량에 대해서는 이보다 훨씬 낮은 연비를 허용했기 때문에 미국의 빅3 자동차 회사는 대형차나 픽업트럭 등을 생산하는 데 집중하였다. 중·소형 자동차 시장은 연비가 훨씬 우수한 도요타, 닛산, 혼다 등 일본 자동차 회사가 잠식하였다.[27]

1980년대 디트로이트 자동차산업의 침체는 분명 1970년대의 석유파동에서 시작되었지만, 정리해고당한 디트로이트 자동차 노동자들에게는 중·소형차를 앞세워 공격적인 마케팅을 펼친 일본 자동차 회사가 자신들을 실업자로 만든 직접적인 원인처럼 보였다. 디트로이트 시뿐만 아니라 미시간 주 전체에서 일본 자동차와 일본인, 나아가 아시아인에 대한 반감이 커져갔다. 이러한 반감은 1980년대 초반의 대량 해고 사태로 절정을 이루었다. 주민들은 자동차에 '혼다, 도요타, 진주만'이라는 위협적인 문구의 스티커를 붙이기까지 하였고 미시간 주의 존 딘겔J. Dingell 하원의원은 '이 하찮은 노란둥이들'이라는 표현까지 서슴지 않았다.

당시 디트로이트에서는 아시아인이라는 사실 자체가 위험한 상황이 되었다. 1982년 일어난 중국계 미국인 청년 빈센트 친의 폭행치사 사건은 당시 자동차산업의 침체로 인한 미국 노동자들의 분노로 발생한 비극이었다. 결혼식을 1주일 앞둔 빈센트 친은 디트로이트 시내의 어떤 바에서 친구들과 총각 파티를 벌이고 있었다. 그날 같은 바에서 술을 마시던 크라이슬러 자동차 공장 노동자 에벤스R. Ebens 및 해고 노동자 니츠M. Nitz와 친 사이에 싸움이 일어났다. 에벤스와 니츠가 친을 일본인으로 오해하고 술김에 "우리가 실직한 것은 너희 개자식들 때문이야"라고 거친 욕설을 퍼부은 것이 싸움의 발단이었다. 싸움 끝에 술집에서 쫓겨난 두 사람은 이후에 친을 찾아다녔다. 시내 중심가 맥도날드 앞에서 친을 찾아낸 그들은 야구방망이로 친의 머리를 수십 차례 가격하였다. 의식불명 상태에 빠진 친은 결국 사망하였고 며칠 후 그가 결혼하기로 되어 있던 날 장례식을 치렀다. 초이C. Choy와 타지마R. Tajima 감독의 다큐멘터리 〈누가 빈센트 친을 죽였는가?Who Killed Vincent Chin?〉(1987)에서는 빈센트 친의 사망 사건을 중심으로 디트로이트 지역 자동차산업의 쇠퇴 문제를 심도 깊게 다루고 있다.

자동차산업은 전형적인 글로벌산업으로, 포디즘이나 포스트포디즘 생산체제를 선도해왔다. 자동차산업은 기존의 전통적인 생산양식에서 벗어나 생산 과정이 분할되어 세계 각 지역으로 분산·배치되었다. 생산공정들은 네트워크로 연결되었다. 상품이 완성되기 이전 상품을 구성하는 부품 단계를 총칭하는 중간재는 제조업 발달에서 매우 중요하다. 중간재의 발달을 전제로 제조업이 발달해야 경제적 파생력이 높아지고, 제조업 및 경제의 자생력이 높아진다. 자동차산업과 항공기 산업의 발달이 제조업의 발달 단계에서 주요한 이유는 이들 제품에는 수많은 부품이 투입되기 때문이다. 즉 자동차나 항공기를 만들기 위해서는 광범위한 관련 부품산업의 기술 및 생산체계가 전제되어야 한다.

미국 자동차산업은 외국 자동차산업과의 경쟁을 위해 비용을 절감하고 새로운 기술을 개발해야 했다. 그런데 이 부담을 부품공급업체들에게 전가하였다. 1990년대 이후 미국의 자동차산업은 전기·전자산업과 더불어 빠르게 생산단위를 나누고, 부품들을 표준화하였다. 표준화된 부품들은 여러 제품에 공통적으로 사용될 수 있기 때문에 본사는 이 부품들을 가져다 생산공장에서 조립하는 방식으로 자동차를 생산하였다. 한 공장 혹은 한 지역에서 부품을 생산하고 조립하는 기존의 통합적인 생산방식에서 벗어나 자동차의 수많은 부품을 하청을 통해 생산하였다. 이러한 과정을 통해 미국의 자동차산업은 부품의 조달 면에서 유연해졌고, 선도기업(자동차 모기업)과 부품 생산업체가 상호 독립적으로 해외에 진출하기도 했다.

기업들의 이러한 전략은 단기간에는 수익 창출로 이어졌다. 이러한 생산방식은 자동차 본사와 부품 생산업체 간의 분업을 심화함으로써 효율성을 제고한 것이었고, 1990년대 미국의 자동차산업은 호황을 맞는 듯했다. 그러나 장기적으로 볼 때 이는 미국의 자동차산업 기술이 뒤처지게 하는 결과를 낳았다. 2000년대 들어 미국의 자동차산업 실적은 급락하기 시작했으며 다수의 부품 생산업체와 자동차 모기업이 파산하기에 이르렀다.

디트로이트의 자동차산업이 경쟁력을 상실한 결정적 이유는 바로 하청 구조에 있었다. 자동차산업의 부품업체는 생산업체로부터 직접 하청을 받는 원청업체와 원청업체에게 다시 하청을 받는 하청업체들로 구성된다. 즉 원청업체가 필요한 부품을 개발하고, 이에 따라 하청업체가 생산하였다. 이때 하청업체와는 단기간 계약만 하고 계약을 반복하면서 납품가를 낮췄다. 이러한 방식으로 자동차 생산업체는 비용을 절감할 수 있었다. 그렇지만 생산비 절감으로 인한 부담은 부품 하청업체가 감수해야 했다. 부품 하청업체들은 세계적인 자동차 생산업체들에 부품을 공급했음에도 낮은 납품 단가와 연구 개발에 따른 부담, 재고 관리 등의 비용까지 부담하면서 다수가 파산하거나,[28] 노동자의 임금을 낮추기 위해 노조가 약하고 임금이 저렴한 지역으로 이전하였다. 디트로이트의 부품하청업체가 파산하거나 다른 지역으로 이전함으로써 도시의 실업률은 급증하였다. 실업률의 급증은 소비의 약화로 이어졌고 이는 결국 도시와 도시노동자를 파산에 이르게 하였다.

9장

민영화, 이게 최선입니까?

대처의 사망 소식을 접한 영국의 진보 성향의 영화감독 켄 로치는 그의 트위터에 "그녀를 기리는 방법은 그녀의 장례식을 민영화하는 것이다. 경쟁 입찰에 맡겨 가장 싼 업체를 선정하자. 그녀는 분명히 그것을 원했을 것이다"라며 독설을 퍼부었다. 실제로 대처의 장례식을 민영화하자는 인터넷 청원운동이 벌어졌으며 3만 명 이상이 동참하였다. 이는 대처가 수상 시절 신자유주의적 경제정책을 밀어붙인 것에 대한 비판이었다.

1. 신자유주의 시대, 공공재를 팝니다

다시 돌아온 해결사, 시장

1970년대 중반 이후 세계 자본주의가 심한 불황에 빠지자 2차 세계대전 이후 약 30년간 서구 자본주의의 황금기를 이끈 포드주의와 케인스주의는 해체되기 시작했다. 포드주의는 대량생산과 대량소비의 결합에 기초한 자본축적체제이고, 케인스주의는 국가가 경제에 적극적으로 개입해 공황을 방지하고 완전고용을 달성하고자 하는 국가개입주의다. 서구 자본주의 국가들은 포드주의의 생산 경직성과 케인스주의적 국가개입주의가 장기적 불황을 초래했다고 판단했으며, 이에 신자유주의를 통해 세계 자본주의의 구조적 위기를 돌파하고자 했다. 즉 20세기 전반 자유주의적 시장경제가 낳은 시장실패를 해결하기 위해 나섰던 케인스주의와 포드주의를 아웃시키고 당시 '문제'의 당사자였던 시장을 다시 해결사로 등판시킨 것이다.[1] 신자유주의는 포드주의의 경직된 생산체제에서 다품종 소량생산 방식으로 생산체제를 바꾸고 규모, 고용구조 등을 유연화하고 국가의 역할과 개입 및 통제를 최소화함으로써 자유로운 경쟁을 촉진하며, 그로 인한 시장의 자율성을 회복시키는 것을 최우선적 가치로 내세운다.

신자유주의는 1970년대 표면화된 이후 1980년대 널리 확산되었으며 오늘날 세계화의 담론과 정책을 주도하고 있다.[2] 신자유주의는 영국의 대처 정부가 국가개입 축소를 표방하며 국가자산을 민영화하면서 본격적으로 추진되기 시작했다. 민영화는 1970년대 세계 경제 침체기에 정부 실패를 극복하기 위해 등장한 신자유주의적 개혁 방안 가운데 하나다. 민영화란 정부의 역할과 규모를 축소해 정부를 개혁하는 방식으로, 매각이나 계약을 통해 공기업 및 공공자산의 소유권이나 경영권을 민간으로 이전하는 것이다.[3] 즉 민영화는 공공재 관리와 운영에서 정부의 역할을 줄이거나 민간의 역할을 늘리는 정책이라고 할 수 있다.

신자유주의 체제 하에서의 민영화 정책과 더불어 정리해고, 비정규직, 연봉제와 성과급 제도의 확대 등 노동시장에서 고용 유연화를 추구하면서 복지제도도 대폭 축소하였다. 모든 조직이나 개인들은 자신의 경쟁력을 입증함으로써 능력을 인정받게 되었고, 능력에 따라 연봉도 결정되며, 나아가 노동시장에서의 퇴출여부가 결정되었다. 이때 모든 판단의 근거는 경제적 효율성이었다. 우리나라도 1997년 발생한 경제위기 때문에 신자유주의 정책을 자의반 타의반으로 수용하였다. 이후 고용 유연화를 도입한 우리나라 노동시장의 고용구조는 불안정해졌다. 2014년에 방영된 케이블 텔레비전의 드라마 〈미생, 아직 살아 있지 못한 자〉에서 비정규직 노동자인 주인공 '장그래'에게 직장인을 포함한 많은 사람들이 공감한 이유는 그가 비정규직 문제를 비롯한 우리 사회의 극심한 고용 불안을 잘 표현했기 때문이다.

공공재를 팝니다

2013년 4월 8일 아침 영국의 전 수상 마가렛 대처M. Thatcher가 뇌졸중으로 사망하였다. 마가렛 대처는 유럽 최초의 여성 수상이었으며 영국 역사상 유일하게 3번이나 수상직을 연임했다. 대처는 1979년부터 1990년까지 11년간 영국 보수당의 집권을 이끌었다. 그녀는 하루에 19시간씩 총리직 업무를 보고, 아르헨티나가 포클랜드를 점령하자 즉각적으로 군대를 파견하는 등 강한 모습을 보여 '철의 여인'이라 불렸다.

1979년에 수상에 오른 대처는 과잉 복지로 인한 만성적인 저성장 구조를 바꾸기 위해 정책 방향을 분배 중심에서 성장 중심으로 전환하고자 하였다. 재정적자와 정부부채를 줄이기 위해 비생산적인 복지 지출을 과감하게 삭감했으며, 국가자산을 매각하고 국영기업의 민영화를 강도 높게 추진했다. 대처는 제1기 집권 시기에는 소규모 국영기업을 매각하거나 정부 지분율을 낮추는 방식으로 민영화를 시작했다. 집권 2기에는 1984년 브리티시 텔레콤 매각을 시작으로 민영화를 본격적으로 추진하였다. 집권 3기에 들어서는 더욱 강력하게 민영화 정책을 실시하였다.[4] 대처가 추진한 민영화 정책은 2차 세계대전 이후 영국의 보수당과 노동당의 합의 하에 수행되었던 케인스주의식 복지국가모델을 과감히 벗어던진 것이었다.

대처의 사망 소식을 접한 영국의 진보 성향의 영화감독 켄 로치K. Loach는 그의 트위터에 "그녀를 기리는 방법은 그녀의 장례식을 민영화하는 것이다. 경쟁 입찰에 맡겨 가장 싼 업체를 선정하자. 그녀는 분명히 그것을 원했을 것이다"라며 독설을 퍼부었다. 실제로 대처의 장례식을 민영화하자는 인터넷 청원운동이 벌어졌으며 3만 명 이상이 동참하였다. 이는 대처가 수상 시절 신자유주의적 경제정책을 밀어붙인 것에 대한 비판이었다.

일반적으로 공공재는 정부가 관리해왔다. 공공재란 원칙적으로 시장 가격의 원리가 적용되지 않고 모든 사람들이 공동으로 이용할 수 있는 재화나 서비스를 말한다. 노벨 경제학상 수상자인 새뮤얼슨P. A. Samuelson은 공공재의 비배제성과 비경합성이라는 특성 때문에 국가가 공공재를 관리해야 한다고 하였다.[5] 비배제성은 사용 대가를 치르지 않은 사람들이라 해도 그것을 이용하지 못하게 막기는 어렵다는 것이며, 비경합성은 여러 사람이 동시에 사용하더라도 그 사용가치가 줄지 않는다는 것을 의미한다. 예를 들어 도로의 경우, 누구는 도로를 이용할 수 있고 누구는 도로를 이용할 수 없다고 배제할 수 없다. 그리고 많은 사람들이 동시에 사용하더라도 그 사용가치가 줄어들지 않는다.

공공재는 일단 생산이 이루어지면 구성원 모두가 혜택을 볼 수 있는 재화나 서비스다. 그렇지만 건설회사 등은 도로와 같은 공공재를 건설할 경우 비배제성 때문에 이윤실현의 기회가 그만큼 제한된다. 이는 공공재가 사적 자본의 투자를 유인할 만큼 매력적이지 않다는 뜻이다. 특히 철도, 우편, 정보통신, 수도, 가스처럼 망을 통해 이루어지는 산업은 망 구축의 기술적 차원뿐만 아니라, 구축비용이라는 경제적 차원에서도 민간기업들이 시장에 참여하기가 효율적이지 않은 산업이다. 철도나 수도 등의 망 구축에는 막대한 초기 투자비용이 들지만, 이를 회수하는 데에는 오랜 기간이 걸리기 때문에 '독점'이라는 달콤한 유인책이 없다면 민간기업은 쉽사리 투자하려 들지 않는다. 그래서 공공재는 자연스럽게 독점화된다.[6]

2차 세계대전 이후 이른바 세계 경제의 호황 덕분에 선진국들은 국가가 나서서 공공재를 관리하는 데 별 무리가 없었다. 그러나 1970년대 이후 상황은 달라졌다. 세계 경제가 장기침체의 늪에 빠지자 비효율적으로 운영되던 공공재와 사회복지는 돈 먹는 하마 취급을 당하기 시작했다. 신자유주의자들은 공공재와 복지서비스가 시장경제의 활력을 떨어뜨리는 원인이라고 생각했다. 세금은 민간기업이 성장을 위해 투자해야 할 자본인데, 국가가 이를 상당부분 사용함으로써 투자가 약화된다는 것이다. 나아가 공공부문의 증가와 사회복지의 확대로 세금만으로는 재원이 부족해지면 대규모 재정적자가 발생하게 되고, 이를 메꾸기 위해 국채를 발행하기 때문에 이자율까지 치솟아 기업 투자는 더욱 위축된다는 것이다.

많은 나라들은 기존에 국가가 제공하던 서비스와 기능을 민간에 위탁하거나 민영화함으로써 이 문제를 해결하고자 하였다. 민영화가 등장한 사회경제적 배경이나 그것을 추진한 신자유주의적 세계관, 나아가 민영화를 통해 추구하는 정치적 목표가 유사함에도 불구하고, 흥미롭게도 그 과정은 각 나라마다 다양한 형태로 진행되었다.[7] 민영화는 영국에서 시작되어 여러 선진국으로 확산되었다. 1979년 영국 보수당의 총리로 취임한 대처는 교육, 주택공급, 재정, 산업 등 경제 및 사회 분야에 대한 대대적인 민영화를 단행하였다. 그녀의 정책을 흔히 대처리즘이라고 부른다. 미국의 레이건 대통령은 1985년부터 민영화를 추진하였다. 영국과 미국의 민영화는 산업 부문은 물론 공공서비스, 나아가 감옥이나 군대와 같은 국가의 주권 영역에까지 확대되었다. 프랑스나 일본에서도 국가의 재정 부담을 줄이기 위해 공기업을 민영화하였으며, 이는 구사회주의 국가로도 이어져 러시아, 중국과 동유럽 국가에서도 공기업의 민영화가 이루어졌다. 1980~1990년 사이 전 세계적으로 2,000개의 기업이 민영화되었고, 1990년대 후반에만 민영화를 통한 누적 수입이 1조 달러가 넘었다.

2000년대 들어 개발도상국들의 민영화도 본격적으로 진행되었다. 개발도상국 중 민영화를 도입한 국가들은 대부분 국제기구가 차관 조건으로 민영화를 제시했기 때문에 어쩔 수 없이 이를 받아들였다. 민영화가 시행된 공기업 분야는 상하수도, 통신, 천연가스와 전기의 생산 및 전송 등 기본적인 사회서비스부터 광물, 원유 추출·정제, 은행, 보험과 같은 재정 관련 서비스도 포함하며 호텔, 시멘트, 화학, 건설, 여행, 항공 등에 이르기까지 매우 다양하고 광범위하다. 전 세계적으로 2000년을 기점으로 그 이전에는

제조업과 서비스 분야가, 그 이후에는 기반시설 분야가 민영화되었다.[8]

　민영화의 가장 큰 목적은 경제적 효율성의 확보다. 많은 정부들이 정부의 재정적자 해소 및 공공부문의 비효율성 개선을 민영화의 최우선적인 목적으로 삼았다. 즉 공기업과 공공자산을 민간에 매각함으로써 해당 서비스의 독점구조를 타파하고 경영 효율화를 실천한다는 것이다. 또한 민영화를 통해 정부의 규모와 기능이 축소됨으로써 작은 정부를 구성할 수 있고, 이는 곧 국가 경쟁력으로 이어진다고 주장하였다. 나아가 민영화는 소비자에게 좀 더 넓은 선택의 기회를 줄 수 있다고도 하였다.

　민영화를 찬성하는 이들은 민영화의 필요성에 대해 "하수도가 막혀서 신고를 하면 공무원 신분인 공기업 서비스 회사의 직원은 다음 날쯤 막대기 하나를 들고 와서 쑤셔보고 가지만, 민간 서비스 회사에 전화를 하면 최신 기계를 들고 와서 금방 뚫어준다"는 예를 들곤 했다. 최근 뉴스에서 보도되는 공기업의 방만한 경영이나 공무원의 복지부동의 태도를 보면 민영화가 필요하다는 생각이 들기도 한다. 그러나 민영화가 시작된 지 약 30년이 지난 선진국의 민영화 결과를 보면 마냥 장밋빛은 아닌 듯하다. 물론 특정 부문의 민영화는 생산성의 향상과 눈에 띄는 가격인하 및 서비스 개선을 가져오기도 하였다. 반면 어떤 부문은 오히려 가격인상과 서비스 질의 저하로 연결되기도 한다. 예를 들어 멕시코의 고속도로는 민영화된 이후 통행료가 매우 비싸졌지만 도로에 대한 관리가 제대로 이루어지지 않아 멕시코 사회 전체의 생산비가 증가하였다.

　비용을 감축하는 과정에서 안전설비 부문에 대한 투자가 감소하자 안전 문제가 발생하는 부작용도 발생하였다. 대표적인 예로 1993년에 민영화된 영국 철도를 들 수 있다. 영국 철도가 민영화된 후 철도요금이 2배 이상 올랐지만 서비스는 오히려 악화되었다. 열차는 연착과 정차를 반복하였고, 심지어 터널 안에서 수 분 동안 아무런 안내방송 없이 정차하기도 했다. 그렇지만 철도 민영화 이후 이런 일이 워낙 자주 발생해서 승객들이 동요조차 하지 않는 지경에까지 이르렀다. 철도를 민간이 경영하면서 이윤을 극대화하기 위해 설비유지와 보수비용을 최소화했고, 그 결과 여러 건의 안전사고가 발생하였다. 영국 철도가 민영화된 후 5년 동안 4차례의 대형 열차사고가 발생하였다. 1997년에는 사우스올 역을 지나던 여객열차가 정차해 있던 화물열차와 충돌해 7명이 사망했고 150명이 부상을 당했다. 철도회사가 비용을 줄이기 위해 선로의 안전장치를 꺼버렸기 때문이었다. 민영화가 경쟁을 촉진함으로써 공공재와 공공서비스의 질을 높일 수 있다는 신자유주의자들의 주장은 현실에서는 좀처럼 실현되지 않았다.

사실 여러 선진국에서 이루어진 민영화는 공기업의 매각액으로 정부의 재정적자를 줄이기 위해 시행된 것이다. 이를 위해서는 엄청난 비용을 지불하고서라도 공기업을 사고자 하는 개인 투자자나 기업이 있어야 한다. 그런데 앞서 언급한 바와 같이 공공재의 비경합성과 비배제성으로 인해 이윤 회수가 쉽지 않기 때문에 개인 투자자나 기업이 선뜻 나서지 않았다. 여러 국가의 정부는 독점이라는 매력적인 카드를 꺼내들어 미래 이윤을 보장해줌으로써 공기업을 시장에 내놓았다. 그래서 공공재는 정부에서 민간기업으로 이관되었을지 몰라도 독점은 여전했다. 민영화를 통해 민간기업이 공공재에 관한 독점적 지위를 누리게 되면 공공재 이용 가격은 인상되지만 품질이나 서비스 개선은 기대하기 어렵다.

배제된 자

민영화가 지닌 더 큰 문제는 공공재를 독점하게 된 개인이나 민간기업이 엄청난 부를 거머쥐게 된 반면, 일자리를 잃어 빈곤층으로 전락하는 사람들이 증가한다는 점이다. 민영화는 선진국 내에서도 부유층과 빈곤층 간의 간극을 넓혀 양극화를 심화시켰다. 대처는 민영화를 추진하면서 민영화에 반대하는 노조를 억누르기 위해 노동시장 유연화 정책을 강하게 밀어붙였다. 대처는 고용법과 노동조합법을 수차례 개정해 노동조합의 파업을 제한하고 노조재산을 압수할 수 있도록 하는 등 노동조합의 영향력을 약화시켰다.[9]

허만M. Herman 감독의 영화 〈브래스드 오프Brassed Off〉(1996)는 대처리즘에 대한 직설적 비판을 담았는데, 배경은 1992년 영국 북부 요크셔의 작은 탄광촌이다. 영화는 전국적으로 탄광 민영화를 위한 폐광 정책이 한창일 때, 작은 탄광 마을의 브라스밴드가 전국 대회에 참가하는 과정을 그리고 있다. 갱도와, 갱도에서 만들어진 탄광노동자들의 공동체 문화가 대처리즘에 의해 고사되는 모습을 희화적으로 보여주며, 철의 여인이라고 불리는 대처의 거칠 것 없이 무자비한 신자유주의 정책의 대척점에 음악, 그것도 남성들이 중심이 된 브라스밴드를 내세우고 있다.

대처리즘으로 인한 가난한 이들의 고통은 달드리S. Daldry의 영화 〈빌리 엘리어트Billy Elliot〉(2000)에서도 나타난다. 감독은 1984년 탄광 대파업 속에서 노조위원장인 형 토니와 열성 노조원인 아버지가 아닌 발레리노 빌리에 초점을 맞추고 있다. 〈빌리 엘리어트〉의 감독도 대처리즘의 대척점으로 남성적인 노조위원장이 아닌 여성적인 발레리노 빌리를 내세우고 있다. 영화에서는 경찰이 민영화를 추진하는 정부를 상징하고 있다. 카메라는 빌리를 비추면서도 프레임 한켠에는 노조원과 대치하는 경찰을 놓치지 않는다. 민영화에 반발한 노동자의 탈출구는 '부드럽고 유약한' 브라스 밴드의 악사이거나 발레리노였다. 대신 '남성적이고 강한' 아버지들은 민영화 때문에 하루아침에 직업을 잃고 거리를 전전하고, 생계에 찌든 가족들과 다투거나 미안해하는 아버지들이 되어버렸다.

영화 〈브래스드 오프〉의 마지막 장면인 런던의 알버트 홀에서 전국 밴드 대회에서 우승한 요크셔 브라스 밴드의 대니는 "지난 10년 동안 이 빌어먹을 정부는 조직적으로 한 산업을 통째로 파괴했습니다. 우리의 산업, 바로 석탄산업 말입니다. 파괴한 건 산업만이 아닙니다. 우리 공동체, 우리 가족, 그리고 우리 삶 자체를 송두리째 파괴했습니다. 발전이라는 미명하에 몇 푼의 돈을 위해서 말입니다. 수많은 광부는 실직했고 승리의 의지까지 잃었죠"라는 뼈 있는 대사를 던진다. 이어서 "1984년 이후 140여 곳의 탄광이 폐쇄되었고 25만여 명이 실직했다"라는 자막이 천천히 오르면서 영화는 끝난다.[10]

대니가 말한 '빌어먹을 정부'는 2013년, 87세의 일기로 숨을 거둔 대처가 이끈 보수당 정권이었다. 대처가 추진했던 공공부문의 민영화와 성장 위주의 경제정책의 결과, 사회적으로는 저임금 비정규직 노동자와 실업자가 양산되었고 빈곤층은 증가했다. 그러나 그들에 대한 관심과 지원은 현저하게 감소했다. 노조는 약화되었고 시민사회 또한 위축되었다. 런던 대학의 딤코우스키C. Dymkowski 교수는 1980년대 마가렛 대처 시대에 대해, 끊임없이 복지국가를 와해시키고 나라의 제조업 기반을 파괴하며, 노동조합들을 무력화시키고 공공시설들을 팔아치운 시기였다고 평가했다.[11]

국가에 의한 공공재의 제공 및 공공부문의 확대는 사실 경제적 차원보다는 규범적 차원에서 정당화되어왔다. 공공부문은 주로 인간다운 삶을 누릴 권리 등과 같은 사회서비스의 기본권과 관련된 문제다. 이러한 기본적 서비스를 제공하지 못하는 사회는 단순히 시장의 실패가 아니라, 인간의 기본권과 기본욕구를 충족시키지 못하는 민주주의의 실패이기도 한 것이다. 따라서 많은 노동조합, 시민단체, 환경단체, 소비자단체 등은 기본적인 공공재와 서비스의 제공이 국가의 임무이자 인간 기본권의 실현과 관련된 민주주의의 문제라고 주장해왔다. 이와 같이 공익적 성격을 갖는 부문에서 상업적 이해관계가 우선할 때, 보편적 서비스가 축소되는 것은 물론 기본권의 실현도 제한되기 마련이다.[12]

2. 민영화와 세계 제1의 부호 탄생

수입대체산업화 정책의 실패

1980년대 초반 우리나라의 언론에서는 '샴페인을 너무 일찍 터뜨리면 안 된다' 는 말이 자주 나오곤 했다. 우리나라보다 경제적으로 훨씬 부유했던 라틴아메리카 국가들이 1982년 멕시코를 필두로 차례차례 경제위기를 맞았던 상황에 대한 기사의 제목이었다. 라틴아메리카 국가들이 경제적으로 그다지 여유롭지 않은데도 흥청망청 소비해서 국가 부도가 났다는 것이다. 과연 그들은 샴페인을 너무 일찍 터뜨렸을까?

'잃어버린 시대' 혹은 '잃어버린 10년' 이라 불리는 1980년대 라틴아메리카의 경제위기는 1982년 멕시코의 모라토리엄 선언, 즉 외채지불유예 선언으로 시작되었다. 막대한 외채를 상환할 수 없었던 멕시코가 모라토리엄을 선언하자 IMF는 멕시코가 수입대체산업화 정책을 중단하고 신자유주의 정책으로 선회할 것과 공기업의 민영화를 비롯한 구조조정을 실시할 것을 요구했다. 1980년대 라틴아메리카의 잃어버린 시대의 서막을 열었던 멕시코의 신자유주의 정책으로의 선회와 민영화 이후 다른 라틴아메리카 국가들도 IMF와 채무 조정 과정에서 민영화와 경제개방을 수용해야 했다.

멕시코를 위시한 라틴아메리카 국가들은 19세기 미국과 유럽의 산업화 시기에 원자재를 수출해 경제적 호황을 누렸다. 미국과 유럽의 많은 국가들의 산업화 과정에서 원자재의 수요가 급증했고, 광물을 비롯해 목재, 고무 등 천연자원이 풍부했던 라틴아메리카 국가들은 자원 수출을 통해 자본을 축적할 수 있었다. 당시 라틴아메리카 대부분의 국가는 천연자원의 수출대금으로 미국과 유럽에서 공산품을 수입했다.

1930년대 라틴아메리카에서는 산업화에 대한 필요성이 대두되기 시작했다. 프레비시R. Prebisch는 라틴 아메리카가 산업화에 이르지 못하면 세계 경제시스템의 변두리에서 계속 식량과 원자재 생산자로서 살아갈 수밖에 없다는 점을 지적하면서 수입대체산업화 정책의 추진을 주장했다. 수입대체산업화 정책은 외국 제품에 고율의 관세와 수입허가제 등을 적용해 수입을 막음으로써 취약한 국내 산업을 보호하는 정책이다. 또한 정부가 주도하여 도로, 항만, 통신 등의 사회기반 시설을 마련하고 철강, 전기, 화학 등의 기간산업을 국영기업으로 육성함으로써 산업화의 기틀을 마련하는 정책이다. 즉 정부가 경제 분야에 적극적으로 개입해 외부와의 경쟁을 차단하고 산업화의 기반 설비를 갖추어 줌으로써 국내 기업들이 경쟁력을 키울 수 있는 시간과 기회를 주는 것이다. 이는 라틴아메리카 국가들뿐 아니라 대부분의 국가가 산업화 초기에 시행하는 정책이었다. 산업화 초기의 보호 단계를 거쳐 제조업이 발달하고 경쟁력을 갖추게 되면 더 넓은 시장이 필요하기 때문에 자연스레 자유무역으로 전환하게 된다.

수입대체산업화 정책의 결과는 초기에는 매우 긍정적이었다. 1950~1972년 기간 동안 멕시코의 경제는 평균 5퍼센트 이상 상승했고, 1960년대 후반에는 성장률이 8퍼센트에 육박하였다. 당시 멕시코의 경제 성장률은 전 세계에서 가장 높았다. 이에 비해 멕시코의 소비자 물가는 안정적이었다. 국가경제는 빠르게 발전하였고 중산층도 두터워졌다. 그러나 정부주도의 산업화 과정에서 도시와 농촌 간의 소득구조 불평등이 심화되어 사회적 갈등 또한 증가하였다. 수입대체산업화 과정에서 수출위주의 기업농을 제외한 대부분 농업부문은 소외되었으며 농업부문에 대한 경시는 농촌경제의 피폐로 이어졌다. 농부와 그의 가족들은 고향을 떠나 도시로 이주하였다. 이들 중 대부분은 도시 빈민층이 되었고 도시의 불량거주지는 늘어갔다. 국내소비자들은 경쟁력 없는 저질상품을 비싼 값을 주고 구입해야 했다. 또한 고등교육에 대한 적절한 투자가 이루어지지 않아 산업 발달에 필요한 기술력이 거의 축적되지 못했다.

수입대체산업화의 부작용이 팽배한 가운데 1970년대에 들어와 경제성장률이 둔화되기 시작하였다. 경상수지적자가 급속히 증가했으며 외국차관에 대한 의존도는 더욱 높아졌다. 1970년대 국제 금융시장의 불안도 멕시코 경제에 어두운 그림자를 드리웠다. 브레턴우즈 체제의 붕괴로 인해 세계금융시장의 불안정성이 높아졌고, 1971년 미국의 경제불황과 인플레이션은 멕시코 경제에 부정적인 영향을 미치기 시작했다.[13]

유가 상승은 멕시코의 경제 상황을 뚫고 나갈 돌파구 역할을 했다. 1973년 초반 1배럴당 3달러였던 원유 가격이 1970년대 말에 10배나 치솟았다. 다행히 멕시코는 원유 수출국이었다. 원유가의 급등은 멕시코에 부를 안겨주었다. 멕시코는 수입대체산업화 정책에 필요한 국가자본을 충당하기 위해 원유를 담보로 국제 자본시장에서 계속해서 차관을 빌려왔다. 그런데 선진국의 경기는 계속 침체되었고 인플레이션 곡선은 치솟았으며 게다가 금리도 높아졌다. 1979년 미국과 유럽 국가들은 금리를 일제히 인상하였다. 세계 경제의 불황은 멕시코 및 라틴아메리카의 주요 수출품목인 원자재의 소비 악화로 이어졌다. 원유 가격도 점차 안정되어갔다. 원자재 및 원유의 가격이 하락하면서 멕시코의 외채 규모는 눈덩이처럼 커졌으나 국제금리는 급등하였다. 멕시코는 이자를 지불하는 것조차 어려운 상황에 처했고, 결국 모라토리엄을 선언하였다.

세계 제1의 부자, 슬림

세계 제1의 부자는 누구일까? 대부분 사람들은 미국 마이크로소프트의 빌 게이츠나 워런 버핏 혹은 아랍에미리트의 왕자 만수르 등을 떠올릴 것이다. 그런데 예상과 달리 2010~2013년 4년 연속 포브스에서 선정한 세계 최고 부자 순위 1위는 멕시코의 통신재벌 카를로스 슬림C. Slim Helu이었다. 국제구호단체 옥스팜의 자료에 따르면 2014년 세계 최고 부자 역시 빌 게이츠가 아닌 슬림이었다.[14] 슬림은 우리에게 매우 생소한 이름이다. 멕시코는 인구 절반 정도가 빈곤층이기 때문에 멕시코인이 세계 최고 부자라는 사실이 더욱 의아스럽다. 슬림 일가가 보유한 자산 규모는 총 800억 달러(약 89조원)에 달한다. 슬림과 세계 최고 부호 자리를 놓고 다투는 빌 게이츠의 자산은 790억 달러다. 평범한 사람에게는 89조 원이라는 돈이 얼마나 큰 액수인지 감이 잘 오지 않는데, 220년 동안 날마다 11억씩 쓸 수 있는 어마어마한 액수다.

슬림은 1940년 멕시코시티에서 레바논계 이민자 가정에서 태어났다. 그는 1965년 카르소라는 회사를 설립하면서 사업의 기틀을 마련했으며, 아버지에게 물려받은 40만 달러(약 4억 원)를 밑천으로 26세에 건설업과 부동산업에 진출했다. 슬림의 사업영역은 통신을 비롯해 부동산, 건설, 태양광, 석유개발, 수리시설, 철도, 항공, 중소 부품기업, 보험, 백화점, 레스토랑 체인사업, 인쇄, 담배회사 등 다양하다. 대표기업인 카르소, 아메리카 모빌, 텔멕스 등을 포함해 글로벌 시장에 약 220개의 자회사를 갖고 있다. 그의 성공신화 앞에서 우리나라 정주영 회장의 일화는 소박해 보이기까지

한다. 물론 그가 탁월한 사업 수완을 지닌 훌륭한 사업가이기에 이러한 부를 축적할 수 있었겠지만, 그가 세계적인 부호로 성장할 수 있었던 것은 멕시코 국영기업들의 민영화 덕분이었다.

멕시코 정부는 수입대체산업화의 기본 틀을 마련하기 위해 1940년대부터 전기, 수자원, 철강, 시멘트 등 기반산업 분야를 국영기업으로 적극 육성하였다. 멕시코 정부는 실업률을 낮추고 제조업의 고용을 높게 유지해 일반 국민의 구매력을 증가시키고자 부실한 민간기업들을 공기업으로 전환하였다. 1970년대 멕시코 공기업의 숫자는 급증하였다. 1970년에 약 400개 정도였던 공기업은 1982년 1,100개가 훌쩍 넘었다.[15] 1980년대 초반에는 멕시코 대기업 대부분이 공기업이었다.[16]

멕시코는 1982년 모라토리엄을 선언한 이후 수입대체산업화 정책을 버리고 IMF를 비롯한 국제 금융권이 요구하는 개방경제체제로 전환하였다. 경제개방은 여러 단계에 걸쳐 진행되었지만 주요 내용은 경상수지의 흑자전환, 공공부문의 적자감소, 무역자유화, 인플레 억제, 외자유치 등이었다. 즉 IMF는 국가의 재정 지출을 줄이고 국내 시장을 개방하며 물가를 안정시킬 것을 요구했다. 멕시코 정부는 재정적자를 줄이기 위해 공공지출 및 정부투자를 축소하였으며 1983년부터 민영화를 통해 공기업의 규모와 고용을 줄여나갔다. 1,100개가 넘던 멕시코의 공기업은 1991년에는 약 270개 정도로 줄어들었다. 마드리드M. Madrid 대통령 재임 기간 (1982~1988년) 동안 공기업의 수가 가장 많이 줄어들었으나 이때 민영화된 기업은 대부분 부실기업이나 중소기업이었다. 비교적 규모가 크고 중요한 공기업들은 살리나스C. Salinas 대통령 집권 초기인 1989~1990년에 집중적으로 매각되었다.[17]

IMF의 구조조정안에는 외국인 투자의 적극 유치가 포함되어 있었다.[18] 그러나 멕시코의 공기업 매각에서 이러한 점은 반영되지 않았다. 살리나스 정부는 공기업을 외국자본보다 멕시코 대기업에게 터무니없이 낮은 가격으로 우선 매각하였다. 1987년 1월부터 1991년 8월 사이 매각된 156개 공기업의 대부분은 멕시코 국내 기업들에게 매각되었다.[19] 이렇게 이루어진 멕시코 자본 중심의 민영화는 국부의 해외 유출을 막는 데는 성공했지만 멕시코의 국영기업들을 소수의 기업가들이 소유하는 상황을 만들었다. 민영화를 통해 건실하고 수익률 높은 알짜배기 공기업들을 헐값에 매입함으로써 슬림을 비롯한 멕시코의 기업들은 범라틴아메리카 기업으로 성장했고, 이후 속속 세계의 거대 회사로 성장하였다. 1995~1996년 세계 358대 부호 중 멕시코인이 24명이나 되었고, 여타 라틴아메리카 국가들도 멕시코와 비슷한 과정을 거치면서 세계 부호 순위에서 라틴아메리카의 부자들의 순위가 가파르게 상승했다.

슬림은 멕시코의 신자유주의적 민영화 정책의 최고 수혜자였다. 슬림이 소유한 카르소 그룹은 1990년 살리나스 대통령이 주요 공기업을 매각하자 수십 개의 주요 공기업을 헐값에 인수하기 시작하였다. 1990년과 1991년 두 차례에 걸쳐 민영화된 멕시코 전화회사 텔멕스는 당시 매각된 공기업 중 가장 규모가 컸다. 텔멕스는 초기에는 슬림의 카르소와 미국의 서던벨, 프랑스의 프랑스 케이블앤라디오에 분할 매각되었으나 나중에 미국과 프랑스의 텔멕스 지분의 상당 부분이 카르소 그룹으로 이전되었다. 이를 계기로 카르소 그룹은 세계적인 기업으로 급부상하였다.

1990년대 등장한 멕시코의 무선 전화시장에서는 루사셀이라는 회사가 우위를 점하고 있었다. 텔멕스의 자회사로 이동통신 부문을 맡은 아메리카 모빌은 저렴한 요금제도와 보조금 정책을 통해 루사셀을 물리치고 이동통신 분야에서 비약적으로 성장하였다. 현재 아메리카 모빌의 멕시코 휴대전화 점유율은 70퍼센트에 이르고, 유선 전화 점유율도 80퍼센트에 이른다. 멕시코 시장에서 거의 독점적인 지위를 누리게 된 아메리카 모빌은 요금을 대폭 인상했으며 슬림 회장의 기업은 국내 통신 시장만으로도 엄청난 이윤을 올렸다. 아메리카 모빌은 멕시코 통신 분야의 독점적인 지위를 바탕으로 여러 라틴아메리카 국가의 통신회사를 인수해 라틴아메리카 17개 국가[20]와 미국에 이동통신 서비스를 제공하는 다국적 통신회사로 성장하였다. 또한 여러 라틴아메리카 국가의 케이블 텔레비전과 인터넷 서비스 분야에도 적극적으로 진출해 라틴아메리카를 대표하는 거대 통신회사로 성장하였다. 슬림의 카르소 그룹은 2000년대 무선 통신 분야를 중심으로 라틴아메리카의 통신시장을 지배하는 거대 기업으로 성장하였다.

현재 멕시코 국민들은 독과점의 지위를 누리는 텔멕스 때문에 세계에서 가장 비싼 통신료를 지불하고 있으나, 그들이 제공받는 서비스의 수준은 통신료에 비해 너무나 열악하다. 멕시코의 통신 부문 투자비율은 OECD 국가 중 가장 낮다. 민영화의 본래 목표는 경쟁을 통한 효율성의 제고와 가격인하다. 하지만 텔멕스와 아메리카 모빌의 경우, 과거 국영회사를 대체하는 독과점 기업으로 높은 통신비용을 거두어들이지만 서비스 개선을 위한 설비 투자에는 매우 인색하다. 우리나라에서는 휴대전화의 보급으로 공중전화가 거의 사라졌지만 멕시코에서는 길가의 공중전화를 이용하는 사람들을 종종 볼 수 있다. 세계에서 가장 비싼 휴대전화 요금 때문에 되도록 통화는 유선전화나 공중전화를 이용하기 때문이다. 그러나 길거리에 설치된 공중전화도 많은 사람들이 이용하고 비싼 요금을 내는 것에 비해 매우 열악한 설비만을 제공할 뿐이다.

 멕시코 정부의 모라토리엄 선언과 경제정책의 변화 이후 슬림 같은 부호들이 탄생했지만 대부분 멕시코 국민들의 생활은 이전에 비해 훨씬 고단하고 팍팍해졌다. 1960~1970년대 경제성장기 동안 멕시코 국민들은 저렴한 공공요금, 각종 사회보장제도와 정부보조금, 방대한 공기업에의 취업 등 여러 영역에서 많은 혜택을 누렸다. 그러나 모라토리엄 선언 이후 정부는 더 이상 국민들의 고용과 생계를 적극적으로 보장해주지 않았다. 페소화의 연이은 평가절하와 높은 인플레이션으로 인해 실질소득이 줄어든 데다 인플레이션을 억제하기 위해 실시된 임금상승 억제 때문에 실질임금은 더욱 하락하였다. 멕시코 기업, 노동자, 농민은 1987년 정부와 경제연대협약을 통해 물가, 임금, 환율을 엄격히 통제하기로 합의하였다. 이 협약의 궁극적 목표는 대부분 라틴아메리카 국가에서 나타났던 극심한 인플레이션을 멕시코에서는 막아보자는 것이었다.[21] 멕시코의 노동자들은 물가상승을 감안하면 실질임금이 엄청나게 감소하는 상황임에도 임금 인상을 요구하지 않겠다고 합의하였다.

 경제위기로 인해 많은 기업들이 도산했으며, 공기업의 민영화와 생산의 합리화로 인해 해고된 실업자가 많아졌다. 무역자유화 이후 수입대체 산업화 시기 정부의 강력한 무역 규제로 보호되었던 멕시코의 국내 산업은 외국에서 들어온 저렴하고 질 좋은 상품들로 인해 빠르게 소비시장을 잃었고, 수많은 기업들이 도산했으며, 실업률은 계속해서 증가하였다. 공식부문에서는 많은 부분을 외주화, 즉 아웃소싱하면서 노동의 유연화를 꾀하였다. 이 과정에서 고용 불안정성이 높아진 것은 물론이고 실질임금 또한 대폭 감소하였다.

 고용 불안정성이 높아지고 가계 경제가 악화됨에 따라 비공식부문으로 진입하는 노동자의 비율은 높아졌다. 공식부문에 고용되었다고 해도 적은 임금 때문에 비공식부문에서 일을 한두 가지 더 하는 경우도 늘어났다. 기업에서 안정적으로 월급을 받거나 자영업을 하던 시민들이 운이 좋으면 택시 운전을 했고, 행상을 하거나 구두를 닦고, 심지어 구걸까지 하게 되었다.

또한 공공서비스 부문의 민영화로 전기, 수도, 전화, 고속도로 등 공공서비스 요금이 대폭 인상되어 가계경제에 부담을 주었다. 민영화로 더 좋은 서비스를 제공하겠다던 최초의 약속과는 달리 대부분 독과점 지위를 누리게 된 기업들은 요금은 올리되 서비스의 개선에는 힘쓰지 않았다. 멕시코 정부는 공공부문의 적자를 감소시키기 위해 정부의 공공투자를 축소하고 복지 혜택 또한 대폭 축소하였다. 정부가 복지 분야에 대한 지출을 대규모로 축소함으로써 빈곤층을 비롯한 사회적 약자 계층의 삶은 더욱 어려워졌다.

2014년 멕시코 인구 1억 2,000만 명 중 5,330만 명이 빈곤층으로 분류된다. 이들 계층은 보건, 교육 등의 제도적 혜택에서 대부분 소외되어 있다. 교육 분야에 대한 정부의 재정 지원이 줄어들면서 빈곤층의 계층 상승 기회도 대폭 감소하였다. 멕시코 국립대학은 재학생이 10만 명에 이르는 라틴아메리카 최대의 대학으로 전국에 30여 개의 캠퍼스가 있다. 멕시코 국립대학은 거의 무료로 고등교육을 실시해 빈곤층 자녀들에게도 대학 졸업을 통한 계층 상승의 기회를 제공해왔다. 그런데 멕시코 국립대학 등록금이 1982년 이후 대폭 오르자 빈곤층 자녀들이 다니기 어려워졌다.

숙련노동자와 비숙련노동자, 수출산업 노동자와 내수산업 노동자, 북부지역의 노동자와 그 이외 지역의 노동자 간 임금 격차는 점점 벌어져 노동의 양극화 현상도 심화되었다. 공기업 민영화 과정에서 멕시코의 소수에게 국가의 부가 집중되어 시장은 왜곡되었다. 신자유주의자에 의해 추동된 민영화는 부유한 사람에게는 세계 제1의 부호가 될 기회를 제공한 축복이었다. 그러나 세계적 부호가 될 수 있는 티켓은 극소수에게만 주어졌다. 대다수 사람들에게 민영화는 차라리 재앙에 가까웠다. 부유한 사람들이 거주하는 멕시코시티의 고급주택 지역은 가난뱅이가 거주하는 초라하고 더러운 동네와 바리게이트로 분리되어 있고, 고급주택 지역의 옥상에서 가난한 사람들의 마을이 보이지 않게 거대한 차단막이 설치되어 있다. 부유한 자들은 빈곤한 사람들과 같은 공간에서 함께 호흡하며 살고 있다는 것 자체를 인정하거나 보고 싶지 않은 것이다.

10장
카카오와 밀가루

카길은 스스로를 '국수의 밀가루, 감자튀김 위의 소금, 토르티야의 옥수수, 디저트의 초콜릿, 청량음료 속의 감미료'라고 소개한다. 즉 우리가 소비하는 곡물, 채소, 음료부터 감미료까지 모두 생산하고 가공하고 운반하고 판매하며, 그 모든 과정에서 소요되는 자본까지도 스스로 운용한다. 카길은 과일을 가공해 생산한 주스용 원액을 전 세계 식음료 회사에 판매하며, 식품 첨가물도 생산·판매한다. 소비자들의 눈앞에는 카길의 상품이 드러나지 않는다. 그래서 치키타나 델몬트를 아는 소비자는 많아도 카길을 아는 소비자는 그다지 많지 않다. 그렇지만 카길은 지구상에서 나오는 식품과 관련된 거의 모든 것을 구매하고 생산하는 초국적 농식품기업이자 세계 농업시장 규범을 자신들에게 유리하게 만들고 쌀과 밀 그리고 옥수수 가격을 쥐락펴락하면서 빈곤한 국가의 가난한 농민들의 목숨줄을 잡고 있는 제1의 식품제국이다.

1. 탈냉전 이후 가난한 나라의 농부들

사라진 불안한 보호막

2007년, 고르바초프M. Gorbachev 전 소련 대통령이 프랑스 루이비통 광고 모델이 되어 화제가 되었다. 미국의 유명한 패션 잡지인《보그Vogue》에 실린 광고 사진 속에서 고르바초프는 루이비통 가방을 옆에 두고 차 뒷좌석에 앉아 차창 밖으로 보이는 베를린장벽을 응시하고 있다. 냉전의 종식은 고르바초프로부터 시작되었다. 1985년 3월 소련 공산당 서기장에 취임한 고르바초프는 페레스트로이카 정책을 실시했다. 페레스트로이카는 러시아어로 '재건', '재편'이라는 의미로, 1986년부터 1989년까지 소련의 경제·정치 체제의 중요한 변화를 가져오기 위해 도입한 일련의 정책들을 일컫는다. 페레스트로이카에는 시장경제원리의 도입이나 공산당 개혁과 같은 과감한 정책들도 포함되었다. 고르바초프는 국내정치에 대한 개혁을 실시하고 대외적으로는 긴장완화와 군축정책을 실시하였다. 국내정치개혁 과정에서 소련의 민주화가 수반되었는데, 이 과정에서 최고인민회의 대표들은 소련의 저개발국 정책, 특히 비용부담이 많고 낭비적인 대對아프리카 정책을 비판하였다.[1]

페레스트로이카는 세계정치의 흐름을 크게 바꾸어놓았고, 특히 동유럼에서 민주화 바람을 불러일으켰다. 헝가리와 폴란드, 체코슬로바키아, 불가리아와 루마니아 등에서는 공산당 일당독재와 억압적인 정치체제, 지속적인 경제불황에 항의하는 시위가 계속되었다. 1989년 봄, 헝가리와 폴란드에서 공산당 일당독재가 막을 내리고 복수정당제가 전격 도입되었으며 시장경제체제로 변화하기 시작하였다. 헝가리는 오스트리아와의 국경지대에 쳐 놓은 철조망도 걷어버렸다. 민주화와 시장경제 바람은 물론 동독도 비껴가지 않았다. 동독에서는 자유로운 여행허가를 요구하는 시위가 계속되었다. 동독 정부는 1989년 11월 여행규제를 없애는 임시여행규정을 발표하였다. 그야말로 임시규정이었으나 동독 주민들은 여행규제 철폐를 기정사실화하면서 베를린장벽으로 몰려가 '문을 열라, 문을 열라' 외쳤다. 당시 상부로부터 지시를 받은 바 없었던 검문소 책임자들은 통로를 개방했다.[2] 냉전의 상징이었던 베를린장벽은 그렇게 무너졌다. 1989년 11월 9일의 일이었다. 그해 12월에는 미국의 부시 대통령과 소련의 고르바초프 서기장은 지중해의 아름다운 섬 몰타에서 만나 2차 세계대전 이후 계속된 냉전체제의 종식을 선언하였다.

당시 많은 사람들은 미국과 소련의 대결 구도에 기초한 냉전시대가 상당 기간 지속될 것으로 예측하였다. 왜냐하면 미국과 소련이라는 초강대국 간의 전쟁에서 어느 한쪽이 승리하고 어느 한쪽이 패배해야만 냉전이 종식될 것이라고 생각했기 때문이다. 이들 초강대국 간의 전쟁은 핵전쟁을 의미했으며, 이는 곧 지구 공멸과 연결되는 중대한 사안이었다. 따라서 사람들은 냉전이라는 공포의 균형이 오랫동안 지속될 것이라고 믿었다. 그런데 어느 날 갑자기 베를린장벽이 무너지고 냉전체제는 종지부를 찍고 말았다.

1970년대 아프리카 신생독립국의 지도자들은 서구 자본주의의 대안으로 소련식 공산주의에 매력을 느꼈다. 아프리카 국가들에게 공산주의는 서유럽 국가들의 물질적 착취와 정치적 억압을 막아주면서 경제발전과 사회정의를 실현해주는 주술적 부적과도 같았다. 공산주의는 그들 앞에 산적한 정치·경제적 문제를 해결할 수 있는 명쾌한 정책이나 전략을 제공해주었다. 그러한 정책을 실행하는 데 필요한 물질적 지원도 소련 및 동유럽 국가로부터 받을 수 있으리라 생각했으며, 자신들의 장기 독재를 암묵적으로나 명시적으로 지원받을 수 있을 것이라고 판단했기 때문이다. 실제로 고르바초프가 페레스트로이카 정책을 실시하기 직전인 1980년대 중반만 해도 사하라이남 아프리카의 10여 개 국가들이 마르크시즘을 지도 이념으로 삼았고, 20여 개 국가에 공산당이 있었다.[3] 그런데 냉전 균형의 한 축을 떠받쳐온 공산주의의 갑작스런 몰락은 아프리카 대륙에 엄청난 충격을 주었다. 1980년대 말 동유럽과 소련에서 공산주의 정권들이 갑작스럽게 붕괴됨으로써 아프리카 공산주의 국가는 갑자기 후원자를 잃어버렸다.

원자재의 생산과 수출이 경제의 기본토대인 라틴아메리카나 아프리카의 빈곤 문제는 냉전체제 하의 미국에 정치적 부담으로 작용할 수밖에 없었다. 특히 1959년 미국과 바로 근거리에 위치한 쿠바혁명이 성공하자, 미국은 공산주의가 확산되는 것을 더욱 경계하고 두려워하게 되었다. 공산주의가 극심한 빈곤 때문에 확산된다고 믿은 미국과 서방 세계는 저개발국가의 최저생계를 보장하기 위해 라틴아메리카나 아프리카의 저개발국에서 생산되는 커피 원두 등의 일정 가격을 보장하겠다는 협약을 맺었다. 협약에 회원으로 가입한 수출국에 대해서는 수출 쿼터를 정해주고 그에 해당하는 양에 대해서는 시장가격보다 높은 보장가격으로 구입해준 것이다.

1975년 유럽 9개국은 아프리카 토고의 수도 로메에서 아프리카·카리브해·태평양 연안ACP 46개국과 제1차 '로메협정Lomé Convention'을 맺었다. 로메협정은 제4차 협정까지 이어지면서 2000년까지 24년 동안 지속되었다. 제1차 로메협정에서 처음으로 채택된 농산품 수출소득보상정책인 스타벡스STABEX는 ACP회원국들이 중요한 몇몇 농산물을 수출할 때(49개 종목으로 한정되었음) 소득이 감소할 경우 유럽 회원국이 보상하는 정책으로 유럽 국가와 ACP국가 간 무역협력의 중요한 부분을 차지하였다. 스타벡스는 주로 ACP국가에서 직접 생산되는 일부 품목에 한정하고 있으며, 지정된 품목은 거의 무관세로 유럽회원국에 수출할 수 있게 보장되었다. 제2차 로메협정에서는 농산품 수출소득보상 품목을 확대하였고 광산품에 대한 수출소득 안정화 정책도 채택되었다.[4]

탈냉전 상황에서 빈곤한 국가들은 강대국 사이에서 지정학적 전략적 가치를 잃게 됨으로써 선진국들의 조건 없는 경제혜택을 이전처럼 기대할 수 없게 되었다. 뿐만 아니라 세계화 과정에서 무역자유화를 목적으로 하는 신국제경제질서가 빠르게 진행되면서 저개발국가들은 무역자유화의 혜택을 보지 못한 채 오히려 세계 경제체제의 주변부로 밀려났다. 1980년대 후반 냉전이 종식되면서 미국이나 유럽국가가 제안한 각종 보장가격제도는 폐지되었다. 농산품이나 광산품 등 1차생산품의 가격폭락에 따른 저개발국의 빈곤 문제가 더 이상 공산주의의 확대와 연결될 염려가 없어졌기 때문이다. 이제 저개발국가의 빈곤은 서방국가가 배려할 문제가 아니었다.[5] 1차상품의 국제시장 가격은 그것의 유통과 가공을 담당하는 소수의 거대 다국적기업에 의해 좌우되었다. 이처럼 냉전이 종지부를 찍은 세계에서 국경의 장벽과 더불어 라틴아메리카와 아프리카의 저개발국을 보호해주던 불안한 보호막도 사라져버렸다.

아프리카 경제는 식민지배의 영향으로 외부에 대한 경제의존도가 높은 만큼 국제 변화에도 매우 수동적이다. 사하라이남 아프리카 대부분 국가의 경제는 독립 후 스타벡스 등에 의해 수출소득을 보장받을 수 있는 일부 1차상품의 생산에 치중하는 구조였다. 예를 들어 중앙아프리카는 보상이 잘되는 커피를 수출하기 위해 자국의 주요 생산품이었던 목재생산을 포기했다. 또한 에티오피아, 우간다, 르완다에서 커피와 카카오가 총 수출의 90~100퍼센트를 차지하였고, 세네갈과 니제르에서는 땅콩이 총 수출의 약 70~90퍼센트나 되었다. 따라서 이들 국가는 주력 수출상품의 국제가격이 하락할 경우, 이에 대체하여 수출할 수 있는 품목이 거의 없었다. 1973년 석유파동 이후 1차상품의 수출 가격이 약 50퍼센트 이상 폭락하면서 한두 가지 1차상품을 수출하는 데 의존하던 국가들은 국가재정 확보가 어렵게 되었고, 사하라이남 아프리카 경제는 더 깊은 빈곤에 빠져들었다.

아프리카 국가 지도자들은 제조업으로 산업구조를 변화시키지 않으면 경제성장이 어렵고 국가 발전도 힘들다는 사실을 뼈저리게 인식했다. 그들은 빚을 내서라도 산업구조를 변화시키고자 세계은행과 IMF에서 자금을 빌렸다. 1989년 사하라이남 아프리카에서만 39개국이 IMF나 세계은행에서 자금을 빌렸으며,[6] 이들 국가의 채무는 빠르게 증가하였다. 하지만 냉전 이후 IMF와 세계은행은 더 이상 산타클로스가 아니었다. 빌린 자금은 IMF의 안정화계획이나 세계은행의 구조조정계획 하에 운영되어야 했다. 구조조정계획은 정부의 경제 개입 축소와 노동의 유연화뿐만 아니라 자유무역, 직접투자, 그리고 금융자본을 위한 더 넓은 세계시장을 요구하였다. IMF의 계획에 따라 사하라이남 아프리카 국가들은 내핍 예산을 시행하도록 압력을 받게 되었다. 그 결과는 세계은행이나 IMF가 말한 것과는 정반대로 나타났다.

옥수수와 맞바꾼 카카오

중앙아메리카 및 남아메리카가 원산지이며, 테오브로마theobroma, 즉

'신의 음식'이라고 불리는 카카오는 적도를 띠처럼 둘러싼 덥고 습한 열대 우림기후지역에서 잘 자란다. 카카오 열매는 30센티미터 정도의 작은 럭비공 모양으로 매끄러운 카카오나무 줄기에 아슬아슬하게 매달려 있다. 열매가 익어갈수록 초록색에서 노란색, 붉은색, 주황색으로 변해간다. 카카오 열매는 주로 11~1월과 5~7월에 수확된다. 열대지방에서 벌채도구나 무기로 사용하는 날이 넓은 칼인 마체테로 잘 익은 열매껍질을 벗긴 후 쪼개면, 그곳에는 보물이 꽉 차 있다. 열매 하나에는 아몬드만한 탁한 자주색 씨앗이 황갈색 과육에 둘러싸여 40~50개씩 들어 있다.

수확한 카카오 열매를 포대자루에 넣고 며칠간 발효시키면 열대의 햇살로 뜨거워진 과육에서 달콤하고 끈끈한 과즙이 생긴다. 악취를 풍기는 열매더미 속에서 미생물이 발효를 시작한다. 미생물은 400여 개의 화학물질과 유기물질이 뒤섞여 밋밋한 맛인 카카오 원두를 초콜릿의 핵심원료로 바꾸어놓는다. 카카오 원두가 5~6일 정도 고약한 냄새를 풍기며 발효되면 그것들을 시렁에 펼쳐놓고 말린다. 이렇게 말린 카카오 씨앗은 갈색 빛을 띠고 독특한 향을 풍긴다. 이것을 카카오 콩이라고 하는데, 여기에는 카페인과 같은 흥분제, 그리고 지방이 함유되어 있다. 카카오 콩을 빻아 카카오 음료를 만들거나, 우유와 설탕 등과 섞어 초콜릿을 만든다.

3,000여 년 전 아메리카 최초의 문명을 건설한 올메크Olmec족은 카카오 열매를 음료나 흥분제로 사용하였다.[7] 그들이 살았던 유카탄반도의 벨리즈에서는 카카오의 흔적을 엿볼 수 있는 질그릇이 출토되기도 했다. 당시 카카오는 중앙아메리카와 멕시코 남부의 울창한 열대우림에서만 자랐다. 기원후 250년경 유카탄반도에 웅장한 도시를 건설한 마야인들이 사용한 화병의 상형문자와 그림을 보면 그들도 카카오를 소비했다는 사실을 알 수 있다. 화병에는 카카오의 수확과 조제, 소비과정이 묘사되어 있다. 마

야의 뒤를 계승한 톨텍을 멸망시키고 성장한 아즈텍제국도 카카오를 즐겼으며 카카오를 세금과 조공으로 징수하였다.[8] 아즈텍의 9대 황제인 몬테수마 2세는 하루에 50잔 이상의 카카후아틀cacahuatle(카카오 물)[9]을 마셨다고 한다.[10] 아즈텍문명에서 카카후아틀은 지배계급이 누리는 사치 음료였다. 카카오 원두는 법정화폐로 쓰였는데 상품가격은 원두의 개수로 매겨졌다.[11]

콜럼버스가 아메리카에 도착한 이후 카카오는 유럽의 수많은 사람들을 중독자로 만들었다. 이국적인 카카오는 스페인 왕실에 소개되었고, 이후 오랫동안 유럽에서 군주와 귀족의 기호식품이 되었다. 유럽에서 초콜릿의 수요는 점차 증가하였다. 카카오를 처음 상업작물로 경작한 것은 17세기 브라질의 북동부 대서양 해안지역인 바이아 지역에서였다. 당시 브라질, 즉 포르투갈의 아메리카 식민지에서는 아직 플랜테이션 농장이 형성되기 전이었다. 카카오에 대한 유럽의 수요가 증가함에 따라 카카오 농장을 확장해야 할 필요성을 절감했으나, 노동력 부족으로 카카오 원두를 생산하거나 수확하지 못했다. 왜냐하면 당시 카리브해와 아메리카의 원주민들의 수는 질병과 착취로 기하급수적으로 줄어들었고, 지형을 잘 아는 원주민들은 더 깊은 열대림으로 숨어들었기 때문이다. 따라서 아프리카의 노예노동력을 이용해 카카오를 재배하게 되었다. 자연이 준 신의 음료 카카오는 가난한 사람들의 강제노동으로 생산되어 부유한 사람들이 소비하는 음료가 되었다.

한편 18세기 말 프랑스혁명의 열기는 1806년 카리브해 전역으로 퍼져 스페인과 포르투갈의 식민통치에 반기를 들게 하였다. 나아가 1811년 베네수엘라에서 일어난 볼리바르 혁명은 중앙아메리카와 남아메리카에서 이러한 분위기를 고조시켰다. 반란의 주도세력 중에는 플랜테이션 소유주인 크리오요criollo[12] 엘리트가 많았다. 16세기 중엽 스페인의 식민지 개척이 한

참 이루어질 때, 스페인 왕실은 아메리카 대륙에서 태어난 백인인 크리오요가 스페인에서 태어난 백인인 페닌술라레스Peninsulares(반도인)에 비해 모국에 대한 충성심이 덜할 것이라 판단했다. 그래서 크리오요들은 모든 면에서 페닌술라레스, 즉 스페인인들에 비해 차별을 받았다. 당시 유럽인들이 아메리카 크리오요에 대해 지닌 부정적 편견은 소설 『제인 에어Jane Eyre』에서 로체스터의 부인 버사Bertha를 묘사한 대목에서 잘 나타난다. 자메이카의 백인 크리오요인 버사는 인간이라기보다는 동물에 가까운 모습으로 묘사된다.

방의 한층 먼 끝 쪽 깊은 어둠 속에서 한 형체가 앞뒤로 날뛰고 있었다. 그것이 무엇인지, 야수인지 인간인지, 첫눈에는 도저히 알 수 없었다. 그것은 겉으로 보기에 네 발로 기고 있었으며, 기이한 야생 동물처럼 무언가를 잡아채고 으르렁거렸다. 그러나 몸은 옷으로 덮여 있었고, 진한 회색빛의 갈기처럼 길들여지지 않은 숱이 많은 머리칼은 머리와 얼굴을 가렸다. …… 옷을 입은 하이에나는 일어서서 뒷발로 똑바로 섰다. …… 그 미치광이는 큰 소리로 울었다. 그녀는 얼굴에서 텁수룩한 머리칼을 쓸어 넘기고, 미친 듯 방문객들을 응시했다.

버사는 인간과 동물의 중간 정도, 혹은 술고래나 미치광이 정도로 묘사되었다. 반면 그녀를 감금한 채 그녀의 플랜테이션 농장에서 벌어들이는 수입으로 온갖 호사를 누리는 로체스터는 반인반수의 크리오요를 버리지 않고 돌보는 휴머니스트로 그려지고 있다. 특히 소설 마지막 부분에서 손필드 저택에 불을 지르고 지붕에 올라간 버사를 구하는 과정에서 로체스터는 실명하게 되는데, 이 대목은 그의 이러한 희생이 아메리카 대륙에서 행해진 유럽인들의 식민 착취가 이윤추구를 위한 것이 아니라 미개한 원주민들을 인간으로 만들기 위한 백인의 짐the white man's burden이었다며 정당화하는 뻔뻔스러운 논리와 일맥상통한다. 스페인 출신 백인에게 차별받던 아메리카 크리오요들은 불만을 품고 독립운동을 전개하였다. 그러나 아이러니하게도 그들은 혁명 과정에서 노예와 농장을 잃게 되었다.

20세기 전반기에 연이은 카카오나무의 병충해와 크리오요 계급의 갈등 등으로 중앙아메리카와 카리브해 지역의 카카오 플랜테이션은 증가하는 초콜릿 수요를 감당하지 못했다. 그러나 카카오는 열대우림의 저지대 어디에서든 자랄 수 있었다. 네덜란드인들은 일찌감치 인도네시아 식민지에, 포르투갈인들은 카메룬의 해안가와 기니 만의 상투메프린시페에 카카오나무를 심었다.

아프리카 기니 만에 2개의 화산섬으로 이루어진 상투메프린시페는 아프리카에서 가장 작은 나라다. 상투메프린시페는 적도 부근에 위치한 열대우림기후 지역이어서 사탕수수나 카카오를 재배하는 데 적합하다. 포르투갈인들은 1485년부터 상투메프린시페에 죄수와 아프리카 노예를 이주시켜 사탕수수 플랜테이션을 경영하였다. 그러나 이곳의 사탕수수 플랜테이션은 16세기 후반 브라질의 대규모 사탕수수 플랜테이션에 밀려 철수되었다. 그 이후 노예무역이 폐지될 때까지 상투메프린시페는 앙골라에서 잡아온 노예들을 거래하는 노예무역 중계지가 되었다. 포르투갈인들은 1822년 상투메프린시페에 카카오나무를 심고 앙골라인들의 노동력을 이용해 본격적으로 재배를 시작하였다.[13] 더 이상 카카오 재배를 위해 아프리카에서 아메리카로 노예를 실어 나를 필요가 없어진 것이다.

19세기 후반 수많은 앙골라인들이 일자리를 찾아 가까운 상투메프린시페로 갔지만 고향으로 다시 돌아간 사람은 거의 없었다. 노예제도가 이미 폐지되었음에도 노예제도와 유사한 노동착취가 상투메프린시페의 카카오 플랜테이션 농장에서 자행되고 있었다. 당시 세계적인 초콜릿 기업인 영국 캐드버리Cadbury의 대표였던 캐드버리 브라더스는 영국의 노동개혁을 주장하고 몸소 실천함으로써 영국사회에서 명망을 얻었다. 상투메프린시페 카카오 농장의 실태가 세상에 알려지자, 그는 그곳 카카오 농장의 가혹한 노동환경에서 생산된 카카오 원료가 캐드버리 초콜릿에 사용되었다는 사실을 감추고 싶어 했다. 이에 캐드버리 브라더스는 가나의 아프리카 자영농들과 파트너 관계를 맺고 생산적인 플랜테이션을 만들어 새로운 원료 공급처를 확보함으로써 상투메프린시페의 카카오 수입을 중단하겠다고 발표하였다.[14]

이후 가나에 대규모의 카카오 플랜테이션이 조성되기 시작했으며, 가나는 세계 초콜릿 시장과 연결되었다. 1910년대 초반 가나는 카카오를 세계 어떤 나라보다 많이 생산하는 국가가 되었다.[15] 1980년대 말, "가나와 함께라면 고독마저 아름답다"며 남자의 바바리코트 속에 파고들던 한 여자 탤런트는 두고두고 많은 이들의 사랑을 받았다. 이렇게 대서양 연안에 있는 서아프리카 국가 가나는 초콜릿으로 우리에게도 친숙한 나라가 되었다.

가나는 1956년 영국으로부터 독립한 최초의 서아프리카 국가다. 초대 대통령 은크루마K. Nkrumah는 빈약한 경제구조를 허물고 대규모 프로젝트에 근거한 산업화를 이루기 위해 IMF에서 돈을 빌렸고, 카카오 생산국이 원두 가격을 조절할 수 있는 카르텔을 시도하였다. 그러나 1964~1965년 국제시장에서 카카오 가격은 가파르게 하락하였다.[16] 원두 가격이 하락하는데도 가나 농부들은 버텨볼 심산으로 카카오 생산량을 늘렸다. 열대우림을 개간해 카카오 재배지를 넓혀갔다. 카카오 재배지가 확대됨에 따라 열대우림이 줄어들었고, 가뭄이 나타나는 빈도가 훨씬 많아졌다. 결국 가뭄이 계

속되던 1980년대 초 연이어 화재가 발생하였고 상당 면적의 카카오 농장이 불타버렸다.[17]

가나의 카카오 생산이 차질을 빚자, 초콜릿 회사들은 가나 서쪽 국경을 맞댄 코트디부아르에서 새로운 공급처를 찾았다. 코트디부아르는 세네갈과 함께 프랑스의 아프리카 진출 시 교두보 역할을 한 지역이다. 코트디부아르는 프랑스어로 '상아해안Ivory Coast'이라는 뜻으로 15세기 후반 상아 거래의 중심지였기 때문에 붙은 지명이다. 2012년 현재 코트디부아르는 전 세계 카카오 생산량의 약 40퍼센트를 차지하는 세계 최대의 생산국이다.[18]

1960년 코트디부아르가 프랑스로부터 독립한 후 펠릭스 우푸에부아니F. Houphouët[19]가 초대 대통령이 되었다. 그는 농민에게 환금작물과 식용작물을 심도록 독려하였고, 말리나 오트볼타(현재 부르키나파소) 등 이웃 나라 사람들에게도 토지를 개방해 그때까지 개척되지 않았던 열대림을 카카오 농장으로 변신시켰다. 코트디부아르에서 카카오나무가 자랄 수 있는 곳은 남부의 열대우림지역이다. 북부지역은 척박한 사바나지역으로 농업에 적합하지 않다. 사하라 사막의 남쪽 경계지역에 위치한 북부지역 주민들과 말리나 부르키나파소 사람들은 사막화의 진행을 피해 코트디부아르 남부지역으로 이주해 카카오 농장을 조성하였다.[20] 2014년 유엔자료에 의하면 코트디부아르 인구는 약 2,160만 명인데, 이 가운데 약 26퍼센트가 부르키나파소·말리·라이베리아 등 상대적으로 더 가난한 주변국 출신이다.

우푸에부아니는 1960년에 카카오 원두에 대해 고정가격제도를 시행해 국제 원두 시세가 떨어져도 농민들에게 일정 소득을 무조건 보장해주는 카이스탑Caistab, Caisse de Stabilisation이라는 기구를 설치하였다.[21] 그 결과 코트디부아르는 세계 카카오 생산 1위를 줄곧 지켜왔고, 1960년 독립 이래 1980년대 중반까지 아프리카 국가로서는 유례없는 연평균 7퍼센트 정도의 높은 경제성장률을 기록하였다. 대화재로 가나의 카카오농장이 초토화되기 이전에 벌써 코트디부아르는 세계 최대의 카카오 생산국이었다.

1980년대 말에 냉전체제가 종식된 이후 카카오와 커피 등 1차상품의 국제시장 가격이 곤두박질쳤다. 이에 우푸에부아니는 카카오 원두 가격을 끌어올리려고 애썼으나 국제시장에서 가격을 결정하는 세력은 세계 최대의 카카오 원두 수출국인 코트디부아르가 아니라 소수의 다국적기업이었다. 카카오의 국제가격은 점점 떨어졌다. 1970년대 말에 1톤에 3,000달러 가량이었던 카카오 가격은 1990년대 초반에 가서는 1,100달러로 떨어졌다.[22] 코트디부아르에서 생산한 카카오 열매는 다국적기업의 손을 거쳐 바다와 사막을 건너고, 달콤한 초콜릿으로 모습을 바꾼다. 다국적 초콜릿 기업들은 카카오 원두 가격을 최저 수준으로 유지해 이익을 극대화하려 하였고, 이들에 의해 좌우되는 카카오 원두 시장 구조에서 버티지 못한 코트디부아르는 결국 국가파산을 선언하였다. 우푸에부아니 대통령은 카카오 가격의 주도권을 놓고 다국적 초콜릿 기업 및 은행과 전쟁을 벌였지만, 결국 그가 완전히 패배하는 것으로 끝나고 말았다. 카이스탑Caistab의 보조금도 받지 못하게 된 코트디부아르의 농부들은 예전보다 형편없는 가격에 카카오를 판매해야 했고, 그간 코트디부아르가 일군 경제성장은 일시에 무너지고 말았다.[23] 1993년 우푸에부아니가 사망하자 코트디부아르의 국내정치마저 불안해지면서 사정은 더욱 악화되었다.

경제 및 정치 상황이 악화되자 남부 출신의 기독교 주민들 사이에서는 북부 출신의 이슬람 주민과 이웃 국가 이주자들에 대한 적개심이 형성되었다. 그들은 현재의 어려운 상황을 외지에서 온 이들 탓이라고 생각했으며 주민들 간의 갈등이 빠른 속도로 고조되었다. 북부 및 외국 출신 주민들에 대한 배타적 감정을 이부아리테Ivoirite(코트디부아르 국민성)라 하는데, 이는 사실 우푸에부아니 대통령 사망 이후 남부지역 정치 세력이 부르키나파소 출신의 대통령 후보 와타라A. Ouattara의 출마를 저지하기 위해 만들어낸 신조어다. 정치인들은 이부아리테를 자극하며 법적으로 엄연히

〈그림 11〉 코트디부아르의 지역 분쟁

코트디부아르 국민인 북부 이주민들을 진짜 코트디부아르인이 아닌 2등 국민이라고 폄하하였다. 이는 결국 코트디부아르 분쟁의 씨앗이 되었다.[24]

　북부 출신 주민들은 신분증 발급이나 투표권을 거부당했고, 2000년 대선에서는 북부 이슬람계를 대표하는 와타라 전 총리가 순수 코트디부아르인이 아니라는 이유로 대통령 후보 자격이 박탈되는 사태까지 벌어졌다. 북부 출신 주민들의 불만은 계속 고조되었고, 결국 2002년 북부를 장악한 이슬람 반군과 남부의 기독교 정부 세력 간의 무력충돌이 발생하였다. 사태는 계속 악화되어 반군이 경제수도 아비장까지 진출해 코트디부아르 전체를 장악하기에 이르렀다. 프랑스군의 개입으로 정전이 성립되었지만 국토는 둘로 갈라졌다.[25] 남부는 정부군이, 북부는 반군이 각각 통제하게 된 것이다.

　농부들은 자신이 정성을 다해 기르고 말린 카카오 원두가 산페드로 항구까지 실려가 그곳에서 유럽과 아메리카로 보내진다는 것에 대해서는 알고 있다. 그러나 그들은 세계시장에서 원두 가격이 어떻게 결정되는지, 유럽이나 미국 사람들이 카카오로 무엇을 하는지, 1980년대 이후에는 하루 종일 열심히 일해도 왜 끊임없이 배가 고픈지에 대해서는 알지 못한다. 더

구나 농부나 그 가족 중에서 초콜릿을 먹어본 사람도, 초콜릿이 무엇인지 아는 사람도 많지 않다. 이는 분명 아프리카의 기후가 너무 더워서 초콜릿이 빠르게 녹아내리기 때문만은 아닐 것이다. 열대우림의 카카오 농민은 냉전이라는 보호막이 사라진 자유시장에서 제국주의의 아픈 상흔이 깊이 팬 정치적 혼란, 사막화에 따른 노동력의 이주와 제한된 재화, 거대 초콜릿 다국적기업에 무방비 상태로 노출된 채 날마다 열심히 일해도 점점 빈곤해지는 생활을 힘겹게 겪어내고 있다.

2. 자유롭게 국경을 넘는 밀가루

신자유주의와 초국적 농식품기업

농산물은 관세무역일반협정GATT에서는 자유무역 대상에서 제외되었으나 1986년부터 시작된 우루과이라운드를 거쳐 1995년에 출범한 세계무역기구WTO체제에서는 자유무역 대상으로 편입되었다.[26] 이는 농산물이 국가가 보호하는 필수재에서 상업적 이윤추구의 대상으로 바뀌었음을 의미한다. 신자유주의자들은 공산주의의 몰락 이후 상품, 노동, 자본의 이동을 저해하는 기술적·제도적 장벽을 과감하게 제거해갔다. 1986년 우루과이라운드 출범이 전 세계적 차원에서 다국적 자본들의 자유무역을 위한 제도적 토대를 마련한 것이라면, 1995년 WTO체제 출범은 법적·제도적 장치의 완성이라고 할 수 있다.[27] WTO는 가맹국에게 농산물에 관한 관세를 감축하고 수출보조금을 축소하라고 요구했으며, 식량자급률을 향상시키기 위해 기존에 시행하던 정부지원금도 삭감할 것을 요구하였다.

현대 농업은 지리적 범위와 자연적 한계를 넘어 글로벌화되고 있다.

농업 생산과 유통부문의 변화는 카길Cargill이나 붕게Bunge 같은 소수의 초국적 농식품기업이 주도하고 있다. 1980년대 이후 초국적 농식품기업은 농산물 생산뿐만 아니라 생산에 필요한 종자, 비료, 살충제, 제초제, 사료, 항생제, 성장촉진제 등을 생산하는 것부터 가공과 상품화, 소매 유통에 이르기까지 전 과정에서 사실상의 독점력을 행사하고 있다. 이들 기업들은 생명공학, 나노기술, 농화학 등의 분야들을 결합하면서 자연과 생명의 상품화를 가속화하고 있다.[28]

WTO체제에서 개발도상국이나 빈곤국의 주식작물 재배는 줄었고, 수출용 상품작물 재배는 늘었다. WTO는 가맹국에게 식량자급률 향상을 위한 정부지원금을 삭감하라고 요구했지만, 미국과 유럽연합은 여전히 자국의 농민들에게 막대한 정부보조금을 지원하고 있다. 자신들은 WTO 규정을 거스르면서까지 보조금을 제공해 농산물을 생산한 후 덤핑 가격으로 판매하면서 다른 나라에는 농산물 관세 감축이나 보조금 감축을 강요한 것이다.[29] 빈곤한 국가의 농산물은 부유한 국가에서 보조금을 받으면서 생산되는 기업농의 농작물과 가격경쟁이 되지 않는다. 부유한 국가의 농산물이 헐값으로 들어오면 개발도상국이나 빈곤국의 농업은 큰 타격을 입을 수밖에 없다. 대표적인 예로, NAFTA 체결 이후 200만 명에 달하는 멕시코 소농들이 북미지역에서 수입되는 값싼 옥수수 때문에 더 이상 옥수수 농사를 짓지 못하게 된 것을 들 수 있다.[30]

개발도상국이나 빈곤국은 헐값에 들어오는 미국이나 유럽연합의 곡물과 경쟁하기보다는 수출용 작물을 늘리는 방향으로 구조조정을 하였다. 개발도상국이나 빈곤국의 농민들은 외국에 수출할 카카오, 아보카도, 베이비 브로콜리나 당근을 재배하기 위해 주식작물 재배를 축소했다. 그들은 치열한 시장 경쟁에서 살아남기 위해 규모의 경제를 추구하면서 신품종 종자,

농기계, 농약, 비료 등을 구입하였다. 부유한 국가의 초국적 농식품기업은 빈곤한 국가에 더 많은 종자, 농기계와 화학제품을 판매할 수 있었고, 이 과정에서 개발도상국이나 빈곤국의 소농들은 빚을 졌다. 신품종 종자를 심을 경우 처음 몇 해 동안은 수확량이 증가하지만 뿌리가 토양 깊숙이 침투해서 모든 영양분을 빨아들이기 때문에 점차 지력이 고갈되어버린다. 그래서 관개 시설을 구비하고 비료를 구입하기 위해 또 빚을 져야 한다. 작황이 나쁘거나 자신이 재배한 상품작물 가격이 떨어지거나 자신이 사먹어야 하는 곡물가격이 오르면 결국 빚을 갚지 못하게 된다. 빚을 갚지 못한 빈곤한 소농은 땅을 포기하거나 삶을 포기한다. 1997년부터 2007년 사이에 인도 전역에서 약 20만 명의 농민이 자살했다. 재래종보다 2~3배 비싼 몬산토에서 개발한 유전자조작 면화 종자인 바실루스 투링기엔시스Bacillus Thuringiensis를 심은 뒤 막대한 농업비용을 투자했음에도 생산량이 기대에 미치지 못하자 고리대금업자의 부채를 감당하지 못한 농민들이 제초제를 마시고 자살했던 것이다.[31]

2008년 금융위기, 지구온난화, 에너지 위기 등을 겪으면서 식량 위기에 대한 우려가 심화되었다. 식량 위기에 대한 우려는 2008년 곡물가격 폭등으로 현실화되었다. 유엔식량농업기구FAO에서 발표한 식량가격지수에 의하면 국제식량가격은 2007년 1월부터 2008년 8월까지 약 68퍼센트나 치솟았다. 아이티는 전체 인구의 80퍼센트가 하루 2달러에 못 미치는 돈으로 연명했는데, 2008년 초 넉 달 동안에 쌀값이 2배로 뛰었다.[32] 2008년 곡물가격이 폭등하자 아프리카, 아시아, 라틴아메리카에서 빚으로 허덕이던 소농들은 자신들의 농지를 내놨고, 초국적 농식품기업들은 이를 헐값에 매입하였다. 토지를 잃은 소농들은 고향을 떠날 수밖에 없었다. 2010년 세계은행 자료에 의하면 2008년 10월부터 2009년 8월까지만 5,600만 헥타르의 토지가 거래되었는데, 이 중 3분의 2는 사하라이남 국가에서 이루어진 것이었다.[33] 이렇게 거래된 토지는 주로 국내 소비용 식량을 생산하는 농지였는데, 수출용 작물이나 농산업 원료 생산 용지로 전환되었다.

곡물가격 폭등으로 초국적 농식품기업은 막대한 이윤을 남겼다. 초국적 농식품기업은 자신들에게 유리하게 식품 가격이 책정되도록 모든 수단을 동원한다. 개발도상국이나 빈곤국의 시장을 장악하기 위해 덤핑도 마다하지 않았는데, 덤핑을 통해 경쟁자들을 없애는 것이다. 카메룬 원주민들의 가금류 사육이 완전히 파산한 것이 대표적인 사례다. 값싼 외국의 닭이 대량으로 수입되면서 닭을 키우고 계란을 팔던 수천의 양계 가구가 빈곤의 나락으로 떨어졌다. 원주민 양계업자들이 파산하자 초국적 농식품기업들은 기다렸다는 듯이 가격을 올렸다.[34]

2008년 라틴아메리카의 아이티 · 멕시코 · 엘살바도르, 아프리카의 카메룬 · 모잠비크 · 코트디부아르 · 부르키나파소 · 세네갈 · 모로코 · 마다가스카르 · 모리타니 · 에티오피아, 아시아의 필리핀 · 인도네시아 · 태국 · 파키스탄 · 방글라데시 등 30여 개의 빈곤한 국가에서 곡물가격 폭등에 항의하는 시위와 폭동이 일어났다. 자본과 첨단과학기술을 이용해 생산성을 높이고 세계 농업시장을 최대한 개방하면 끔찍한 기아 문제는 사라질 것이라던 신자유주의자들의 약속은 무색해졌다. 8억 명이 굶주림에 시달렸고 세계 식량 비축분은 점점 줄어들었다. 국제 농산물 가격의 불안정성은 일상적인 것이 되어버렸다. 2008년 식량 위기에 이어 2012년과 2013년에 곡물가격이 치솟으면서 식량위기에 대한 우려는 더욱 높아지고 있다.

세계 제1의 농식품기업, 카길

세계 곡물시장을 좌지우지하는 곡물거래 기업을 곡물메이저라 부른다.[35] 전통적으로 미국의 카길, 벨기에의 컨티넨털, 아르헨티나의 붕게, 스위스의 앙드레, 프랑스의 드레퓌스가 세계 5대 곡물 메이저였다. 그러나 앙드레는 1990년대 파산 위기에서 간신히 회생했고, 컨티넨털은 2001년 카길에 곡물 분야를 매각하였다. 현재 곡물 메이저는 미국의 카길과 아처 대니얼 미들랜드, 아르헨티나의 붕게, 프랑스의 드레퓌스 4강 체제로 운영되는데, 이들 기업이 국제 곡물거래의 80~90퍼센트를 점유하고 있다. 이들 곡물메이저는 세계 주요 곡창지대를 장악하고 각 지역 농가들의 경작과 수확물 매입, 수송, 저장, 가공, 선적, 수출, 해운 등 전 산업 체인을 지배하고 있다. 이들은 세계 각지에 초대형 물류창고와 자체적인 수송회사를 운영하면서 인공위성까지 활용해 전 세계 기후변화를 실시간으로 분석하여 물류를 조절한다. 규모의 경제를 무기로 다양한 거래국과 거래하면서 국제곡물시장을 주무른다. 이들은 세계 곡창지대의 농가들과 매입 계약을 맺고 경작을 지원하며 수확물을 확보, 운송한다. 이렇게 모인 곡물은 산지country 엘리베이터라는 저장·분류 창고에 모이고, 이 곡물이 다시 강변 엘리베이터, 수출 엘리베이터 등 더 큰 물류창고로 운송돼 세계 각지로 보내진다.[36]

　초국적 기업농의 성장은 원조 프로그램 및 신자유주의와 밀접하게 관련이 있다. 세계적인 곡물메이저 중에서도 가장 대표적인 곡물메이저인 미국 카길의 성장 과정을 살펴보면 이를 쉽게 이해할 수 있다. 카길은 1865년 미국 미니애폴리스에서 윌리엄 카길w. Cargill이 설립했는데, 설립할 당시에는 농민에게서 곡물을 사서 대도시 시장에 직접 팔거나 위탁판매를 하던 조그만 회사였다. 카길은 1954년부터 1970년대까지 이루어졌던 미국의 원조 프로그램을 위탁받아 수행하면서 급성장하였다. 2차 세계대전 이후 미국은 기계화, 관세장벽 및 농업 보조금 정책 등으로 잉여 농산물이 상당히 많았다.[37] 당시 미국은 남아돌던 잉여 농산물을 이용해 식량원조 프로그램을 실시하였다. 우리나라도 미국에서 1950년대 중반부터 1970년대 후반까지 밀가루, 옥수수가루, 분유 등을 원조 받았다.

원조가 인류애의 실천처럼 보이지만 결과적으로 그다지 순수한 실천은 아니었다. 미국 농산물 시장은 원조를 통해 확대되었다. 식량원조의 효과는 천천히 나타났지만 강력했다. 식량원조를 받은 빈곤국은 원조를 받은 이후 미국의 농산물을 수입하는 국가로 바뀌었다. 우리나라도 미국의 값싼 밀가루 원조를 받은 이후 국내 밀 생산업이 붕괴됨으로써 밀 수입국이 되었다. 미국으로부터 밀가루를 구호물자로 받거나 값싸게 공급받던 대부분 국가도 우리나라와 비슷한 상황이다. 빈곤한 국가의 정부 입장에서는 자국의 농산물을 생산하는 것보다 미국에서 밀을 값싸게 수입하는 것이 훨씬 쉽고 돈도 적게 드는 방법이었다. 더구나 미국은 달러 대신 현지 통화를 받고 농산물을 판매했기 때문에 빈곤국 입장에서는 안 그래도 모자라는 외화를 소비하지 않아도 되었다. 원조 결과 미국은 대외관계에서 주도권을 장악했고 미국산 농산물의 소비는 증가하였다.

원조를 받은 국가의 사람들은 자국의 농부가 전통적으로 재배해온 곡물을 상대적으로 덜 먹게 되었다. 공짜나 다름없이 헐값에 들여온 수입 곡물 때문에 전통적인 곡물의 가격은 폭락했고, 농부들은 수지가 맞지 않는 전통 작물에 더 이상 매달릴 수 없었다. 오랜 기간 전해 내려온 전통적인 재배방식과 토종 종자들이 사라졌다.[38] 재배해서 먹던 전통적인 작물은 사먹는 미국의 작물로 대체되었다. 카길을 비롯한 미국의 대표적인 농기업들은 미국의 식량원조 프로그램 덕에 세계적인 규모의 기업으로 성장하였다.

카길은 1980년대 이후 사업을 다각화하였다. 대량생산과 대량소비의 시기인 20세기 후반 부유한 국가에서는 국민소득이 증가하면서 고기 소비량이 증가하였다. 부유한 국가들뿐 아니라 한국, 대만, 싱가포르 등 이른바 개발도상국 중산층들의 육류 소비량도 증가하였다. 카길은 육류 수요의 증가에 부응하기 위해 카길 가축 사육장에서 카길의 사료를 먹여 소나 닭을 공장에서 물건 찍어내듯이 키워 카길 도축장으로 보냈다. 카길은 도축한 쇠고기나 닭고기를 포장한 후 카길 선단에 실어 미국, 일본, 유럽 등으로 운반한다. 배에서 내려진 쇠고기나 닭고기는 카길 트럭에 실려 슈퍼마켓으로 배달된다. 카길 그룹은 상당수의 슈퍼마켓 체인도 소유하고 있다.[39] 카길은 농부들에게 비료와 사료를 제공하고 식품회사들에게는 곡물 원료와 식품 성분을 제공하며 세계 어느 곳에서든 '원하는 것을 원하는 때에 공급하는' 기업이 되었다.

카길은 신자유주의의 열렬한 신봉자다. 카길은 미국정부의 농산물 무역정책과 세계무역구조에 영향을 미쳤다. 카길의 최고 경영자인 미섹E. Micek은 미국 클린턴 정부에서 대통령 수출 자문단으로 임명되었다. 또한 미국이 우루과이라운드 협정에서 제안한 대부분 내용이 카길의 전직 지배인인 암스투츠D. Amstutz에 의해 작성되었고, 다른 농업 관련 초국적 기업들에 의해 검토되었다. 이 제안서는 곡물무역회사와 농화학회사의 요구에 맞추어 작성되었으며, 주요 내용은 농가에 대한 보조를 줄이고 생산조절을 없애는 것이었다. 2003년 멕시코에서 열린 WTO 협상에서도 카길이 내놓은 의견이 그대로 미국의 협상안이 되었다. 그래서 WTO 협상은 카길 협상이라는 비판이 제기되기도 했다.[40] 카길은 미국의 식량원조 프로그램 및 농산물교역과 관련된 국제 협상에서 막강한 영향력을 발휘해 자신들에게 유리한 시장 조건을 조성하였다. 그리고 가장 싸게 재배할 수 있는 곳의 토지를 자유롭게 매입하고, 가장 싸게 가공할 수 있는 곳에 공장을 세우며, 세계 주요 항만에는 자신들의 곡물 엘리베이터를 만들어 가장 비싸게 팔 수 있는 시장을 찾아갔다. 그렇게 카길은 세계적인 초국적 농식품제국을 건설하는 데 성공하였다.

현재 카길은 수천 개의 저장고와 수천 개의 항만용 설비를 가지고 있고, 이들 항만 설비들을 연결해주는 선단까지 보유하면서 세계 곡물시장의 40퍼센트를 점유한 세계 제1의 농식품복합기업이다. 2012년 자료에 의하면 카길은 쇠고기 도축과 소맥 가공 세계 1위, 사료 생산 세계 2위, 칠면조 도축, 대두 가공, 옥수수 가공 세계 3위를 차지하고 있다.[41] 카길은 전세계에서 가장 막강한 면화업자 중 하나이기도 하다. 그리고 금융서비스와 상품 거래 자회사도 조직해 운영하고 있다.[42] 2013년 매출액이 136조 7,000억 원이 넘고 직접 고용된 사람도 16만 명이 넘는다.[43]

카길은 스스로를 '국수의 밀가루, 감자튀김 위의 소금, 토르티야의 옥수수, 디저트의 초콜릿, 청량음료 속의 감미료'라고 소개한다. 즉 우리가 소비하는 곡물, 채소, 음료부터 감미료까지 모두 생산하고 가공하고 운반하고 판매하며, 그 모든 과정에서 소요되는 자본까지도 스스로 운용한다. 카길은 과일을 가공해 생산한 주스용 원액을 전 세계 식음료 회사에 판매하며, 식품 첨가물도 생산·판매한다. 소비자들의 눈앞에는 카길의 상품이 드러나지 않는다. 그래서 치키타나 델몬트를 아는 소비자는 많아도 카길을 아는 소비자는 그다지 많지 않다.[44] 그렇지만 카길은 지구상에서 나오는 식품과 관련된 거의 모든 것을 구매하고 생산하는 초국적 농식품기업이자 세계 농업시장 규범을 자신들에게 유리하게 만들고 쌀과 밀 그리고 옥수수 가격을 쥐락펴락하면서 빈곤한 국가의 가난한 농민들의 목숨줄을 잡고 있는 제1의 식품제국이다.

11장
세계화 시대에 떠도는 사람들

재미있는 사실은 멕시코 정부에서는 자국민들에게 '미국 국경을 넘을 때의 주의 사항'이라는 팸플릿까지 제공한다는 점이다. 이 팸플릿에는 밤에 사막에서 길을 잃으면 북극성을 찾으라는 등 이주민들이 불법으로 국경을 넘으면서 주의해야 할 점을 친절히 알려주고 있다. 불법으로 국경을 넘어 이주한 사람들은 합법적인 거주 및 노동 허가를 받지 못한 불법체류자나 불법노동자로, 법과 제도적 보호를 받을 수 없는 사실상의 범법자다. 이들은 불법체류자이기 때문에 위험하고 고된 일에 종사하며, 부당한 해고나 임금 체불을 감수해야 하고 열악한 노동환경에 처하거나 단속반에게 걸려 강제 출국조치를 당하곤 한다.

1. 이주하는 사람들

도시로 이주하는 사람들

인간은 다양한 이유로 이주해왔다. 사람들은 경제적 기회가 많거나 좀 더 살기 좋은 환경을 찾아 이주해왔다. 사람들이 이주하는 원인으로 경제적 요인, 문화적 요인, 환경적 요인 등을 꼽을 수 있다. 그중에서도 임금, 고용기회, 소득 수준, 실업률, 이주비용 등 경제적 요인이 가장 결정적인 요인으로 꼽힌다. 사람들은 구직의 기회가 높고 상대적으로 임금이 높은 곳으로 이주하기 때문에 이주는 주로 경제적으로 낙후한 지역에서 발전한 지역으로 이루어진다. 따라서 경제적 기회를 찾기 위해 농촌에 비해 일자리가 많고 소득이 높은 도시로 이주하거나 더 많은 임금을 위해 국경도 넘는다.

20세기와 21세기는 교통과 통신의 발달로 인류 역사상 가장 활발하게 이주가 이루어진 시기다. 세계화 이후 국가 간 생산 요소의 이동이 자유로워지면서 이주도 더욱 활발해졌다. 2010년 유엔 추계에 따르면 여행과 같은 단기적 이동과 불법 이민을 제외하더라도 전 세계 인구의 약 3퍼센트에 해당하는 약 2억 이상의 사람들이 자신의 고국을 떠나 다른 나라로 이주하였다. 국경을 넘어 불법 이주하는 비공식적 인구까지 포함하면 그 수는 5억 명 이상일 것으로 추정된다.

　20세기에는 농촌에서 도시로의 이주, 즉 이촌향도 현상이 매우 활발하게 나타났다. 19세기 초반에는 전 세계 인구의 100명 중 5명만이 도시에 거주했으나 현재는 전 세계 인구의 절반 이상이 도시에 거주한다. 도시에 거주하는 인구 비율은 2050년경에는 전체 인구의 75퍼센트에 달할 것으로 예상된다. 세계 인구는 1960년 인구 30억 명에서 2014년 현재 72억 명으로 두 배 이상 증가하였는데, 인구 증가의 대부분은 도시에서 이루어졌다. 1950년 이후 도시 인구는 매일 12만 명씩 늘어났다.

　도시로의 이주는 선택적으로 이루어졌다. 이주한 이들은 도시로 이주할 만한 기회를 가진 이들이었다. 대부분 15세에서 35세 사이였으며, 읽고 쓸 줄 알았고, 운전수나 벽돌공처럼 도시에서 사용할 수 있는 기술이 있는 이들이었다. 젊은 여성들은 가정부, 청소부, 상점 점원, 매춘부 등 도시에서 직업을 구할 기회가 더 많기 때문에 더 쉽게 이주를 결심했다. 그들이 고향을 떠나는데 라디오나 텔레비전의 보급도 한몫했다. 빈곤한 농촌의 젊은이들은 라디오를 듣거나 텔레비전을 보면서 도시생활 및 소비방식을 꿈꾸었고, 가난하고 고달픈 삶에서 탈출해 부유한 도시 경제에 진입하고자 하였다. 도시로 이주한 많은 이들이 생활양식, 옷차림, 언어 등을 바꾸려고 노력했고, 지속적으로 도시 생활을 영유하며 그들의 자녀들을 도시에서 낳고 싶어 했다.

　선진국에 비해 개발도상국의 도시화는 빠르게 진행되었다. 개발도상국가군의 도시성장률은 연간 약 2.7퍼센트로, 약 0.6퍼센트 정도인 선진국 도시의 성장속도를 앞지르고 있다. 세계 도시인구의 4분의 3 정도가 개발도상국의 도시에 거주하고 있다. 한편 최빈국들의 도시 성장 속도는 더 빨라 연간 4.1퍼센트에 달한다. 선진국의 도시화는 도시에서 제조업을 비롯한 기반 산업이 발전함에 따라 고용기회가 증가하고, 도시의 일자리를 찾아 농촌에서 사람들이 이주하며, 이들을 위한 서비스 수요가 발생해서 이 분야의 고용이 또다시 증가하는 선순환 과정을 통해 성장하였다. 그러나 라틴아메리카, 아프리카, 아시아의 빈곤한 여러 국가에서는 산업화가 이루어지기 이전, 농촌경제의 붕괴로 인해 도시의 수용 능력에 비해 훨씬 많은 농촌인구가 이주해왔다. 즉 이들 국가의 도시는 고용과 경제적 기회가 제공되었다기보다 농촌경제가 취약했기 때문에 사람들이 농촌을 떠나 도시로 유입되면서 성장한 것이다.

선진국의 경제발전을 상징하던 거대 도시는 이제 빈곤 국가의 불평등을 상징하게 되었다. 정상적인 도시화 과정에서도 초기 이주자들은 주거 부문에서 어려움을 겪는다. 도시에 처음 도착한 사람들은 일터에서 가까우면서 집세가 저렴한 지역에 거주지를 마련하거나, 산사태에 취약한 급경사지나 홍수 피해가 우려되는 강가 혹은 정부의 공유지를 점거한다. 도시 내의 산비탈이나 배수가 불량한 지역에 사람들이 하나둘 판잣집을 짓고 살기 시작하면서 불량주택지구, 즉 판자촌이 형성된다.[1] 페루, 콜롬비아와 베네수엘라의 카리브해 지역, 브라질의 일부 지역, 그리고 대부분 중앙아메리카 지역에서는 저소득 계층의 주택지역 대부분이 침입squatting으로 형성되었다. 전날 저녁에 아무것도 없던 산비탈에 다음날 아침이면 수많은 판잣집 (진짜 판자로 만든)들이 빽빽이 들어선 경우가 라틴아메리카의 여러 도시에서 흔히 발생하였다. 개발도상국에서는 도시인구의 4명 중 1명이 이른바 판잣집이라는 비공식 주거지에 거주하고, 최빈국 인구의 5분의 4가 비공식 주거지에 거주하고 있다. 이들 국가의 도시에서는 도시 전체의 성장보다 불량주거지역의 성장이 더 빠른 속도로 이루어지고, 엘리트의 공간과 빈곤층의 공간이 확연하게 구분된다.

국경을 넘는 사람들

19세기 노예제도와 노예무역이 폐지되었으나 고된 노동을 감수하면서도 낮은 임금을 받는 노동력에 대한 수요는 여전하였다. 아프리카인들이 주를 이루던 노예무역이 폐지되자 서구인들은 새로운 방식의 계약노동제도를 도입하였다. 당시 노예를 대신해서 이주한 사람들은 서구 열강의 식민지 주민들이었다. 그들은 식민지배 때문에 고국의 경제가 피폐해지자 노동력이 부족한 다른 지역으로 옮겨 갔다. 인도인들과 중국인들이 카리브 해, 피지, 모리셔스 등의 사탕수수 농장과 말라야, 수마트라의 고무 농장으로 이주하였다. 1850~1875년 사이에만 100만 명이 넘는 인도인들이 한시적 계약노동자의 신분으로 이주하였다. 이 때문에 오늘날 피지에는 현지 주민보다 인도계 인구의 숫자가 더 많고, 프랑스령 가이아나 인구의 절반 정도, 트리니다드의 인구의 약 40퍼센트가 인도계 후손이다.[2]

일자리를 찾아 국경을 넘는 노동자들의 규모는 20세기 들어 더욱 증가하였다. 유럽 여러 나라들은 2차 세계대전 이후 경제 재건과 1970년대 중반까지의 경제 호황에 따른 노동력 부족 문제를 계약노동제도를 통해 해결하였다. 우리나라도 1963년부터 1977년까지 당시 서독정부와 협정을 맺고 8,000여 명의 광산 노동자와 1만여 명의 간호 인력을 파견하였다. 2차 세계대전 참전으로 국내 노동력, 특히 농업 부문의 노동력이 부족했던 미국도 브라세로 계획을 통해 멕시코의 계약노동자들을 받아들였다.

대부분의 국제 이주는 가난한 나라에서 부유한 나라로 이루어진다. 대륙별로 보면 인구 유입은 북아메리카, 유럽, 오세아니아에서, 인구 유출은 아시아, 중남미, 아프리카에서 이루어진다. 이민자 유입이 가장 많은 나라는 미국, 캐나다, 영국 등이다. 국제 이주는 지리적으로 근접하거나 공통의 언어를 사용하는 국가 간에 많이 이루어지는 경향이 있다. 멕시코인들은 지리적으로 가까운 미국으로 많이 이주한다. 이주를 결심한 사람은 일자리를 쉽게 찾기 위해 의사소통이 가능한 지역을 중심으로 도착지를 모색하고, 이주민을 받아들이는 국가에서도 의사소통이 가능한 지역 출신을 선호한다. 예를 들어 영국은 영어로 의사소통이 가능한 인도와 파키스탄 사람들을, 프랑스는 프랑스어로 의사소통이 가능한 북아프리카 국가 출신 사람들의 이주를 선호했다. 그러나 이들 국가가 비슷한 언어를 사용하게 된 것은 과거 이들이 식민지배국과 피식민국의 관계였기 때문이다.

이주민을 받아들이는 부유한 국가들의 이주 정책은 정치적·경제적 상황에 따라 달라졌다. 노동력을 필요로 하는 경제성장기나 인권운동이 한창일 때는 이주민에 대해 관대하다가 경제 침체기에는 이주민에 대한 시선이 차가워지고 엄격해졌다. 냉전 시기에는 동맹국을 지원하고 적대국을 당황스럽게 하는 망명 이주민을 환영했으나 냉전 이후에는 그들을 더 이상 환영하지 않았다. 1980년대 후반 냉전시대가 끝나고 세계화가 시작됨에 따라 선진국의 산업구조는 급변했다. 노동집약적 산업은 인건비가 싼 지역으로 옮겨갔다. 선진국의 경제는 금융산업이나 기술집약적 산업 중심으로 재편되었다. 그들은 더 이상 공장에서 일할 저임금 노동력이 필요하지 않게 되었다. 냉전이 끝난 뒤에 유럽과 미국 등 부유한 국가에서는 빈곤한 국가의 이주민을 받아들이는 것이 더 이상 이데올로기적 우월감이나 민주주의를 수호한다는 도덕적 자부심을 심어주는 것도 아니었다. 그래서 빈곤한 국가에서 생존을 위해 탈출해 부유한 국가에 도착한 이주민은 달갑지 않은 천덕꾸러기 신세가 되었다. 선진국은 점점 더 강한 반反이민 정책을 취하거나 핵심적인 월경越境지역에서 단속을 강화해 그들의 유입을 막고 있다.

부유한 국가로의 진입장벽이 더욱 높아지고 그들을 달가워하지 않아도, 빈곤한 국가의 사람들은 고향에서의 빈곤한 삶보다는 좀 더 나은 고용 기회와 좀 더 높은 임금을 받을 수 있는 부유한 국가로 목숨 걸고 이주하는 편을 선택한다. 선진국과 이들 국가 간의 임금 격차는 크다. 인접한 국가 간 임금 격차가 가장 큰 곳은 미국과 멕시코다. 2010년 미국 노동자의 임금은 1시간당 평균 15달러로 이는 멕시코 도시 노동자의 4배, 농촌 노동자의 30배에 해당하는 액수였다. 따라서 멕시코인들은 미국에서 일할 기회를 얻기 위해 위험을 무릅쓰고 미국으로 떠난다. 유럽의 독일과 폴란드도 국경을 맞대고 있는데, 한 달에 250달러를 버는 폴란드 공장 노동자가 휴가 때 독일에서 아스파라거스를 수확하는 일을 한다면 한 달에 900달러를 벌 수 있다. 태국과 미얀마, 남아프리카공화국과 모잠비크도 국경을 맞대고 있으면서 임금 격차가 큰 곳이다.

이주노동자들은 힘들고, 노동환경이 열악하며, 저임금으로 인해 내국인들이 꺼리는 직종에 주로 종사한다. 외국인 노동자들은 건설이나 농업 노동자부터 청소, 운전, 가사 도우미, 육류 가공 등과 같이 주로 단순한 노동직을 담당해 이들을 수용한 국가의 임금이 낮게 유지되는 데 도움을 준다. 이주노동자들은 내국인에 비해 낮은 임금을 받으며, 도심에서 가까우면서도 건축 연한이 오래되어 건물이 낡고 집세가 싼 지역에 밀집해 거주한다. 이들 지역에는 이주노동자들을 위한 식품점, 통신사, 상점, 식당 등이 입지해 주변 지역과는 구분되는 경관을 형성한다. 이주노동자들이 거주하는 지역은 내국인들에게는 낯설고 빈곤하며 위험한 지역으로 비춰지고, 그곳은 점점 도시의 유령 섬처럼 게토화된다.

2. 스스로 만든 도시, 스스로 지은 집

라틴아메리카 주요 도시의 길거리에는 구걸하는 사람들이 넘쳐난다. 그냥 앉아서 구걸하거나 자동차가 신호에 섰을 때 유리창을 닦아주고 약간의 돈을 요구하기도 하며 심지어 잠시 저글링이나 불쇼를 하기도 한다. 놀라운 점은 이렇게 구걸하는 이들 대부분이 홈리스가 아니라는 점이다. 라틴아메리카에서는 많은 세대가 직접 주택을 짓기 때문에 허름하지만 자기 집이 있다. 라틴아메리카 도시인구 3명 중 1명 정도가 여러 형태의 비공식부문 주택에 거주하는 것으로 알려져 있다.

라틴아메리카에서 만연한 비공식부문의 고용과 마찬가지로 비공식적인 주택 또한 공적인 범위 바깥에 존재해 주소도 없고, 용도 제한, 소유권, 그리고 기반시설의 기준 또한 없다. 이러한 비공식 주택은 흔히 자조self-help 주택이라고 알려져 있다. 이 용어는 이중적 의미를 지닌다. 대부분의 경우 자조는 주민들이 주택 건설의 전 과정을 직접 한다는 의미를 지닌다. 많은 이들이 자신들이 살 집을 직접 디자인하고 손수 짓는다. 그들은 처음에는 진짜 '판자'나 '상자'로 집을 짓곤 한다. 그리고 벽돌과 시멘트, 유리와 창틀을 살 돈을 온가족이 다 같이 마련한다. 처음에는 판자로 된 벽밖에 없던 집들에 진짜 벽이 생기고 창문이 달리며 바닥이 생긴다. 대부분의 집들은 지붕을 따로 하지 않고 천장 부분을 평평하게 놔두었다가 여유가 되면 2층에도 집을 짓는다. 판자로 짓기 시작했던 집이 2층, 3층 집이 되기도 한다. 따라서 대부분 집들이 오랜 기간에 걸쳐 지어진다. 짓는 기간이 오래 걸리기 때문에 방이나 층별로 건축 재료가 조금씩 다른 경우가 많다. 회색 벽돌로 지은 방 옆에 붉은 색 벽돌로 지은 거실이 있기도 하다.

자조주택이라는 용어는 정부가 제공하는 기본적인 도시 생활 시설을 스스로 해결하며 생활환경을 개선한다는 의미를 지니기도 한다. 대부분의 자조주택 마을은 도시계획과 상관없이 불법으로 점유한 토지 위에 지은 거주지이기 때문에 상수도, 하수도, 전기, 오물 수거와 같은 기본적인 서비스가 제공되지 않는다. 형편이 좋으면, 자조 마을은 시간이 지나면서 개선된다. 최초의 토지 습격 이후 거주민들은 잘 정리되고 잘 조직된 마을로 발전시킬 수 있다. 정부에 따라 차이가 나기는 하지만 대부분 지방 정부는 자조주택이 일반주택 같은 모양새가 갖춰지면 공식적으로 마을로 인정한다.

스스로 지은 도시 파벨라

브라질의 파벨라는 대표적인 자조주택지구다. 2014년 브라질의 경제 규모는 2조 달러가 훌쩍 넘어 세계 9위에 이르렀다. 2009년 리우 주의 연안에서 새로운 해저 원유 매장이 발견되면서 브라질은 세계 7위의 산유국이 되었다. 만일 부의 분배가 균등하게 이루어진다면 도시와 촌락의 빈곤을 해소하고도 남을 만큼 충분한 부를 지니고 있다. 그러나 심각한 부의 편중 때문에 브라질의 경제적 불평등 지수는 세계에서 가장 높은 수준이다. 세계은행 통계에 의하면 2014년 브라질의 상위 10퍼센트 인구가 전체 소득의 절반 정도를 차지하고 있다. 이들 상위 10퍼센트 계층은 대부분 백인이고, 빈곤층 대다수는 흑인 아니면 혼혈인들이다. 브라질의 빈곤 및 불평등 전문가인 호차s. Rocha는 1990년 브라질의 상위 20퍼센트의 소득이 하위 20퍼센트의 소득보다 30배나 더 많았다고 하였다. 그 비율이 조금씩 감소하고 있지만 여전히 상위 10퍼센트의 인구가 전체 소득의 절반 정도를 벌어들이고 있으며, 이 중 85퍼센트를 상위 5퍼센트 계층이 벌어들이고 있다.

부의 불평등한 분배는 브라질의 도시 공간에서 극명하게 드러난다. 2014년 6월 13일 세계인의 축구 잔치인 월드컵이 브라질에서 개막되었다.

그러나 브라질 여러 도시에서 많은 사람들이 브라질 정부를 비판하며 월드컵 개최 반대 시위를 하였다. 시위자들은 브라질 정부가 월드컵 같은 국제행사를 개최하는 대신 도시 빈민들을 위한 일자리를 만들고 복지 혜택을 늘려줄 것을 요구하였다. 또한 월드컵 개최를 위해 도시 도처에 위치한 파벨라 주변을 콘크리트 벽으로 가렸다고 비판하였다. 우리는 브라질에서 날아온 뉴스를 통해 파벨라에 대해 관심을 갖게 되었다. 파벨라는 브라질의 도시, 특히 리우데자네이루의 불량주택지구를 가리키는 말이다.

브라질의 리우데자네이루는 삼바와 카니발로 유명한 도시다. 또한 브라질 사회의 초현실적 빈부격차와 불평등을 적나라하게 드러내는 도시이기도 하다. 대서양변에 위치한 이 항구 도시는 아름다운 해변과 힘차게 솟아오른 멋진 코르코바도 산이 어우러진 멋진 경관으로도 잘 알려져 있다. 유명한 코파카바나와 이파네마 해변이 이어지는 남쪽 해안지역에는 세계적으로도 유명한 부유층 주거지가 형성되어 있다. 아름다운 바다에는 별장용 개인 섬과 요트가 떠 있으며, 해변을 따라 값비싼 호텔과 고층 아파트가 즐비하다. 반면 북부 내륙지역에는 우뚝 솟은 돌산 위로 빈민들이 거주하는 수많은 파벨라가 펼쳐진다.[3] 해변의 부유한 동네가 내려다보이는 빈민가에 살면서 느끼는 상대적 빈곤은 절대적 빈곤보다 더 끔찍하다.

브라질의 파벨라 형성은 흑인노예의 역사와 밀접하게 관련이 있다. 1888년 노예제가 폐지되자 플랜테이션에서 풀려난 많은 노예들이 바이아 주에 그들만의 공동체 사회를 형성하였다. 브라질 정부는 이들을 소탕하기 위해 카누도스 전쟁(1893~1897년)을 일으켰으며, 참전한 군인들에게 전투가 끝난 후 리우데자네이루의 토지를 주기로 약속하였다. 전쟁이 끝난 후 해방노예 출신의 군인들은 리우데자네이루에 도착해 해방노예들과 행상들이 이미 점거했던 언덕에서 토지를 하사받길 기대하며 언덕에 텐트를 치고 기다렸다. 그러나 그들에게 토지는 하사되지 않았고, 그곳에 있던 군인들은 텐트 대신 오두막을 짓기 시작했다. 다른 지역의 공동주택에서 쫓겨난 사람들도 몰려들어 살게 되었다. 이렇게 형성된 주거지역을 파벨라라고 불렀다.⁴ 어떤 이들은 빈민들이 언덕에 마을을 꾸릴 때 마을이 만들어지는 속도가 마치 들꽃이 번지듯 빨랐기 때문에 포르투갈어로 '들꽃'을 의미하는 파벨라라는 이름이 붙여졌다고도 하고, 또 어떤 이들은 도시 언덕배기마다 집이 빽빽하게 들어찬 모습이 멀리서 보면 활짝 핀 꽃봉오리 같아 파벨라라는 이름이 붙여졌다고 한다. 브라질에서 파벨라라는 단어는 1920년대부터 불량 주택주거지, 판자촌, 모든 형태의 변칙적인 거주지, 혹은 센서스나 도시계획 문서에서 '비정상적인 집적 지구'를 포괄하는 명칭이 되었다.⁵ 파벨라는 촌락에서 도시로 이주한 사람들을 수용하는 공간으로 자리 잡으면서 1970년대 이후 대규모로 확산되었다.

일반적으로 도시가 촌락보다 부유하다고 생각한다. 그렇지만 브라질의 경우 빈곤층의 4분의 3 정도가 촌락이 아닌 도시에 거주하고 있다. 2014년 브라질의 도시화 비율은 85퍼센트 이상이다. 2차 세계대전 이전에는 브라질 국민의 15퍼센트만이 도시에 거주하였다. 1970년경부터 촌락의 많은 사람들이 고향에서의 빈곤을 견딜 수 없어, 더 나은 삶을 바라며 낯선 도시로 이주하였다. 약 40년 동안 브라질의 도시들은 1억 8000만 명에 이르는 새로운 거주자들을 수용하였다. 이들 대부분은 도시의 빈곤층을 형성하였다. 1950년부터 2000년까지 파벨라는 도시 내의 그 어느 지역보다 빠르게 성장하였다.⁶

도시의 언덕배기에 사람들이 모여 파벨라를 만들기 시작한 1800년대 말 이후부터 브라질 정부는 도시의 부끄러운 치부 같은 그곳을 부정했고, 끊임없이 없애겠다고 위협했다. 파벨라를 없앨 수 있는 법령을 제정하고 건물에 대한 규정을 제정했으며, 소개 명령을 공지하고, 군사력까지 동원하는 한편 한밤중에 마을에 불을 놓기도 했다. 도시 재개발 계획에 의해 많은 수의 파벨라가 철거되기도 했다. 그러나 1970년대 고향을 떠나 도시로 몰려든 저소득 계층이 거주할 주택이 심각하게 부족했고, 정부는 파벨라를 묵인하는 것 이외에 다른 대안이 없었다. 악명 높은 건축물 규정법에도 불구하고 기존의 파벨라 인구는 증가했으며, 도시 내의 공지라면 어떤 곳에서건 새로운 파벨라가 생겨났다. 파벨라의 위치는 마을별로 매우 다양한데, 도시의 외곽에 위치하기도 하고 도시의 한가운데에 혹은 습지에, 언덕배기에, 쓰레기 더미 위에 조성되기도 했다.

리우데자네이루를 비롯한 브라질 여러 도시의 파벨라는 날림으로 지은 판자촌에서 벽돌로 지은 복층 건물들의 마을로 변화하였다. 파벨라에 처음 정착한 사람들은 언덕이나 숲의 공유지를 침입한 불법 거주자였지만, 시간이 지나면서 실질적인 토지 소유권을 지니게 되었다. 파벨라 주민들은 주민회의를 결성하였고 정부에 도시 기반 시설을 요구하였다. 초기에는 공급되지 않던 물, 하수도, 전기 등이 공급되기 시작했다. 현재 파벨라는 더 이상 도시 빈민들만의 거주지가 아니다. 파벨라 지역 내에서도 임대 및 매매에 관한 부동산 시장이 형성되어 있으며, 입지가 좋은 파벨라의 가격은 합법적인 주거지역과 맞먹는다. 파벨라에 거주하는 모든 사람들이 가난한 것은 아니며, 모든 도시 빈민이 파벨라에 거주하는 것도 아니다.

파벨라의 규모가 성장하고 성격 또한 달라졌지만 일탈 지구라는 파벨라에 대한 부정적 시선은 여전하다. 언론이나 영화에서 파벨라는 여전히 위험한 지역이고, 여기에 거주하는 사람들은 도시의 안전을 위협하는 존재로 간주된다. 실제로 리우데자네이루의 크기는 뉴욕과 비슷하지만 살인 사건은 뉴욕보다 6배나 많이 발생한다. 2009년 한 해에만 리우에서 살해당한 사람이 약 5,000명에 달한다.[7] 브라질에서 파벨라는 위험을 상징하는 빈자의 구역이자 그곳에 사는 빈민은 보통사람의 안전과 행복을 언제든지 해칠 수 있는 위협적 존재로 인식된다.

사실 파벨라는 2002년 프랑스 칸 영화제에서 개막작으로 선정된 영화 〈신의 도시City of God〉가 화제가 되면서 세계인의 관심을 불러일으켰다. 영화는 라틴아메리카의 도시 문제, 특히 위험한 도시인 파벨라를 다루는데, 배경은 브라질 리우데자네이루의 수많은 파벨라 중 가장 규모가 큰 호싱냐Rocinha다. 감독 메이렐레스F. Meirelles는 아비규환으로 가득한 지옥도를 그려 놓고는 "이것은 실화다"라고 밝혔다. 영화는 자극적인 소재로 라틴아메리카 도시에 대한 부정적 편견을 형성했다는 비판을 받기도 했지만, 라틴아메리카 빈부격차에 대해 사회적 관심을 불러일으켰다.

영화 〈신의 도시〉는 화자가 실존 인물인 마약상의 성장 과정을 이야기하는 형식이다. 영화는 치안이 보장되지 않는 지역에서 주민들의 생활이 얼마나 불안정하고 위험한지를 잘 그려냈다. 치안을 담당해야 할 경찰들은 주민들을 잠정적 범죄자로 보고, 그들을 잡으러 오거나 마약상에게 뇌물을 받을 때에만 영화에 등장한다. 영화에서는 또한 빈곤지역의 어린이와 청소년들이 어떠한 경로로 폭력에 노출되는지를 상세히 그리고 있다. 영화에 등장하는 많은 파벨라의 사람들, 심지어 아이들까지도 거칠고, 마약에 절어 있으며, 살인도 마다하지 않는다. 손쉽게 돈을 벌 수 있고 총을 들고 멋지게 폼을 잡으며 모든 이들이 두려워하는 마약상은 파벨라의 어린이나 청소년들에게는 일종의 우상이다. 또한 마약상들은 마약 거래나 마약상들 간의 세 싸움에서 치기 어린 나이의 청소년들을 이용함으로써 이들이 폭력 및 범죄에 빠져들 수 있는 환경을 제공한다. 그러나 이들에게 제재를 가하는 사람은 없다.

태어나서 연필보다 총을 먼저 잡는 아이들. 지역 청소년의 50퍼센트가 불법마약유통에 관계된 마을. 축구선수 아니면 범죄조직의 일원이 되기를 꿈꾸는 소년들. 경찰이 자신의 동네에 들어오면 자동소총을 들고 즉각 반격에 나서는 범죄조직원들⋯⋯.

왜 파벨라는 위험해졌을까? 파벨라가 현재와 같이 위험한 지역의 대명사로 불리게 된 가장 주요한 이유는 마약상들 때문이다.[8] 1960년대 말, 파벨라 거주민들은 자신들의 집이 철거되고 동네가 사라질까봐 염려했지만, 현재 그들은 마약상들 간의 혹은 마약상과 경찰 간의 싸움에 휘말려 엉뚱한 죽음을 당하지 않을까 걱정한다. 1970년대부터 마약상들이 파벨라에 모여들기 시작했으며 1980년대 중반부터 파벨라는 본격적으로 마약상들의 근거지가 되었다. 파벨라의 지형과 도로 구조상 마약상들이 은둔하기 유리하며, 타인의 이동을 감시하기에도 좋아 파벨라는 마약상들에게 매력적인 곳이다. 즉 파벨라는 좁고 구불구불한 골목으로 이루어졌으나 주로 언덕에 위치해 숨을 곳이 많고, 숨어서 타인의 움직임을 관찰하기도 좋다. 라틴아메리카 도시들, 특히 브라질의 도시들을 여행하다 보면 어린이들이 연을 날리는 모습을 자주 보게 되는데, 어린이들은 놀이의 일종으로 연을 날리기도 하지만, 종종 이것은 경찰의 단속 여부나 마약의 판매 여부를 알려주는 신호를 보내는 것이기도 하다.

또한 1980년대 이후 리우데자네이루의 산업시설들이 이전하거나 폐쇄되어 다수의 파벨라 거주민들이 실직하였다. 파벨라 주민들의 경제적 어려움이 더해지고 리우 사회는 파벨라 거주민들을 백안시하였다. 취업하기 위해서는 가짜 주소를 적어야 했고, 파벨라 주민임이 알려지면 괜한 오해에 시달려야 했다. 빈곤한 동네에서 자란, 그것도 파벨라 출신이라는 편견에 시달려야 하는 이 지역 청소년들은 학교를 중퇴하는 비율도 높다. 사회에서는 그들이 원하는 멋진 직업을 구하기 어렵다. 대신 쉽게 돈을 벌 수 있고, 다 함께 몰려다니면서 폼도 잡을 수 있는 마약상들은 그들에게 매우 매력적인 직업이다. 브라질의 법률에서는 미성년자가 죄를 짓더라도 대부분 처벌하지 않는다. 마약상들은 이를 악용해 어린 소년들을 적극적으로 마약 거래에 끌어들이곤 한다.[9]

한편 1980년대 중반 국제 정세가 변하면서 국제 마약 거래 노선이 변화한 것도 파벨라에 마약상들이 모이게 된 주요한 이유다. 당시 마약과의 전쟁을 벌인 미국은 콜롬비아 반군세력을 소탕하였다. 이 때문에 마약의 국제 이동 경로가 콜롬비아의 인접 국가들로 변화했는데, 특히 브라질을 경유하는 노선이 급증하였다. 또한 세계화의 영향으로 국제 물동량이 증가하면서 코카인은 다른 화물과 함께 쉽사리 국경을 넘어 이동하게 되었고, 미국에서 생산된 총기류 또한 브라질로 손쉽게 반입되어 파벨라는 마약상들의 근거지가 될 수 있었다.

이에 더해 파벨라에 대한 브라질 사회의 타자화가 파벨라 폭력의 근본적 원인을 제공하였다. 파벨라가 처음 리우에 형성된 것은 19세기 말까지 거슬러 올라가지만, 시정부에서 발행하는 지도에 실린 것은 20세기 말의 일이었다. 파벨라가 형성되어 공식적으로 그 존재를 인정받기까지 100여 년의 시간이 걸린 것이다. 또한 1986년 리우 시정부가 파벨라 지역에서 경찰력을 철수하자, 이후 파벨라는 빠르게 마약상들의 근거지로 변하였다.[10] 파벨라의 존재에 대한 정부와 사회의 배제와 무관심 때문에 무장한 마약상들은 쉽사리 파벨라를 점거할 수 있었다. 마약상과 결탁한 경찰은 이들의 폭력을 막지 못했고, 그렇지 않은 경찰들도 마약상들의 최신 무기와 세력을 제압하기 어려웠다. 동네에 폭력이 난무하자 전직 경찰들로 구성된 일종의 민병대가 등장하였다. 스스로 무장한 민병대는 주민들을 보호한다는 명분으로 일종의 세금을 받고 있다. 이들은 마약상들과 함께 또 다른 폭력세력이 되었다.

파벨라의 치안은 날로 악화되어갔다. 그러나 이에 대해 브라질 정부는 이곳을 안 보이게 가리고, 부정하는 태도를 취했다. 브라질 정부는 2009년부터 파벨라 주변에 콘크리트 장벽을 쌓기 시작했다. 산타 마르타를 시작으로 1년 사이에만 80개의 파벨라에 펜스가 건설되었다. 표면적으로는 파벨라의 성장을 제한함으로써 자연환경을 보호하고, 마약상들의 활동을 제한하기 위해서 장벽을 세운다고 했다. 하지만 파벨라 주민들은 2014년 월드컵과 2016년에 개최될 하계 올림픽을 대비해 그들의 부끄러운 치부를 가리기 위해 장벽을 세우는 것이라고 주장했다. 파벨라 주민에 대한 사회적 배제는 식민지배 시기 이후 라틴아메리카에서 나타나는 타자화의 맥락으로 볼 수 있다. 백인들은 유색인의 존재를, 도시민은 농민을, 부유층과 중산층은 빈곤층을 인정하지 않았다. 파벨라 이외 지역에 거주하는 도시민들은 파벨라 거주민을 동등한 도시민으로 인정하지 않았다. 2000년대 들어 타자의 권리회복을 주장하는 사회운동이 원주민운동부터 여성, 성적 소수자에 이르기까지 사회 전반에서 활발히 진행되었으나 파벨라에 대한 도시 정부의 배제 혹은 무관심에 대해서는 여전히 침묵하고 있다.

3. 돈 데 보이

닭장차를 타고 온 프런티어

〈돈 데 보이Donde Voy?〉(나는 어디로 가는가?)라는 노래를 들어본 일이 있는가? 이 구슬픈 스페인어 노래는 우리나라의 옛날 드라마 배경음악으로 쓰여 많은 사랑을 받았다. 인생에서 갈 길을 잃은 자의 외로운 마음을 노래한 것 같은 이 노래는 실은 미국과 멕시코 국경을 넘는 불법 이주노동자의 애환을 그린 노래다. 국경을 넘는 이주는 국가 간의 공식적인 협약과 제도를 통해 이루어지기도 하지만, 많은 경우 개인적으로 소개를 받아 이루어지기도 하고 스스로 이주를 개척하기도 한다. 공식적인 협약과 제도를 통한 이주는 이주노동자들에게 합법적 지위와 공식적인 작업장을 제공하지만, 브로커나 지인을 통해 이루어지는 이주는 불법인 경우가 많고, 그 정착 과정은 개인적인 네트워크를 통해 이루어지는 경우가 대부분이다.

세계에서 가장 많은 인구가 국경을 넘는 곳은 미국 샌디에이고-멕시코 티후아나 국경의 이시드로 출입국소다. 티후아나는 이주노동자를 미국으로 밀입국시켜주는 브로커가 많기로 유명하다. 이들 밀입국 브로커는 코요테coyote나 포예로pollero(닭장수)라 한다. 포예로라는 말은 20세기 초반, 미국의 고용 브로커들이 멕시코 북부의 농촌 지역에서 농업에 필요한 계절노동자를 모집한 후, 닭장으로 위장한 트럭에 실어 국경을 넘은 데서 유래했다.

오늘날 수많은 이들이 사막을 건너는 위험을 감수하거나 국경선의 약한 부분을 공략하면서, 미국으로 들어가는 트럭 짐칸이나 자동차 트렁크에

숨어든다. 영화 〈보더 타운〉을 보면 끊임없이 생명의 위협을 받던 에바도 코요테의 작은 차 트렁크에 숨어 사막을 가로질러 미국으로 밀입국하려다 추방당한다. 재미있는 사실은 멕시코 정부에

〈그림 12〉 멕시코를 통한 미국으로의 불법 이주 경로

서는 자국민들에게 '미국 국경을 넘을 때 주의 사항'이라는 팸플릿까지 제공한다는 점이다. 이 팸플릿에는 밤에 사막에서 길을 잃으면 북극성을 찾으라는 등 이주민들이 불법으로 국경을 넘으면서 주의해야 할 점을 친절히 알려주고 있다. 불법으로 국경을 넘어 이주한 사람들은 합법적인 거주 및 노동 허가를 받지 못한 불법체류자나 불법노동자로, 법과 제도적 보호를 받을 수 없는 사실상의 범법자다. 이들은 불법체류자이기 때문에 위험하고 고된 일에 종사하며, 부당한 해고나 임금 체불을 감수해야 하고 열악한 노동환경에 처하거나 단속반에게 걸려 강제 출국조치를 당하곤 한다.[11]

멕시코 노동자들의 이주 과정을 연구한 듀랑J. Durand과 메시D. Massey는 한 마을에서 국경을 넘는 이주를 가장 먼저 성공한 사람들을 프런티어frontier라고 했다.[12] 프런티어는 비교적 교육수준이 높고, 이주에 소요될 비용을 지불할 여유가 있으며, 젊은 남성인 경우가 대부분이다. 그들은 잘 알지 못하는 지역에서 자신의 운을 시험해볼 만큼 배짱이 있으며 새로운 지역과 그곳의 언어를 다소간 이해하는, 자신의 마을에서는 이른바 패기에 찬 모험가다. 프런티어들은 아는 이가 없는 외국의 한 도시에 도착해 일자리를 얻는다. 그 도시는 그가 탄 열차의 종착지일 수도 있고 그가 본 드라마나 영화의 배경일 수도 있으며 누군가에게 들은 적 있는 도시일 수도 있다. 그는 도착한 후 처음 며칠은 낯선 곳에서 일자리를 찾아 헤맬 것이다. 몇 번 혹은 몇십 번의 용감한 도전 끝에 그는 도시의 식당이나 공사장, 청소 대행사 등에서 일자리를 얻게 되고, 조금씩 돈을 모아 싸구려 방을 마련한다. 프런티어가 이주한 경로와 방법, 처음 정착한 도시와 그가 종사한 일에 관한 이야기는 이후 그를 따라 이주할 마을 사람들에게 지침서 역할을 한다.

프런티어가 일자리와 숙소를 마련해 정착한 후 고향에 이를 알리면, 그의 형제, 친척, 친구 중 한 사람 혹은 그 이상이 그를 찾아 이주한다. 이들은 프런티어 덕에 비교적 수고를 덜 들이고 일자리를 얻게 되는데, 주로 프런티어와 동일한 지역에서 동종의 직업을 얻게 된다. 이들은 또한 자신들의 숙소를 마련할 돈을 모을 때까지 프런티어의 숙소에 함께 기거한다. 이들이 숙소를 얻어 독립하면 고향에 있던 이들의 형제, 친구, 친척들은 다시 이들을 찾아 이주한다. 초기에 홀몸으로 이주했던 사람들은 경제적으로 정착한 후 배우자나 연인을 불러들이고, 배우자와 함께 좀 더 경제적 기반을 확보하게 되면 자녀를 이주시킨다. 이러한 연쇄적인 이주 과정을 통해 특정 지역의 특정 직업은 한 지역에서 이주해온 사람들이 차지하게 된다.

미국은 이주의 역사가 매우 길고, 그 규모 또한 수천만 명에 이른다. 미국정부는 대부분의 불법 혹은 합법 이주자들이 오는 것을 여러 정책을 통해 통제하려고 노력해왔다. 미국 이주정책의 획기적 전환점은 2차 세계대전 중 노동력 부족을 해결하기 위해 1942년에 시행된 브라세로 계획이었다. 1964년에 이 계획이 종료될 때까지 약 460만 명의 멕시코 노동자들이 초청노동자 자격으로 미국의 농업 부문에서 일시적으로 일을 할 수 있었다. 브라세로 계획이 시행되는 동안 많은 불법이주자들도 함께 멕시코에서 국경을 넘어 미국으로 들어왔다.

1952년에 제정된 월터-매캐런 이민법McCarran-Walter Act은 "국민은 누구인가"라는 기본적인 질문을 제기하면서 이민 할당량 중 70퍼센트를 영국, 아일랜드, 독일 이민자에게 허가한 반면, 아시아에는 한 국가당 100명의 이민자만을 할당하였다. 이 법안은 국가 이익에 기여하지 않거나 손해를 끼치는 외국인을 받아들이지 않거나 추방할 수 있는 법적 근거가 되었다. 1986년경 미국 내 실업률이 높아지자 이주노동자에 대한 경계와 분노가 점점 격화되었고, 당시 레이건 대통령은 국경에 대한 통제권 회복을 주장하였다. 미 의회는 불법 이주를 감소시키기 위해 이민개정 및 통제법

Immigration Reform and Control Act, IRCA을 제정하였다. 이러한 통제에도 불구하고 1990년 이후에 미국으로 넘어온 멕시코 출신 이주자의 수는 꾸준하게 늘어났다. 지금도 매년 약 40만 명이 국경을 넘어 미국에서 일거리를 찾고 있다.[13] 제한된 일자리를 놓고 미국인들과 경쟁한다는 인식이 강해지면서 불법노동이주자들에 대한 미국인들의 악의적인 감정도 증폭되고 있다.

미국으로의 불법이주가 점점 어려워짐에 따라 새로운 형태의 밀입국 방식이 생겨났고 불법이주 브로커인 코요테에게 지불하는 비용도 크게 올랐다.[14] AP통신에 의하면 2014년 현재 멕시코 국경을 넘으려면 2,000에서 4,000달러, 많게는 1만 달러까지 돈을 내야 한다. 이 돈에는 브로커가 받는 보수를 포함해 관리들에게 주는 뇌물, 열차를 운영하는 갱단에 주는 운임, 국경의 밀수 루트를 장악한 마약 카르텔에게 내는 통행세 등이 포함돼 있다. 멕시코 국경을 넘어 미국으로 가려는 사람들은 멕시코인들만이 아니다. 입국허가를 받지 않은 과테말라, 온두라스, 엘살바도르 등 중미 국가 출신의 사람들이 목숨을 걸고 미국 국경을 넘으려 한다. 코요테 조직은 과테말라나 온두라스 혹은 엘살바도르 출신의 미성년자들을 화물 열차에 태워 멀게는 수천 킬로미터 이동한 뒤 멕시코 국경 근처에 도착해 미국으로 밀입국을 시도한다. 일부 브로커들이 국경을 넘겨주는 계약을 위반하고 돈만 받고 중간에 달아나기도 해서 미국 국경 근처 멕시코의 산악지역 등 외진 곳에 수십여 명의 미성년자들이 버려진 채 멕시코 이민당국에 발견되기도 한다. 미국으로의 이주는 점점 어려워지고 이주하기 위해 코요테에게 지불하는 비용도 점점 증가하는데도, 불법 이주는 점점 많아지고 있다. 중미 국가의 경제적 빈곤, 불안정한 토지제도, 주기적 경제위기, 고용기회의 감소, 농업생산성의 변화, 농산물가격의 하락이 멈추지 않는다면 고향을 떠나 국경을 넘으려는 위험한 이주 행렬은 계속될 것이다.[15]

프랑스 도시의 교외지역을 의미하는 방리외Banlieue에는 이주민들이 모여 사는 지역이 많다. 북아프리카 출신의 무슬림 이민자들은 주로 파리의 방리외에 거주하였다. 1960년대 프랑스 정부는 파리의 방리외에 공공임대 아파트를 건설해 값싸게 서민들에게 공급하였다. 시간이 지나면서 방리외는 저소득층 빈민주거지가 되었고 현재는 '프랑스의 작은 아프리카'로 불릴 만큼 북아프리카 출신의 무슬림 이민자들의 집단 거주지가 되었다. 2005년 가을, 프랑스 파리 방리외의 이민자 거주 지역에서 소요 사태가 발생했다. 아프리카 모리타니 출신의 15살 트라오레와 튀니지 출신의 17살 베나는 이웃 동네에서 축구시합을 하다 귀가하던 중 프랑스 경찰이 검문 검색하는 모습을 봤다. 이들은 지겨운 검문검색을 피하기 위해 달아나다 2.5미터 높이의 변전소 담 너머로 몸을 날렸으나 그중 한 명이 변압기에 떨어져 결국 감전사하였다. 경찰의 인종차별적 검문검색과 추격을 규탄하면서 소요 사태가 시작되었다.

북아프리카 출신의 이민자 2, 3세들이 소요사태를 주도해갔다. 북아프리카 출신 이민자 2, 3세들은 대부분 프랑스에서 태어난 프랑스 국적자이지만 인종차별과 사회적 편견, 교육 단절 등으로 부모의 빈곤을 대물림 받고 높은 실업률에 시달려왔다. 그들이 사는 방리외는 빈곤, 실업, 인종차별, 범죄, 폭력의 온상으로 낙인찍혀 이곳을 주소로 쓴 구직자는 면접 기회조차 갖기 어려웠다.[16] 가난한 고국을 떠나서 부유한 나라로 일자리를 찾아 떠날 수밖에 없는 이주자들이 느낀 경제적 차별과 사회적 소외감은 세대가 지날수록 더해 갔다. 그들 가슴에 쌓여 있던 분노와 좌절이 어린 소년의 감전사로 한꺼번에 폭발하면서 사태는 매우 격렬하게 진행되었다. 소요 사태는 프랑스 전국으로 빠르게 확산되어 3주 동안 지속되었다.

당시 내무장관이었던 사르코지는 톨레랑스 제로라는 구호를 외치면서 북아프리카 출신의 이민자 2, 3세들이 주도한 소요사태에 단호하게 대처하겠다고 하였다. 그는 한 방송에 출연해 감전사한 소년의 부모를 만났는데 그들이 프랑스어로 말하지 못하고 아프리카식 옷을 입고 있었다고 하면서, 그들은 프랑스 사회에 전혀 동화되지 않은 아프리카인이라고 하였다. 나아가 그는 소요사태를 주도한 부랑자들을 진공청소기로 쓸어버려야 한다고 말했다.[17] 프랑스 정부는 소요 사태가 일어난 지 13일째 비상사태를 선포했고 통행금지를 실시했다. 파리 방리외에서 일어난 소요사태와 사르코지의 발언은 전 세계에 보도되었고 자유, 평등, 박애를 주창한 프랑스에서 이루어진 이민자들에 대한 차별과 배제에 사람들은 충격을 받았다.

프랑스는 2차 세계대전 이후부터 1970년대 중반까지 '영광의 30년'이라고 불릴 만큼 폭발적인 경제성장을 누렸다. 프랑스는 1955년 알제리를 독립시키기 이전까지 카리브해 및 아프리카, 아시아 지역에 식민지를 두었으며 현재도 카리브해 지역에 몇 개의 프랑스령을 갖고 있다. 프랑스는 당시 부족한 노동력을 보충하기 위해 과거 식민지였던 지역에서 많은 이민자들을 받아들였다. 알제리를 비롯한 모로코, 튀니지 등 북아프리카 출신 이주자들이 일자리를 찾아 프랑스로 이주했다. 그러나 1973년 석유파동에 따른 경기침체로 프랑스는 더 이상 이주노동자를 원하지 않았다. 프랑스 정부는 노동 이민을 중단하고 자발적 귀국을 권고하거나 강제 귀국을 강요했지만, 그 이후에도 북아프리카 출신의 이민자들은 계속 들어왔다.[18]

북아프리카 지역은 1980년대 이후 신자유주의 정책 개혁과 권위주의의 결합 때문에 높은 실업과 심각한 빈곤 문제에 시달렸다. 튀니지는 공공부문이 민영화되고 해외자본, 특히 프랑스의 자본투자가 늘었지만 그 혜택은 다국적기업과 소수 지배층에게 돌아갔고, 대부분 국민은 실업과 물가상승에 시달렸다. 이집트도 마찬가지였다. 식량 보조금 삭감, 농촌 토지시장 개방, 공기업의 민영화 과정에서 빈부격차가 심화되었다. 빈곤과 실업에 시달리던 사람들은 고국을 떠나 프랑스로 이주했다. 1981~1995년까지 집권한 좌파 경향의 미테랑 대통령은 장기 불법체류자에게 합법적 지위를 부여하고 외국인 이주자들에 대해 관대한 정책을 실시하였다. 그의 집권 시기 프랑스 내 이주자의 규모는 꾸준히 증가하였다. 그 결과 프랑스의 아프리카 출신 이주민과 그 가족의 수는 613만 명에 이르렀으며, 이는 서유럽 국가 중 가장 큰 규모였다.[19] 그들은 현재 프랑스 인구의 약 10퍼센트를 차지하면서 프랑스 최대 이주자 집단을 형성하고 있다.[20]

미테랑F. Mitterrand 대통령을 이어 집권한 우파 성향의 자크 시라크J. Chirac 대통령은 이주자들에게 강경책으로 대응하였다. 알제리, 모로코, 튀니지 등 북아프리카 국가들은 대부분 이슬람교를 믿으며, 이 지역의 이주민들은 프랑스 주류 사회와 문화적 갈등을 겪어왔다. 프랑스에서 태어나 프랑스 사람의 가치관을 갖고 성장한 외국인 노동자의 2세들, 특히 무슬림 이주노동자들의 자녀들 사이에서는 프랑스 사회와의 문화적 갈등, 프랑스 주류 사회로 편입되지 못하는 상대적 박탈감이 팽배해 있었다. 그들은 프랑스 국적을 가졌지만 피부색, 이름, 거주지 등에서 북아프리카에서 온 무슬림 이민자라는 사실이 드러났기 때문에 의사나 변호사 등 전문직은 고사하고, 손님을 직접 대하는 창구 일자리조차 구하기 어려웠다. 이러한 사회적 편견과 구조 때문에 그들은 실업자나 좀도둑이 되거나 더럽고 위험한 일을 할 수밖에 없었다.

2001년 미국 9·11테러와 2003년 이라크 전쟁을 계기로 무슬림에 대한 경계와 차별이 더욱 심해졌다. 게다가 경제위기와 치안불안 문제가 중요한 사회문제로 대두되고 이민자들이 일자리를 가로채고 있다는 인식이 더해지면서, 프랑스뿐 아니라 유럽 여러 국가에서도 이슬람을 믿는 무슬림 이주민에 대해 곱지 않은 시선이 던져졌다. 2005년 가을, 방리외의 소요사태는 이러한 프랑스 사회의 차별과 시선에 대한 일종의 저항이었다. 최근 이슬람 수니파 무장단체가 결성한 이슬람국가Islamic State, IS의 잔혹한 테러가 보도되면서 프랑스에서 이슬람 혐오주의는 심각한 수준에 이르렀다. 2014년 크리스마스 날, 어떤 프랑스 텔레비전 뉴스 진행자는 "프랑스가 500만 명의 무슬림을 추방하지 않으면 격변이나 내전에 빠질 것"이라고 말해 논란이 되기도 했다.

경제적 문제에 종교적 이질감까지 결합되어 프랑스 사회에서 북아프리카 출신의 무슬림 이주민 문제는 매우 복잡한 양상을 띠고 있다. 이들 대부분은 공간적으로, 사회적으로, 정치적으로 주류 사회에 편입되지 못하고 소외되어 있다. 그럼에도 불구하고 지금도 내전과 가난을 피해 수십만 명의 사람들이 낡고 작은 목선에 의지한 채, 혹은 몰래 올라탄 유럽 배의 한 켠에 숨어서 지중해를 건너고 있다. 2014년 한 해에만 3,500명 이상이 지중해에서 목숨을 잃었다. 목숨 걸고 지중해를 무사히 건넌 사람들은 프랑스로 가기 위해 망명 요청을 하고 있다. 그러나 그들의 요청이 받아들여지는 것은 그야말로 하늘의 별따기다.

가장 화려한 도시, 가장 잔인한 도시

아랍에미리트연합의 7개 토호국 중 하나인 두바이는 2000년대 들어 중동지역의 주요 경제 중심지로 떠올랐으며, 세계에서 가장 빠르게 성장한 도시로 유명세를 탔다. 비록 2009년 11월 모라토리엄을 선언했지만 두바이는 형제 도시 아부다비와 함께 여전히 가장 주목받는 도시다. 두바이는 불과 30~40년 전만 해도 아라비아 만의 작은 진주잡이 어항이자 곡물 무역상들의 중개무역 항이었다. 그러나 1967년 석유가 발견된 후 두바이의 지도자들은 석유자금을 이용해 석유 의존율이 낮은 자급자족 도시를 만들고자 했으며, 거대한 규모의 제벨알리 항과 셰이크 라시드 항을 건설해 아시아와 유럽 물류의 중개지로 성장하였다. 또한 두바이는 거래되는 상품에 대해 무관세 제도를 적용하고 자국민과 외국인의 소득세를 없앴으며, 기업들이 이윤을 무제한으로 외국에 송금할 수 있게 하는 등 국제자본에 매우 매력적인 제도들을 갖추었다. 이에 두바이는 아랍에미리트연합의 석유 판매대금뿐 아니라 거대한 외국자본의 유입을 유도해 물류와 자본, 사람들이 오가는 중동의 허브도시로 성장하였다.

두바이의 이러한 위상 변화는 화려하면서도 개성 있는 고층 건물들과 쇼핑몰, 외국인들을 위한 세련된 편의시설에 잘 반영되어 있다. 부와 성장을 상징하는 화려한 건물로 가득한 부유한 도시 두바이의 이미지는 방송과 인터넷을 통해 전 세계로 퍼져나갔다. 2010년 완공된 버즈 칼리파는 높이 829.8미터로 세계에서 가장 높은 건물이다. 두바이 해안에 건설한 인공 섬 팜 쥬메이라는 내 집 앞마당을 넘어 내 집 앞 해변을 실현했다는 평가를 받는다. 수십 개에 달하는 두바이의 거대한 쇼핑몰에서는 전 세계의 모든 브랜드를 만날 수 있으며, 쇼핑몰에 지어진 대형 스키장은 사막에서 스키를 탄다는 아이디어로 전 세계의 이목을 끌었다.

1인당 GDP 10만 달러 이상의 부국으로 알려진 아랍에미리트연합의 부는 왕족과 10퍼센트 정도의 내국인, 그리고 소수의 외국인들에게 집중되어 있다. 내국인으로서 다양한 특권을 누리는 대부분 아랍에미리트 국민들은 고위공무원을 비롯한 공식적 경제 부문에 종사하며 부유한 삶을 누린다. 이외의 모든 분야, 즉 경찰부터 사무직, 생산직, 판매직 등과 건설 노동 대부분은 외국인이 맡고 있다.[21]

매우 화려하고 자본이 집중된 두바이이지만, 실제로 이 도시를 건설하고 사회를 움직이는 주요 노동력은 외국인 노동자들이다. 화려한 두바이의 건물들은 수많은 외국인 노동자들의 땀방울이 아니면 지어질 수 없었다. 두바이를 비롯한 아랍에미리트뿐 아니라 석유 수입을 바탕으로 부유해진 카타르, 사우디아라비아 등의 페르시아 만 연안 국가에는 인도, 파키스탄, 방글라데시, 스리랑카 등의 남아시아 국가와 말레이시아와 인도네시아 등의 동남아시아 이슬람 국가의 노동자들이 대거 이주하였다. 두바이 건설 붐이 최고조에 이르렀던 2007년 두바이 건설현장에 고용된 아시아계 노동자는 70만 명에 달했다. 2010년 두바이의 인구는 180만 명 정도인데, 이중 90퍼센트 이상이 외국인이었다. 이들 중 대부분은 공사장 인부, 가정부, 보모, 식당 및 호텔 종업원 등 건설 현장이나 서비스 부문에서 일하는 이른바 빈곤한 국가에서 온 노동자들이다.

두바이의 경제 호황기인 2000년대 중반 두바이의 부는 빠르게 증가하였다. 경제 호황에 따른 인플레이션으로 물가가 큰 폭으로 상승했으나 외국인 노동자들의 임금은 오르지 않았다. 직급별로 차이가 있지만 대부분 노동자들은 최저 생계비에도 못 미치는 임금을 받았다. 소개비와 스폰서비 등을 제외하면 실질적으로 건설 및 서비스직의 노동자는 우리 돈으로 한 달에 약 40만 원 정도를 받는다.

대부분 외국인 노동자들은 낡은 숙소에서 여러 명이 한 방을 쓰는 경우가 일반적이며 컨테이너 임시시설에서 집단생활을 한다. 두바이는 한여름 낮 최고 기온이 섭씨 50도에 이르고 저녁에도 섭씨 35도 이상의 무더운 날씨가 지속되지만, 수많은 외국인 노동자들은 에어컨이 설치되지 않은 곳에서 일한다. 외국인 노동자들을 작업 현장으로 단체로 이동시키는 버스에도 에어컨은 설치되어 있지 않다. 세계적인 명차들이 질주하는 도로 위로 외국인 노동자들을 태운 흰색 버스가 창문을 연 채 달리는 모습은 이곳에서는 그저 일상일 뿐이다.

페르시아 만 연안의 석유 부국들은 외국인 노동자들에게 가혹하기로 유명하다. 이들 국가는 외국인 노동자를 초청노동자로만 대하면서 시민권은 물론 심지어 거주권도 부여하지 않음으로써 서유럽 국가나 미국이 겪는 이민자 문제를 원천 봉쇄하고 있다. 그리고 아랍에미리트연합의 7개 토호국들은 이주노동자권리협약Migrant Workers Convention을 비롯한 국제노동규약을 거부하였다. 아랍에미리트연합의 노동법에서는 노동조합을 금지하고 있으며 노동자의 기본권도 인정하지 않는다. 두바이와 아부다비는 노동조합 창립에 필요한 결사의 자유가 금지되어 있으며, 외국인 노동자의 국제적 권리도 인정하지 않는다.

인권단체인 휴먼라이츠워치Human Rights Watch에서는 두바이의 노동자들에 대한 조사보고서에서 이들이 "임금 착취와 악덕 취업 알선 브로커에게 진 빚, 그리고 목숨을 걸고 일한다고 할 정도로 위험한 근로 환경"에서 일하고 있다고 밝혔다. 또한 영국의 한 기자는 "두바이의 노동시장은 과거 이곳을 식민지배 했던 영국이 행했던 고용계약이나 노동체계와 매우 흡사하다"고까지 하였다.[22] 파업을 할 경우 외국인 노동자들은 추방된다. 범죄를 저지를 경우에도 본국으로 추방된다. 대부분 이주노동자들은 한 가족의 가장이거나 가족의 생계를 책임지고 있기 때문에 추방당할 경우 가족의 생계가 막막해진다. 따라서 이주노동자들은 노동환경을 개선해 달라 요구하기가 힘들다. 열악한 노동환경과 높은 물가, 가혹한 노동법에도 아시아의 가난한 노동자들은 계속해서 일자리를 찾아 두바이와 아부다비, 그리고 페르시아 만의 석유 부국으로 이주하고 있다.

이주노동자의 송금과 인재의 유출 사이에서

대부분의 외국인 노동자들은 열심히 일해서 수입의 대부분을 고향으로 송금하는 성실한 보통 사람들이다. 이들은 자기 가족의 생계를 책임져야 할 가장이다. 이주노동자들이 고국에 보내는 송금은 그들의 고국에는 매우 주요한 외화 획득 경로가 된다. 특히 이주노동자들을 대량으로 내보내는 국가들은 대부분 농촌이나 소외 계층에 대한 경제적·사회적 보장 제도가 갖추어져 있지 않다. 따라서 송금을 받는 나라의 개인과 지역, 나아가 정부에게 송금은 매우 중요한 수입원이 된다. 멕시코를 비롯한 카리브해 국가들에서는 송금이 국가경제의 주요한 부분을 차지한다. 중미의 경제대국인 멕시코에서도 석유, 관광 부문 다음의 주요 외화 획득 경로가 송금이다. 카리브해의 소규모 국가들에게는 송금의 중요성이 더욱 높아지는데, 미국 한 국가에서 도미니카공화국으로 보내지는 송금액은 연간 30억 달러에 이르며 이는 도미니카공화국의 외화 수입원 중 두 번째다. 자메이카와 아이티인들은 연간 약 20억 달러 이상을 외국에 나간 가족과 친지들로부터 송금 받는다. 전 세계적으로 이주노동자들이 본국으로 보내는 송금에 의존해 살아가는 사람의 규모가 10억 명에 이르는 것으로 추산된다. 세계은행은 2009년 전 세계의 이주자들이 보낸 송금액이 4,140억 달러에 달했다고 추산하였다. 이 중 4분의 3에 달하는 3,160억 달러 정도가 약 2억 명 정도의 이주노동자들이 남반구로 송금한 것이다. 송금액은 자국의 경제가 어려워지면 오히려 증가하는 경향이 있으며, 송금의 흐름은 다른 어떤 형태의 금융의 흐름보다 안정적인 경향이 나타난다.

송금이 이주노동자의 고향과 고국에 직접적인 이득을 주는 것으로 보이지만 실제로 그러한지는 재고해야 할 사안이다. 해외로의 노동 이주가 보편화된 빈곤국에서는 사회의 주요 인력들이 해외로 이주하는 경향이 높다. 많은 가족들이 해외에서 가장 성공할 가능성이 높은 가족 구성원을 신중하게 선발해 해외로 보낸다. 가족들은 그가 가족에게 송금하고 이후 연쇄 이주가 가능하도록 기반을 닦기를 희망한다. 국내의 이촌향도 현상에서는 남성에 비해 여성의 비중이 좀 더 높게 나타나는 경향이 있지만, 외국으로 향하는 장거리 이주에서는 남성의 비중이 높은 것이 특징이다. 이주노동자들의 비중이 높은 빈곤국에서는 여성 혼자 가족을 돌보는 일이 드물지 않다. 남성들이 집을 비우면 여성들이 가족을 돌보고 자녀를 양육하며 살림을 꾸려나가야 한다. 누군가의 남편이자 아버지이며 아들인 이주노동자들은 최소 몇 년 이상 가족들을 만나지 못하고 그들을 위해 송금을 해야 한다.

나아가 이주노동자들은 그들의 고국을 위해 일할 수 있는 주요 인적 자원들이다. 여러 학자들이 해당 사회를 발전시킬 주요 인재들이 선진국으로 이주함으로써 빈곤국의 발전 가능성이 낮아진다고 지적하였다. 예를 들어 이주노동자들을 배출하는 주요 지역 중 하나인 카리브해 지역은 사회 전반적으로 교육 수준이 높고 문해율이 매우 높다. 교육의 연한이 길수록, 그리고 전문가일수록 선진국에서의 취업 기회는 많아진다. 이주노동자들의 고국은 고비용을 들여 이들을 교육하지만, 결국 선진국을 위해 전문가를 교육시킨 셈이다. 2007년 세계은행의 연구 보고서에서는 카리브해 지역을 떠나는 이주민의 절반 정도가 대학 교육을 받은 이들이라고 하였다. 카리브해처럼 인구 규모가 작은 국가일수록 전문인력의 유출로 인해 지역의 의료, 보건, 교육 등의 분야에 부정적인 영향이 높아진다. 1980년대 초반 자메이카의 총리는 새로이 훈련받은 노동력의 60퍼센트 정도가 미국, 캐나다, 영국 등으로 유출된다고 개탄하였다. 이른바 두뇌유출brain drain이라 불리는 인재의 유출 현상 때문에 자메이카는 선진국에서 받는 원조보다 더 많은 인적 자원을 선진국에 지원하는 셈이다. 두뇌유출 현상은 개발도상국 전반에서 일어나며, 특히 과거 식민지배를 받은 지역과 식민 모국 간에 두드러진다.[23]

12장

연결된 세계, 분리된 사람들

마닐라에 사는 낸시는 오늘도 지프니를 타고 도심에 있는 콜센터로 밤늦게 출근을 했다. 오늘 올 차비가 없어서 매니저인 사이먼에게 가불을 했다. 일을 안 나오면 안 나왔지 걸을 수는 없다. 걷는 건 너무 가난해 보이기 때문이다. 애플의 콜센터를 하청하고 있는 사이먼은 오늘도 우리에게 미국 대통령 얘기, 폭염 얘기를 했다. 우리도 덥지만 거기도 매우 더운 모양이다. 사이먼이 나를 지적하며 어제 내가 한 영어가 필리핀 사람 같다고 불평한 사람이 있단다. 아, 어디가 그랬던 거지. 오늘은 잘 굴려보자. 전화가 걸려왔다. 탈라하시? 여긴 어디야? 아 플로리다로구나. 난 한 번도 가본 적 없는 플로리다. 어제 고객의 불평이 맘에 걸려서 좀 더 상냥하게 전화를 받는다. 가을인데도 오늘 날씨 많이 덥죠? 쳇, 날은 이미 어둡고 마닐라의 날씨는 제법 서늘해졌다.

1. 컴퓨터와 인터넷의 탄생

정보화는 전 세계적 생산 네트워크를 구축하고 그에 따른 신국제분업을 가능케 했다. 생산체제의 유연화와 신국제분업 체제는 컴퓨터 제어 기술, 자동화 기술, IT 기술 등 과학기술혁명의 성과들이 대대적으로 생산과정에 적용되고 확산되었기 때문에 가능했다. 나아가 컴퓨터와 IT 기술의 발전은 컴퓨터나 핸드폰 같은 제품 생산의 혁신 동인으로 작용했을 뿐더러 인터넷을 매개로 한 금융의 글로벌화, 의료 및 콜센터와 같은 원격서비스의 창출을 통해 최고의 부가가치를 창출하며 자본주의의 생산성 상승을 주도하고 있다. 최근 들어 활발하게 이루어지는 정보 관련 분야 기업 활동의 아웃소싱도 컴퓨터와 IT 기술이 발달하지 않았다면 불가능했을 일이다.[1]

현실의 거리를 좁혀주는 매개체로서 각광받았던 컴퓨터와 IT산업 또한 기술이나 프로그램을 개발하는 핵심 지역과, 관련 제품 생산과 서비스의 일부를 담당하는 주변 지역이라는 새로운 형태의 지리적 분화 현상을 이끌고 있다. 컴퓨터와 IT산업은 자체로 무한한 부를 창출하는 혁신 집약적 산업으로, 미국의 실리콘벨리를 비롯한 몇몇 선진국에서 담당하고 있다. 한편 IT 기술에 의해 구축된 네트워크를 활용해 컴퓨터나 핸드폰 등의 생산공정의 일부나 콜센터와 같은 서비스 부문은 중국, 인도, 푸에르토리코, 멕시코 같은 개발도상국에서 담당하고 있다.

본래 컴퓨터라는 말은 20세기 중반까지도 보험 통계나 항해표 자료를 다루는 직업을 가진 사람들을 가리키는 영어 단어였다. 정부와 기업의 규모가 커지고 통계 의존도가 높아지면서 데이터 처리 속도의 증대에 대한 사회적 요구가 절실해졌다. 1880년대만 해도 미국에서 인구통계를 조사하는 데 무려 7년이나 걸렸다. 그러나 홀러리스H. Hollerith라는 통계학자가 데이터를 표시하는 새로운 방법을 고안했다. 구멍이 뚫린 천공카드를 사용해 바늘이 구멍을 통과하면 수은이 담긴 조그만 컵에 바늘이 잠겨 전기회로가 완성되면서 계수기의 숫자가 올라가는 방식이었다. 1890년 인구 통계조사에서는 이 방법을 이용해 불과 6개월 만에 데이터를 처리할 수 있었다.[2]

홀러리스는 1924년 인터내셔널 비즈니스 머신International Business Machine, IBM이라는 회사를 창립했고, 세계 최초의 컴퓨터인 에니악ENIAC을 완성했다. 발명 당시 에니악은 버스 한 대 정도의 크기였고, 전력은 매우 많이 소모되었으며, 속도는 오늘날의 기준으로 보면 답답할 정도로 느려 터졌다. 1970년대에 인텔에서 최초의 마이크로프로세서를 제조하였다. 이는 실리콘 칩 위에 컴퓨터를 심은 것이다. 마이크로프로세서를 개발하는 데에는 엄청난 비용이 들었지만 일단 생산에 성공하자 마치 하이테크 분야의 쿠키처럼 대량 생산할 수 있었다. 마이크로프로세서의 개발 이후 컴퓨터 혁명은 급속하게 진행되었다.[3] 마이크로프로세서가 없었다면 무선전화, 휴대폰, DVD, CD, VTR, 디지털카메라, PDA 등은 이 세상에 없었을 것이다.

컴퓨터가 소형화되고 가격이 하락했음에도 초기에 컴퓨터는 특별한 훈련을 받은 사람들만의 전유물이었다. 1980년대 말 처음 컴퓨터를 사용해본 사람들이라면 생경하고 복잡한 컴퓨터언어 앞에서 난처해했던 기억이 있을 것이다. 하버드 대학 재학생이던 빌 게이츠B. Gates는 선배인 앨런P.

Allen과 함께 작으면서micro 부드러운soft 회사인 마이크로소프트사를 설립하였다.4 빌 게이츠는 컴퓨터라는 하드웨어가 아닌 소프트웨어가 높은 부가가치를 낼 수 있다고 생각하고 개인용 운영시스템을 연구하였다.

　1980년대 중반, 컴퓨터 업계의 거대 공룡기업 IBM은 소형 컴퓨터에 적합한 운영체제 개발에 자신이 없었으며, 대신 이를 보완할 수 있는 기업과 손을 잡았다. 그 기업은 당시 이름만큼이나 작고 보잘것없던 벤처기업 마이크로소프트사였다. IBM은 마이크로소프트사의 개인용 컴퓨터 운영체제를 거액에 매입하려 했으나, 빌 게이츠는 이 제안을 거절했다. 대신 자신들이 개발한 운영체제를 사용하고 그에 대한 로열티를 지불할 것을 요구했다.5 IBM은 마이크로소프트사의 제안을 수락하였다. 이후 IBM은 마이크로소프트사가 개발한 운영체제에 애플컴퓨터사가 개발한 마우스 및 그래픽 사용자 인터페이스를 결합해 개인용 컴퓨터를 시장에 내놓았다. 이로써 일반인도 쉽게 컴퓨터에 접근할 수 있게 되었다.

　컴퓨터는 진화를 거듭하며 커뮤니케이션 능력도 갖추게 되었다. 컴퓨터는 인터넷의 관문 역할을 한다. 인터넷은 본래 냉전시대에 핵전쟁에 대비하는 과정에서 발명되었다. 스탠리 큐브릭S. Kubrick 감독은 〈닥터 스트레인지러브Dr. Strangelove Or: How I Learned To Stop Worrying And Love The Bomb〉(1964)라는 영화에서 인터넷의 발명 이유를 잘 보여준다. 소련 공산주의자들이 식수를 오염시켜 피를 붉게 만들고 말 것이라는 황당한 음모론에 빠져 있는 주인공 잭 리퍼가 소련을 향해 핵폭격기 출격을 명령한다. 이 소식을 알게 된 미국의 머플리 대통령은 소련 서기장과 통화를 하게 되고, 통화 중에 소련에 핵공격이 가해지면 소련이 보유한 '운명의 날 장치'에 의해 전 세계가 방사능에 오염된다는 사실을 알게 된다. 머플리 대통령이 곧바로 폭격기의 귀환을 명령해 대부분의 폭격기가 돌아오지만 통신두절로 인해 이 명령을 듣지 못한 B-52 한 대가 소련을 향해 비행을 계속해 결국 목표 지점에 폭탄을 투하하게 된다. 영화에서처럼 전신 및 전화 네트워크는 핵공격과 같은 위기 상황에서 작동하지 않을 수도 있다. 배런P. Baran은 이런 문제를 해결하기 위해 분산네트워크를 제안하여 노드가 하나 이상 파괴되어도 다른 경로를 통해 메시지를 계속 전송할 수 있도록 4대의 컴퓨터를 전화선으로 연결시킨 최초의 컴퓨터망 아르파넷ARPANET을 구축하였다.[6]

1972년 최초의 이메일 프로그램이 설계되었다. 그다음 해에는 TCP/IP라는 프로토콜이 설계되어 사용하는 언어가 다른 컴퓨터까지도 연결할 수 있게 되었다. TCP/IP 설계자 중 한 사람이며 구글 부사장인 서프V. Cerf가 인터넷이라는 이름을 처음 붙였다. 이후 그는 '인터넷의 아버지'라 불린다. 1990년대에는 30만 대 이상의 컴퓨터가 연결되었고 매해 2배 이상으로 늘어나면서 폭발적인 증가세를 보였다.[7] 그러나 그때까지만 해도 인터넷은 관공서나 대학, 기업의 연구기관을 연결하는 네트워크일 뿐이었다.

1992년 영국의 버너스 리T. Berners Lee가 글로벌 하이퍼텍스트 공간 개념에 기반해 최초로 웹브라우저를 개발하였다. 이것이 바로 월드와이드웹www이다. 버너스 리의 아이디어 공개를 통해 전 세계적으로 인터넷 시대의 문이 열렸고, 이후 월드와이드웹은 인터넷 주소 체계인 URL 등으로 발전하였다. 그리하여 1990년 중반이후 세계는 아날로그 세상에서 디지털 세상으로 급변하였다. 모 케이블 방송국의 드라마 〈응답하라 1994〉에서는 공중전화와 삐삐에서부터 인터넷 친구 찾기 열풍과 이메일을 거쳐 휴대폰으로 이어지는, 우리사회의 의사소통 문화의 변천 과정을 잘 그려냈다.

작고 부드러운 회사? 마이크로소프트사

마이크로소프트사는 자신들이 개발한 컴퓨터 언어로 전 세계 컴퓨터

언어를 표준화하고자 1980년대 중반 MS-DOS를 무료로 시장에 뿌리기도 하였고 불법 복제도 허용했다. 마이크로소프트사는 특정 소프트웨어에 익숙해지면 더 이상 다른 소프트웨어를 사용하기 어려워진다는 점을 노렸다. 이처럼 마이크로소프트사는 불법적인 독점 관행을 동원하여 매킨토시나 리눅스 같은 경쟁업체들을 물리치고 미국 시장뿐만 아니라 전 세계 시장을 독점적으로 지배하게 되었다. 2000년대 초반만 하더라도 미국의 도서관에는 매킨토시와 리눅스 소프트웨어를 사용하는 컴퓨터가 많았지만 마이크로소프트사의 공격적인 마케팅에 결국 사라져갔다.

마이크로소프트사는 1995년 윈도우 95버전을 개발하여 대대적인 광고 공세를 벌였다. 마이크로소프트사의 윈도우 95버전은 약탈적인 저가 정책과 공격적인 마케팅을 통해 전 세계 컴퓨터 운영 시스템 시장의 90퍼센트 이상을 장악하였고 전 세계 컴퓨터 전산망을 윈도우 95버전으로 표준화시켰다. 마이크로소프트사는 컴퓨터 소프트웨어를 거의 매년 업데이트해서 상상하기 어려울 정도의 돈을 벌어들였다.

마이크로소프트사는 윈도우 95 출시와 함께 인터넷 접속 사업에도 관심을 가졌고, 마침내 1997년 웹 브라우저인 익스플로러 4.0을 출시하였다. 초기에는 네비게이터, 넷스케이프 등 다양한 인터넷 접속 프로그램이 개발되었으나, 마이크로소프트사가 윈도우 95에 인터넷 익스플로러를 끼워 판매함으로써 인터넷 시장에서 퇴출당했다. 1990년대 중반 이후 인터넷 사용은 폭발적으로 증가하였고 전 세계는 마이크로소프트 시스템을 통해 하나로 연결되었다. 그리고 빌 게이츠는 세계 부자 순위 1, 2위를 놓치지 않는 세계 최고의 갑부가 되었다.

전 세계의 수많은 사람들은 마이크로소프트사의 소프트웨어를 사용하여 인터넷 뱅킹이나 인터넷 쇼핑을 하고, 정부 전자민원 서비스도 받는다.

이런 상황에서 소프트웨어의 기술지원이 중단된다면 어느 날 갑자기 모든 것이 중단될 수 있다. 인터넷 뱅킹이나 인터넷 쇼핑도 할 수 없고, 병원이나 철도 시스템도 멈춘다. 실제로 2014년 4월 8일 마이크로소프트사가 개인 컴퓨터 운영체제 윈도우 XP의 기술 지원을 중단한다고 발표하자 우리 사회는 대혼란을 겪었다. 1990년대 중반 이후 한국은 개인과 기업뿐만 아니라 정부기관의 컴퓨터까지 거의 모두 마이크로소프트사의 윈도우 XP 프로그램을 사용하였다. 따라서 컴퓨터와 익스플로러가 작동하는 모든 응용 소프트웨어는 이 체제하에서 움직인다. 만약 윈도우 XP 지원이 중단되면 윈도우 XP만 교체하면 되는 것이 아니라 그 운영 체제 아래 운영되는 모든 소프트웨어가 교체되어야 한다. 무엇보다도 윈도우 XP 기술 지원이 중단되면 악성코드, 해킹 등 컴퓨터 보안 위협 부문에서 가장 큰 문제가 발생한다. 이렇게 우리 사회를 포함하여 전 세계가 마이크로소프트사의 시스템에 종속되어 갔다.

2. 아웃 가능한 아웃소싱

영어로 말하는 저렴한 노동자

인도의 한 소설을 영화화한 〈슬럼독 밀리어네어Slumdog Millionaire〉(2008)는 인도 뭄바이 빈민가에 사는 청년 자말 말라크가 엄청난 상금이 걸린 퀴즈쇼에 참가해 기적적으로 모든 문제를 맞추고 백만장자가 된다는 이야기다. 빈민가에서 태어나 자란 그가 인도에서 할 수 있는 직업은 현실적으로 많지 않다. 그는 미국 기업의 아웃소싱으로 운영되는 인도의 콜센터 회사에서 차를 나르는 심부름꾼이다. 영화에서 자말이 콜센터에서 근무하는 동료 대신 전화를 받는 장면이 나오는데, 전화를 건 미국 고객은 그와 말이 잘 통하지 않자 "혹시 인도에서 전화 받는 거 아니냐?"며 화를 낸다. 자말은 "옆 동네 산다"고 둘러대지만 고객은 불같이 화를 내며 전화를 끊는다.

실제로 미국이나 영국 통신회사의 상당수가 비용을 절감하기 위해 국외에 콜센터를 두고 있다. 콜센터는 비즈니스 프로세스 아웃소싱Business Process Outsourcing, BPO 분야의 하나이며 목소리, 문서자료, 온라인 등의 복합적인 형태에 근간한 서비스 특화 분야다. 다국적기업의 대규모 콜센터는 대부분 500~2,000개의 전화와 컴퓨터 데스크가 구비된 대형 사무실을 갖추고 있다.[8] 좌석에는 컴퓨터와 헤드셋이 있다. 업무는 제품 및 서비스 상담과 문의, 주문접수 및 업무처리 요청 등을 다루는 '인바운드inbound' 업무와 고객에게 전화해 판매, 고객확보, 고객관리, 상품조사, 시장조사 등을 하는 '아웃바운드outbound' 업무로 구분된다. 콜센터의 업무는 인바운드 서비스가 약 80퍼센트를 차지하고 아웃바운드 서비스는 약 20퍼센트에 불과하다.

생산공장의 국외 이전이 1980년대부터 본격화되었다면 IT 활용 비즈니스 프로세스 아웃소싱은 1990년대 중반 이후 급성장하였다. 미국의 경우 1996년부터 2000년 사이 기업의 아웃소싱이 3배 이상 증가하였다. 특히 통신기술의 발달로 기업 서비스의 상당 부문이 해외로 아웃소싱되었다. 서비스 부문 중에서도 회계, 컴퓨터 프로그래밍, 콜센터 부문 등이 해외 지역으로 대거 이전되었다. 미국의 보험, 의료, 신용대부업 등의 소비자 관련 콜센터 및 정보처리 부분은 카리브해 지역으로 옮겨갔다. 당시 카리브해 지역에서 새로이 창출된 일자리의 대부분은 데이터 처리와 관련된 것이었다. 바베이도스, 자메이카, 트리니다드와 같은 영어 사용권 국가들이 이들 정보처리 산업을 유치하고 있다. 문자해독률이 98퍼센트에 이르는 바베이도스는 영국과 미국계 텔레콤 기업들의 역외 정보처리 노동을 유치하였다.

주로 여성으로 구성된 바베이도스의 사무직 노동자들은 항공사, 출판사, 일반 기업 등에서 사용하는 각종 서류와 출판물들을 컴퓨터에 입력하는 작업을 한다. 컴퓨터 입력 속도가 컴퓨터에 기록되며 감독관들의 감시도 엄격하지만, 여성들은 임금이 더 많은 육체노동보다 이런 직종을 더 선호한다.[9]

인도는 미국이나 영국 기업이 IT 기반 비즈니스 프로세스 아웃소싱을 고려할 때 가장 먼저 떠올리는 국가다. 1990년대 인도의 경제성장을 주도한 것은 IT를 기반으로 하는 서비스 산업 분야였다. 특히 인도의 콜센터 산업은 지속적인 성장세를 보이고 있다. 인도의 델리, 뭄바이, 뱅갈루루 등 일부 대도시에는 콜센터 산업의 초국가적인 주요 기지들이 자리 잡았다. 미국의 경우 엑센투어, 씨티은행, 델, IBM, 인포시스, 마이크로소프트, 오피스 타이거, 버라이즌, 와이프 등의 관광, 금융, 컴퓨터, 통신 회사 등이 인도의 뱅갈루루, 뭄바이, 델리, 하이데라바드, 첸나이 등에 지사를 설립하였다. 이곳의 콜센터 직원들은 미국 내에서 1-800번으로 시작하는 소비자 센터 전화에 응답한다. 인도의 델리에 위치한 통신 회사에서는 미국의 의사들이 구술로 기록해 놓은 처방전을 텍스트로 정리해 미국의 의료보험회사로 전송한다.[10] 스위스 항공Swissair, 영국 항공British Airways, 루프트한자Lufthansa 등의 유럽계 항공사들도 대학에서 영어로 교육을 받은 인도의 직원들을 스위스인의 3분의 1 정도의 임금으로 고용할 수 있기 때문에 예약업무의 상당 부분을 인도의 뱅갈루루 지역으로 이전하였다.

영어를 할 줄 아는 저임금 인력을 찾아 마이크로소프트, IBM 등 세

〈그림 13〉 인도 정보통신기술 산업 회랑 지역

계 굴지의 다국적기업의 콜센터가 인도로 유입되면서 교육받은 중산층 젊은이들이 콜센터 산업 분야로 흡입되기 시작했다.[11] 2000년 이후 약 500개 이상의 대규모 다국적 콜센터가 인도에서 운영되었으며 종사자 수도 남녀 합해 약 40만 명에 이르렀다.[12] 인도에 진출한 다국적 콜센터 대부분은 미국과 영국 기업의 고객을 대상으로 한다. 따라서 미국에 거주하는 사람들이 자신이 구입한 마이크로소프트사 상품에 대해 문의하기 위해 고객센터에 전화하면 인도에 있는 다국적 콜센터 근무자가 그 서비스를 제공한다.[13]

콜센터 입지로서 인도가 지닌 매력은 다양하다. 무엇보다도 인도는 영국의 식민 지배를 받아 영어를 공용어로 사용해왔기 때문에 온라인상의 소비자 관련 업무에서 비교우위를 지니고 있다. 그리고 인도는 중국에 이어 세계 제2의 인구 대국으로 우수한 젊은이를 낮은 임금으로 고용할 수 있다. 그리고 다른 국가에 비해 경쟁력이 있는 IT 통신 인프라를 저렴하게 이용함으로써 미국이나 서유럽국가보다 비용을 절반 이상 절감할 수 있다.

콜센터의 인적 구성은 본사에서 파견된 임원진과 팀장, 매니저급의 인도인 중간 관리자 그리고 일반 팀원으로 이루어진다. 인도의 다국적 콜센터는 휴무 없이 24시간 운영되며, 효율적으로 업무를 처리하기 위해 주로 8시간씩 3교대 근무제로 운영된다. 대략 8시간의 콜센터 업무 동안 15분씩 두 번의 휴식 시간과 30분 1회의 식사 시간을 제외하고는 중단 없이 업무를 수행해야 한다. 이들은 정기적으로 미국 본토에서 교육을 받은 매니저를 통해 미국식 발음을 훈련받고 미국의 스포츠나 사회, 문화에 대해 간단한 교육을 받으며 자신이 설명할 제품에 대해 배운다. 또한 콜센터 직원의 모니터에는 소비자와 예의 바르게 대화할 수 있도록 날마다 미국의 날씨 및 주요 뉴스에 대한 정보가 뜬다.

인도에는 델리, 콜카타, 뭄바이, 하이데라바드, 첸나이, 벵갈루루로 이어지는 IT산업 회랑도시가 발달해 있다. 인도의 IT산업은 콜센터와 같은 단순 업무에서 IT컨설팅, 소프트웨어 개발 등 고부가가치 분야로 확대되고 있다. 그 산실은 인도의 실리콘밸리로 불리는 벵갈루루로, 이 도시는 데칸 고원 남부 산지의 해발 950미터에 위치하기 때문에 무더운 뭄바이나 델리에 비해 기후가 선선하고 쾌적하며 매연도 심하지 않은 편이다. 영국이 식민지 시절에 계획도시로 만들었기 때문에 인도의 전통적인 다른 대도시에 비해 인프라도 잘 갖춰져 있으며 시가지도 잘 정비되어 있다. 벵갈루루에는 휴렛팩커드, 인텔, IBM과 같은 세계적인 IT 기업이 2,000개 이상 위치하고 있어 세계에서 4번째로 큰 IT 클러스터를 형성하고 있다. 벵갈루루에서는 콜센터를 운영할 뿐만 아니라 이곳에 집중된 IT 전문 인력을 활용해 고급 응용프로그램도 제작하고 있다. 인도의 아웃소싱이 고부가가치 분야로 확대되면서 콜센터와 같은 단순업무에는 우수한 젊은이가 몰리지 않게 되었고 전반적으로 임금 수준도 올라갔다. 그래서 콜센터는 더 싼 노동력을 찾아 인도를 떠나기 시작하였다.

영어로 말하는 더 저렴한 노동자

플로리다의 탈라하시에 사는 게리는 애플 콜센터로 전화를 걸었다. 사용하던 아이폰이 갑자기 먹통이 되었기 때문이다. 콜센터 직원 낸시는 능숙하고 친절하게 전화를 받는다. 때때로 오늘 날씨가 무척 덥다는 이야기도 한다. 다행히도 아이폰은 다시 작동되었고 게리는 만족스럽게 전화를 끊었다.

마닐라에 사는 낸시는 오늘도 지프니를 타고 도심에 있는 콜센터로 밤늦게 출근을 했다. 오늘 올 차비가 없어서 매니저인 사이먼에게 가불을 했다. 일을 안 나오면 안 나왔지 걸을 수는 없다. 걷는 건 너무 가난해 보이기 때문이다. 애플의 콜센터를 하청하고 있는 사이먼은 오늘도 우리에게 미국 대통령 얘기, 폭염 얘기를 했다. 우리도 덥지만 거기도 매우 더운 모양이다. 사이먼이 나를 지적하며 어제 내가 한 영어가 필리핀 사람 같다고 불평한 사람이 있단다. 아, 어디가 그랬던 거지. 오늘은 잘 굴려보자. 전화가 걸려왔다. 탈라하시? 여긴 어디야? 아 플로리다로구나. 난 한 번도 가본 적 없는 플로리다. 어제 고객의 불평이 맘에 걸려서 좀 더 상냥하게 전화를 받는다. 가을인데도 오늘 날씨 많이 덥죠? 쳇, 날은 이미 어둡고 마닐라의 날씨는 제법 서늘해졌다.

콜센터들은 초기에는 주로 인도로 아웃소싱되었으나, 인도 IT 분야의 아웃소싱 산업이 프로그램 연구 개발, 금융 분석, 보험 처리, 급여 지급 등으로 진화함에 따라 콜센터 직원들의 임금이 50퍼센트 이상 인상되었다.[14] 그러자 콜센터 업체들은 임금이 더 낮은 카리브해 제도의 국가들, 남아프리카공화국, 필리핀 등과 같이 영어를 사용하는 국가로 이전하기 시작했다. 특히 필리핀은 2006년 이후 콜센터 산업이 급속하게 성장해 아시아의 콜센터 허브가 되었다.[15] 씨티그룹, JP모건체이스, 스타벅스, IBM, AT&T 등이 필리핀으로 콜센터 업무를 이전하였다. 필리핀 정부도 세금 감면과 수입 장비에 대한 관세 면제 등의 혜택을 제공해 콜센터를 유치하기 위해 노력했다. 필리핀의 콜센터 고용자 수는 2014년 현재 45만 명으로, 필리핀은 전 세계 콜센터 산업을 선도해온 인도의 강력한 경쟁상대로 부상하였다.[16] 필리핀 콜센터가 성장한 요인으로는 필리핀이 공식언어로 영어를 사용하는데다가 인도보다 인건비가 저렴하고 건물 임대료도 더 싸기 때문이다.[17] 아메리카 온라인은 600여 명의 필리핀인을 고용해 매일 1만 건에 달하는 소비자 문의 서비스를 처리한다. 이때 필리핀 직원이 받는 일당은 미국의 미숙련노동자가 1시간 동안 받는 시급과 비슷하다. 이제는 미국 애플의 소비자센터에 전화를 걸면 필리핀에서 응답한다. 현재 필리핀에서 주로 제공하는 비즈니스 프로세스 아웃소싱 서비스로는 콜센터를 포함하는 고객관리, 후선지원업무back office, 의료기록 입력, 법률문서 입력, 기타 데이터 입력 등이다. 필리핀의 국가경제는 비즈니스 프로세스 아웃소싱 서비스 산업의 성장에 힘입어 2013년 7퍼센트 대 성장에 이어 2014년에도 6퍼센트 대의 높은 성장률을 기록하는 등 동남아시아와 태평양 연안 국가 중 가장 높은 수준의 경제성장률을 기록하였다.[18]

필리핀은 동남아시아에서 인도네시아 다음으로 인구가 많은 국가다. 출산율이 3.1명 정도로 높아 1980년대와 1990년대에는 경제성장 속도가 인구성장 속도를 따라잡지 못했다. 이에 많은 사람들이 수도 마닐라로 몰려들었다. 마닐라 인구의 절반 이상이 전기와 수도조차 공급되지 않는 곳에서 거주하고 있다. 많은 필리핀 사람들이 부유한 서남아시아 국가, 북아메리카와 유럽의 선진국 또는 한국이나 일본 등의 동아시아 국가, 그리고 동남아시아의 신흥공업국까지 전 세계로 경제적인 이유 때문에 이주하였다. 남자들은 건설업이나 선박업에 종사하면서, 여자들은 가정부나 유모, 간호사 등으로 일하면서 번 돈을 고향의 가족들에게 송금하고 있다. 필리핀 경제는 상당 부분 송금경제에 의존해왔다. 지금도 송금액이 비즈니스 프로세스 아웃소싱으로 벌어들인 소득보다 많은 편이지만, 이러한 추세라면 머지않아 비즈니스 프로세스 아웃소싱으로 벌어들인 소득이 해외 송금액보다 많아질 것이다. 그러나 저임금에 의존하는 비즈니스 프로세스 아웃소싱이 필리핀의 경제성장을 앞으로도 계속 약속할지는 미지수다. IT업계의 끊임없는 기술 개발은 더 싼 노동력을 제공하는 국가보다 무서운 경쟁자이기 때문이다.

클라우드에 밀려날 운명의 콜센터

영화 〈슬럼독 밀리어네어〉에서 자말이 고객과 대화를 나누던 배경이 된 콜센터는 앞으로 클라우드와 로봇에 밀려 사라질지도 모른다. 2011년 6월 애플사의 스티브 잡스는 미국 샌프란시스코에서 열린 세계개발자회의에서 아이클라우드iCloud를 발표하였다.[19] 애플의 발표에 이어 미국 뉴욕에서 마이크로소프트사는 자신의 주력사업 분야에 해당하는 업무용 프로그램과 이메일·일정관리 기능 등을 클라우드 컴퓨팅 형태로 사용하는 오피스365 서비스를 출시한다고 발표했다.

클라우드는 구름이라는 이름만큼 알쏭달쏭한 개념이다. 컴퓨팅 서비스 사업자 서버를 구름 모양으로 표시하는 관행에 따라 클라우드라는 이름이 붙여진 듯하다. 클라우드에 대해 가장 보편적으로 사용되는 것은 미국 표준기술연구소에서 내린 정의일 것이다. 미국표준기술연구소는 클라우드 컴퓨팅을 '이용자가 언제 어디서나ubiquitous 편리하게convenient, 필요한on-demand 정보를 컴퓨팅 자원—네트워크, 서버, 데이터 저장, 어플리케이션, 기타 서비스에 접근해 사용하고, 사용한 만큼 비용을 지불하는 컴퓨팅'이라고 하였다. 즉 클라우드란 소프트웨어를 자신의 PC에 설치하지 않고 인터넷 상의 서버에 정보를 저장한 후, 각종 IT기기를 이용해 필요할 때 언제 어디서나 인터넷에 접속해 정보를 손쉽게 사용하는 N드라이브와 같은 이용자 환경이자 플랫폼이다.[20]

클라우드 컴퓨팅 산업은 미국의 아마존, 구글, IBM, 마이크로소프트 등 몇몇 IT 대기업이 주도하고 있다. 해외 직구 사이트로 우리에게 익숙한 아마존은 클라우드 컴퓨팅 서비스를 제공하는 미국의 대표적인 기업이다. 2013년 아마존은 클라우드 컴퓨팅 산업으로 6.3억 달러의 매출을 기록하여 선두를 유지하고 있다. 현재 아마존은 데이터 저장 서비스인 S3Simple

Storage Service, 웹호스팅 및 컴퓨팅 자원을 제공하는 EC2 등 다양한 클라우드 컴퓨팅 서비스를 제공하고 있다. S3는 웹서비스에 기반해 고객에게 데이터 저장 및 검색 서비스를 제공하고 사용료를 받는다. 한 달 사용료는 기가바이트당 약 120~150원 정도로 저렴한 수준이다. 향후 기술 개발로 아마존의 데이터 저장 능력이 향상되면 사용료는 더 저렴해질 것이다. EC2는 더 혁신적이다. EC2 서비스는 사용자가 아마존의 클라우드 컴퓨팅 시스템에 접속해 자신에게 필요한 운영체계, CPU, 메모리, 그래픽 등을 네트워크 상에서 대여해 사용할 수 있다. 기술 개발이 더 이루어지면 사용자가 직접 접하는 단말기의 모니터 기능을 제외하고 나머지 컴퓨팅에 필요한 자원과 데이터 저장 및 관리 등을 서비스할 수도 있다.

클라우드 분야에서 아마존과 경쟁하는 회사는 마이크로소프트사다. 마이크로소프트사는 클라우드 컴퓨팅 서비스를 2010년 1월 정식 오픈한 후 지속적으로 이 서비스를 확충하는 데 올인하겠다고 밝혔다. 현재 마이크로소프트사가 제공하는 클라우드 컴퓨팅 서비스는 상용 서비스의 기능이 매우 다양하다. 온라인상에서 마이크로소프트 애저 서비스를 신청하면 거의 대부분 수십 초 이내에 애플리케이션의 기동과 운영에 필요한 CPU, 메모리, 저장 공간 등을 필요한 시점에 필요한 만큼 제공해준다. 그리고 현재 데이터베이스가 제공하는 저장 및 관리 기능과 로컬의 데이터베이스를 클라우드로 손쉽게 이전하거나 동기화시킬 수 있다. 또한 서로 소통하기를 원하는 두 서비스를 연결해줄 수도 있다.

2014년 마이크로소프트사는 오디오·비디오 인덱싱 기술을 마이크로소프트 애저에서 바로 이용할 수 있도록 하였다. 마이크로소프트사의 애저에서는 마치 텍스트를 검색하듯이 영상과 음성 파일에서도 원하는 데이터를 검색하거나 접근할 수 있다. 마이크로소프트 애저 미디어 서비스는 많은 비디오와 오디오 파일을 활용하고 있다. 이번에 발표한 인덱싱 기술은 단순히 영상 데이터를 전송하는 데 그치지 않고 클라우드에 올라온 영상 데이터를 분석할 수 있다. 오디오나 비디오 파일은 텍스트처럼 검색하기 쉬운 구조가 아님에도, 마이크로소프트는 오디오와 비디오 데이터에 쉽게 접근할 수 있게 해주었다. 예를 들어 마이크로소프트 애저 미디어 인덱서는 비디오에서 메타데이터를 추출해 해당 비디오가 다루는 내용을 주제별로 분류해준다. 더 나아가 단순히 주제를 분류할 뿐만 아니라 비디오에 대한 대략적인 소개를 자동으로 만들 수도 있다.[21] 애저 미디어 인덱서 기술은 현재는 영어 데이터만을 지원하지만 조만간 실시간 통역도 가능할 것이다. 실시간 번역이나 통역 기술은 기계학습machine learning 기반으로 개발되고 있다.

기계학습은 고상하고 아름다운 알고리즘과 기술로 빅데이터를 학습·분석하는 일종의 인공지능 분야다. 기계학습 클라우드를 통해 이메일이 스팸인지 아닌지를 구분하고, 고객이 특정 상품을 어느 가격이면 구매할지를 예측하며, 사용자 정보와 아이템 구입 내역 등을 분석하고 예측한다. 나아가 컴퓨터 게임 이용자의 레벨, 게임에서의 행동 패턴 등을 데이터로 만들어 게임 스스로가 이용자와 아이템 가격을 협상할 수 있다. 또한 베르나르 베르베르 같은 유명 작가가 캐릭터와 메인스토리를 작성하고 나면 소설 전문 기계학습이 독자 개개인의 취향에 맞게 플롯과 스토리를 디테일하게 바꾸는 작업을 할 수 있다.[22] 실제로 마이크로소프트 애저에서 구현된 기계학습으로 주식거래와 관련된 뉴스 기사 및 차트를 분석해 자동으로 초단타 주식 투자를 하는 솔루션이 개발되고 있다.

빅데이터를 분석·학습하고 자연어를 기반으로 인간과 소통하는 혁신적인 기술이 발전한다면 개방형 질문에도 기계가 척척 대답할 수 있을 것이다. 대필 작가인 테오도르가 컴퓨터 운영체제인 사만다와 사랑에 빠진다는 다소 황당해 보이는 내용을 다룬 영화 〈그녀Her〉(2013)가 현실이 될 수도 있다는 말이다. 사만다는 빅데이터를 실시간으로 분석해서 마치 살아 있는 사람처럼 테오도르에게 조언과 격려의 말을 건네고 문제 해결을 돕는다. 또한 그를 진심으로 걱정하거나 위로하고, 그의 기쁨과 슬픔에 공감하며 사랑의 말을 속삭인다.

빅데이터 기반 기계학습 클라우드 기술이 계속 발전해 영화 〈그녀〉가 현실이 된다면 영화 속 사만다는 인도나 필리핀 콜센터에서 일하는 직원들을 가장 먼저 밀어낼 것이다. 기계학습 클라우드 사용 가격이 훨씬 저렴해지고 대중화된다면 가장 먼저 피해를 입을 집단은 소설가나 의사와 같은 전문직 집단이 아니다. 데이터의 분석만으로는 판단이나 창의성과 같은 고급 사고 능력을 모방하기 어렵기 때문에 전문직은 비교적 기계학습 클라우드와의 경쟁에서 유리하다. 기계학습 클라우드 사용으로 가장 먼저 피해를 받을 집단은 교육 수준이 낮고 단순 반복 작업을 하는 노동자 집단일 것이다. 이들은 전문적인 클라우드 기계학습에 의해 개방적인 질문에도 척척 답할 수 있는 기계에 밀려나 직업을 잃고 생존 위기에 몰릴 수 있다. 인도와 필리핀의 인건비 중 어디가 더 저렴하냐를 놓고 경쟁하는 수준이 아니라 사람과 기계가 경쟁해야 하는 것이다. 빅데이터와 IT기술의 결합으로 탄생한 총아와 단순 반복 작업을 하는 인간의 싸움에서 누가 이기고, 누가 질 것인가는 자명해 보인다. 기계학습 콜센터 프로그램의 시간당 비용이 인도와 필리핀 콜센터 인건비보다 저렴해진다면 영어를 사용하는 빈곤한 국가의 콜센터 글로벌 아웃소싱은 완전히 역사의 뒤안길로 사라질지도 모른다.

13장
장미와 새우

아이들은 멱을 감다가도 물을 찾아온 목마른 소떼들에게 자리를 내주고, 주민들은 마실 물을 긷기 위해 먼 곳까지 걸어가야 하며, 그나마 그들이 마시는 물은 흙탕물이다. 가난과 목마름으로 주민들은 고향을 떠나 일자리를 찾아 남아프리카공화국으로 가지만, 그곳에서 그들을 기다리는 것은 제한된 일자리를 서로 차지하기 위해 벌어지는 치열한 경쟁과 그로 인한 죽음뿐이었다. 이러한 상황에도 불구하고 선진국의 농장과 다국적기업들은 이곳으로 이전해 대량의 물을 소비하고 있다. 이러한 행태에 대해 새로운 식민주의라는 비난이 이어지고 있다. 현재 물 발자국과 관련된 자료를 살펴보면 수자원이 유출되는 국가는 과거 식민지배를 받은 아프리카, 라틴아메리카, 아시아 국가들이고 수자원이 유입되는 국가는 유럽의 서구 국가들이다.

1. 케냐의 슬픈 장미

장미를 선물하지 맙시다

몇 년 전부터 네덜란드에서는 발렌타인데이에 장미꽃을 주고받지 말자는 의견이 나오고 있다. 우리나라에서는 발렌타인데이에 여성이 남성에게 초콜릿을 건네지만, 서구의 연인들은 서로에게 선물을 하거나 장미꽃을 주고받는다. 장미는 사랑을 상징하는 꽃으로, 그 아름다움과 향 때문에 사람들이 가장 많이 구매하고 소비하는 화훼작물이다. 화훼작물의 소비는 선진국, 특히 유럽과 미국에서 주로 이루어지는데, 이들 국가에서 소비되는 장미꽃의 상당 부분을 케냐에서 재배한다.

세계 화훼시장의 중심지는 네덜란드의 암스테르담이다. 우리에게 튤립의 나라로 알려진 네덜란드는 유럽 화훼 생산의 중심지였지만 최근 유럽 시장에 공급되는 장미꽃의 70퍼센트 정도는 케냐산이다. 네덜란드 화훼 농가가 약 10년 전부터 기후변화와 탄소배출 비용절감 등을 위해 더 따뜻하면서 비용도 덜 드는 아프리카 지역, 특히 동아프리카의 케냐로 이전했기 때문이다. 케냐의 장미 재배 면적은 2,500헥타르에 이른다.[1] 2012년 케냐의 총 수출액 중 장미 등 화훼작물 수출이 21퍼센트 이상을 차지하면서 커피를 앞질렀다.[2]

케냐의 나이바샤 호 주변은 평균 해발 2,000미터의 고지대로 너무 덥지도 춥지도 않은 알맞은 기후와 풍부한 수량 덕에 외국의 화훼자본이 많이 모여 들었다. 나이로비에서 마사이마라로 가는 길에 나이바샤Naivasha 호수가 있다. 나이바샤 호수는 영화 〈아웃 오브 아프리카Out of Africa〉(1985)의 배경이 된 아름다운 호수이자 람사르협약에 가입한 세계적인 습지다. 나이바샤 호수는 동아프리카 지구대의 호수들 중 최고 높은 곳에 있는 호수로 틸라피아(열대어)가 풍부하며 물새, 하마 등이 서식하는 평온하면서도 아름다운 경관을 선사한다. 나이바샤 호수를 가면 영화 〈아웃 오브 아프리카〉에서 여주인공 메릴 스트립이 거닐던 아름다운 초승달 모양의 섬Crescent Island도 볼 수 있다.

세계 각국에서 육종된 수많은 신품종 장미들이 케냐의 나이바샤 호수 주변에서 시험 재배되고 있다. 나이바샤 호수 주변에는 규모가 큰 장미 농장들이 수백 개가 넘는다. 이들 농장은 대부분 백인 소유인데, 700종류 이상의 장미를 생산하며 한 달 출고량도 백만 송이가 넘는다. 나이바샤 호수 주변에서 재배된 장미는 대부분 약 200킬로미터 정도 떨어진 나이로비 공항까지 트럭으로 운송되어, 네덜란드뿐 아니라 유럽의 화훼시장, 그리고 영국의 테스코나 독일의 리들 등 대형 슈퍼마켓 체인으로 항공 배송된다.[3] 배송료가 비싸도 아프리카의 온실유지비와 인건비가 싸기 때문에 유럽에서 생산되는 장미꽃보다 훨씬 저렴하다.

나이바샤 호수는 경관이 아름다울 뿐 아니라 수량이 많고 수질이 좋으며 무엇보다도 어획량이 풍부해 주변 지역 주민들에게는 생계의 터전이었다. 그러나 나이바샤 호수의 수위는 장미 농장들이 들어선 이후 지속적으로 줄어들었으며, 이는 어획량의 감소로 이어졌다. 장미 농장에는 하루 종일 스프링클러에서 물이 뿌려지고 있다. 장미 농장이 나이바샤 호수에 펌프를 대고 물을 뽑아 가는 통에, 정작 그곳의 주민들은 호수의 물을 마음대로 사용할 수 없다. 더구나 장미 농장이 늘어남에 따라 일자리가 늘어났고, 여러 지역에서 사람들이 몰려들면서 물의 수요는 더욱 증가하였다. 호수의 수위가 내려가고 주민의 수가 늘어나면서 마을 우물의 수량도 감소하였다.

호수의 수량이 줄어들었을 뿐만 아니라 고기잡이도 어려워졌다. 고기잡이가 어려워진 것은 나이바샤 호수가 각종 화학 물질과 농약에 오염되어 어류의 양과 종류가 줄어들었기 때문이다. 마을 우물과 호수의 수질이 악화된 원인도 역시 장미 농장 때문인 것으로 알려져 있다. 건강하고 탐스러운 장미를 재배하기 위해 100여 종의 화학물질이 사용되는데, 이 중 30퍼센트가 생물에 유해한 성분이다. 장미를 키우기 위해 쓰인 각종 화학제품의 찌꺼기는 토양뿐만 아니라 주민들의 생활 터전인 호수에도 고스란히 흘러들어간다. 농약이 유입되면서 환경오염도 심화되고 있다. 물고기가 많아 물 반, 물고기 반이다시피 했던 나이바샤 호수의 어획량이 급격히 감소하면서 어민들은 경제적으로 어려워졌다.

그러나 케냐 정부는 다국적기업을 유치하는 대부분 국가와 마찬가지로 화훼산업을 유치하기 위해 환경 기준을 대폭 완화할 수밖에 없었다. 장미 농장들은 선진국에서는 사용할 수 없는 농약과 화학비료들을 사용해 고품질의 장미를 생산한다. 값싼 케냐산 장미꽃을 수입하는 유럽의 유통업체들과 화훼생산업체들은 환경적으로 지속가능한 장미꽃 재배 방안에는 무관심하다. 현지 장미 농장들 중에는 이를 감안해 공정무역 인증을 받아 수익의 일부가 나이바샤 호의 수자원 관리나 사회복지에 쓰이도록 하는 곳들도 있지만, 이 같은 경우는 극소수에 불과하다. 친환경인증을 받지 못한 생산자들이 마구잡이로 장미꽃 재배지를 늘리면서 케냐의 물을 고갈시키고 환경오염을 초래하는 것이다.

케냐 주민들이 백인 소유의 장미 농장에서 받는 임금은 하루 1유로 정도다. 그들은 하루 9시간 동안 장미 농장에서 농약을 다루고 비료를 주며 장미를 기른다. 이 지역의 장미 생산이 늘어나면서 주민들은 일자리를 얻고 경제적 이익을 얻었다. 그러나 그들은 자신들이 생산하는 장미 한 송이도 살 수 없을 정도로 적은 돈을 받으며, 6개월간 일하면 해고되었다가 다시 6개월 후에 고용되기를 반복한다. 호수의 물은 줄어들고 농약 때문에 오염되고 있으며 풍요롭던 호수의 어획량은 급감하였다. 어획량이 줄어들어 생계가 어려워진 어부의 아내는 장미 농장에서 일자리를 구해야 한다. 우물물과 나이바샤 호수의 물을 마음껏 사용하던 주민들은 이제 돈을 주고 물을 구입해서 마시고 식사를 준비할 뿐 아니라 아이를 씻기고 세탁도 해야 한다.

해외투자의 또 다른 이면, 물 발자국

얼마 전 텔레비전의 한 예능 프로그램에서 하루에 우리가 사용하는 물의 양에 대한 내용이 방영되었다. 그 프로그램에서는 우리가 물을 아무렇게나 사용한다는 경고와 함께 직접 물의 형태로 사용하고 마시는 물 말고도 우리가 사용하고 먹는 모든 제품을 생산하는 전 단계에서 물을 소비한다는 점을 이야기하였다. 그러한 소비는 우리가 직접 사용하는 물의 양보다 훨씬 크다. 아침에 마신 커피 한 잔을 만들기 위해 내가 직접 사용한 물은 기껏해야 200밀리리터 정도였겠지만, 커피 한 잔을 만들기 위해 사용된 물은 커피를 재배하고 가공하고 포장하며 운반하기까지 140리터에 이른다고 한다. 종이 1톤을 만드는 데 300~400리터, 티셔츠 한 장에 들어가는 면화를 재배하려면 약 970리터의 물이 필요하다.

이렇듯 눈에 보이지는 않지만 생산, 유통, 소비 등 전 과정에 사용되는 물의 총량을 일컬어 가상수virtual water라 한다. 가상수라는 개념은 1990년대 영국의 앨런J. A. Allan이 처음으로 고안했으며[4] 이후 제품 생산에 필요한 물이라는 개념으로 발전하였다.[5] 가상수는 농산물이나 공산품 등의 제품 1킬로그램을 생산하는 데 사용된 물의 총량(l /kg)을 표현한 것이다. 이와 비슷하게 음식이나 제품을 만드는 데 필요한 물의 양을 추적해 계산한 것을 물 발자국water footprint이라고 한다.

가상수의 개념을 적용해 계산하면, 1킬로그램의 쇠고기를 얻으려면 15,497리터, 돼지고기 1킬로그램을 얻기 위해서는 4,856리터, 닭고기 1킬로그램을 얻기 위해서는 3,918리터의 물이 필요하다. 어느 국가가 쇠고기 1톤을 수입한다고 하면 그 국가는 약 15,000세제곱미터의 수자원을 다른 용도의 수자원으로 활용할 수 있다는 것이다.[6] 앞서 이야기한 나이바샤의 장미를 파리의 한 소비자가 샀다면 그는 케냐의 물을 10리터 이상 이용한 것이다. 대신 프랑스는 장미를 생산하는 데 사용했어야 하는 물 10리터를 아낀 것이며, 이 물을 다른 용도로 사용할 수 있다. 이러한 개념에 의거해 국가 간 무역으로 물 부족 문제를 해결할 수 있다는 것이 알려진 이후 많은 국가들이 가상수에 관심을 갖게 되었다.

가상수는 사용된 물의 총량만을 가리키는 반면 물 발자국은 사용된 물의 종류, 물이 사용된 위치, 시간 등 지리적 · 시간적 의미를 부여한 지표다. 예를 들어 저지방 우유 1리터를 생산한다고 하면, 기후와 농업 환경이 다르기 때문에 국가별로 사용되는 가상수의 양이 다르게 측정될 것이고, 소를 방목해서 우유를 생산하는지, 일반적인 방식으로 생산하는지, 대량의 산업적 방식으로 생산하는지 등 생산방식에 따라서도 사용되는 가상수의 양이 달라진다. 또한 우유를 생산하는 과정에서도 친환경적 방식을 따르는지, 그렇지 않은지에 따라서 달라진다. 물 발자국은 우리가 사용하는 상품을 매우 세세한 단위로 나누어 국가별, 생산방식별, 생산과정별로 상세하게 계산해 제시하고, 이를 다시 세계 평균으로 계산해 제시한다. 세부 품목별로 가상수의 소비를 추정할 수 있는 지표를 작성하고 있으며 이를 통해 무역으로 인한 수자원의 이동을 추정할 수 있다. 나아가 물이 많이 소비되는 제품을 다른 나라에서 생산해 수입하면, 우리는 단순히 제품을 수입하고 소비하는 것이 아니라 그 나라가 보유한 수자원을 소비하는 것임을 알 수 있다.

가상수와 물 발자국의 개념이 대두된 이후 수자원의 중요성은 높아지고 있다. 즉 물이 부족한 국가는 물이 풍부한 국가에서 곡물과 축산물을 수입해 자국 내 가용 수자원을 절약하기도 하고 가상수를 다른 용도로 사용할 수도 있다. 또한 물 발자국 개념을 통해 무역의 이면에 존재하는 국가 간 물(가상수)의 이동을 수치화할 수 있게 되었다. 무역이나 생산과정의 아웃소싱을 통해 물이 부족한 국가는 가상수라는 물을 공급받음으로써 물 부족을 해결하고, 물이 풍부한 국가는 수출을 통해 물 대신 재화를 확보한다고 할 수 있다. 최근 들어 경제 활동에서 수자원의 이용 가능성은 공산품 및 농산물 생산 기업들의 해외 진출에서 매우 주요한 여건으로 부상하였다. 실제로 여러 선진국들은 수자원의 소비가 많은 산업들을 국외로 돌리고 있다.

최근 동아프리카는 지구온난화로 가뭄이 자주 들어 농사에 매우 불리한 환경으로 변하고 있다. 집약적 농경을 할 수 있으려면 비가 연간 최소 750밀리미터 이상 내려야 하고, 목축을 위해서는 연간 500밀리미터는 내려주어야 한다. 그런데 강우량이 500~750밀리미터인 지역은 동아프리카의 5분의 1 정도밖에 되지 않는다. 이러한 환경적 변화에 정치적 불안정성까지 가중되어 이 지역의 기아 문제는 상상을 초월할 정도로 심각한 수준이다. 아프리카에서도 기아문제의 60퍼센트 이상이 이 지역에서 발생한다. 케냐는 1997~1998년 나타난 극심한 가뭄과 엘니뇨현상으로 심각한 기아 문제를 겪기도 했다.

2011년 1월에 MBC에서 방영되었던 다큐멘터리 〈아프리카의 눈물〉 중 '킬리만자로의 눈물'에서는 동아프리카 지역을 강타한 가뭄으로 인한 물과 식량부족을 다뤘다. 아이들은 멱을 감다가도 물을 찾아온 목마른 소떼들에게 자리를 내주고, 주민들은 마실 물을 긷기 위해 먼 곳까지 걸어가야 하며, 그나마 그들이 마시는 물은 흙탕물이다. 가난과 목마름으로 주민들은 고향을 떠나 일자리를 찾아 남아프리카공화국으로 가지만, 그곳에서 그들을 기다리는 것은 제한된 일자리를 서로 차지하기 위해 벌어지는 치열한 경쟁과 그로 인한 죽음뿐이었다. 이러한 상황에도 불구하고 선진국의 농장과 다국적기업들은 이곳으로 이전해 대량의 물을 소비하고 있다. 이러한 행태에 대해 새로운 식민주의라는 비난이 이어지고 있다. 현재 물 발자국과 관련된 자료를 살펴보면 수자원이 유출되는 국가는 과거 식민지배를 받은 아프리카, 라틴아메리카, 아시아 국가들이고 수자원이 유입되는 국가는 유럽의 서구 국가들이다.

세계기상기구WMO는 지구상에 5억 5,000만 명이 물 부족국가에 살고 있으며, 2015년에는 24억 명의 인구가 물 부족을 겪을 것이라고 예측하였다. 수자원이 유출되는 지역은 미국이나 호주 같은 농산물 수출국을 제외하고는 남아메리카와 아시아, 아프리카 등 물 부족 국가가 다수 위치한 지역들이다. 유럽의 부유한 국가들은 물이 부족한 상황이 아님에도 영리하게 자국에서 물이 많이 필요한 산업들을 국외로 이전시킨다. 장미를 키울 수 없기 때문이 아니다. 청바지를 만들 수 없어서가 아니다. 그것들이 만들어지는 과정에서 상상 이상의 많은 물이 필요하기 때문이다.

유럽의 부유한 국가의 물 발자국이 향한 곳은 아이러니하게도 아프리카, 남아메리카 등 물 부족 국가다. 빈곤한 국가들은 경제발전을 위해 외국 자본을 기반으로 하는 관광산업이나 제조업을 받아들인다. 물이 많이 필요한 산업들은 지역의 저임금 노동력을, 대부분 임시직으로 고용한다. 뿐만 아니라 외국자본의 기업들은 지역의 수자원에 대해서도 독점적인 사용권을 누리게 된다.

그러는 동안 지역 주민들은 소금기 있는 우물물을 마시거나, 먼 거리를 걸어가 힘겹게 채운 물통을 지고 다시 긴 시간을 걸어와야 한다. 물 긷는 일은 대부분 어린 소녀나 소년, 그리고 여성들의 일이다. 빈곤한 국가들은 물 부족으로 인해 자국 국민이 받는 고통이나 수자원의 고갈 및 오염에 대해서는 신경 쓸 여력이 없다. 반면 선진국 기업들은 선진국 사람들이 소비할 농작물을 재배하기 위해 가난한 나라의 호수나 계곡에 호스를 대어 막대한 양의 물을 소비하고 농약을 거리낌 없이 써댐으로써 수자원을 고갈시킬 뿐 아니라 오염시킨다.

2. 값싼 새우와 맞바꾼 맹그로브 숲

자연의 범퍼 맹그로브 숲, 빈자들의 삶터

맹그로브mangrove는 단일한 식물종이 아니라 바다와 땅의 경계에서 자라는 식물군을 일컫는다. 맹그로브들은 대부분 뿌리의 일부가 공기 중에 노출되며 일부는 바닷물 아래 습지의 땅 속에 심어진 식물군이다. 종류가 다양하고 크기도 다르지만 대부분 맹그로브는 단단한 뿌리를 지니고 있으며, 바닷물이 드나드는 지역에 서식하는 것이 특징이다. 맹그로브의 나무는 소금물에 잘 견디는 조직을 가지며, 수분의 증산을 적게 하기 위해 나뭇

잎이 두껍고 윤이 난다.[7] 물속에서 나무를 지탱하고 호흡을 하기 위해 서로 얽힌 공기뿌리가 있으며, 여러 나무의 지주뿌리가 서로 얽혀 전체가 단단한 숲을 이룬다.[8]

맹그로브는 남북위 25도 이내의 열대지역에서 주로 서식하며 최대 서식지는 동남아시아지만 온대지역에서도 서식한다. 동남아시아, 오스트레일리아 북부, 멜라네이사, 중앙아메리카, 남아메리카의 열대 해안, 호수, 하천 주변에서 주로 나타나는데, 아시아, 태평양 지역의 것이 규모가 가장 크다. 열대 해안에서는 규칙적 또는 일시적으로 강물과 바닷물이 만나는 퇴적지에 맹그로브 숲이 발달한다. 특히 맹그로브 숲은 바닥이 뻘이며 파도가 잔잔하고 항상 육지에서 퇴적물이 흘러내려오는 수심 1미터 정도의 해안지대에 잘 형성된다.

맹그로브는 오랜 기간 쓸모없는 땅으로 인식되었으며, 당연히 개발되어야 할 땅이었다. 우선 맹그로브 숲은 단단한 뿌리들이 얽혀서 물의 흐름이 원활하지 않으며 인간이 통행하기도 어렵다. 많은 맹그로브 숲에서는 물과 나뭇잎, 여러 유기물질들이 썩는 냄새가 진동한다. 고인 물은 탁하고 냄새가 나며 물에 떨어져 썩는 맹그로브 잎까지 더해져 처음 본 사람들은 도저히 그 물에 발을 담그고픈 마음이 들지 않는다. 잔잔한 물은 모기와 벌레에게 좋은 서식지를 제공해 벌레와 모기도 극성이다. 게다가 배가 지나다니기도 어려울 정도로 얽히고설킨 나무뿌리는 외부인들에게는 특히 좋지 않은 인상을 준다.

그렇지만 맹그로브 숲은 해안의 침식과 홍수를 막고, 육지의 양분이 바다로 급속히 쓸리는 것을 막아주며, 물고기와 새를 비롯한 여러 동물들이 서식지를 만드는 등 독특한 생태계를 이룬다. 맹그로브 숲은 물고기를 비롯한 여러 생물에게는 살기에 매우 적합한 환경이다. 맹그로브 숲은 수많은 맹그로브의 뿌리들이 자라고 있어 물살이 잔잔한데, 이러한 환경은 물고기들이 산란을 하고 치어들을 기르기에 매우 적합하다. 또한 비교적 잔잔한 맹그로브의 물에서 분해된 유기물질들은 게, 새우 등의 갑각류와 물고기들의 좋은 먹이가 된다. 게다가 얕은 물에서는 포식어류가 살지 못해 갑각류와 물고기들에게는 안전한 장소이기도 하다. 이뿐 아니라 맹그로브 숲은 물고기와 조개류 같은 해양생물들과 뱀, 악어 등의 양서류, 원숭이나 사슴 등의 포유류, 그리고 새, 꿀벌, 박쥐 등 다양한 생물종들에게 생육공간과 식량원을 제공한다.

맹그로브 숲은 생물들에게만 좋은 환경을 제공하는 것이 아니라 인간에게도 살기 좋은 환경을 제공해왔다. 맹그로브 숲에 대해 사람들이 주목하기 시작한 것은 2004년 동남아시아 지역에서 일어난 쓰나미 재해 이후였다. 당시 인도양에서 발생한 진도 9.1 규모의 지진으로 인해 거대한 쓰나미가 동남아시아 지역의 바닷가를 덮쳤으며 23만 명의 사망자를 기록하였다. 인도양 주변의 여러 국가, 여러 해변에 쓰나미의 높은 파도가 일었지만 맹그로브 숲이 있던 지역에서는 피해가 매우 적었다. 반면 인도네시아, 스리랑카에서 지진 해일의 피해가 커진 것은 맹그로브와 같은 해안림을 무분별하게 벌채해 파도를 막아주는 완충대 기능을 제대로 하지 못한 것이 원인 중 하나로 알려졌다. 세계자연보존연맹IUCN의 집계에 따르면 지난 2004년 말 쓰나미가 덮칠 당시 스리랑카의 두 마을 가운데 맹그로브가 무성하게 자란 곳에서는 단 2명이 숨진 데 비해 맹그로브가 없는 마을에서는 6,000명이 사망한 것으로 나타났다. 맹그로브는 뿌리가 단단한 종들이 많다. 공중에 노출된 줄기에서부터 직접 물 아래로 꽂혀 있는 뿌리들은 이리저리 얽혀 있어 바다에서 불어오는 거친 파도의 에너지를 흡수하는 데 매우 적절하다.

맹그로브 숲은 육지와 바다, 강과 바다 사이에서 양 지형 간의 균형을 유지하는 역할을 하며 해양의 육지 침입에 안전지대로서의 역할을 한다. 또한 해초나 산호초 같은 해양 생태계에 양분을 공급해 해안 생태계를 보호한다. 나아가 맹그로브 숲은 이산화탄소를 다량으로 흡수해 지구의 탄소 균형에도 일조한다. 맹그로브의 식생뿐 아니라 습지는 열대우림에 비해 5배나 많은 탄소를 저장하고 있어 맹그로브 숲의 보존은 기후 온난화를 예방하는 데 적절한 대안으로 손꼽힌다. 그러나 무엇보다도 맹그로브 숲은 해안에 거주하는 사람들, 특히 가난한 사람들에게 생계의 터전을 제공해준다.

맹그로브 숲은 아열대지역이나 빈곤한 국가에만 있는 것도 아니다. 맹그로브 숲은 미국의 플로리다 남부에 대규모로 분포하는데, 1960년대 미국을 떠들썩하게 했던 투자 사기 사건이 플로리다의 맹그로브 숲을 대상으로 일어나기도 했다. 물과 식물이 귀한 사막 나라인 아랍에미리트연합에서는 맹그로브가 자라는 바닷가에 있는 주택이 더 비싸다. 그러나 대부분 맹그로브 숲은 열대나 아열대의 빈곤한 국가의 해안에 주로 분포하며, 빈곤한 해안가 주민들에게 많은 것을 제공하는 귀중한 생계 터전이다. 우선 빈곤한 국가의 주민들에게 식량원을 제공하고 시장에 내다팔 것을 제공해준다. 맹그로브 숲과 그 주변 지역에는 어족자원이 풍부하고 주민들은 값비싼 도구나 대규모 선박이 없어도 어업으로 생계를 이어갈 수 있다.

방글라데시에서만 약 100만 명의 사람들이 맹그로브 숲을 통해 생계를 이어간다고 추정된다. 방글라데시 사람들은 맹그로브 숲에서 꿀을 채집해 생계를 유지하기도 하고, 집을 지을 재목이나 지붕재를 채집하기도 한다. 또한 맹그로브 숲은 이들에게 밥을 지을 수 있는 땔감을 제공해주며, 약으로 쓰일 약초를 제공해주기도 한다. 순다르반스 지역의 맹그로브 숲에서 생계를 이어가는 사람들의 직업은 어부, 벌목꾼, 지붕재 수확 일꾼, 조개류 및 게 잡이 어부, 벌꿀 채집꾼 등 다양하며 이들은 전통적으로 노동자 조합까지 이루고 있다. 특히 순다르반스의 맹그로브 숲은 골파타라는 맹그로브 야자나무를 생산하는데, 골파타는 주택의 지붕재로 이용될 뿐 아니라 달콤한 수액도 공급한다. 수액은 끓여서 설탕 대신 사용되거나 피부약으로 사용된다.[9]

아열대지역의 섬나라인 필리핀도 맹그로브 숲이 형성되기에 좋은 조건을 갖추었다. 필리핀의 오지에 있는 작은 섬 바나콘의 경우 주민들이 직접 맹그로브 숲을 조성해 스스로 삶의 터전을 닦은 경우다. 바나콘 마을은 본래 사람이 거의 살지 않는 섬이었는데, 1959년 주민들이 섬에 정착하면서 맹그로브를 심었다. 맹그로브 숲이 삶의 터전이 된다는 것을 깨달은 주민들이 생계를 위해 맹그로브 나무를 심은 것이다. 맹그로브는 나무에서 떨어진 가지 모양의 씨를 땅에 심기만 하면 잘 자랐고 심는 것도 어렵지 않았다. 척박한 환경에서 잘 자란 맹그로브들은 15년 정도면 목재를 베어 집을 짓거나 수리할 수 있을 정도로 성장하였다. 주민들은 다른 섬에서 씨를 가져다 1년에 500만 그루 정도의 맹그로브를 심어 현재 아시아에서 가장 넓은 맹그로브 숲을 조성하고 있다. 주민들은 목재로 집을 짓고 맹그로브 숲에서 낚시를 하고 게를 잡는다. 바나콘 섬 주변은 맹그로브 숲에 산란해서 자란 물고기들이 돌아와 어획량이 풍부하다. 현재 바나콘 마을에는 1,000여 명이 맹그로브에서 살아가고 있다. 맹그로브 숲에서 하는 일은 냄새나고 탁한 물에 몸을 담그고 뻘에 손을 집어넣어 해산물을 잡으며 수 없이 많은 모기들과 싸워야 하는 고된 일이고, 그들의 삶은 우리가 생각하는 것만큼 풍요롭지는 않다. 그렇지만 빈곤한 주민들에게 맹그로브 숲은 생계를 이어나가고 아이들을 학교에 보낼 수 있는 중요한 삶의 터전이다.

새우 양식, 맹그로브 숲의 파괴자

지난 40여 년 동안 전 세계 맹그로브 숲의 3분의 1에서 2분의 1 정도가 사라지거나 위기에 처했다고 한다. 일부 통계에서는 지난 50여 년간 전세계 맹그로브의 3분의 2가량이 사라졌다고도 한다. 바다의 열대우림인 맹그로브는 세계 120개국에서 서식할 수 있지만 이 중 26개국에서 위기에처하거나 거의 사라질 단계에 있다.[10]

맹그로브 숲이 사라지는 이유 중 가장 큰 비중을 차지하는 것은 항구, 관광지, 도로, 제방 등의 개발과 양식업장으로의 전용이다. 맹그로브 숲은 바닷물이 드나들기 때문에 간단하게 양식장을 설치할 수 있다. 더구나 맹그로브가 주로 분포하는 열대 및 아열대지역은 새우를 기르기에 적합하다. 1970년대부터 동남아시아 지역에서 새우 양식업이 발전하기 시작했고, 대부분 양식장이 맹그로브 숲에 조성되었다. 맹그로브 숲의 절반 정도가 양식장으로 이용된 것으로 알려져 있으며, 그중 절반 정도가 새우 양식장으로 사용되고 있다.

새우는 인류가 가장 많이 선호하고 소비하는 어류 중 하나다. 전 세계적으로 새우 소비량은 특히 지난 20~30년간 급속히 증가했으며, 북미 및 유럽을 비롯한 선진국에서 소비 증가세가 두드러졌다. 이러한 소비 증가는 저개발 국가에서 새우 양식이 증가한 데 힘입은 것이다. 1975년 필리핀에서 새우 양식법이 개량된 이후 동남아시아를 비롯한 열대, 아열대 개발도상국에서는 새우 양식업이 급속히 성장할 수 있었다.

또한 전 세계를 망라하는 식품 유통망이 형성되어 새우를 비롯한 신선제품의 국제 유통이 활발해지면서 선진국의 새우 수요도 증가하였다. 새우는 생산만 하면 팔린다고 하는 말이 있을 정도였다. 새우 양식은 빈곤한 국가들에게 외화를 벌 수 있는 주요한 경로가 되었다. 전 세계 새우 판매시장은 약 20조 원에 이르며 그중 대부분이 동남아시아에서 양식으로 생산된다고 한다. 동남아시아의 새우양식장에서 생산된 새우는 코스트코, 테스코 등 슈퍼마켓 체인을 통해 전 세계로 팔려나갔다. 우리 식탁에 오르는 블랙타이거새우 대부분은 동남아시아에서 수입된 양식 새우다. 우리가 어제 혹은 지난주 슈퍼마켓에서 산 냉동 칵테일 새우나 해동 대하들은 맹그로브 숲을 파괴해서 만든 새우양식장에서 기른 바로 그 새우들일 가능성이 크다.

새우 양식장은 직접적으로 맹그로브를 파괴하는 주범이다. 새우 양식장을 조성하기 위해서는 우선 맹그로브 나무를 제거해야 한다. 새우 양식장의 공간을 확보하고 양식장에 바닷물이 잘 유입되도록 하기 위해서다. 새우 양식장에는 특별한 내벽이 없으므로 소금물이 모래흙에 서서히 스며들어 지하수에 섞인다. 담수인 지하수에 바닷물이 섞이는 것이다. 새우 양식장은 지역의 지하수를 염수화해 지역주민의 식수원을 오염시킨다. 양식장의 염수는 지하수뿐만 아니라 땅도 오염시킨다. 서서히 염분이 스며든 토양에서는 농사를 지을 수 없게 된다. 또한 대부분 양식장은 사용한 물을 정수 처리하지 않고 바로 자연 수로로 내보낸다. 양식업은 우리가 생각하는 것보다 훨씬 더 물을 오염시킨다. 새우가 미처 먹지 못한 먹이는 양식장 물이나 바닥에 쌓이고, 한정된 양의 물에 새우들의 배설물도 섞인다. 오염된 물에서 바이러스가 발생하기도 하는데, 양식에 사용한 물은 그대로 바다로 흘려보낸다. 따라서 새우 양식장의 수명은 약 5년 정도다. 5년이 지나면 물과 토양이 심각하게 오염되기 때문에 새우를 키울 수 없게 되므로, 이를 버리고 새로운 양식장을 조성한다. 이런 방식으로 새우 양식장은 빠르게 맹그로브 숲을 잠식해 들어갔다. 또한 맹그로브 숲 근처에 새우 양식장을 건설하면 양식장에 물을 공급하고 폐수를 유출시킬 수로를 건설하게 되는데, 수로의 건설 때문에 맹그로브 숲으로 조류의 유입이 차단된다. 자연적인 물의 순환이 이루어지지 않는 맹그로브 숲의 생태계는 결국 파괴되고 만다.

2014년 영국의 《가디언》은 방글라데시나 태국 등 동남아시아 새우 양식장에서 필요한 치어와 잡어 공급을 노예노동에 의존한다고 보도하였다. 예를 들어 다국적 식품회사인 시피푸드CP Food는 태국에 본사를 둔 세계 최대의 새우 양식업체로 테스코, 코스트코 같은 세계적 유통업체에 새우를 납품한다. 시피푸드는 새우 외에도 다양한 식료품을 생산하여 세계의 식탁이라는 별명을 갖고 있는데, 연 매출액이 약 330억 달러에 달하는 대규모 기업이다. 시피푸드는 인신매매를 통해 확보한 미얀마와 캄보디아 출신의 노동력을 이용해 저렴한 새우를 양식하는 데 필요한 치어나 식용하지 않는 잡어를 잡는다. 그들은 바다 위에서 하루에 밥 한 그릇을 먹으며 20시간 동안 치어와 잡어를 잡는다. 살인적인 노동이다. 그들은 잠들지 않고 일하기 위해 각성제를 먹고, 구타를 당하거나 심지어 살해당하기도 한다. 태국 정부와 시피푸드 그리고 대형 유통업체들 모두 문제를 알고는 있지만 그들 모두 이 문제를 언급하거나 해결하기를 진심으로 원하지는 않는다.

새우 양식업은 주로 시피푸드와 같은 대기업 자본에 의해 운영된다. 그리고 소규모의 양식장이라 해도 맹그로브 숲에서 살아가는 사람들보다는 형편이 훨씬 나은 사람들이 운영한다. 맹그로브 숲을 생계 터전으로 삼는 사람들은 양식업자들보다 경제적으로나 사회적으로 매우 어려운 사람들이 대부분이다. 새우 양식업자가 증가할수록 맹그로브 숲은 줄어들고, 맹그로브 숲을 터전으로 살아가던 사람들의 생계는 더욱 어려워졌다. 세계적인 새우 양식 국가인 태국의 경우 맹그로브 숲이 대부분 파괴되어 약 10퍼센트만이 남았다. 에콰도르에서는 새우 양식장의 건설로 인해 맹그로브 숲에서 새조개를 잡아서 생계를 유지하는 주민들이 피해를 입었다. 새조개 어부들은 대부분 가정의 생계를 책임지는 여성이거나 어린아이들이며, 에콰도르에서 새조개를 잡아 생계를 잇는 이들은 5,000명에 이른다. 그들이 하루 종일 새조개를 잡아서 버는 돈은 1달러에서 5달러 사이다. 그러나 새우 양식장의 건설로 연안의 해수가 오염되어 어획량이 감소하자 점점 더 많은 남성들이 새조개 잡이에 가세하고 있어 빈곤한 어부들끼리의 경쟁이 날로 심화되고 있다.[11] 맹그로브 숲을 파괴해서 만든 새우양식장에서 기른 새우는 한국과 일본 등 외국으로 수출되고 태국의 무역흑자에 기여했겠지만, 이는 맹그로브가 주는 장기적 이익과 맹그로브를 삶터로 하는 가난한 자들의 생계를 담보로 한 것이다.

14장

국제원조와 공정무역의 나르시시즘

소비자는 공정무역시장에서도 여전히 소외되고 고립된 개인으로서, 어떻게 상품이 생산되어 어떤 과정을 거쳐 소비자에게 오는지에 대한 명확한 정보 없이 상품을 구매하고, 그들이 하는 시장 결정의 직접적 결과와는 분리되고 차단되어 있다. 윤리적 소비자는 다른 집단과 책임감을 공유하지 못한 채 고립되어 있고, 윤리적 선善을 구매하는 최종 구매자의 역할만을 할 뿐이다.

1. 원조는 약일까, 독일까?

원조는 도덕적 의무인가?

주말 오후 텔레비전에서는 인기 연예인들이 아프리카, 아시아, 라틴아메리카 등의 빈곤한 나라들을 방문해 그 나라의 가난한 사람들이 얼마나 힘들게 생활하는지를 보여준다. 예쁘고 잘생긴 연예인들이 눈물 흘리며 한 달에 3만 원이면 굶주리고 병든 아이들을 먹이고 치료할 수 있고, 아이들을 학교에 보낼 수도 있다며 우리의 도움을 호소한다. 방송은 기아와 질병으로 고통 받는 이들에게 내가 가진 것을 조금이라도 나누어주고 도움을 줄 필요가 있다면서 개인적 양심과 윤리적 감성을 건드린다. 이에 시청자들은 "내가 한 달에 커피 몇 잔 안 마시면 저 먼 곳에 이름조차 생소한 나라의 불쌍한 사람들을 구할 수 있겠구나"라는 선한 마음이 들어 후원금 자동이체를 신청하기도 한다.

싱어P. Singer 교수는 기아와 질병에 시달리는 가난한 나라 사람들의 곤경을 외면하는 것은 집 근처의 얕은 연못에 빠져 생명이 위태로운 어린아이를 보고도 새로 산 양복을 버릴까봐 혹은 약속 시간에 늦을까봐 그 아이를 외면하는 것과 같은 일이라고 하였다. 그는 "1야드(약 0.9미터)도 떨어지지 않은 곳에 사는 이웃사람을 돕는 일과 10만 마일(약 16만 킬로미터) 떨어진 곳에 사는, 이름도 모르는 벵갈인을 돕는 일 사이에는 도덕적으로 어떠한 차이도 없다"고 주장하였다.[1] 즉 어려운 처지의 이웃을 돕는 것이 우리의 당연하고도 자연스러운 도덕적 의무인 것처럼, 먼 곳에 있는 가난한 나라 사람들을 돕는 것 또한 당연한 의무라고 하였다. 그가 나와는 다른 나라 사람이라는 이유로 혹은 먼 곳에 산다는 이유로 어려움에 처한 이들을 우리 이웃과 다르게 대하는 것은 적어도 규범적 차원에서는 용인될 수 없다는 것이다.

그의 주장은 매우 타당한 것처럼 들린다. 그렇다면 원조를 받는 국가(혹은 사람)들이 원조를 제공하는 국가(혹은 사람)들에게 당당하게 원조를 요구할 수도 있을까? 만일 부유한 국가 사람들이 빈곤한 국가 사람들을 도와야 하는 이유를 개인적 양심과 윤리적 선의에서 찾는다면, 원조를 받는 이들은 원조를 하는 이들의 변덕스러운 선의나 경제 사정에 의존할 수밖에 없다. 내 앞에서 물에 빠진 아이를, 더군다나 그 아이를 구할 수 있는 유일한 사람이 나뿐일 때 아이를 구하는 것과 저 멀리 떨어진 에티오피아의 굶주린 아이를 돕는 것은 다른 일이다. 에티오피아의 굶주린 아이는 물에 빠진 아이보다는 덜 위급하게 느껴지고, 나 아니어도 도와줄 사람이 많다.[2] 내가 에티오피아의 굶주린 아이를 돕기 위해 3만 원을 유니세프UNICEF와 같은 국제구호기관에 기부하지 않는다고 해서 어느 누구도 나를 부도덕하다고 비난하거나 자동이체를 하라고 강요할 수 없다.

원조가 도덕적 의무라는 주장은 일종의 '착한 사마리아인 모델'[3]에 기반한 것이다. 이는 어려운 상황에 처한 타인을 돕는 것은 그의 상황에 대해 나 자신이 아무런 책임이 없거나, 그 타인이 내게는 완전한 이방인인 경우에도 인도주의적 관점에서 내게 도덕적 의무가 있다는 주장이다.[4] 실제로 국제사회는 저개발국의 빈곤 문제를 완화하기 위해 인도주의적 관점에서 무상원조, 차관, 기술원조 등 다양한 방식의 원조를 제공해왔다. 그러나 인도주의적 관점에서 원조의 당위성을 강조하는 것은 인종적·문명적 우월성에 기반한 일종의 백인의 의무the white man's burden와 같은 명분을 내포하고 있다. 더 나아가 이러한 원조는 세계 불평등 구조를 생산하는 기제와 계층적인 노동 분화 구조를 유지한 채, 이를 은폐하는 역할도 한다.

앞장들에서 살펴보았듯이 콜럼버스가 아메리카에 도착한 이후부터 WTO 무역협정에 이르기까지 부유한 국가의 성장은 빈곤한 국가의 희생에 기반해 이루어진 경우가 대부분이다. 포제T. Pogge는 "엄청난 경제적·기술적 진보에도 불구하고 인류의 절반이 심각한 빈곤으로 고통 받는 이 현실을 어떻게 설명할 수 있는가?"라는 문제를 제기하면서 부국이 빈국을 도와야 하는 이유를 개인적 양심이나 도덕이 아닌 불공정한 세계 구조에서 찾았다. 그는 현재 많은 빈국들이 과거 부국의 식민지였거나 제국주의적 약탈과 수탈의 대상이었으며, 이러한 역사적 유산이 결국 심각한 경제적 격차의 원인이 되었다고 주장하였다. 그리고 그는 오늘날에도 자원에 대한 접근성에서 빈국들이 부국들보다 훨씬 불리한 위치에 있어 좀처럼 경제발전의 기회를 얻지 못하고, 국제경제 질서 또한 부국들에 의해 조성되고 부국에 일방적으로 유리하게 구성되어 부국과 빈국 간 불평등이 계속해서 존속된다고 하였다. 따라서 부국은 빈국의 빈곤 문제에 일정 부분 책임이 있고, 빈국에 대한 원조는 가난한 이를 돕는 품위 있는 개인의 양심과 도덕이 아닌 채무 이행과도 같은 문제라고 하였다.[5]

의도적이었건 그렇지 않건, 직접적이었건 간접적이었건 간에 부유한 나라의 안락한 삶이 일정 부분 빈곤국의 희생을 요구했다는 사실을 인정한다면 원조는 양심과 도덕의 문제라기보다는 의무와 책임의 문제일 수 있다. 즉 원조는 더 이상 어려운 처지의 타인을 돕는 행위가 아니라, 자신이 초래한 잘못을 시정하고 이 때문에 피해를 입은 이들에게 보상하는 행위로 이해되어야 한다. 따라서 누군가에 의해 부당하게 피해를 입은 피해자가 가해자에게 보상을 요구할 권리가 있듯이, 빈곤한 국가도 원조를 하나의 권리로 요구할 수 있는 것이다.[6] 특정 국가의 빈곤은 식민지 경험의 여부나 국제경제 질서, 나아가 정치체제 및 국내 경제정책 등과 같이 다양한 요인이 얽혀 있는 매우 복잡한 문제이기 때문에 저개발국의 빈곤, 저성장과 경제적 불평등의 문제를 모두 부국의 탓으로 돌리는 것은 설득력이 없을 수도 있다. 그럼에도 부국들에게 유리하게 조직된 국제질서가 저개발국의 빈곤을 재생산한다는 포제의 주장은 현재 국제사회에서 이루어지는 원조를 새로운 관점에서 바라보게 한다는 점에서 의미가 있다.

냉전, 테러 그리고 원조

국제 원조 덕에 빈곤의 악순환에서 벗어난 나라가 있을까? 빌게이츠나 록펠러와 같은 기업가들이 행한 통 큰 자선이 빈곤한 나라의 굶주리는 인구의 규모를 줄였는가? 이러한 질문에 대해서는 흔쾌히 "그렇다"라고 답하기 어렵다. 국제사회의 원조는 1945년 2차 세계대전 이후 본격적으로 시작되어 그 역사가 70년에 가깝다. 현물원조뿐만 아니라 기술적·군사적 원조까지 고려하면 이제까지 제공된 원조금액도 어마어마하다. 그럼에도 전 세계적으로 빈곤으로 고통 받는 이들의 규모는 줄어들기는커녕 오히려 늘어났다.

국제원조의 효과를 둘러싸고 벌인 삭스J. Sach와 이스털리W. Easterly의 논쟁은 유명하다. 삭스는 자본주의가 오로지 부를 축적하기 위한 경쟁적이고 파괴적인 제로섬 성장에서 벗어나 약자와 빈민을 안고 가는 '착한 성장'으로 전환되어야 한다고 주장하면서, 빈곤을 퇴치하려면 가난한 사람들이 일어설 수 있도록 대대적이고도 무조건적인 원조를 제공해야 한다고 하였다. 반면 이스털리는 『세계의 절반 구하기The White Man's Burden』(2007)라는 책에서 지난 수십 년간 서구의 부유한 나라들이 대외 원조로 어마어마한 돈을 지출했지만, 아직도 빈곤한 나라의 가난한 가정에 12센트짜리 말라리아 약품을 제공하지 못하고 4달러짜리 모기장도 제공하지 못했다면서 원조의 효과를 혹평하였다. 그는 서구의 막대한 원조에도 불구하고 좋은 성과를 내지 못한 이유를 저개발국의 정치적·사회적 문제나 수요를 파악하지 않은 채, 서구의 오만한 우월감과 제국주의적 의식에서 원조 프로그램을 계획하고 실행했기 때문이라고 비판하면서 빈곤한 나라 스스로 자유시장 시스템을 도입해 문제를 해결할 방안을 찾아내야 한다고 주장했다.

　1945년, 당시 세계는 급속한 탈식민지화가 이루어지고, 미국과 소련이라는 양극체제로 전환되었으며, 국제연합UN이 탄생했다. 미국은 붕괴된 유럽 경제를 재건하기 위해 마셜플랜Marshall Plan이라는 대규모 경제원조를 시작하였다. 이후 1960～1970년대 냉전체제 하에서의 원조는 미국과 소련의 주도로 동맹을 강화하기 위한 정치적 성격의 원조가 주를 이루었다.[7] 미국과 소련 양국은 라틴아메리카와 아프리카의 빈곤국의 지배층을 자신의 진영으로 포섭하기 위해 경제적·군사적 지원을 아끼지 않았다. 당시 미국은 OECD 개발원조위원회Development Assistance Committee, DAC 가운데 가장 많은 금액의 공적개발원조를 제공하였다. 그러나 실질적으로 냉전기 미국의 대외원조는 '달러 외교dollar diplomacy'라고 불릴 정도로 해외개입정책의 일환으로 사용되었고, 미국의 상업적 이익을 실현하고 안보를 확보하기 위한 외교적 수단으로 이용되었다.[8] 냉전체제에서 미국은 새로이 독립한 아프리카 국가들의 권력 공백을 메꾸고, 이들에 대한 소련의 영향력을 약화시키기 위해 경제적 지원을 비롯해 정치적 이념 및 체제의 이식, 그리고 군

사원조 등의 여러 형태로 지원을 하였다.[9]

　대표적인 예로 1949년 시작된 미국의 저개발국 개발 원조 사업인 포인트 포 프로그램Point Four Program을 들 수 있다. 포인트 포 프로그램은 미국의 경제 원조 및 기술 이전을 통해 저개발 국가들의 경제 도약을 돕는 프로그램으로, 댐, 항만, 도로 등 사회기반시설을 확충하고 농업기술을 이전하는 사업들을 시행하였다.[10] 그러나 포인트 포 프로그램의 궁극적 목적은 소련의 영향력이 확대되는 데 대항하는 것이었다. 당시 미국의 트루먼 대통령은 이 프로그램에 관해 "공산주의자들의 프로파간다에 따르면 자유국가들은 수백만 명의 저개발국가 사람들에게 적절한 생활수준을 보장해줄 능력이 없다고 한다. 포인트 포 프로그램은 그 주장이 완벽한 거짓임을 보여줄 수 있을 것이다"라고 말했다.[11]

　1980년대 중반 이후 냉전체제가 무너지면서 빈곤국에 대한 미국의 전략적 이해관계도 약화되었으며 대외원조는 대폭 축소되었다. 심지어 수백만 명이 희생된 소말리아와 르완다 분쟁 당시 인권위기 상황에서조차 미국의 원조와 개입은 매우 제한적으로 이루어졌다. 미국과 소련 간에 데탕트가 이루어지자 아프리카 저개발국이 가진 전략적 중요성이 사라졌기 때문에 미·소 양국은 자기 진영으로의 편입을 목적으로 한 아프리카 지원을 더 이상 제공할 필요가 없어졌다.[12] 미 의회 내부에서도 그동안 미국이 제공한 대외 원조가 단지 부정부패한 관료와 독재자들의 부를 늘려주는 데 지나지 않았다는 비판이 쏟아졌다.[13]

　냉전의 종식과 더불어 등장한 레이거노믹스와 대처리즘으로 불리는 신자유주의 정책은 원조의 성격에도 영향을 미쳤다. 원조를 받은 국가들은 원조를 받는 대가로 신자유주의적 경제정책인 긴축재정, 무역자유화, 해외직접투자의 자유화, 민영화, 기업들의 진출과 퇴출을 용이하게 하도록 각종 규제 철폐 등의 조건을 수락해야 했다. 다자간 원조를 주관하는 세계은행이나 IMF는 빈곤한 저개발국가에게 자유경쟁적인 국제경제 질서에 참여하도록 하는 여러 단서 조항을 제시하고, 이를 수행할 경우 원조를 제공하겠다고 제안하였다. 냉전시기의 대외원조가 빈곤한 국가의 도로, 항만, 배수시설과 산업시설 등 사회기반산업의 구축을 지원하는 방식이었다면, 냉전체제가 무너진 이후에는 무역자유화, 관세장벽 철폐, 민영화 등 자유시장경제체제로의 구조조정을 조건으로 내세운 방식으로 변화한 것이다. 1970년대 석유파동으로 외채위기가 시작된 데다 미국정부가 구조조정을 조건으로 내세우며 원조방식을 변경하자 사하라이남 아프리카 국가들은 1980년대와 1990년대에 더욱 극심해진 경제침체에 시달렸다. 소말리아, 모잠비크, 앙골라, 르완다, 코트디부아르, 감비아 등이 개혁프로그램을 시작했으나 결국 많은 국가들이 파산 선언을 했고, 부르키나파소와 에티오피아에서는 쿠데타와 내란이 일어나 정권이 붕괴되었다.[14]

앞서 살펴보았듯이 소말리아는 1970년대 식량을 자급자족하던 국가였다. 그러나 1980년대 세계은행과 IMF의 권고로 소말리아 화폐인 실링을 평가절하하자 비료 값, 연료비 등 생산비가 증가해 소말리아의 목축업이 결국 파산에 이르렀다.[15] 나아가 목축업의 파산이 곡물수요를 하락시켜 소말리아 곡물시장도 위축되었다. 게다가 미국정부의 보조금을 받아 생산된 값싼 미국산 곡물이 밀려들어오자 곡물을 생산하던 소농들은 결국 농토 대부분을 정부와 유착된 군인이나 상인에게 빼앗기거나 외국계 초국적 농식품 기업에 헐값에 팔아야 했다. 농부들이 잃어버린 농토에서는 내수용 곡물 대신 수출용 상품작물이 재배되었다. 농부들은 주곡용 작물 대신 선진국의 소비자를 위한 농산물을 생산하게 되었고, 소말리아인들의 식탁은 점점 외국의 식량원조에 의존하게 되었다. 세계은행이나 IMF는 소말리아의 공공부문의 민영화를 추진하면서 공무원 규모를 대폭 줄였으며, 소말리아 정부 또한 세계은행이나 IMF로부터 받은 외채를 갚기 위해 계속 긴축재정을 펼쳐야 했다. 소말리아 경제는 더욱 악화되어 원조를 받을수록 더 원조에만 의존하는 국가가 되었고 결국 국가 행정까지 붕괴되는 지경에 이르렀다.

아시아의 최빈국인 방글라데시도 국제 원조의 대가를 혹독하게 치렀다. 세계은행의 관리 하에 방글라데시에 대한 원조 컨소시엄이 구성되었다. 원조 컨소시엄은 원조를 해주는 대가로 방글라데시의 공공 금융기관을 장악해 재정과 통화 억제정책을 실시했으며 나아가 방글라데시의 예산 배분과 우선개발 분야 선정에 관한 사항까지도 직접 감독하였다.[16] 그 결과 금융기관의 직원들이 대량 해고되었고, 준국영기업은 폐쇄되었다. 대규모 토목 공사에 국제 경쟁 입찰 방식을 도입해 외국계 거대건설기업들이 방글라데시 기업을 제치고 건설과 토목 사업을 장악하였다. 그리고 IMF의 권고대로 농업보조금을 중단하자, 방글라데시 소농들은 정부보조금을 받아 생산한 외국의 값싼 농산물들과의 경쟁에서 힘없이 나가 떨어졌다. IMF가 구조조정한 대표적인 분야는 마직산업이었다. 본래 방글라데시의 마직산업은 외국기업의 합성섬유와의 경쟁에서도 밀리지 않고 외화를 벌어다 주는 주요 산업이었다. 그러나 IMF는 차관을 제공한다는 조건으로 마직산업의 3분의 1을 폐쇄하고 3만 5,000여 명의 노동자를 해고할 것을 강력하게 요구했다. 이로 인해 소규모 마직공장은 대부분 도산하였다. 이것은 마 농사로 생계를 이어가는 300만 농가에도 악영향을 미쳤다.[17] 이처럼 국제원조 시스템은 부유한 국가에게 유리하게 구성되어 있는 국제경제체제를 일방적으로 따를 것을 강요함으로써 빈곤한 국가가 스스로 자립할 수 있는 가능성까지 봉쇄하고 부유한 국가와 빈곤한 국가 간 격차를 더욱 벌이는 부작용을 야기했다.

2000년 이후 빈곤국에 대한 부유한 국가들의 무상원조는 다시 증가하기 시작했다. 1990년대 중반 이후 아프리카 지역에서 중국의 영향력이 점차 확대되자 미국이 이를 견제할 필요성을 느꼈기 때문이다. 또한 2001년 9·11 테러사건을 계기로 미국사회는 다시 빈곤한 저개발국에 관심을 갖기 시작했다.[18] 새천년을 시작하면서 전 세계의 정치지도자들은 유엔에 모여 '빈곤 퇴치, 인간의 존엄성과 평등의 고양, 평화·민주주의·환경적 지속가능성'을 달성하기 위한 새천년개발목표Millennium Development Goals를 설정하였다. 새천년개발목표를 달성하기 위해서는 막대한 자금이 필요할 것으로 예상되었다. 이 자금은 대부분 부유한 국가들이 부담하기로 했는데, 서방 선진국가들은 테러에 대한 두려움 때문에 이 자금을 기꺼이 부담하고자 했다. 2001년 9월 11일 오전 미국 워싱턴의 국방부 청사(펜타곤)와 의사당을 비롯한 주요 관청 건물들, 그리고 뉴욕의 세계무역센터WTC 빌딩 등이 동시에 테러 공격을 받았기 때문이다. 이 사건 이후 테러의 근본적인 원인으로 빈곤이 지목되었다.

삭스 Sachs는 그의 저서 『빈곤의 종말The End of Poverty』(2006)에서 빈곤이야말로 절망의 온상이자 테러와 폭력의 원인이라고 하였다. 부유한 국가의 지도자들은 빈곤한 사람들 모두가 테러리스트가 되지는 않지만 빈곤하고 불안정한 국가에 사는 사람들이 테러리스트들의 네트워크나 마약범죄조직(카르텔)에 포섭되기 쉽고, 빈곤이 사회적 분노와 불안정을 야기하기 쉬우며, 이러한 분노와 불안정이 현재 미국과 서구 중심의 국제질서에 저항하는 테러 집단의 동력이라는 점에 동의하였다. 따라서 테러리스트가 양산될 수 있는 환경을 없애고 현재의 패권주의와 국제시장 질서를 유지하기 위해서는 빈곤한 저개발국의 경제성장에 관심을 가질 필요가 있다는 것이다. 이러한 논리는 냉전시대 미국의 빈곤국 지원 논리와 매우 유사하다. 냉전시대에는 소련과 공산주의 세력이 안보의 위협 대상이었다면, 오늘날에는 공산주의 대신 테러리스트로 바뀌었을 뿐이다.

삭스는 북아메리카와 서유럽의 부유한 국가들이 테러의 위협에 시달리지 않고 평화롭게 살기 위해서라도 빈곤국들에 대한 원조액을 지금보다 훨씬 늘려 그들이 빈곤의 덫에서 빠져나오도록 도와야 한다고 주장한다. 미국은 실제로 빈곤이 안보의 위협 요소가 될 수 있다는 인식 하에 대외원조 규모를 꾸준히 확대하였다.[19] 2005년 영국 총리였던 블레어T. Blair는 새천년개발목표 달성의 일환으로 아프리카의 빈곤을 퇴치하기 위한 국제 원조의 증대를 국제사회에 촉구하였다. 1985년 '라이브 에이드Live Aid'라는 자선 콘서트로 아프리카의 빈곤에 대한 국제사회의 관심을 불러일으켰던 유명 팝 가수 밥 겔도프B. Geldof는 2005년 G8 정상회의에서 '가난을 역사로 만들기'라는 주제로 'Live 8'이라는 콘서트를 열어 선진국 정상들에게 아프리카의 빈곤을 퇴치하기 위한 원조를 호소하였다. 이 콘서트에는 엘튼 존, 마돈나 등 세계 유명 가수들이 뜻을 함께했다.

이러한 세계적 추세 속에서 가나는 2001년 고채무 빈곤국 지원 규정에 의거해 세계은행과 IMF로부터 채무 감소 혜택을 받게 되었으며, 이에 무상원조가 급증하였다. 2005~2007년 동안 가나가 받은 원조의 90퍼센트 이상이 무상원조였다.[20] 가나는 2000년 이후 지속적으로 연평균 5퍼센트 이상의 높은 경제성장률을 나타내면서 원조의 성공 사례로 꼽혔다. 그러나 경제성장률 지표가 호전되었다고 해서 국민생활이 개선됐다는 의미는 아니었다. 원조는 본래 국내정치지형과 밀접하게 관련이 있다. 신자유주의적 구조조정을 전제로 제공 받은 원조는 가나에 극심한 정치적 불안 상황을 가져왔다. 세계은행과 IMF의 조언에 따라 가나정부는 세디화를 대폭 평가절하했으며 이는 수입품의 가격 상승으로 이어졌다. 생필품의 상당

부분을 수입하는 가나에서 이는 곧 일반 대중의 생활고를 가중시키는 결과를 초래했다.

또한 세계은행과 IMF가 가나 정부의 지출을 축소하도록 압박함에 따라 교육, 보건, 복지부문에 대한 정부의 지출이 감소하였고, 이 또한 사회적 불만의 원인이 되었다. 실제로 롤링스의 집권기간 내내 정치적 소요가 끊이지 않았고,[21] 롤링스는 처형과 탄압 같은 권위주의적 강압통치를 통해 19년간 정권을 유지하였다. 원조는 가나의 정치개혁 세력이 아니라 기존 지배층 세력을 후원함으로써 권위주의적 정권을 유지하고 정치개혁을 지연시키는 데 일조하였다. 원조를 받은 이상 세계은행과 IMF의 요구에 따라 신자유주의적 구조조정 프로그램을 실행해야 하는데, 이것이 국내정치 과정에서 비롯된 프로그램이 아니기 때문에 시민사회는 배제되고, 하향식 의사결정 구조에 의해 강압적으로 실행될 수밖에 없었다. 따라서 결과적으로 원조는 가나의 시민사회 성장을 저해하였고, 민주주의 발전에 걸림돌로 작용하였다.

잠비아 출신 경제학자인 모요D. Moyo도 그의 저서 『죽은 원조Dead Aid』 (2010)에서 사하라이남 아프리카 국가들에게 어마어마한 원조기금이 투입되었음에도 이 지역 국가들이 여전히 빈곤에 시달리고 있다고 지적하였다. 이는 원조가 부패한 정부에 현금으로 제공됨으로써 부패정권을 지탱해주는 역할을 하기 때문이라고 하였다. 또한 그는 원조기관에서 좋은 의도로 모기장을 무료로 나눠주자 현지 모기장 업체가 자생력을 잃고 도산했던 사례를 들면서, 원조가 의도치 않게 수혜국의 경제적 자립 토대를 부식시키기도 한다고 비판하였다.

2000년 이후 이러한 원조에 대한 비판을 인식해 민주주의로의 개혁과 인권을 조건으로 제시함으로써 원조와 민주주의를 연계시키려는 시도들이 이루어지고 있다. 그러나 여전히 원조 제공 기관들은 정치적 개혁을 주도하는 진보세력들을 지원하는 것을 꺼리고 있다. 또한 정치적으로 비개혁적이고 부패한 아프리카 국가 지도자들에게 벌칙을 부과하는 과정이 더디게 진행되는 반면, 이들에게 부과된 기존의 벌칙을 해제하는 작업은 신속하게 이루어지고 있다. 그리고 여전히 많은 국가들이 자국의 이익을 위한 외교정책의 일환으로 원조를 활용하고 있다.[22]

진정으로 빈곤한 나라에게 필요한 것은 동정어린 기부나 경제적 자유화를 조건으로 내세운 원조가 아니다. 불공정한 시장구조를 그대로 놔둔 채 인류애라는 이름으로 혹은 부유한 국가의 잣대로 재단한 구조개혁이라는 이름으로 수행된 원조 행위는 결코 빈곤을 역사로 만들겠다는 프로젝트를 성공시킬 수 없다. 실제로 원조가 빈곤한 국가를 얼마나 변화시켰는지, 만약 기대했던 방향의 변화가 일어나지 않았다면 그 이유가 무엇인지에 대한 분석이 먼저 이루어져야 할 것이다. 나아가 불공정한 국제경제체제를 좀 더 공정하게 변화시키고 원조가 실제 가난한 사람들의 생활수준 개선으로 이어질 수 있도록 국제 시민사회의 협력이 이루어져야 할 것이다.

2. 공정무역, 대안이 될 수 있는가?

착한 소비자라는 나르시시즘에 갇힌 신념

공정무역은 1980년대 이후, 세계의 불공정한 교역구조를 좀 더 공정하게 개선하고자 선진국의 시민사회가 주도해 만든 국제적 시민운동이다. 공정무역은 생산자가 정당한 대가를 받을 수 있도록 하는 것이고, 그 비용의 일부를 소비자가 부담하는 형태의 무역이다. 공정무역을 통해 증식된 이윤은 자본축적을 위해 재투자되거나 개인 호주머니로 들어가는 것이 아니라 생산자 공동체의 생활수준 향상과 사회간접시설의 개선에 사용되거나 공정무역 인준과 상품의 질 관리에 투입된다. 커피를 예로 들면, 2014년 현재 생산자조합에 로스팅 이전 원두 값으로 1파운드당 1.4달러를 보장해주고, 별도로 1파운드당 0.2달러씩 해당지역에 사회보장기금premium을 지원하는 조건으로 직거래하여, 수확 전에 그해 예상되는 수확량의 60퍼센트까지 선급금으로 지급한다. 이처럼 공정무역은 상품의 유통과 소비 구조상 생산자가 소외될 수밖에 없는 부분에서 소비자가 생산자를 지원하는 시스템을 구축해 운영하고 있다. 특히 소비자가 약간의 비용을 더 지불함으로써 시장가격의 변동 때문에 생산자가 입게 되는 피해에 대한 완충제 역할을 한다.

공정무역에서 생산자와 소비자는 서로 연결되어 있다고 생각한다. 공정무역에서 소비자가 생산자와 연결되어 있다는 느낌은 생산자와 소비자 간 거리가 단축된 데서 기인한 것이다. 커피의 경우, 우리가 커피를 마시기까지 여러 단계를 거쳐야 한다. 자유무역에서는 가족이나 고용 노동력을 이용해 커피를 생산한 농부가 중개인에게 커피콩을 판매한다. 중개인은 농부에게서 산 커피콩을 가공처리 담당자에게 팔고, 가공처리 담당자는 가공과정을 거친 커피 원두를 무역업자에게 판매한다. 무역업자가 브로커를 통해 커피 회사에 원두를 판매하면, 커피회사는 로스팅과 분쇄 단계를 거쳐 소매상에게 넘긴다. 비로소 우리는 커피숍에서 한 잔의 커피를 마시게 된다. 그러나 공정무역에서는 무역업자에게 판매되기 전 단계를 생산자협동조합이 담당하도록 해 유통 과정을 단축시켰다. 그 과정에서 발생되는 부가가치를 줄임으로써 소비자의 부담을 많이 가중시키지 않고도 생산자에게 그 몫이 더 돌아가도록 한 것이다.

시민들은 공정무역을 통해 글로벌 문제에 매우 쉽게 참여할 수 있으며, 이는 공정무역이 지닌 장점이기도 하다. 스타벅스는 "당신이 카푸치노 한 잔을 마실 때마다 소말리아 아동에게 2센트씩 전달되고, 열대우림 보존에 기여합니다"라고 공정무역 커피를 광고한다. 커피 한 잔을 마시는 것만으로 빈곤한 아동이 교육받고, 지구 환경을 살릴 수 있으며, 불공정한 세계를 좀 더 공정하게 만드는 데 참여할 수 있다는 것이다. 한국공정무역연합에서도 윤리적 소비자로 공정무역에 참여하려면 단지 공정무역 차나 바나나, 초콜릿을 소비하고, 축구공을 사서 즐기기만 하면 된다고 한다. 이와 같이 적은 비용으로 편리하게 참여할 수 있는 점은 많은 소비자들을 윤리적 소비자로서 공정무역에 참여하도록 하는 강력한 원동력이 된다.

대개 공정무역 상품을 구매하기 위해서는 약간의 비용을 더 지불해야 한다. 이는 다른 사람의 생활을 개선하기 위해 아주 적은 것일지라도 개인적 희생이 요구된다는 것을 의미한다. 게다가 공정무역상품을 선택하는 소비자들은 사회정의에 관심이 있으며 기회가 되면 참여할 의지도 있는 사람들이다. 그들에게 공정무역은 정치로부터의 회피가 아니라 정치활동의 지평을 넓히는 것이다. 이러한 맥락에서, 공정무역이야말로 개인이 통제하지 못하고 알 수도 없는 거대한 시장에서 행할 수 있는 자유의 실행이자 적극적 참여의 표식이라고 할 수 있다.[23]

많은 학자들도 이러한 면에서 공정무역이 자유무역에 따른 불공정을 해결할 수 있는 열쇠라고 평가하였다.[24] 자본주의체제에서 사람들은 자신을 상품화해 시장에 판매하고, 다른 한편으로는 상품을 소비하는 과정에 참여한다. 그러나 상품이 어떻게 생산되고 소비되는지에 대한 실질적인 정보로부터는 소외되어 있다. 그래서 불공정한 사회관계나 착취구조 그리고 생태 파괴과정에 대해 알지 못한다. 그러나 공정무역은 생산자에 대한 정보를 제공하고 생산자와 소비자의 단계를 줄여 소비자의 구매행위를 통한 이윤이 생산자에게 돌아가게 함으로써 소비자가 생산에서 소비까지의 과정을 알 수 있게 한다. 그리고 소비자로 하여금 구매행위를 통해 생산자협동조합과 연계되고 사회정의의 가치를 공유하며 자본주의체제의 불공정에 저항하는 행위에 자연스럽게 참여하게 한다.

그러나 공정무역의 문제는 윤리적 소비자가 완전하지도 적합하지도 않은 정보에 기초해 소비한다는 점이다. 소비자에게 제공된 정보는 빈곤하고 열악한 농부의 생활 조건 등과 같이 소비자의 감정을 자극하도록 드라마틱하게 만들어진 것이다. 소비자는 수조 원에 달하는 대중적인 기업 마케팅이나 캠페인에서 만들어진 정보를 통해 부추김 당하고, 결국 공정상품을 구매하는 것이다.[25] 처음부터 선진국의 중산층 소비자는 불공정한 다국적기업의 횡포에 저항하기 위해 공정무역의 지분을 가지고 빈곤한 국가의 생산자와 연대한 것이 아니라, 이와 같이 만들어진 정보가 자극한 빈곤한 국가의 가난한 생산자에 대한 일종의 연민이나 동정 등 윤리적 동기 때문에 구매에 참여한 것이다.

이러한 정보만으로는 충분하지 않다. 공정무역상품이 실제 어떤 조직에 의해 어떻게 관리되고 거래되는지, 그에 따른 이윤배분은 자유시장과 어떤 차이가 있으며 실제 생산지역의 생활조건을 얼마나 개선시켰는지, 그리고 그 과정에서 파생되는 문제를 어떻게 해결했으며 새롭게 발생하는 문제는 무엇인지에 대한 정확하고 비판적인 정보는 제공되지 않는다. 심지어 유통단계를 줄였음에도 불구하고 공정무역상품이 일반상품에 비해 왜 더 비싸야 하는지에 대한 정보조차 제공되지 않는다. 자신이 조금 더 지불한 비용이 생산자의 생활을 개선시키는 데 쓰일 것이라고 어렴풋이 짐작만 할 뿐이다. 그러나 사실 자신이 지불한 비용 중 과연 얼마나 생산자의 몫으로 돌아가는지에 대한 기본적인 정보조차 알 수 없다. 공정무역상점의 점원이나 커피회사의 담당자에게 물어봐도 아무도 정확하게 알려주지 않는다.[26]

적절하고 정확한 지식과 비판적 사고가 뒷받침되지 않은 참여는 감정의 변화에 따라 쉽게 중단될 수 있다. 그래서 소비자는 공정무역운동에 참여하기도 쉽지만 감정이나 경제 사정의 변화에 따라 중단하기도 쉽다. 많은 사람들은 생산자가 더 좋은 환경에서 일할 수 있다면 더 많은 비용을 지불하더라도 공정무역 상품을 구매하겠다고 말한다. 어떤 연구에서 대학생을 대상으로 공정무역에 대한 지지 정도를 조사하였는데, 약 20달러짜리 상품을 동일한 가격이나 1달러 정도 더 많이 지불할 경우 84퍼센트 학생이 공정무역 상품을 사겠다고 하였다. 5달러 정도 더 지불할 경우에도 75퍼센트 정도의 학생이 구매하겠다고 하였다. 이는 설문조사 결과였으며 실제 상황에서는 그 수치가 훨씬 떨어졌다.[27] 또 다른 연구들에서도 비슷한 결과를 보였다. 백화점의 양말 상점에서 일반양말보다 약간 더 비싸지만 공정무역 라벨을 붙인 양말의 실제 구매율을 조사한 연구 결과 26퍼센트만이 공정무역 양말을 구매한 것으로 나타났다. 이는 구매의사를 물은 설문조사보다 훨씬 낮은 수치였다.[28] 공정무역 셔츠와 일반 셔츠의 구매 비율을 조사한 결과 구매의사를 밝힌 이 중 3분의 1만이 실제로 공정무역 셔츠를 구매하였다. 셔츠의 평균 가격은 11달러였고, 공정무역 셔츠는 약 1달러 정도 더 비싼 수준이었다.[29]

윤리적 소비자가 공정무역상품을 선택하는 행위의 이면에 깔린 심리적 동기를 '나르시시즘'에 비유하기도 한다. 공정무역상품을 구매함으로써 거대한 자본주의 시장에서 무력한 개인으로서 느끼는 소외와 불안이 감소되고, 윤리적 인간으로서 자신의 정체성을 구축할 수 있다. 공정무역은 사회정의를 상품화해서 제공하고 소비자는 그 상품을 구매함으로써 저렴

한 비용으로 정의로운 세계에 대한 욕망과 자존감을 충족할 기회를 사는 것이다.[30]

문제는 시장에서 판단의 기초가 되는 충분하고도 적절한 정보도 없고, 경제적 여건이나 심리적인 변화에 따라 쉽게 구매를 포기할 수 있음에도 불구하고, 여전히 상품이 어떻게 생산되고 글로벌 스케일에서 어떻게 분배되는가의 문제가 소비자의 결정에 의존한다는 점이다. 이는 자유시장과 마찬가지로 공정무역시장에서도 빈곤한 국가의 가난한 생산자들은 부유한 국가의 소비자들의 변덕에 빌붙어 살아야 한다는 것을 의미한다. 윤리적 소비자에게는 사소한 개인적 취향의 문제가 빈곤한 국가의 생산자에게는 생존이 걸린 매우 중대한 결정이 될 수 있다. 사회정의의 관점에서 보면 소비자의 주권과 취향이 생산자의 필요에 선행해야 한다는 명제가 항상 참이어서는 안 된다.[31] 자본주의 시장에서 윤리적 소비자에 의존하는 공정무역은 "공정, 정의, 민주, 휴머니티 등의 이름으로 생산에 요구되는 시간과 노력을 결정하는 권리를 생산자의 손에서 낚아챈 소비자의 주권일 뿐"일 수 있다.[32]

공정무역이 소비자 주권을 이러한 방식으로 가정하기 때문에 극도로 불공정하고 환경파괴적인 소비 구조를 수용할 수밖에 없다. 공정무역이 의존하는 부유한 국가의 중산층 소비자들은 이미 불공정한 시장구조에서 수혜를 받은 계층이다. 현재 수준의 생태 환경을 유지하면서 지구상의 40억 명 이상에 달하는 과소 소비자들이 현재의 소비 수준을 최소한의 수준까지라도 올리려면 10억 명의 과대 소비자들의 소비를 우선적으로 제한하고 줄여야 한다.[33] 부유한 국가의 소비자들의 과도한 소비는 이미 지구 자원을 고갈시킬 수 있는 위협이 되었고 그러한 소비를 유지시키려면 불공정한 시장구조가 지속되어야 한다. 공정무역이 의존하는 윤리적 소비자들은 공정무역상품의 구매자인 동시에 다국적기업의 불공정한 상품의 구매자이기도 하다. 공정무역은 이러한 불공정한 소비구조에 기초해 세계의 사회정의를 모색하는 셈이다.

지젝s. Zizek은 2012년 경희대 강연에서 공정무역상품의 소비가 다국적기업의 불공정상품 소비에 대한 도덕적 완충작용에 불과하다고 하면서, 공정무역 소비자의 착한 행위를 '미신의 신념구조'에 갇힌 것이라고 비판하였다. 그는 미디어가 자본주의의 문제를 연일 보도하면서도 "자본가는 탐욕스럽다"는 식의 해석만 넘쳐난다고 지적했다. 그는 단순히 자본가의 탐욕과 부패만을 지적하는 바람에 정작 중요한 자본주의 시스템에 대한 분석을 놓치고 있다고 지적하면서, 이데올로기가 자본주의 시스템에 대해 분석하지 못하도록 방해한다고 하였다. 그는 이데올로기가 우리의 일상 속에서 일종의 미신과 같은 신념을 작동시킨다고 하면서 공정무역이나 유기농식품도 모두 이데올로기에 불과하다고 말했다. 볼품없는 유기농 사과를 비싼돈을 주고 구입하는 행위가 "환경파괴는 좋지 않다"라는 이데올로기에 갇힌 소비자가 환경파괴 문제를 근본적으로 해결할 생각을 하는 대신, 가장 저렴한 방법으로 그 문제를 해결하는 것에 불과하다는 것이다.

변화시킨 것과 변화시키지 못한 것

소비자는 생산자의 생활환경을 개선하고자 공정무역에 참여한다. 만약 공정무역의 윤리적 소비가 생산자의 생활수준을 높이거나 작업환경을 개선시켰다면 그것이 나르시시즘에 의한 것이든 세계불평등 구조를 변화시키기 위한 것이든 그들의 구매행위는 효과적이라고 평가할 수 있다. 세계공정무역협회FLO가 설립된 1989년부터 1990년대 초반까지 이러한 성공사례는 실제로 종종 있었다.

공정무역이 생산자의 생활수준을 높인 대표적인 사례로 멕시코 와하카Oaxaca 지역의 생산자협동조합인 UCIRIUnión de Comunidades Indígenas de la Región del Istmo를 들 수 있다. 2,500가구가 회원인 이 협동조합은 1982년에 설립되어 첫 번째 공정무역 파트너로 등록된 후 소득이 안정되면서 절대빈곤에서 벗어날 수 있었다. 그리고 보건, 교육, 도로 등 사회 인프라 시설도 확충되었고, 신용도와 기술력, 마케팅 능력까지 향상되어 국제시장에서 살아남을 수 있는 자생력이 높아졌다.[34]

다른 지역에서도 유사한 성공사례를 볼 수 있다. 코스타리카의 커피생산지역 중 공정무역에 참여한 지역의 주민 1인당 소득이 일반 지역보다 높고, 수출시장, 재배와 처리기술, 재정관리 등에 대한 학습 효과로 인해 자생적으로 이윤을 창출하는 역량도 높아졌다.[35] 공정커피인준비율이 가장 높은 중앙아메리카 5개 국가의 커피생산지역의 경제 변화를 분석한 결과, 공정무역에 참여하는 공동체의 노동여건이 개선되었고 구성원들 간 결속력이 더 강화되었을 뿐 아니라, 해당 지역의 의료와 교육수준도 높아졌다.[36]

그러나 사실 이와 같은 초기 사례를 제외하고는 선진국에서 공정무역이라는 용어가 지닌 매력에 비해 현지 생산자가 느끼는 효과는 그다지 드라마틱하지 않다. 커피를 예로 들면, 공정무역에 따른 생활수준 향상이라는 긍정적 효과는 세계시장에서 커피원두 1파운드당 가격이 1달러였을 때 이야기다. 1989년 로스팅 전 공정무역 원두를 1파운드당 최소 1.21달러로 보장해주었는데, 공정무역의 경우 대부분 생산자조합을 통해 판매되기 때문에 농부가 받을 수 있는 최종가격은 공정거래에서 제시되는 1.21달러보다 낮은 0.91달러에 불과했다. 그러나 이 가격은 일반 커피에 비해서는 높은 가격이었다.[37] 그런데 2008년 말 커피원두의 세계시장 가격이 2달러로 상승하였다. 세계공정무역협회도 커피원두 1파운드당 가격을 1.40달러로,

사회보장기금을 0.2달러로 상향 조정하였다. 그럼에도 세계공정무역협회 가격은 세계시장 가격보다 낮아서 공정무역을 선택한 생산자가 일반 생산자보다 1인당 소득 수준이 높을 것이라고 기대하기 어렵게 되었다.[38]

또한 생산자협동조합이 세계공정무역협회의 공정무역인증을 받기 위해서는 부담스러운 초기 비용과 까다로운 인증조건을 충족해야 한다. 커피를 예로 들면 2011년 기준으로 생산자협동조합 등록 신청비는 525유로(약 80만 원)이고, 초기 조사비는 규모에 따라 1,430~3,470유로(약 220~520만 원)이며, 유기농 생산과 처리 인증까지 받으려면 추가 비용을 지불해야 한다.[39] 그리고 3년 동안 매년 세계공정무역협회의 중간심사를 받는 것이 좋은데, 이 과정에서 매년 1,170~2,770유로(약 180~420만 원)를 지불해야 한다. 이는 빈곤한 국가의 가난한 생산자조합에게는 매우 부담스러운 비용이다.

공정무역의 가격보다 자유무역시장에서 가격이 높고, 또 인증을 받기 위한 비용이 높은데도 2012년 세계공정무역협회 보고서에 의하면 생산자협동조합의 등록은 꾸준히 증가하고 있다. 왜냐하면 생산자협동조합이 단기적 이윤보다는 장기적인 이윤창출능력을 갖추고 싶어 하고, 변덕스러운 세계시장가격 변동에 대한 안정적 완충제를 포기하기 어렵기 때문이다.[40] 그러나 공정무역시장보다 자유무역시장에서 상품가격이 지속적으로 높아진다면 생산자협동조합들이 계속해서 세계공정무역협회 인증에 관심을 가질지는 확신하기 어렵다. 세계공정무역협회에 가입한 생산자협동조합 중 탈퇴하는 경우도 있다. 필리핀 마스코바도의 설탕 생산자협동조합은 현지 사정을 고려하지 않은 세계공정무역협회의 인증기준 적용에 반발해 2008년에 탈퇴하였다.[41]

윤리적 소비의 효과가 생각보다 크지 않은 이유는 본질적인 자본주의 구조의 문제를 간과한 채 소비자의 감정과 도덕에 호소해 문제를 해결하려 했기 때문이다. 만약 자본가들이 값싼 노동력과 값싼 원료를 찾지 않고 공정한 방식으로 생산하고 판매한다면, 그들은 자본주의 시장에서 더 이상 자본가로 살지 못할 것이다. 공정무역의 윤리적 소비가 자본주의의 최악의 모습을 어느 정도 희석시켜줄지는 몰라도 자유시장의 근간을 변화시키지는 못한다. 궁극적으로 자본주의에서 경쟁과 착취는 도덕의 결핍 때문이 아니다. 자본주의 그 자체가 자유시장에 포함된 사람 혹은 기업으로 하여금 살아남기 위해서는 경쟁하고, 자본을 축적하며, 이윤을 극대화하도록 추동하기 때문이다. 그러나 대부분 공정무역운동은 윤리적 소비를 확대함으로써 사회정의를 실천하려고 한다. 그것은 자본주의 시장의 본질을 너무 간과한 것이다.

더군다나 까르푸나 스타벅스와 같은 다국적기업이 공정무역에 관심을 갖기 시작하면서 공정무역시장은 자유시장만큼이나 경쟁적으로 변했고, 생산자와 소비자를 분리시키고 소외시켰다. NGO와 소비자단체들이 열대지역의 빈곤한 커피재배농가로부터 폭리를 취한다는 비난의 소리를 높이자, 스타벅스는 2007년에 공정무역 커피를 구매하기 시작해 2009년에는 290만 파운드, 2010년에는 210만 파운드를 구매하였다. 이는 스타벅스 원두 구매 총량에 비하면 얼마 되지 않는 양이지만, 스타벅스는 적은 양의 공정무역커피를 구매함으로써 불공정 기업이라는 부정적 이미지를 걷어내고 노블리스 오블리제를 실천하는 도덕적 기업이라는 이미지를 만들어냈다.

다국적기업이 공정무역시장에 진입하면서 참여나 연대, 운동성 등은 희석되고 비즈니스를 강조하는 시장성이 공정무역의 핵심가치로 강조되어 버렸다. 스타벅스나 맥도널드와 같은 다국적기업의 지원으로 세계공정무역협회를 대신할 국제보존협회Conservation International, CI와 같은 기업 친화적 조직이 설립되었다. 세계공정무역협회의 기준과 비교할 때 국제보존협회의 기준은 사회적 책임감에 대한 요구가 낮고, 생산자의 노동기준 또한 모호하게 제시되며 그나마 엄격하게 적용되지도 않는다. 게다가 국제보존협회의 윤리적 파트너인 생산자협동조합의 역할 또한 매우 의문스럽다. 현지의 생산자조합들은 스폰서 역할을 하는 다국적기업의 이미지를 세탁하거나, 현지 동식물에 대한 토착지식을 수집해 다국적기업에게 제공함으로써 그들이 특허권을 행사하도록 하는 등 친환경 식민주의에 동원된다는 비난을 받는다.[42] 그리고 미국의 공정무역협회는 세계공정무역협회에서 독립해 기존 소농 중심의 생산자조합 인준 자격을 대규모 플랜테이션까지 확대함으로써, 소규모 농가를 지원한다는 세계공정무역협회의 당초 원칙을 훼손하기도 했다. 다국적기업에 의해 세계공정무역협회는 유사한 공정무역단체들과 경쟁하는 구도가 되었고 그 과정에서 추진 동력이 약화되었다.

또한 공정무역시장의 규모를 확장하려고 할 경우, 자본주의의 본질에 얽매여 더 이상 영역을 확장할 수 없다. 이러한 한계는 앞서 성공 사례로 소개한 멕시코 와하카 지역의 UCIRI 생산자협동조합의 성장 과정에서 살펴볼 수 있다. 공정무역에서 가격은 사회정의나 빈곤한 국가 생산자의 필요에 의해 결정되는 것이 아니라 윤리적 소비자가 거의 부담을 느끼지 않을 수준에서, 즉 시장의 한계 내에서 결정될 수밖에 없다. 그래서 대표적인 성공 사례로 꼽히는 UCIRI 협동조합 구성원의 생활수준조차 윤리적 소비자들이 상상하듯이 그렇게 향상되지 않았다. 그리고 공정무역이 자본주의의 본질로부터 자유롭지 못하다는 것은 커피에 대한 의존도를 낮추기 위해 1997년에 설립한 의류공장의 실패에서도 확인할 수 있다. UCIRI의 의류공장은 공정무역 조건에 맞게 임금을 지불했으나 세계시장에서는 중국의 저임금 의류공장과 경쟁해야 했고, 결국 2004년에 공장 문을 닫았다. 또한

UCIRI는 2002년 다국적기업이자 세계적 유통업체인 까르푸와 계약하면서 까르푸라는 강력한 파트너를 놓치고 싶지 않아 공정무역의 제반 조건의 상당부분을 양보할 수밖에 없었으며 세계공정무역협회로부터 인준도 받지 않은 채 계약을 체결하였다.[43]

거기에 생산자조합 간 협력적 네트워크의 확장 또한 자본주의 시장의 경쟁이라는 구조에 갇혀버렸다. 다국적기업은 이미 안정적으로 운영되고 지명도 있는 생산자협동조합하고만 거래하려고 하기 때문에 새롭게 등록한 무명의 생산자조합은 파트너를 구하는 것이 매우 어렵다. 결국 그들은 공정시장에서 자유시장의 법칙에 의해 퇴출되었다. 공정무역시장에서도 가격이 소비자에 의해 결정되었고, 다국적기업의 힘이 공정무역의 정신을 흐려놓았으며, 협동조합이 서로 경쟁하는 구조로 변해버렸다. 공정무역이 자본주의의 문제를 넘어선 대안무역인 것처럼 보이지만, 시장에 의해 추동되는 사회정의라는 새로운 유형의 장막을 침으로써 생산자로부터 소비자에게 상품이 전달되는 과정을 이해하기 더욱 어렵게 만들었다. 생산자와 소비자의 간격을 좁힌 것처럼 보이지만 사실은 생산자가 무역업자에게 상품을 넘기기 전까지만 간격이 좁아졌을 뿐, 그 이후 단계는 더욱 복잡해지고 교묘해졌다.

결론적으로 윤리적 소비자는 공정무역에 참여함으로써 생산자의 생활을 변화시키거나, 거대 자본의 힘에 좌지우지되는 자유시장의 문제를 해결하는 데 영향력을 행사하지 못했다고 할 수 있다. 소비자는 공정무역시장에서도 여전히 소외되고 고립된 개인으로서, 어떻게 상품이 생산되어 어떤 과정을 거쳐 소비자에게 오는지에 대한 명확한 정보 없이 상품을 구매하고, 그들이 하는 시장 결정의 직접적 결과와는 분리되고 차단되어 있다. 윤리적 소비자는 다른 집단과 책임감을 공유하지 못한 채 고립되어 있고, 윤리적 선善을 구매하는 최종 구매자의 역할만을 할 뿐이다. 본래 참여란 실행 공동체의 구성원이 된다는 것을 의미하고, 이것은 책임감을 공유한 사회 구성원으로서 사회 구조를 변화시키는 주체의 역할을 한다는 것을 뜻한다.[44] 이러한 맥락에서 윤리적 소비자는 진정한 의미에서 공정무역에 참여한다고 할 수 없다. 공정무역에 참여하는 것은 이성적이고 비판적인 정치적 결정을 요구하지 않은 채 지나치게 보편적 인간애와 연민에 의존한다. 윤리적 소비자로서 참여하는 것에는 세계 저편에 살고 있는 이들의 빈곤에 대한 책임감이 배제되어 있다. 그러한 참여는 지속성과 책임감을 담보하지 못하기 때문에 저개발국 빈곤의 재생산 기제를 변화시킬 수 없다.

15장

스스로 만든 변화, 연대가 키운 희망

사회를 결합할 수 있는 유일한 것은 국가이며, 국가는 모든 의지를 통합하고 전략적 틀을 기획한다. 따라서 국가는 경제 기관차의 첫 번째 칸이다. 두 번째 칸은 볼리비아의 민간투자다. 세 번째는 외부투자다. 네 번째는 소규모 기업이고, 다섯 번째는 농촌경제, 여섯 번째는 원주민 경제다. 이것이 볼리비아 경제가 구조화되어야 하는 전략적 체계다.

1. 약한 이를 위한 강한 도시, 쿠리치바

약자를 배려하는 도시

우리나라에서 친환경도시로 잘 알려진 쿠리치바는 브라질 남서부에 위치한 파라나Paraná 주의 주도다. 특히 버스 전용 차선과 광역-간선-지선 버스 체계가 처음 고안된 도시일 뿐 아니라 자전거 도로 체계를 비롯한 대중교통 시스템으로 유명하다. 쿠리치바는 1990년 유엔환경계획의 우수환경상 및 재생상을 수상하였고, 1991년 《타임스》가 선정한 가장 올바르게 사는 도시의 영예를 안았으며, 1998년 《유에스뉴스앤월드리포트US News and World Report》에서 스마트시티로 선정되었다. 하지만 쿠리치바는 그 유명세에 비해 사회지표는 썩 좋지 않다. 환경 부문에서 하수도 공급 가구가 전체 가구의 64퍼센트 정도밖에 되지 않고 인구 중 5퍼센트 가까이가 절대 빈곤층에 속한다. 급속한 인구 증가 때문에 파벨라도 늘어났고 물가도 비싼 편이다.[1] 이렇듯 평범한 라틴아메리카의 중형 도시인 쿠리치바는 선진국의 도시가 아닌데도 세계 여러 도시의 교통 및 도시 전문가들이 찾아와 자신들의 도시가 지닌 문제에 대한 해답을 구한다. 그 이유는 무엇일까?

우리는 일반적으로 환경 문제와 빈곤 문제를 따로 생각하곤 한다. 그러나 환경 문제와 빈곤 문제는 밀접하게 연관되어 있다. 비공식 경제 부문에서 일하고 비공식 주거지에서 거주하는 이들은 공식적인 환경 기준을 맞춘 주거지와 직장에서 생활하는 이들에 비해 훨씬 위험하고 유해한 환경에 노출될 가능성이 높다. 이러한 경향은 부유한 선진국보다는 빈곤한 국가의 도시에서 더욱 강하게 나타난다. 도시의 환경 재해에 노출되기 쉬운 정도는 소득 및 지위와 깊이 관련된다. 이러한 현상에 대해 미첼Hays-Mitchell과 갓프레이Godfrey는 '환경 부정의environmental unjustice'라고 하였다.[2] 이에 대해 쿠리치바 시는 사회적 약자를 배려하는 정책을 통해 환경을 보호하고, 경제적 약자가 자립할 수 있도록 도움을 줌으로써 사회적 안정을 꾀하였다. 약한 이들이 살기 좋은 세상은 안전하고 깨끗한 곳이라는 믿음에서였다.

쿠리치바의 버스 중심 교통체제는 우리나라에 최근 수년간 점차적으로 도입된 여러 교통정책들의 모태가 되었으며 보고타의 대중교통 시스템인 트란스밀라니오Transmilanio를 비롯해 멕시코시티의 광역버스 체계 등 여러 도시의 대중교통 체계에 영향을 미쳤다. 쿠리치바의 교통시스템의 특징은 적은 비용을 들이고 사회적 약자들을 위한다는 점이다. 쿠리치바의 교통정책은 개인교통보다는 대중교통을 우선시하고, 집행 및 운영비용을 최소화하며 이용자들을 위한 서비스의 질을 높이는 것을 목표로 하고 있다. 즉 빈곤층이나 노약자, 장애인 등 사회적 약자들이 이용하기에 편리한 교통체계를 만들되,[3] 시민들이 지불하는 비용은 물론이고 시정부가 사용하는 예산도 최소가 되는 시스템을 만드는 것이었다.

쿠리치바의 대중교통 시스템에는 여러 면에서 사회적 약자에 대한 배려가 반영되었다. 우리나라에서 최근 도입된 야간 버스도 일찍부터 쿠리치바에서 실시하였다. 대부분 사람들은 술을 먹고 가끔 새벽에 차를 타지만, 모두가 잠든 시간에 차를 타고 출퇴근하는 사람들도 상당수이며 이들 중 많은 이가 저소득 계층에 속한다. 쿠리치바 시는 새벽에 출퇴근하는 이들이야말로 교통약자이자 사회적 약자라고 인식해, 이들을 위해 시내버스를 24시간 운행하였다. 또한 특수교통 통합체계를 실시해 특수학교에 장애인들이 통학할 수 있도록 차량을 제공했으며, 노인, 장애인, 환자 등의 교통약자들이 전화를 하면 특수차량을 이용할 수 있게 하였다. 이러한 제도는 최근 우리나라에도 도입되었다.

교통만큼 널리 알려지지는 않았지만 가난한 사람들을 위한 쿠리치바의 주택 정책 또한 주목할 만하다. 라틴아메리카의 빈곤층은 자신이 살 집을 직접 짓는 경우가 많다. 우리에게는 낯선 이러한 주택은 11장에서도 언급되었듯이 자조주택이라고 불리는데, 전문 건축가가 아닌 일반인들이 짓기 때문에 오랜 시간에 걸쳐 엉성하게 지어지기 일쑤다. 쿠리치바에도 당연히 빈곤층이 스스로 지은 자조주택들이 상당수 있으며, 자조주택으로 구성된 파벨라가 존재한다. 1960년대 농촌지역에서 도시로 이주한 사람들로 인한 주택 부족 문제는 쿠리치바도 비켜갈 수 없었다. 쿠리치바로 이주한 사람들은 대부분 농촌에서 떠나온 사람들로, 도시의 공식 부문에서 일자리를 구할 수 없고, 공식적인 주택도 마련할 여력이 없었다. 라틴아메리카의 여러 도시들에서처럼, 그리고 브라질의 여느 도시에서처럼 그들은 빈곤한 이들의 마을, 파벨라를 만들었다. 쿠리치바의 파벨라는 도시 외곽, 특히 남동쪽으로 확산되었다. 이 지역에는 어떠한 도시 인프라나 서비스도 제공되지 않았다. 쿠리치바는 북동과 남서쪽을 잇는 축을 중심으로 발전했고 남동쪽의 지가는 급락하였다.[4] 심지어 최근에는 쿠리치바가 살기 좋은 도시라는 명성을 얻으면서 전국에서 더욱 많은 이들이 몰려들어 빈곤지구가 빠르게 확대되었다. 쿠리치바에는 여전히 많은 파벨라가 있으며, 쿠리치바 시민의 15퍼센트 이상이 파벨라에 거주하는 것으로 추산된다. 그런데 쿠리치바의 파벨라는 리우데자네이루 등 브라질의 여러 도시와 다른 점이 많다.

쿠리치바도 브라질의 다른 도시와 마찬가지로 1970년대에서 1980년 대 말까지 파벨라에 거주하는 사람들에게 집을 지어줌으로써 주택 문제를 해결하려 하였다. 파라나 지역을 기반으로 성장한 준공기업 성격의 건설회 사인 Cohab-CT는 브라질 국영주택은행의 보조를 받아 주도적으로 공공 주택 프로젝트를 시행하였다.[5] 공공주택 프로젝트란 상하수도, 전기, 도로 와 같은 도시 인프라는 제공하지 못하지만, 싼 가격에 주택만을 제공하는 사업이다. 그 목적은 빈곤층에게 안정적인 거주 공간을 마련해줌으로써 그 들이 자립할 수 있는 발판을 제공하는 것이었다. 쿠리치바 시당국은 파벨 라에 거주하는 빈민들에게 25년 상환으로 돈을 빌려주었다. Cohab-CT는 1967년 처음으로 2,100호 공공주택 지구를 건설해 파벨라의 빈민들을 이 주시켰다. 입주 당시에는 주택할당제가 적용되어 거주민들은 자신이 살게 될 집을 선택할 수 없었다.[6] 1960년대 말 농촌 인구의 유입으로 쿠리치바 의 파벨라가 더욱 확산되자 1969년에 4개의 공공주택 지구를 추가로 건설 하였다.[7]

1980년대는 집을 필요로 하는 사람들에게는 매우 어려운 시기였다. 브라질의 인플레이션과 경제 상황 악화로 건축자재 가격이 올랐으나 집을 구매할 수 있는 능력을 가진 사람들은 줄어들어 새로운 투자가 이루어지지 않았다. 그럼에도 집을 필요로 하는 사람은 계속해서 증가했다. 더군다나 이들은 브라질의 경제 상황이 악화되어 국가나 주 정부의 재정적 지원도 받을 수 없었다. 1989년 국영주택은행이 폐지되자 Cohab-CT 사업을 장기 적으로 지속할 만한 재정적 여력이 거의 소진되었고, 도심에 가까우면서도 도시 시설을 활용할 수 있는 위치의 토지도 별로 남아 있지 않았다. Cohab-CT가 공공주택을 건설하는 속도보다 파벨라의 증가 속도가 훨씬 빨라 공공주택 프로젝트로는 쿠리치바의 주택 부족 문제나 무분별한 도시 확장 문제를 해결하지 못했다. Cohab-CT의 공공주택 프로젝트가 계속 추진되었음에도 1989년 쿠리치바의 주택 부족분은 61,000가구에 달했다.[8]

시 재정이 부족하고 하이퍼인플레이션이 계속되자 쿠리치바 시정부는 주택을 구매할 수 없는 저소득층을 위해 자조주택 프로그램을 시행하였다. 이는 시정부가 현실적으로 빈곤층에게 공공주택을 공급할 수 없게 되자 그들 스스로 집을 짓는 과정에 도움을 준 것이다. 이 프로그램을 통해 도시에 사는 1만 가구 이상에게 그들 스스로 집을 짓도록 도와주었는데, 이 자조주택 프로그램은 1980년대 이후 쿠리치바의 가장 성공적인 주택 프로그램이라는 평가를 받는다. 시정부는 집터, 건축자재와 노동력을 구매하기 위한 비용을 자기 집을 짓는 사람에게는 25년 상환으로, 임대인에게는 5년 상환으로 대출해주었다. 가난한 사람들의 입장에서 이는 Cohab-CT의 집 짓기보다 40퍼센트나 절감된 비용으로 집을 소유할 수 있는 기회였다.

이는 정식으로 집을 지을 수 없는 사람들에게 주택을 소유할 수 있도록 할 뿐만 아니라 건축자재 판매와 일자리 창출이라는 일석삼조의 효과를 가져왔다. 나아가 쿠리치바 시는 빈민거주 지역에 주택을 제공하고 사회 편의 시설을 제공하기 위해 1층에는 상점이 들어서고 2층에는 주거 공간이 마련된 주상복합형 주택단지를 건설하였다. 1층 상점에는 마을에서 필요한 생활서비스 시설들이 들어서서 빈곤지역의 서비스 기능이 강화되었을 뿐 아니라 도심으로 통근, 쇼핑 등을 하기 위한 통행을 감소시켰고, 나아가 지역경제의 활성화에 기여하였다. 이에 더해 쿠리치바 시는 1980년부터 빈곤층들이 주로 종사하는 비공식 경제 부문 및 소규모 산업체에 행정 및 재정 지원을 시작함으로써 시의 경제적 기반을 다져갔다.

주택 등과 같은 물리적·경제적 변화에 집중된 쿠리치바의 도시계획은 1980년대 후반부터 사회적 변화로 옮겨가 학교, 의료시설, 식품 및 주택 프로그램을 통한 복지 중심의 계획으로 변화하였다. 이후 쿠리치바 시는 서구의 도시재생 경향과 비슷하게 예술 및 문화를 중심으로 하는 방향으로 도시계획을 세웠다. 이 과정에서 도시민 생활의 중심으로서 도심의 기능을 부활시키고, 문화·역사적 유산을 보존하며, 낙후된 건물을 재활용하는 개발 방식을 도입하였다. 또한 도시의 문화적 가치와 다양성을 보존하기 위한 일련의 사업을 시행하였다.

여러 하천이 흘러드는 쿠리치바에는 하천변에 발달한 파벨라들이 많다. 이들 지역에는 지형적 이유로 쓰레기 수거차량이 접근하기 어려워 쓰레기가 지역에 적재되는 일이 빈번하며, 쥐와 파리가 옮기는 질병이 자주 발생하였다. 이에 쿠리치바 시정부는 파벨라 지역에서 쓰레기 구매 프로그램을 시행하였다. 폐기물 수거 비용을 민간기업에 지불하는 대신, 쓰레기를 수거해오는 주민들에게 쓰레기 5킬로그램당 버스 토큰이나 식품 주머니를 나눠주었다. 이 주머니에 담긴 식품들은 농산물 시장이나 주변 지역 농가의 잉여 농산물을 시청이 구입한 것이다. 이 프로그램을 통해 파벨라 지역의 환경이 개선되고 질병 발생률이 감소했을 뿐 아니라 주민들은 저렴한 농산물을 구입할 수 있었다. 쓰레기 구매 프로그램과 비슷한 녹색교환 프로그램에서는 슈퍼마켓이나 학교, 공장, 지역 단체에서 재활용품을 식품 주머니와 교환해준다. 특히 '어린이를 위한 쓰레기 교환'이라는 프로그램은 어린이들이 재활용품을 가져오면 교재나 초콜릿, 인형, 케이크 등과 교환해주는데, 어린이들에게 재활용품이 식품이나 학용품과 교환할 수 있는 소중한 자원이라는 점을 인식시키는 데 주요한 역할을 하고 있다.

또한 쿠리치바의 재활용 프로그램들은 단순히 자원을 재활용하는 것을 넘어서 사회적 약자를 보호하는 수단으로도 이용된다. 쿠리치바 시는 대규모 재활용 공장을 건설하고자 했으나 재정상의 이유로 소규모 재활용 공장을 건설하였다. 이곳에서는 알코올중독자와 극빈층을 고용해 재활용품을 분류한다. 또한 우리의 취로사업과 비슷한 '투두림푸Tudo Limpo' 사업은 퇴직자나 실업자들을 일시적으로 고용해 불법으로 투기된 쓰레기나 건축 폐기물들을 치우거나 도로 청소 등에 투입한다. 이 프로그램에서는 참가자들에게 조경이나 담장 고치는 일 등을 교육시키기도 한다. 한편 쿠리치바 시는 농산물 도매시장에서 팔리지 않은 잉여 농산물들과 버려지는 껍질, 줄기 등을 모아서 가공한 후 파벨라나 사회재단에 무상으로 공급하고 있다.

쿠리치바 시는 어린이들의 복지와 안전에 특히 많은 노력을 기울이고 있으며 빈곤층의 어린이들에게도 섬세한 지원을 하고 있다. 쿠리치바 시는 보통의 시립학교 근처에 통합교육센터를 갖추어 일종의 방과후 학교를 지역 학생들에게 제공하고 있으며, 파벨라에 거주하는 어린이들에게는 유아 및 청소년 통합 프로그램인 피아PIAs를 제공하고 있다. 피아는 학교교육을 받지 못하는 7~17세의 어린이와 청소년들에게 취업에 필요한 기능, 운동, 예술 등을 가르치고, 정규교육 및 전문 시험 준비도 도와주며 식사 및 의료 지원까지 제공하고 있다.[9] 쿠리치바는 여타 라틴아메리카 지역과 달리 공교육 및 시민의 교육에 많은 노력을 들이고 있다. 특히 교육을 통해 빈곤층이 경제적 어려움에서 벗어날 수 있도록 빈민지역의 학생들에게 다양한 교육 기회를 제공하고 있다. 쿠리치바는 브라질의 다른 도시에 비해 학생들의 중도 탈락률과 문맹율이 현저히 낮다.[10] 쿠리치바는 이처럼 빈곤층에 대한 생계 지원뿐 아니라 빈곤층이 스스로 생활의 질을 개선할 수 있는 능력을 키워주고 사회의 주변인으로 전락하는 것을 막는 정책을 체계적으로 시행하고 있다.[11]

스스로 만든 살기 좋은 도시

쿠리치바에서 약 800킬로미터 떨어진 리우데자네이루에는 세계에서 가장 악명 높은 빈곤지구인 파벨라가 위치하고 있다. 쿠리치바가 자연에 위치한 전원도시이고 빈곤층 거주지인 파벨라가 별로 없어서 환경에 집중할 수 있었던 것이라고 생각할 수 있지만, 쿠리치바는 대규모 산업지구가 입지한 공업도시이자 브라질에서 8번째로 큰 대도시다. 그래서 브라질의 다른 대도시와 마찬가지로 대기오염, 수자원의 가용성과 수질, 폐기물 처리 등에서 환경문제를 겪었으며, 파벨라와 같은 불량주택문제, 교통문제 등이 나타났다.

초기 상업을 중심으로 발달하기 시작한 쿠리치바는 20세기 들어 목재, 커피, 가죽, 마테차 재배 등의 산업이 발달했다. 1970년대에는 수출작물 재배 및 농산물 가공산업이 발달했고, 1973년 초 쿠리치바 공업단지CIC가 조성되면서 공업도시로의 면모를 갖추기 시작했다. 1960년대 시작된 이촌향도 현상으로 인해 쿠리치바에서는 급속한 인구 증가와 산업화로 인한 주택문제, 교통문제, 환경파괴, 삶의 질 저하 등이 발생했다.[12] 도시 주변부에는 파벨라가 난립하였으며 자연 배수 체계를 인공 수로로 전환한 도시 하천에서는 매년 심각한 홍수가 발생하였다. 도시를 위한 근본적인 대책이 필요했다. 쿠리치바는 어떻게 이러한 문제를 해결하고 친환경 도시로 유명해진 것일까? 쿠리치바의 면면을 살펴보면, 친환경적이고 살기 좋은 도시는 단순히 '친환경적인' 도시를 지향한 것이 아니라 '친인간적인' 도시이기에 가능했다는 점을 알 수 있다.

쿠리치바의 변화가 가능할 수 있었던 데에는 여러 이유를 들 수 있다. 무엇보다도 쿠리치바 시에는 라틴아메리카의 여타 도시들과는 차별되는 '사회적 약자 및 경제적 약자에 대한 배려'와 그들을 공동체 안으로 끌어안으려는 노력, 시민의 입장에서 도시를 운영하려는 철학이 있었다. 또한 이러한 사회적 통합을 도시계획을 통해 이루려는 시정부와 시민들의 노력이 있었다. 뿐만 아니라 도시계획가 출신으로, 도시문제 해결에 적극적이며 가난하고 약한 이들에게 우호적인 레르네르 Lerner 시장과 행정가 집단이 지속적으로 시의 행정부를 맡아왔던 점을 들 수 있다. 레르네르는 특정한 문제에 관련된 당사자들이 문제 해결의 우선적인 주체가 되어야 한다고 생각했다. 당사자들이야말로 해당 문제에 대한 지식과 경험이 가장 많기 때문에 가장 적합한 대안을 제시할 수 있고, 그들이 문제 해결 과정에 참여하면 해결의 실마리를 찾기 쉽다고 생각해 도시 정책을 수립할 때 시민의 의견을 적극적으로 수렴하였다.[13]

한편 40여 년 동안 지속적으로 쿠리치바의 도시계획에서 중추적인 역할을 한 것은 쿠리치바 도시계획연구소였다. 쿠리치바는 1965~1970년 변화하는 사회적 요구에 따라 계획을 수립하고 도시성장에 대비하는 지침서를 만들었다. 이를 구체화하기 위해 쿠리치바 도시계획연구소 Instituto de Pesquisa e Planejamento Urbano de Curitiba, IPPUC를 설립하고, 이후 도시계획의 실현단계에서 필요한 전문가들을 훈련시켰다. 1970년대에는 도시계획연구소를 중심으로 도시계획을 수립하고 실행하는 전통을 도시 행정부 내에 확립하였다. 레르네르도 IPPUC에서 도시계획을 수립하고 실행했던 연구원이었다. IPPUC는 이미 1970년대에 두 개의 간선 교통축을 개발하고, 공원 네트워크, 자전거도로망의 건설, 이와 연결된 공공광장의 건설 등을 실시하였다. 또한 쿠리치바 통합교통망을 간선 교통축을 따라 구성하였다. 아울러 주요 대로와 도심의 역사 유적지를 보행자 중심으로 전환하였고, 공원 및 녹지의 면적을 늘려 홍수통제 능력을 제고했을 뿐 아니라 하천 및 수자원을 보호할 수 있게 했다. 나아가 IPPUC는 매년 최저기준미달 생활을 하는

가구를 조사해 적절한 주택정책을 수립하고 실행하였다.[14]

　　그러나 무엇보다도 오늘날의 쿠리치바를 만드는 데 가장 중요한 원동력으로 작용한 것은 공동체 구성원 모두가 동의할 수 있는 상식에 토대를 둔 도시 관리였다.[15] 도시는 구체적인 생활공간이며 생활은 다양한 공동작업을 필요로 한다. 생활공간의 본질은 공간 그 자체에 있는 것이 아니라 거기서 살아가는 사람들 간 상호작용과 이를 통해 생겨나는 의미들에 있다. 사람들은 공동의 필요에 입각해 자율적인 동의 과정을 거쳐 규칙을 만들고 시행할 때 생활공간을 공유한다고 느낀다.[16] 쿠리치바의 시청과 그 산하기구, 민간기업, 공익사업체, 비정부기구, 근린조합과 개별 시민들은 신뢰를 바탕으로 한 관계맺음을 통해 생활공간으로서 도시를 만들어왔다.[17]

　　신뢰를 바탕으로 한 관계맺음은 저절로 이루어지지 않는다. 도시라는 단위는 국가와 달리 추상화되기 이전에 사실적으로 존재하는 실존공간이다. 도시공간은 감성이 작동하는 공간으로 이성적 숙의를 바탕으로 한 의사소통을 넘어 삶의 공동성과 공감을 바탕으로 하는 의사소통이 가능한 단위다. 쿠리치바의 협력적 관계맺음은 약자들에게 우호적인 도시 행정가의 지속적인 인식과 실천을 통해 구축된 신뢰가 바탕이 되었기에 가능했다. 저소득 가정을 위한 집짓기 프로젝트가 성공할 수 있었던 것은 민간기업과 정부의 협력이 있었기 때문이었다. 건축자재를 납품하는 소규모 민간기업은 쿠리치바 시정부와 자조주택 건설을 선택한 빈민들에게 평균 소매가보다 약 30퍼센트 정도 저렴한 가격으로 건축자재를 공급하기로 협약했고, Cohab-CT가 이들 회사를 조직하고 지원하였다.[18] 또한 Cohab-CT 직원과 쿠리치바 시 엔지니어는 스스로 집을 짓는 빈민들에게 기술적 도움과 조언을 아끼지 않아 디자인, 색깔, 재료가 다양한 주택들이 건설되었고 덕분에 아름다운 도시 경관을 가질 수 있었다.[19]

반면 브라질의 리우데자네이루는 파벨라를 치부로 여겼고, 도시 빈민들을 그들과 같은 사람으로 여기지 않았으며, 눈앞에 펼쳐진 파벨라를 존재하지 않는다고 부정하였다. 그 결과 리우데자네이루는 부자와 빈자의 공간이 더욱 뚜렷하게 대별되었고, 공권력이 부재한 빈곤한 마을들을 마약상들과 민병대가 장악함으로써 폭력이 난무하는 도시가 되었다. 여느 나라, 여느 도시에서처럼 가난한 시골에서보다는 자신들의 삶이 나아지길, 무엇보다도 자녀들의 삶이 더욱 나아지길 바라며 도시로 이주해온 사람들은 시정부와 사회에서 소외되었고, 절망하며 분노했다. 쿠리치바는 결코 리우데자네이루보다 부유해서가 아니라, 사회적 약자에 대한 배려와 도시 구성원들의 협력적 참여를 통해 그들이 자립할 수 있도록 했기 때문에 리우데자네이루보다 더 안전하고 쾌적한 도시가 되었다. 그들은 세계가 부러워하는 살기 좋은 도시를 자신들의 힘으로 만들어냈다. 오늘날 부유한 나라의 행정가들은 어떻게 이런 도시를 만들 수 있었는지 브라질의 쿠리치바로 배우러 가고 있다.

2. 희망을 추수하는 꽃, 볼리비아

남아메리카 대륙 최초의 원주민 출신 대통령

2005년 12월, 잉카 문명의 본고장이자 체 게바라가 묻힌 저항의 땅 볼리비아에서 에보 모랄레스E. Morales는 남아메리카 대륙 최초의 원주민 출신 대통령이 되었다.[20] 그는 구릿빛의 넙적한 얼굴에 검은 머리카락, 찢어진 눈과 솟은 광대뼈를 지닌 전형적인 원주민으로, 화려한 원색을 독특하게 매치한 잉카 전통문양의 스웨터를 입기도 하고 털모자를 쓰기도 한다. 우리나라 언론에서도 잊을 만하면 한 번씩 그에 관해 보도한다. 그에 관한 주요 보도 제목을 살펴보면 "2015년 1월 22일 대통령 3선에 성공", "잉카 전통복장을 입고 라파스에서 70킬로미터 떨어진 티아우아나코 고대 유적지에서 태양신을 모시는 의식에 참석", "미국의 코카인 퇴치에 대한 지원 거부", "러시아 모스크바에서 정상회의를 마치고 대통령 전용기를 타고 가던 중 유럽 국가들이 하늘 길을 열어주지 않아 오스트리아에 비상착륙", "유엔에서 코카 잎을 씹으며 코카 잎 합법화 주장" 등 다른 나라 대통령의 전형적인 행보를 다룬 소식과는 사뭇 다른 분위기다. 우리 언론에 나타난 에보 모랄레스의 이미지는 빈곤한 나라의 대통령으로서 거대 강국 미국이나 서유럽 국가에 과감하게 맞서는 돈키호테 같은 사람, 국제사회에서는 반항아지만 자국민들에게는 인기가 있는 대통령쯤으로 정리할 수 있다.

볼리비아는 안데스 고산지대와 아마존 유역의 열대우림으로 구성되며, 국토 면적은 약 109만 제곱킬로미터로 남한의 11배 정도로 넓은 편이다. 농업 생산성이 높아 퀴노아, 코카, 옥수수, 감자 등이 풍부하고 임업과 광산업이 발달해 목재, 주석, 아연, 텅스텐, 은, 금, 철, 납, 석유, 천연가스를 수출하는 자원부국이다. 게다가 우유니 사막에는 하이브리드 자동차, 컴퓨터, 휴대폰에 쓰이는 리튬 또한 풍부하게 매장되어 있다. 그러나 볼리비아는 에콰도르, 파라과이와 더불어 라틴아메리카에서도 가장 빈곤한 나라 중 하나다. 모랄레스가 집권한 10년 동안 볼리비아에는 적지 않은 변화가 있었다. 하지만 이러한 변화들에 대해 부유한 국가들이 공고화해 놓은 경제체제를 깨고 발전의 길로 접어든 징후라고 평가하기에는 아직 이르다.

모랄레스는 2006년 1월 그의 첫 번째 대통령 취임식에서 "약탈의 시대는 갔다"고 선언하면서 "세계에는 강한 나라도 있고, 약한 나라도 있다. 부유한 나라도 있고, 가난한 나라도 있다. 그러나 존엄할 권리, 독립적으로 살아갈 권리를 가진다는 면에서는 모두 같다"고 하였다. 아울러 그는 헌법 개정을 통해 인종차별을 금지하고 원주민의 권리를 보장할 것을 약속하였다. 그는 자본을 소수의 손에 집중시키는 신자유주의가 전 세계의 가난한 사람들을 위한 해결책이 될 수 없다고 하면서 현재 자본주의체제가 바람직하지 않다고 생각하는 사람들이 함께 단결하고 연대하자고 주장하였다. 그의 취임식 내내 원주민의 정체성과 연대, 그리고 저항의 상징이 된 위팔라[21] 기가 나부꼈다.

모랄레스는 취임 후 가장 먼저 전체 국민의 65퍼센트에 해당하는 원주민들의 권리가 보장되는 신헌법 제정을 추진하였다. 그동안 원주민은 정치·사회·경제 부문에서 배제되었고, 자신들의 문화 정체성조차도 인정받지 못했다. 신헌법은 다국민국가의 성격을 명시적으로 인정하고, 힘 있는 기득권층에게 강제로 빼앗겼던 토지를 원주민들이 공동 혹은 개인적으로 소유할 수 있도록 명문화하는 것과 볼리비아 내의 모든 천연자원과 지하자원이 국가소유라는 점을 명시한 것이 핵심이다. 신헌법에 명시하고자 했던 모랄레스가 꿈꾼 다국민국가의 성격은 부통령인 리네라A. G. Linera가 언급한 다음 내용에 잘 함축되어 있다.

우리의 실제 모습을 드러낼 수 있는 공간을 만들어보면 어떨까? 스페인어를 완벽하게 구사하는 사람, 아이마라어를 잘하는 사람, 공동체 논리를 실천하는 사람, 개인주의 논리를 실천하는 사람, 이런 사람들 모두가 환영받는 공간 말이다. 이것이 바로 문화, 제도, 문명, 언어의 다양성을 평등한 조건에서 상호보완적이고 호혜적으로 인정하는 다국민국가의 이념이다.

볼리비아 모랄레스 정부는 토지개혁을 통해 티티카카 호수를 둘러싼 해발 5,000미터의 높은 고산지역부터 그 아래로 따라 흐르는 너른 평원을 옥수수, 감자, 퀴노아, 밀알, 코카 등을 심고 기르는 가난한 농민과 원주민에게 돌려주기 위해 노력하였다. 실제로 많은 토지가 농민과 원주민의 소유가 되었다. 토지소유권이 승인된 1996년부터 2005년까지 10년 동안 930만 헥타르의 토지가 등록되고 17만 4,000명이 혜택을 입은 반면, 모랄레스가 집권한 2006년부터 2010년까지 5년 동안 5,500헥타르의 토지가 등록되고 98만 2,000명이 혜택을 입었다. 2012년 한 해 등록된 농업용 토지소유권만 해도 1996년부터 10년 동안 등록된 소유권의 4배에 달했다.[22]

모랄레스 집권 이후에도 볼리비아의 빈곤 문제는 여전히 심각한 상태다. 2장에서 언급한 바와 같이 지금도 볼리비아의 어린 소년 광부들은 배고픔을 잊기 위해 코카 잎을 씹으면서 컴컴한 미로 같은 갱도 속으로 들어가야 한다. 그렇지만 틀림없는 것은 볼리비아가 독립 이후 어떤 시기보다 경제적으로 좋은 시기를 보내고 있다는 것이다. 이것이 모랄레스의 정책 덕분인지 원유와 다른 광석의 국제가격이 상승한 덕분인지 그 인과관계를 분명하게 밝히기는 어렵지만, 모랄레스가 집권한 이후 약 10년 동안 볼리비아의 국가 수입은 20억 달러에서 약 100억 달러로 증가하였다.[23] 외국 기업에 헐값으로 팔아넘기던 볼리비아의 천연자원을 다시 국유화한 덕분에 천연가스나 광물 수출로 벌어들인 수입이 국고로 유입되었고, 그 재원으로 다양한 공공투자와 사회적 약자를 위한 사회복지 정책을 시행하고 있다.

또한 전 세계적 경제위기 속에서도 연평균 경제성장률이 지속적으로 5~6퍼센트를 나타냈고 1인당 국내총생산은 2배 이상 늘었다. 일자리가 늘었으며 실질 최저임금이 127퍼센트 증가했는데 이는 건설노동자, 가사도우미와 같은 가장 취약한 피고용 노동자에게 의미 있는 지표다.[24] 식료품비와 교통비가 상승해 이에 대한 불만이 제기되기도 했지만, 밀가루, 닭고기, 설탕, 쌀, 빵, 우유 등 필수 식료품 값을 정부가 성공적으로 통제했고, 전력회사에 보조금을 지급하는 방식으로 전기요금을 동결해 빈민층에게는 아주 싼 가격에 전기를 공급하였다. 정부는 국영기업과 협력해 연료비, 항공요금, 통신요금 등에 대한 가격통제를 강화하였다. 모랄레스 정권은 노인, 임산부, 학생들에게 조건부로 현금을 연간 28~340달러까지 지원했는데, 볼리비아인 3명 중 1명 정도가 이 혜택을 받았다. 실업 여성에게는 아마존 지역의 조림사업에 참여할 기회를 제공하였다. 이처럼 가난한 사람들을 위한 다양한 정책을 통해 도시의 극빈층의 비율이 24퍼센트에서 14퍼센트로 감소하였고, 농촌의 극빈층의 비율도 63퍼센트에서 43퍼센트로 감소하였다.[25]

사회기반시설에 대한 투자도 증가해 2001~2005년 사이에 887킬로미터의 도로가 건설된 데 비해 2006~2012년에 건설된 도로의 총 길이는 이의 2배에 달했다. 이 기간 동안 도로 건설에 투입된 자금은 20억 달러에 달했으며, 이는 볼리비아 역사상 최대규모였다.[26] 2014년 5월, 하루 200만 명 이상의 주민들이 오가는 라파스와 엘알토 간의 심각한 교통 체증을 해결하기 위해 케이블카가 개통되었다.[27] 이는 라파스로 출퇴근하는 엘알토의 사람들에게는 매우 유용한 교통수단이 되고 있다. 유엔 라틴아메리카카리브 경제위원회ECLAC에 따르면, 볼리비아는 부유층과 빈곤층 간의 소득 격차가 줄어들면서 성장한, 즉 경제성장과 동시에 평등의 확대가 이루어진 드문 사례 가운데 하나였다.[28]

볼리비아는 지역적으로는 부유한 주와 빈곤한 주로 구분된다. 볼리비아 동부와 남부의 반달지대에 속한 판도, 베니, 산타크루스, 타리하 주는 행정수도 라파스가 있는 북부나 서부에 비해 고도도 낮고 상대적으로 부유하다. 2008년 부유한 지역이 주도해 반정부 시위를 벌이고 자치권 확대를 요구하였다. 상대적으로 부유한 이들 지역은 고원지대가 지고 있는 빈곤이라는 짐을 함께 지고 싶지 않았고, 외국자본의 유입을 막을지도 모르는 모랄레스 정권의 이데올로기에서 자유로워지고 싶었다. 그런데 2008년 8월에 실시한 국민소환 투표에서 부유한 반달지대의 절반 가까운 주민들이 모랄레스를 지지한 것으로 나타나 이 지역의 정치지형이 많이 달라졌음을 보여주었다.

여세를 몰아 모랄레스는 2009년 12월 대선에서 64퍼센트 득표율을 기록하며 연임에 성공하였다. 물론 언론과 사법부 통제에 대한 비판, 광산 개발과 밀림지대 고속도로 건설 추진에 대한 환경단체와 원주민들의 반감, 천연자원에 지나치게 의존적인 경제구조, 여전히 높은 농촌의 절대빈곤 등 많은 과제가 쌓여 있지만, 모랄레스는 탈식민화와 자주성의 전개라는 자극적 수사와 달리 보수적인 경제 운용과 사회복지 지출을 요령 있게 결합해 2014년 선거에서도 61퍼센트라는 압도적 지지를 받으며 3선에 성공하였다. 미국 워싱턴에 본부를 둔 '미주 대화'의 마이클 시프터 소장은 모랄레스 대통령이 3선에 성공한 요인으로 '책임 있는 포퓰리즘'을 꼽았다. 모랄레스 대통령이 싸구려 선동가에 그치지 않고 국유화와 복지 확대로 지지기반을 확충하며 야권과 재계를 포용하는 정책을 펼쳤다는 분석이다.[29] 볼리비아가 갈 길은 아직 멀다. 그러나 소박하고 책임감 있는 모랄레스를 중심으로 다양한 이해집단이 협력하고 연대하면서 서서히 빈곤을 극복하고 있는 현재 볼리비아는 분명히 보이지 않는 길을 가고 있는 빈곤한 국가에게 희망을 건네는 꽃임에 틀림없다.

신뢰가 연결한 연대

스페인에서는 매년 10월 12일을 국경일로 삼아 콜럼버스가 1492년 신

대륙에 도착한 것을 기념한다. 수도 마드리드에서는 국왕이 참석한 가운데 정복을 차려입은 군인들이 행진하고 공군의 비행 쇼도 열린다. 2014년에도 새로 스페인 왕이 된 펠리페 6세와 그의 가족이 기념식에 참석하였다. 1992년 10월 12일은 콜럼버스가 신대륙에 '도착'한 지 정확하게 500년이 되는 해였다. 콜럼버스의 신대륙 발견 500주년을 맞아 스페인에서는 다양한 행사를 개최했는데, '어게인 1492!'라는 기치 아래 바르셀로나 올림픽이 열렸으며, '발견의 시대: 콜럼버스 아메리카 발견 500주년'이라는 주제로 세비야 세계박람회를 개최하였다.

한편 미국과 유럽의 암묵적 지원을 받아 집권한 당시 볼리비아 정부는 1992년 10월 12일부터 나흘 동안 콜럼버스의 아메리카 대륙 발견 500주년을 기념하기 위해 떠들썩하게 각국의 인사를 초대하고 군대 행진을 계획했다. 콜럼버스의 도착은 스페인의 시각으로 보면 '발견'이겠지만 원주민의 입장에서 보면 '침략'이자 재앙의 '발생'이었다. 봄을 맞은 안데스산맥에서 볼리비아의 아이마라, 케추아, 목소, 과라니족 수십만 명은 '저항의 500년'이라는 캠페인으로 정부 행사에 맞서기 위해 전통의상을 입고 전통 악기인 퀘나와 바혼을 든 채 위팔라를 펄럭이며 행사 개최 장소인 수도 라파스까지 조용히 행진하였다. 라파스에 도착한 원주민들은 콜럼버스 기념식 단상을 허물고 거리 곳곳에서 위팔라를 높이 들었다. 그들은 전통곡물인 퀴노아[30]를 끓이고 악기를 연주하며 그들만의 시위를 벌였다. 아메리카 대륙 발견 500주년 기념행사가 예정되었던 나흘이라는 기간이 끝나자 그들은 아무 일도 없었다는 듯 자신들의 삶터로 다시 돌아갔다.[31] 1992년 '저항의 500년' 캠페인은 사회주의운동MAS이 주도했다.

남아메리카 대륙 한가운데 위치해 남미의 심장이라고 불린 볼리비아는 1532년 카하마르카 전투에서 피사로에게 패한 후 시작된 스페인의 지배에서 벗어나기 위해 격렬한 독립운동을 벌였고 1825년에 비로소 독립을 쟁취하였다. 그러나 10장에서 언급한 것처럼 라틴아메리카 독립전쟁의 주체들은 식민지에서 태어난 백인인 크리오요 계층이었다. 그들에게 독립과 해방은 스페인인들의 지배로부터의 독립이었으며 그들이 꿈꾼 세상은 크리오요들이 주인이 되는 세상이었다. 따라서 독립 이후에도 볼리비아의 대부분의 부와 권력은 원래 이 땅의 주인이었던 원주민들이 아니라 크리오요, 특히 소수의 백인 계층에 집중되었다. 그들은 사회의 모든 부문을 장악한 채 새로운 지도층을 형성하였다. 2005년 볼리비아의 인구는 약 1,000만 명이었으나 400여 명의 백인 대지주들과 광산주들이 생산성 있는 농지와 광산의 70퍼센트를 소유하고 있었다. 당시 볼리비아의 빈부격차는 세계 최고 수준이었다. 독립 이후 1981년까지 총 193번의 쿠데타가 일어날 정도로 정치는 불안정했으며 군부 독재와 부패는 심각했다.

콜럼버스 도착 500주년 행사가 끝난 다음 해인 1993년, 서구의 지지를 업고 집권한 로사다G. S. de Lozada는 광산뿐만 아니라 의료, 미디어, 물, 토지, 자원 등 모든 것을 민영화해 외국 기업들에게 넘겨주었다. 볼리비아 사람들은 그를 일컬어 '조국을 팔아먹은 사람', '매국노'라는 의미에서 '벤데파트리아vende-patria라는 신조어를 만들어냈다.[32] 1997년 로사다 정부는 코차밤바 시의 물 공급권을 민영화해 미국의 벡텔에 팔아넘기기도 하였다. 당연히 물값이 올랐고 60만 명의 코차밤바 시민들은 소득의 5분의 1 이상을 물값으로 지불해야 했다.[33] 특히 빈곤층일수록 그 부담은 심했다.[34] 물값을 지불하지 못한 가난한 사람들은 오염된 개천이나 비소 성분이 남아 있는 우물물을 먹어야 했고 이질로 사망하는 어린아이들이 급증하였다.[35] 로사다는 2002년에 재집권에 성공했으며, 2003년 칠레 항구를 거쳐 천연가스를 미국으로 수출하는 계약을 체결하였다.[36] 이에 지금까지 눌러온 군중의 분노가 폭발하였고 MAS는 도로봉쇄와 가두투쟁의 방식으로 군중 봉기를 주도하였다. 대통령 궁은 성난 군중에게 포위되었고 결국 로사다와 그 측근은 대통령 궁을 몰래 빠져나와 미국 마이애미로 망명하였다. 당시 부통령으로서 대통령직을 승계한 카를로스 메사는 원주민들에게 공동체에 속한 영토에서 나오는 물을 포함한 모든 자원을 영유할 권리가 있음을 인정하는 헌법을 제정하겠다고 했으나 약속을 지키지 않았다. 원주민들은 정부에 반기를 들고 항거하였다.

    MAS는 1982년부터 2000년 사이 볼리비아 정부가 채택한 신자유주의 정책에 대한 저항 과정에서 형성되었다. 1980년대 세계 주석시장이 붕괴되면서 차파레 지역의 주석광산이 폐쇄되었고, 일자리를 잃은 광산노동자들은 코카 재배농이 되었다. 볼리비아 정부는 미국의 압력으로 코카 재배 억제법을 만들어 재배를 금지했지만, 신자유주의 정책으로 볼리비아 사회가 완전히 붕괴된 상태에서 농민들과 실직 광산 노동자들에게 코카는 유일한 환금성 작물이었다. 광산노동자들이었던 코카 재배농들은 광산노조 경험을 바탕으로 농민조합을 결성해 코카와 코카인을 불법 거래하는 마피아로부터 농민을 보호하는 한편, 코카 재배 이외의 대안은 제시하지도 않은 채 재배를 금지한 볼리비아 정부와 미국에 농민들이 대항할 수 있도록 도왔다. 이러한 과정에서 세력이 강화된 농민조합은 다른 사회단체들로부터 지원을 받을 수 있었고 이후 MAS로 성장하였다.[37] 이들의 원주민운동은 신자유주의적 흐름에 맞서 차별 철폐, 관습법과 공동재산권의 인정, 다중언어 교육 실시, 정치적 · 사법적 자치권 요구로 활동의 폭을 넓혔다.

    로사다에 대한 항거 운동 과정에서 광부의 아들이자 코카 농사를 짓던 원주민 에보 모랄레스E. Morales가 지도자로 급부상하였다. 그는 농부와 광부, 도시 노동자들의 노동조합에 해당하는 MAS의 지원으로 2006년 볼리비아의 새로운 대통령으로 당선되었다. 모랄레스가 대통령이 될 수 있었던 것은 원주민운동을 주축으로 하되 국가 전체 구성원들의 다양한 요구를 수용하고 수평적 연대를 이루기 위한 새로운 대중운동을 조직했기 때문이다.[38] 모랄레스의 승리는 미국 주도의 코카 재배 금지에 저항하는 코카 재배농 운동에 기초하여 만들어진 원주민운동을 비롯해 미국과의 자유무역 제안에 반대하는 노동운동 등 앞서 축적된 다양한 정치·사회운동이 연대한 결과였다.

농촌에서 시작되었지만 MAS의 주요 활동 터전은 농촌이라기보다는 오히려 북부의 라파스를 중심으로 하는 도시지역이었다. 볼리비아의 행정수도 라파스는 세계에서 하늘과 가장 가까운 도시로, 서쪽의 엘알토 시와 광역권을 형성하고 있다. 라파스 도심에는 고급호텔과 상업시설들이 들어서 번화한 도시 풍경이 펼쳐지며 수많은 인파로 붐빈다. 햇빛으로 말린 어도비 벽돌로 지은 집들과 그 뒤로 보이는 만년설로 덮인 해발 약 6,500미터의 알리마니 산이 어우러져 아름다운 풍경을 자랑한다. 도심에서 남쪽으로 10킬로미터 정도 떨어진 곳에 유럽계 부유층이 거주하는 고급스러운 단독 주택지구가 나온다. 이 세련되고 거대한 부유층 거주지구에는 각국 대사관들이 위치하고 있다.[39] 1983년 엘니뇨에 의한 가뭄으로 땅을 잃은 농민들과 1985년 이후 신자유주의의 영향으로 일자리를 잃은 광업 노동자들은 수도 라파스로 몰려들었다. 급격하게 인구가 증가했음에도 불구하고 안데스의 가파른 언덕으로 둘러싸인 지형 때문에 라파스의 시역 확장이 막히자 가파른 언덕에 고만고만한 주택들이 촘촘하게 들어차기 시작했다. 부유한 계층은 도시의 남쪽으로 이주하였고, 가난한 사람들은 북동쪽의 엘알토로 모여들었다. 1988년 정치가들은 빈곤층 주거지로서 빠르게 성장하는 엘알토 지역을 행정상으로 라파스에서 분리해 별도의 도시로 독립시켰다.[40]

라파스와 엘알토는 2003년 로사다 대통령을 몰아내는 저항의 중심지였다. 라파스 도심 언덕배기의 주민과 엘알토 주민 대다수가 농촌적 정서를 지니고 있었고 소규모 공장에서 일하는 노동자이거나 비공식 경제 부문에 종사하고 있었다. 이들 지역의 주민들은 굶주림, 위기, 그리고 결핍의 시기를 함께 견뎌낸 가족, 이웃 그리고 동료들과의 연대감이 강했다. 비공식 경제 부문의 협업적 작업, 친분관계의 네트워크, 치안부재로 인해 이들 지역에서 발생하는 범죄에 대한 사적 처벌, 혼종적 문화와 종교의 공유, 광산노동자들의 과거 노동조합 경험 등이 축적되어 탄탄한 사회조직으로 발전하였고 MAS의 공간적 토대를 제공하였다. 2005년 선거에서 이들 지역 주민의 80퍼센트 이상은 MAS의 모랄레스를 지지하였다.[41]

MAS는 효율적이고 유기적으로 작동하는 단일한 정당의 구조라기보다는 의회조직, 사회조직, 농민조직 그리고 도시조직이 복합적으로 결합된 위성적 구조를 지닌다. 이들 조직은 모랄레스의 카리스마 넘치는 중재를 통해 결합되었다. MAS에 기반을 둔 모랄레스 정부는 정권을 획득하는 과정에서뿐만 아니라 정책을 고안하고 시행하는 과정에서도 자신들의 사회자본social capital을 충분히 활용하였다. 물적자본이 생산 과정에 투입되는 시설 등을 의미하고, 인적자본이 사람들이 가진 기술이나 능력 등을 의미한다면, 사회자본은 인간 간 상호작용에 따른 무형의 자본으로서 서로를 존중하고 의미를 공유한 구성원 간의 관계 및 유대라고 할 수 있다.

그들은 자신들에게 적대적인 집단(예를 들어 볼리비아 남부 반달지대에 속한 부유한 주의 엘리트 집단)을 배척하지 않았고 오히려 그들의 경제활동을 지원하면서 신뢰를 쌓으려고 노력하였다. 사회자본은 상호 간의 이익을 위해 조정 및 협동을 촉진하는 구성원 간 관계망인 사회연결망social network과 신뢰trust에 기초한다.[42] 사회연결망은 주어지는 것이 아니라 상호작용을 통해 만들어진다. 사회적 연결망이 일단 형성되면 공식·비공식적 모임을 통해 공통의 관심사를 가지고 있는 구성원 간의 자발적 실천 공동체로 발전될 수 있고, 자발적 모임을 통해 긴밀한 상호작용이 만들어낸 긍정적 결과가 신뢰라고 할 수 있다. 모랄레스 정부는 지금까지 국가기관이나 정책 의사결정과정에 참여한 적이 거의 없던 사회운동 세력, 좌파 정당, 원주민 대표를 집단적 주체로 참여시켰고,[43] 마르크스주의자들처럼 자본주의체제를 배척하거나 배타적인 민족주의적 태도를 취하기보다 사유재산을 존중하고 외국자본을 끌어안으려고 하였다. 모랄레스는 중소기업과 대기업, 그리고 초국적 기업 간의 연대가 구축될 때 국가 발전의 동력을 얻을 수 있다고 믿었다.[44] 부통령 리네라는 이들 집단 간 연대를 기차 메타포를 사용해 다음과 같이 언급하였다.

사회를 결합할 수 있는 유일한 것은 국가이며, 국가는 모든 의지를 통합하고 전략적 틀을 기획한다. 따라서 국가는 경제 기관차의 첫 번째 칸이다. 두 번째 칸은 볼리비아의 민간투자다. 세 번째는 외부투자다. 네 번째는 소규모 기업이고, 다섯 번째는 농촌경제, 여섯 번째는 원주민 경제다. 이것이 볼리비아 경제가 구조화되어야 하는 전략적 체계다.[45]

사회자본은 글로벌 수준으로 확장되기도 한다. 모랄레스 정부는 과거 정권에서 민영화했던 자원을 다시 국유화하는 과정에서 글로벌 수준의 사회자본을 활용하였다. 모랄레스는 처음 대통령에 당선되고 불과 6개월 만인 2006년 5월에 천연가스 국유화 작업을 시작하였다.[46] 2006년 5월 1일 새벽 내각 구성원을 태운 볼리비아 군대 소속 비행기가 라파스를 출발해 남쪽으로 1,200킬로미터나 떨어진 산알베르토 가스시설 입구에 도착했다.

모랄레스 대통령의 방문에 앞서 알제리와 노르웨이 엔지니어들이 볼리비아 국영석유기업인 YPFB의 일원으로 이곳을 방문하였다. 그들은 안전검사를 한다는 명분으로 시설 구석구석에 가스 생산 설비의 작동을 중지시킬 수 없도록 미리 첨단장비를 장치해 놓았다. 모랄레스는 에너지 자원의 국유화 과정에서 우방의 지도자들에게 도움을 요청하였고 알제리와 베네수엘라, 그리고 석유 시추와 경영 부문에서 세계적인 감정평가 능력을 지닌 노르웨이 정부의 협조도 받을 수 있었다. 이들 나라들은 엔지니어, 마케팅 전문가, 경영과 회계부문 전문가도 파견해 볼리비아에서 활동하는 외국 기업들과 새롭게 체결하게 될 계약서 작성을 위한 분석과 조언을 아끼지 않았다. 노르웨이 전문가들의 치밀한 작업 덕분에 볼리비아 정부는 타협 가능한 수익 분기점을 미리 알 수 있었고 외국 기업들도 이를 수락할 수밖에 없었다. 2006년 12월 31일까지 볼리비아 정부는 12개의 외국 기업과 44개의 새로운 계약을 체결하였다.

모랄레스는 에너지 주권운동을 통해 많은 부문을 국유화했지만 과거 유사한 시도를 했던 이란의 모사데크처럼 쿠데타로 전복되지도 않았고, 에콰도르의 아길레라처럼 공중에서 비행기 폭발 사고도 당하지 않았다. 그가 에너지 주권을 회복하는 과정에서 초국적 석유 기업들과 대립하고도 아직까지 살아 있고, 서구 언론의 집중 포화를 맞지 않았으며, 더 나아가 미국과의 전쟁도 피할 수 있었던 것은 2006년 브라질의 국영석유기업인 페트로브라스가 볼리비아의 입장이 합리적이라고 인정하고 재정적 부담을 즉각 수락하겠다고 발표했기 때문이다. 페트로브라스가 이런 태도를 취한 배경에는 당시 브라질 대통령인 룰라 다 실바 대통령의 지원이 있었다. 이는 당시 모랄레스 정부의 부통령이었던 리네라와 친분 관계에 있었던 파리 뱅센 대학의 사회학과 교수 2명이 브라질 룰라 대통령의 영향력 있는 자문으로서 활약했기에 가능한 일이었다. 일반적으로 세계, 국가, 지역 등과 같은 다양한 공간 스케일의 영역은 특정 지리적 경계 내의 통합성, 폐쇄성, 정체성 등을 내포한 개념인 반면, 이처럼 사회연결망과 신뢰에 기초한 사회자본은 영역적 폐쇄성을 뛰어넘어 새로운 사회적 관계를 형성하기도 한다.

모랄레스는 안으로는 구성원들의 주관적인 의지와 상호 인식을 존중하면서 연대감을 결집시키는 한편, 글로벌 수준으로 사회자본을 확장시키고 적극적으로 활용하였다. 대내적으로나 대외적으로 상이한 이해와 정체성을 기반으로 서로 경쟁하거나 협력하면서 마련한 참여와 연대의 토대는 그의 집권 10여 년 동안 볼리비아의 경제성장과 더불어 사회계층 간 불평등을 완화시킬 수 있는 동력이 되었다.

빈곤 문제를 부유한 국가의 원조, 다국적기업의 자선이나 개인의 봉사를 통해 해결할 수 있다는 것은 위로나 환상에 불과할 수 있다. 그러한 접근은 현재 시장구조를 생산하는 공급 기제와 계층적인 노동 분화 구조를 유지한 채 세계 불평등 구조를 은폐하는 역할을 한다. 심지어 신자유주의 이데올로기를 재생산하고, 성실히 일해도 벗어날 수 없는 빈곤의 악순환이 실은 자본주의의 구조적 모순임을 인식하지 못하게끔 한다. 빈곤의 문제는 개인의 윤리나 분배 정의로 환원될 수 있는 것이 아니다. 그렇다고 전 지구적 차원의 구조적 불평등을 분석한 세계체제론자나 종속이론가의 제안처럼 자본주의 부국과의 교역 연결고리를 끊고 독자적인 발전 경로를 채택하는 것도 쿠바에서 볼 수 있듯이 빈곤의 문제를 해결하는 열쇠는 아니다. 국가 간 불평등 혹은 계층 간 불평등을 심화시키는 구조를 비판적으로 인식하고 그것을 해결하려는 따뜻한 마음, 그리고 상이한 이해집단의 이익을 조정하기 위한 거버넌스, 이를 실천하기 위한 협력적 연대와 참여가 만나는 바로 그때, 바로 그 지점에서 비로소 자율적 발전을 향한 여린 꽃이 피는 것이다.

코카콜라와 코카코야

코카는 본래 라틴아메리카 원주민들이 두루 사용하던 약재였다. 그들은 치료용으로 혹은 주술용으로 코카 잎을 씹었으며 멀리서 오는 귀한 손님을 대접하기 위해 내놓기도 했다. 그러나 현대 의학은 잉카의 전통 약재이자 생활필수품인 코카를 국제적인 교역상품으로 만들고 코카의 사회적 역할을 완전히 바꿔버렸다. 1860년 독일 과학자들은 코카의 알카로이드를 분리해 '코카인'이라 이름붙이고 마취제로 사용하였다. 유럽과 미국에서도 코카인은 모르핀이나 아편보다 훨씬 안전한 진통제로 사용되었으며 코카인을 함유한 특허 상품들이 쏟아져 나왔다. 미국 조지아 주의 애틀랜타에서 코카인과 콜라Kola나무 열매를 혼합해 치료용 음료를 만들었는데, 이는 훗날 코카콜라가 되었다.

미국, 독일, 일본의 대기업들은 천연 코카를 수입해 코카 약품medicine 시장을 독점하고자 정부에 압력을 넣어 코카인 수입을 금지시켰고, 향정신성 약물 반대 캠페인에 참여하였다. 그 결과 1922년 코카인 수입이 전면 금지되었다. 이후 유엔도 코카인의 비의학적 사용에 반대하는 운동에 동참하였다. 약품은 괜찮지만 약물은 안 되는 시대가 된 것이다. 이에 코카인의 수요는 급격하게 감소하였다. 코카콜라에도 코카인 성분을 뺀 코카를 사용하게 되었고 1948년부터는 코카를 전혀 넣지 않게 되었다.

1970년대에 선진국 젊은이들의 히피문화와 더불어 다시 코카인의 국제거래가 급등하였다. 그러나 코카인의 비의학적 사용을 불법화한 상태였기 때문에 제약회사에 의한 합법적 거래는 중단되고 막강한 자금력과 네트워크를 가진 마약 판매상에 의해 불법적으로 거래되고 있다. 볼리비아, 페루, 콜롬비아 등 가난한 코카 잎 생산국은 대안도 없이 환금작물인 코카 재배를 막은 미국 때문에 농민들의 생활이 위협 받았다고 비판하였다. 그리고 코카가 불법으로 재배됨으로써 마약 판매상에 의한 음성적인 거래가 확대되었고, 결국 마약상들이 나라 전체를 장악하게 되었다고 비판하면서 코카 잎 거래를 합법화하기 위해 노력하고 있다. 그 일환으로 볼리비아는 천연 코카 잎을 원료로 한 탄산음료를 생산하여 코카코야Coca Colla라는 이름으로 판매하였다. 코카-콜라Coca Cola에 알파벳 'l'자 하나만 덧붙인 것이다.[47] 볼리비아의 모랄레스 대통령은 2013년 3월 유엔 마약회의에서 코카 잎을 씹으며 "코카 잎은 절대 코카인이 아니며 전통 종교의식과 약재로 사용되는 풀"이라고 설명하면서 코카 잎 거래의 합법화를 주장하기도 하였다.

주

1장 가난한 나라는 부유해질 수 있을까?

1. 우리나라의 경우 1인당 평균 주거면적은 9.5평 정도다. 인도보다 약 5배 정도 넓게 산다.

2. http://www.oecd-ilibrary.org/economics/oecd-economic-surveys_16097513.

3. A. Maddison, *The World Economy: A Millennial Perspective*, 30(Paris: OECD, 2001), p.264.

4. L. Pritchett, "Divergence, Big Time", *The Journal of Economic Perspectives*, 11(3)(1997), pp.3~17.

5. A. Maddison, op.cit., p.30. 사실 매디슨의 데이터는 그다지 정확하지 않지만, 19세기 전반에 유럽 경제가 도약하기 시작해 꾸준히 성장하였다는 점만은 분명해 보인다.

6. http://data.worldbank.org/indicator/SI.POV.DDAY.

7. http://www.un.org/en/development/desa/policy/cdp/ldc/ldc_list.pdf.

8. GDP는 국가 간의 부를 비교하는 잣대로 많이 사용되는 지표로, 국내에서 가계, 기업, 정부 등 모든 경제주체가 일정 기간 생산활동에 참여해 벌어들인 부가가치를 달러화로 표현한 것이다.

9. http://www.oecd-ilibrary.org/economics/national-accounts-at-a-glance-2014/gross-domestic-product-current-ppps_na_glance-2014-table1-en.

10. OECD(Organization for Economic Cooperation and Development)는 2차대전 후 세계, 특히 선진국의 경제성장을 공동으로 모색하기 위해 1961년에 발족되었다. OECD는 창설 이후 세계무역기구WTO, 국제통화기금IMF, 세계은행, G-7/8 등과 상호 보완해 가며 선진국을 중심으로 경제성장과 무역 확대를 추진하였으며, 그들의 경제성장을 위한 환경 조성에 공동으로 노력하고 있다.

11. R. M. Solow, "Technical Change and the Aggregate Production Function", *The Review of Economics and Statistics* 39(3)(1957), pp.312~320.

12. 농업이나 천연자원에 의존한 산업은 수확체감의 원칙이 적용된다. 반면 제조업의 경우 초기 개발 비용은 많이 들더라도 산출량이 많아질수록 단위당 생산비가 줄어든다. 제조업 이나 첨단 서비스 산업에서는 자연자원을 직접 투입할 일이 없고, 양적으로나 질적으로 제

한받는 농토, 광산, 어장도 필요 없다. 이처럼 제조업이나 서비스업에서는 생산량이 증가함에 따라 비용이 낮아지는데, 이를 수확체증이라고 한다.

13. 이를 성장수렴convergence 또는 따라잡기 효과catch-up effect라고 한다.

14. 자본의 한계생산력 체감이론은 솔로 교수가 제시했다. 자본의 한계 생산력 체감이론은 어느 정도 경제성장이 이루어진 후에는 자본의 투자량이 증가해도 그에 비례해 경제성장이 이루어지지 않고 둔화되거나 정지될 수 있다는 것이다.

15. 이것을 빈곤의 악순환vicious circle of poverty이라고 한다.

16. 장하준, 『그들이 말하지 않은 23가지: 장하준, 더 나은 자본주의를 말하다』(부키, 2010), pp.48~51.

17. 에릭 라이너트, 김병화 옮김, 『부자나라는 어떻게 부자가 되었고 가난한 나라는 왜 여전히 가난한가?』(부키, 2012).

18. A. Frank, *Reorient: Global Economy in the Asian Age*(Berkeley: University of California Press, 1998).

19. T. Levitt, "The Globalization of Markets", *Harvard Business Review* 61(3)(1983), pp.92~102.

20. 곽태운, 「세계화가 소득불평등도에 미친 효과: 세계전체 패널자료분석」, 《국제지역연구》, 18(1)(2014), p.204.

21. 권형기, 「생산의 세계화와 노동의 정치」, 《국제정치논총》, 52(1)(2012), pp.217~245.

2장 가난한 나라와 부유한 나라의 갈림길

1. 장 지글러, 양영란 옮김, 『빼앗긴 대지의 꿈』(갈라파고스, 2008), pp.202~204.

2. 알티플라노는 중부 안데스 고산 지대에 넓게 펼쳐진 고원으로, 서쪽으로는 볼리비아, 북동쪽으로는 칠레, 남쪽으로는 페루까지 뻗어 있다. 수백만 년 전에 알티플라노 고원은 바다였기 때문에 이곳의 토양은 소금기를 많이 품고 있다. 고구마 형태의 알티플라노를 반으로 뚝 자르면 북쪽에는 티티카카 호수, 남쪽에는 우유니 소금 사막과 수심이 얕은 여러 개의 소금 호수(염호)가 있다.

3. 레스 로웬트리 외, 안재섭·김희순 외 옮김, 『세계지리: 세계화와 다양성』(시그마프레스, 2012), p.100.

4. 잉카제국은 케추아어로 타완티 수유Tawanti Suyu라고 한다. 본래 잉카는 케추아족의 왕을 지칭한 것으로 유럽인들이 타완티 수유를 잉카제국이라고 불렀다.

5. 남영우, 「잉카제국과 고대도시 마추픽추의 성쇠」, 《한국도시지리학회지》 12(2)(2009), p.5.

6. 위의 글 p.4.

7. 아테노치티틀란은 인구 규모가 10만~30만으로 추정되는 대도시였다.

8. 제레드 다이아몬드, 김진준 옮김, 『총, 균, 쇠』(문학사상, 1998), p.99.

9. 래리 고닉, 이희재 옮김, 『세상에서 가장 재미있는 세계사 4』(궁리, 2002), p.70.

10. 제레드 다이아몬드, 앞의 책, p.93.

11. 방의 크기는 길이 7미터, 넓이 5미터, 높이 2.5미터였다.

12. 윌리엄 번스테인, 김현구 옮김, 『부의 탄생』(시아출판사, 2012), p.356.

13. 수은은 금이나 은과 쉽게 붙어 합금을 이루는데 이러한 성질을 이용하면 땔감을 적게 쓰거나 쓰지 않고도 광석에서 귀금속을 분리할 수 있었다.

14. 파티오는 스페인어로 안뜰이라는 의미인데, 바닥이 포장된 넓은 공간에서 작업을 하기 때문에 이렇게 부른 것 같다.

15. 김달관, 「식민시대 볼리비아 사회와 노동체계의 특징」, 《이베로아메리카연구》 24(2)(2013), p.38.

16. J. A. Cole, *The Potosimita, 1573~1700*(California: StanfordUniversity Press, 1985), p.24.

17. 당시 콜럼버스는 자신이 인도에 왔다고 생각해서 원주민들을 인도 사람, 즉 인디오 Indio라고 불렀다. 그는 몇 년간이나 자신이 큰 대륙을 발견했으리라고는 생각하지도 못했다. 심지어 콜럼버스는 아메리카 대륙에 처음 도착한 유럽인도 아니었다. 11세기경부터 노르웨이의 대구 잡이 어부들이 캐나다 북부지역까지 고기잡이를 위해 왔다고 한다. 그러나 그들은 이곳에 새로운 대륙이 있을 것이라고 생각하지 못했던 모양이다.

18. 김정욱, 「스페인어 문법의 태동과 발달과정」, 《이베로아메리카》 12(1)(2010), p.89.

19. P. Bernstein, *The Power of Gold*(New York: John Wiley & Sons. 2000), p.121.

20. 그는 19세가 되던 1519년에 신성로마제국의 황제로 선출되기도 하였다. 바로 신성로마제국의 카를 5세다.

21. 카스티야Castilla는 중세 카스티야 왕국에 속했던 지역으로, 마드리드 주변의 스페인 중부지역을 가리킨다. 성castillo의 지방이라는 뜻이다.

22. 존 H. 엘리엇, 김원중 옮김, 『스페인 제국사, 1469~1716』(까치, 2000), p.9.

23. 주경철, 『대항해시대』(서울대학교출판부, 2008), pp.72~73.

24. 윌리엄 번스테인, 앞의 책, pp.367~368.

25. E. Kinsbruner, *The Colonial Spanish-American City: Urban Life in the Kingston*(Jamaica: Ian Randle Publishers, 2005), p.7.

26. 존H. 엘리엇, 앞의 책, pp.199~219.

27. A. Pozo, *Historia de Sevilla en el siglo* XVI(2005), (2013.03.10.) http://www.personal.us.es/alporu/inicio.htm.

28. J. H. Munro, Money, prices, wages, and 'profit inflation' in Spain, the Southern Netherlands, and England during the Price Revolution era, ca. 1520-ca. 1650., *História e Economia: Revista Interdisciplinar*, 4(1)(2008), p.63.

29. F. M. Pons, *History of the Caribbean: Plantations, Trade, and War in the Atlantic World*(Princeton: Markus Wiener Publishers, 2007). p.28.

30. E. Hamilton, *Spanish Mercantilism before 1700, in Facts and Factors in Economic History, Articles by Former Students of Edwin Francis Gay*(Cambridge, Mass: Harvard University Press, 1932), pp.230~231.

31. 이윤이 높은 수은, 소금, 종이류, 후추, 화약, 역청, 담배 등은 왕실이 독점하였다.

32. 서성철, 「삼각무역 : 아카풀코 갤리언 무역의 탄생과 몰락」, 《라틴아메리카 연구》 26(2)(2013), pp.133~134.

33. Javier Mejía Cubillos, "Una interpretación neoclásica del fin del Galeón de Manila," *Contribuciones a la Economía* 9(2011), pp.7~8.

34. 서성철, 앞의 글, pp147~148

35. 이강혁, 『한권으로 보는 스페인 역사 100장면』(가람기획, 2008), pp.190~204.

36. 서성철, 앞의 글, p.150.

37. N. Steensgaard, *The Rise of Merchant Empires: Long Distance Trade in the Early Modern World, 1350~1750*(Cambridge: Cambridge University Press. 1990).

3장 부자나라의 탄생

1. Earl J. Hamilton, *American Treasure and the Price Revolution in Spain, 1501~1650*(Cambridge, MA: Harvard University Press. 1934).

2. 산업혁명이라는 용어를 대중화시킨 사람은 영국의 사학자 아놀드 토인비A. J. Toynbee 다. 그는 1884년 출간된 『영국 산업혁명 강의』에서 산업혁명이라는 용어를 사용하였다. 일 반적으로 영국의 산업혁명 기간은 1760년에서 1830년까지이며 국가별로 산업혁명이 이루

어진 시기는 차이가 난다.

3. P. M. Deane, *The First Industrial Revolution*(Cambridge: Cambridge University Press, 1980).

4. E. J. Hobsbawm, *Industry and Empire: The Birth of the Industrial Revolution*(London: Penguin Group, 1990), p.56.

5. 존 스틸 고든, 안진환·왕수민 옮김, 『부의 제국』(황금가지, 2004), p.123.

6. 윌리엄 번스테인, 김현구 옮김, 『부의 탄생』(시아출판사, 2012), p.312.

7. P. M. Deane, op.cit., pp.90~97.

8. 윌리엄 번스테인, 앞의 책, p.316.

9. 위의 책, p.331.

10. 면화 중 가장 고급 면화로, 서인도제도의 바하마 섬이 원산지여서 시아일랜드 면화라고 불린다. 온도변화와 바람이 적고 토양이 기름진 지역에서 생산된다. 미국에서는 조지아 주, 캐롤라이나 주, 플로리다 주의 해안지대에서 생산된다.

11. 항해조례(항해법)는 1651년 네덜란드의 해상 무역을 봉쇄하기 위해 제정된 법령이다. 유럽 대륙에서 영국으로 수입되는 상품은 영국 선박 또는 생산국 선박만이 운송할 수 있고 유럽 이외의 식민지에서 영국으로 수입되는 상품은 영국 선박만이 운송할 수 있다는 법으로 중개무역에 치중하던 네덜란드의 해상무역을 방해하는 법이었다. 항해조례를 통해 식민지 무역의 가장 큰 경쟁자라고 할 수 있는 네덜란드를 배제함으로써 영국 본국과 식민지 간의 무역 활동이 활발해지게 되었고 그만큼 네덜란드는 큰 타격을 입게 된다.

12. 존 스틸 고든, 앞의 책, p.118.

13. 위의 책, pp.119~120.

14. 위의 책, p.127.

15. 일본도 유럽의 선진국을 추격하기 위한 전략으로 그들의 기술을 모방하는 것을 가장 우선시하였다.

16. 존 스틸 고든, 앞의 책, pp.128~130.

17. 당시 무역이 이윤을 창출한다는 논리는 1장에서 설명한 것처럼 리카도의 비교우위에 의해 뒷받침되었다.

18. K. N. Chaudhuri, "The Structure of the Indian Textile Industry in the Seventeenth and Eighteenth Centuries," *Indian Economic and Social History Review* 11(2)(1974), pp.127~182.

19. 장하준, 『나쁜 사마리아인들』(부키, 2011), p.77.

20. L. Brown, *The Board of Trade and the Free-Trade Movement, 1830~1842*(Oxford: Clarendon Press, 1958).

21. H. J. Chang, *Kicking Away the Ladder: Development Strategy in Historical Perspective*(London: Anthem Press, 2002).

22. 미국 남부와 북부를 나누는 경계선은 펜실베이니아와 메릴랜드를 지나가는 메이슨-딕슨선Mason-Dixon Line과 오하이오 강을 연결하는 선이었다.

23. 존 스틸 고든, 앞의 책., pp.134~135

24. 장하준, 『그들이 말하지 않은 23가지: 장하준, 더 나은 자본주의를 말하다』(부키, 2010), pp.102~106.

25. 장하준, 『나쁜 사마리아인들』(부키, 2011), p.83.

26. 장하준, 앞의 책, pp.98~102.

27. 마틴 페글러, 홍희범 옮김, 『보이지 않는 공포 스나이퍼: 전쟁 속 저격의 역사』(호비스트, 2007), p.27.

28. 「오늘의 경제소사: 철도의 탄생」, 《서울경제》(2009.02.20).

29. 서사범, 「세계 최초의 도시 간 공공철도의 개막과 철도구조물」, 《대한토목학회지》 59(12)(2011), p.67.

30. 존 스틸 고든, 앞의 책, p.197.

31. A. T. Hadley, *Railroad Transportation*(London: G. P. Putnam's sons, 1886), p.65.

32. 윌리엄 번스테인, 앞의 책, p.37.

33. 명예혁명은 제임스 2세의 전제정치와 가톨릭 신앙에 반대해 일어난 혁명으로 1688년 국왕이 프랑스로 도망가고 난 다음 해에 국민협의회가 윌리엄 3세를 국왕으로 추대하면서 권리장전을 공표하였다.

34. 화폐 제도가 발달하지 못한 근대 이전에는 재산권의 개념 자체 성립될 수 없었다.

35. D. North and B. Weingast, "Constitutions and Commitment", *The Journal of Economic History* 49(1989), pp.803~832.

36. 윌리엄 번스테인, 앞의 책, pp.220~223

37. 위의 책, p.208.

38. 위의 책, p.218.

4장 기울어진 찻잔

1. 동인도는 중국, 필리핀, 말레이시아, 일본 등 인도의 동쪽지역을 지칭한다.

2. 상관은 일종의 무역사무소다. 네덜란드 동인도회사는 인도네시아 자바 섬의 반탐에 첫 번째 상관을 개설하였으며, 1600년대 중반 일본 나가사키에도 상관을 열었다.

3. 에번 D. G. 프레이저 · 앤드루 리마스, 유영훈 옮김, 『음식의 제국』(알에이치코리아, 2012), pp.323~324.

4. 주경철, 『대항해시대』(서울대학교출판부, 2009), p.96.

5. 위의 책, pp.91~92

6. 장봉익, 「네덜란드 서인도회사의 아프리카 노예무역 전개과정에 대한 소고」, 《아프리카 학회지》19(2004), pp.193~194.

7. G. F. Zook, *The Company of Royal Adventurers Trading into Africa, Lancaster*(PA: Press of the New Era Printing, 1919).

8. E. E. Rich, "Colonial Settlement and Its Labour Problems" in E. E. Rich and C. H. Wilson(ed), *The Cambridge Economic History of Europe*, IV: vol. 4, *The Economic of Expanding Europe in the Sixteenth and Seventeenth Centuries*(Cambridge: Cambridge University Press, 1967), p.333.

9. P. E. Lovejoy, "The Volume of the Slave Trade: A Synthesis," *Journal of African History* 23(1982), pp.473~502.

10. F. W. Pitman, *The Development of British West Indies, 1700~1763*(New Haven, Connecticut: Yale University Press, 1917), p.67.

11. C. M. Andrews, "Anglo-French Commercial Rivalry 1700~1750," *American Historical Review* 20(1915), p.546.

12. 시드니 민츠, 김문호 옮김, 『설탕과 권력』(지호, 1998), p.122.

13. 곽문환, 「18세기 설탕산업, 노예무역 그리고 영국 자본주의」, 《사림》 22(2004), p.152.

14. 시드니 민츠, 앞의 책, pp.111~112.

15. 곽문환, 앞의 글, pp.155~156

16. 제레드 다이아몬드, 강주헌 옮김, 『문명의 붕괴』(김영사, 2005), p.457.

17. 리스위크 조약은 1697년 9월 20일 네덜란드 리스위크에서 맺어진 조약이다. 루이 14세의 팽창주의적 정책을 저지하기 위해 영국, 스페인 등 유럽 각국이 연합해 싸운 9년 전쟁을 끝내기 위해 맺은 조약을 말한다.

18. 제레드 다이아몬드, 앞의 책, p.471.

19. 위의 책, p.465.

20. R. Blackburn, *The Making of New World Slavery*(London: Verso, 1987), pp.401~456.

21. P. Butel, *Histoire des Antilles Françaises*(Paris: Perin, 2007), pp.115~264.

22. 권윤경, 「프랑스혁명과 아이티 혁명의 역사적 유산, 그리고 프랑스의 식민지 개혁론: 프랑수아 앙드레 이장베르의 정치 경력을 통해 본 프랑스의 노예제폐지론, 1823~1848」, 《프랑스사연구》 28(2013), p.101.

23. 1843~1915년 사이에는 20명의 통치자가 있었다.

24. 피터 H. 스미스, 이성형·홍욱헌 옮김, 『라틴 아메리카, 미국, 세계』(까치, 2010), p.93.

25. 위의 책, p.93.

26. 선박을 이용해 해로海路로 탈출하는 난민을 부르는 용어다. 보트피플이라는 용어는 1974년 베트남전쟁을 전후하여 사람들이 배나 요트를 이용해 베트남을 떠난 것에서 유래하였다. 한편 육로를 통해 불법적으로 탈출하는 난민들을 '랜드피플land people'이라고 부른다.

27. 에번 D. G. 프레이저·앤드루 리마스, 앞의 책, p.321.

28. 위의 책, pp.327~328.

29. 정양원, 공원국 옮김, 『중국을 뒤흔든 아편의 역사』(에코리브르, 2009), p.154.

30. 에번 D. G. 프레이저·앤드루 리마스, 앞의 책, p.333. 그렇게 탄생한 것이 최고급 홍차로 이름난 다르질링 홍차다.

31. 쿨리는 2차 세계대전 전의 중국과 인도의 노동자로 특히 짐꾼, 광부, 인력거꾼 등을 가리켜서 외국인들이 부르던 호칭이다. 쿨리는 해방된 흑인 노예를 대신하는 노동력으로 매매된다는 점에서 노예와 다름없었다.

32. 실론은 1948년에 영국연방 자치령으로 독립하였다. 현재 정확한 국명은 '스리랑카민주사회주의공화국Democratic Socialist Republic of Sri Lanka'이다. 그러나 여전히 실론Ceylon이라는 이름으로도 자주 불린다.

33. 베아크리스 호헤네거, 조미라·김라현 옮김, 『차의 세계사』(열린 세상, 2012), pp.249~250.

34. 싱할리족은 B.C. 6세기경에 인도 북부로부터 건너와 원주민을 정복하고 왕국을 건설하였다.

35. 이혜숙, 「스리랑카의 종교문화적 분쟁과 평화운동에 관한 연구」, 《한국불교학》 35(2003), pp.307~345.

36. 안지영, 「중동으로 가는 스리랑카 여성들의 현재와 위기」, 《아시아여성연구》 51(1)(2012), p.170.

37. 임경수, 「스리랑카 지역주의에 관한 연구」, 《아시아연구》 16(1)(2013), pp.173~174.

38. UNDP, *Sri Lanka Human Development Report 2012*, 140(2012). Computations by the report team of the Institute of Policy Studies of Sri Lanka using Department of Census and Statistics of Sri Lanka 2010 and Central Bank of Sri Lanka 2011.

39. 안지영, 앞의 글, pp.170~171.

5장 자원의 저주에 걸린 가난한 나라들

1. D. K. Kim, "The Doubtful Existence of Resource Curse," *Environmental and Resource Economics Review* 22(2)(2013), p.217.

2. J. Sachs and A. Warner, "Natural Resource Abundance and Economic Growth," NBER Working Paper Series, 5398(1995), pp.1~47.

3. R. Prebisch, "The Economic Development of Latin America and its Principal Problems," *Economic Bulletin for Latin America* 7(1950), pp.1~12.; H. Singer, "Comments to the Terms of Trade and Economic Development," *Review of Economics and Statistics* 40(1950), pp.84~89.

4. 존 스틸 고든, 안진환·왕수민 옮김, 『부의 제국』(황금가지, 2007), pp.385~386.

5. A. O. Hirschman, *The Passions and the Interests*(Princeton, NJ: Princeton University Press, 1977).

6. 카타르는 아라비아반도의 동부 페르시아 만에 돌출한 카타르 반도에 있는 아주 작은 나라로, 면적이 우리나라의 경기도 정도다.

7. H. Mehlum·K. Moene and Torvik, "Institutions and the Resource Curse," *The Economic Journal* 116(2006), pp.1~20.

8. 리처드 포티, 이한음 옮김, 『살아있는 지구의 역사』(까치, 2005), pp.288~289.

9. 세실 로즈는 옥스퍼드 대학의 로즈 장학금으로 유명하다. 그는 자신의 이름을 딴 장학금을 만들어 금발에 파란 눈을 가진 장래가 촉망되는 젊은이에게 주었다. 나중에 파란 눈과 금발이라는 제한 조건은 없어졌다. 빌 클린턴 전 미국 대통령, 밥 호크 전 호주 총리, 풀브라이트 장학재단을 설립한 윌리엄 풀브라이트 전 미국 상원의원 등 세계를 이끌어가는 수많은 지도자들이 로즈 장학금으로 공부하였다.

10. 루츠 판 다이크, 안인희 옮김, 『처음 읽는 아프리카의 역사』(웅진지식하우스, 2005), p.233.

11. 루츠 판 다이크, 앞의 책, p.233.

12. 아파르트헤이트는 다른 인종 간의 결혼을 금지하는 잡혼 금지법, 인종적으로 거주지를 지정하는 집단지법과 공공시설분리이용법 등의 백인 우위의 인종차별정책을 말한다.

13. 하이퍼인플레이션은 급격한 물가상승을 말한다. 일반적으로 한 달 물가상승률이 50퍼센트를 넘어서면 하이퍼인플레이션이 발생한 것으로 여긴다. 짐바브웨는 현재 미국 달러와 남아프리카공화국의 랜드화를 사용하고 있다.

14. 서상현, 「태풍전야 짐바브웨와 태풍의 눈 무가베」, 《월간말》 263(2008), p.176.

15. 아랍에미리트연합은 킴벌리프로세스에 가입하지 않았다. 킴벌리프로세스는 다이아몬드 원석의 수출입에 관한 사항을 협의 · 조정하는 국제적인 협의체로, 2003년에 분쟁 다이아몬드의 유통을 금지하기 위해 결성되었다.

16. 서상현, 「자원이 분쟁에 미치는 요인 분석: 콩고민주공화국을 사례로」, 《한국아프리카학회지》 29(2009), p.193.

17. 최동주, 「보츠와나의 경제성장 과정 연구: 개발 국가developmental state 모델의 적용」, 《한국아프리카학회지》 20(2004), pp.229~232.

18. 한양환, 「콩고민주공화국의 내전 종식과 세계 경제체제 편입 전망」, 《한국아프리카학회지》 20(2004), p.242.

19. 김희명 · 음두은, 「프랑코포니 지역연구: 콩고 민주공화국」, 《프랑스문화예술연구》 42(2012), p.181.

20. 루츠 판 다이크, 앞의 책, p.137.

21. 류광철, 『아프리카를 말한다』(세창미디어, 2014), pp.147~149.

22. 위의 책, pp.150~151.

23. 위의 책, p.150.

24. 장준갑, 「아프리카 정책을 통해 본 케네디의 외교: 콩고 위기에 대한 정책을 중심으로」, 《미국사연구》 36(2012), p.180.

25. 위의 글.

26. P. J. Schraeder, *United States Foreign Policy Toward Africa: Incrementalism, Crisis and Change*(Cambridge: Cambridge University Press, 1994), pp.53~59.

27. 김희명 · 음두은, 「프랑코포니 지역연구: 콩고 민주공화국」, 《프랑스문화예술연구》 42(2012), pp.186~187.

28. 위의 글, pp.187~188.

29. Cambell, Scott et Suliman Baldo, "Victimes de guerre: les civils, l' État de droit, et les libertés démocratiques," *Rapport de Human Rights Watch sur la République démocratique du Congo*(1999).

30. 콜탄은 콜론 바이트와 탄타라이트Columbo-Tantalite라는 희소 금속의 약어다.

31. 탄타륨은 휴대전화의 주요 소재로, 휴대전화가 전 세계적으로 보급되자 수요가 급증했으며 1992년 이후 연 10퍼센트씩 수요가 증가하였다. 2000년 전후해서는 표준이동통신시스템(UMTS: Universal Mobile Telecommunications System)을 이용한 3세대 휴대전화가 등장하고 가정용 게임기기(플레이스테이션 2)가 출시되면서 전 세계적으로 탄타륨에 대한 수요가 급증하였다.

32. 박창렬, 「DR콩고의 콜탄(Coltan)생산과 분쟁에 관한 연구」, 《한국아프리카학회지》 40(2013), p.27.

33. 2013년 콜탄의 국제시장 가격은 1킬로그램에 600달러(약 64만 원)를 웃돈다.

34. 박창렬, 앞의 글, pp.42~43.

35. 위의 글, pp.40, 46.

6장 바나나공화국과 다국적 식품기업

1. 라틴아메리카라는 용어는 19세기 중반 프랑스 학자들이 만든 용어다. 1802년 전쟁자금을 조성하기 위해 미국에 루이지애나를 매각한 나폴레옹은 아메리카 대륙에서 기반을 잃은 점에 대해 후회하였다. 그는 다시 아메리카에서 제국의 확장을 기도하였다. 이에 학자들은 스페인어와 프랑스어가 라틴어에서 파생된 로망스어 계통이라는 점에 착안해 라틴아메리카라는 용어를 만들어냈다(블루엣 외, 김희순 외 옮김, 『라틴아메리카와 카리브해: 주제별 분석과 지역적 접근』(까치, 2013), p.14].

2. 피에르 제르베, 소민영 옮김, 『최초의 세계 제국 미국』(부키, 2007), pp.20~24.

3. 피터 H. 스미스, 이성형 · 홍욱헌 옮김, 『라틴아메리카, 미국, 세계』(까치, 2010), p.221.

4. 존 스틸 고든, 인진환 · 왕수민 옮김, 『부의 제국』(황금가지, 2007), pp.231~232.

5. 에번 D. G. 프레이저 · 앤드루 리마스, 유영훈 옮김 『음식의 제국』(알에이치코리아, 2011), p.240.

6. 위의 책, p.241.

7. 인공적으로 얼음을 얼리는 기술이 없던 시절, 튜더의 얼음 장사는 겨울에 어는 얼음을

이용해야 한다는 한계가 있었다.

8. 에번 D. G. 프레이저 · 앤드루 리마스, 앞의 책, pp.243~244.

9. 바나나리퍼블릭(바나나공화국)은 작가 오 헨리O. Henry가 은행 공금 횡령 혐의로 온두라스에 도피해 있던 시절에 겪었던 경험을 그린 「양배추와 임금님」이라는 단편소설에서 처음 등장한 단어다.

10. 전성원, 『누가 우리의 일상을 지배하는가?』(인물과사상사, 2013), pp.274~275.

11. 코스타리카에서는 1808년부터 커피를 재배하기 시작하였으며, 이는 곧 코스타리카의 주요 수출상품이 되었다.

12. 전성원, 앞의 책, p.277.

13. 브라이언 W. 블루엣 · 올린 M. 블루엣, 김희순 · 강문근 · 김형주 옮김, 『라틴아메리카와 카리브해』(까지, 2013), p.389.

14. J. Wiley, *The Banana: Empires, Trade Wars, and Globalization*(Lincoln, NE: University of Nebraska Press, 2008).

15. 미국의 작가 존 스타인 백이 1930년대 경제 대공황 당시 노동자들의 고통을 그린 소설 『분노의 포도』에서도 매점이 등장한다. 소설에서는 캘리포니아 오렌지 농장에서 일하는 노동자들이 하루 종일 일한 대가로 받은 임금을 농장이 운영하는 매점에서 시중보다 비싼 가격의 생필품을 강제로 구매함으로써 그들의 임금이 고용주에게 다시 돌아가는 장면을 잘 그리고 있다.

16. 전성원, 앞의 책, p.281.

17. 바나나는 무성생식을 통해 증식하기 때문에 유전적으로 단일한 특성을 지닌다. 그래서 단일 종을 재배하는 바나나 플랜테이션에 전염병이 돌면 손을 쓰기 어려울 정도로 위험해진다. 최근 2014년에도 바나나 전염병으로 유명한 파나마병의 일종인 TR4가 퍼져 바나나를 더 이상 먹을 수 없게 될지 모른다는 뉴스가 화제가 되었다.

18. 전성원, 앞의 책, pp.289~290.

19. 피터 H. 스미스, 앞의 책, p.211.

20. 위의 책.

21. 버네이즈(1892~1995)는 유명한 정신 분석학자 프로이트의 조카이자 미국 PR의 대부다. 그는 1920년대 말 출간한 『프로파간다』라는 책을 통해 여론 형성이나 조작의 중요성을 설파하였다.

22. 전성원, 앞의 책, p.235.

23. 위의 책, pp.293~294.

24. 미주기구Organization of American State, OAS는 1890년에 발족한 아메리카 국가연합이다. 미주기구의 목표는 인권을 보호하고 회원들 간의 갈등을 해소하는 것이다. 쿠바는 1962년에 회원 자격이 정지되었다가 2009년에 회복되었다.

25. 「쓰레기 매립장에 목숨을 걸어야 하는 빈곤의 삶」, 《뉴시스》(2008.08.07).

26. SA8000인증은 노동의 기본적 원칙과 권리에 관한 국제기구선언에 제시된 노동자 권리에 중점을 둔 것이다.

7장 누가 진짜 해적일까?

1. G. Schild, *Bretton Woods and Dumbarton Oaks: American Economic and Political Post-War Planning in the Summer of 1944*(New York: St. Martin's Press, 1995), p.xii.

2. 수요가 너무 많으면 인플레이션이 발생하고 공급이 너무 많으면 불황이 발생한다.

3. 케인스는 방코르의 가격은 금과의 교환비율로 조정가능하고, 각국 통화의 환율 또한 금 또는 방코르와의 교환비율로 책정될 수 있다고 하였다.

4. 정진영, 「케인스, 국제통화체제, 세계금융위기」, 《국제정치논총》 49(5)(2009), pp.173~174.

5. 2014년 현재 국제통화기금에 가입한 회원국은 188개국에 달한다.

6. 니콜라 블라드, 「민중과 평화의 적, 세계화 경제기구들」, 《환경과 생명》 40(2004), p.157.

7. 정진영, 앞의 글, p.181.

8. 웨인 엘우드, 주선영 옮김, 『자본의 세계화 어떻게 헤쳐 나갈까?』(이후, 2007). ; 리처드 피트 외, 박형준 · 황성원 옮김, 『불경한 삼위일체』(삼인, 2007).

9. 체체파리는 소를 죽이는 파리라는 뜻이다. 체체파리에게 물리면 사람은 졸음병이 생기고 동물들은 은가나병에 감염된다. 체체파리가 많은 곳에서는 목축이 어렵다.

10. W. Rodney, *How Europe Underdeveloped Africa*(London: Bogle L'Ouver ture, 1971), p.138.

11. 장용규, 「르완다 제노사이드: 후투와 투치의 인종차별과 갈등의 역사적 전개」, 《한국아프리카학회지》 26(2007), p.155.

12. 무세베니는 현재 우간다의 대통령인데, 실제로 투치족의 도움으로 독재자 밀턴 오보테를 몰아내고 우간다의 대통령이 될 수 있었다.

13. 마틴 메러디스, 이순희 옮김, 『아프리카의 운명』(휴머니스트, 2014), pp.677~678.

14. 후투족이 투치족을 일컬어 바퀴벌레라고 불렀다.

15. 마틴 메러디스, 앞의 책, p.695.

16. 정채연, 「다원주의적 사법을 통한 이행기 정의와 초국가적 인권의 실현: 르완다의 제노사이드와 가챠챠(Gacaca) 법원에 대한 논의를 중심으로」, 《고려법학》 65(2102), p.143.

17. 밀 콜린은 프랑스어로 '천개의 언덕'이란 뜻으로, 르완다가 천개의 언덕으로 돼 있다는 의미에서 붙여진 르완다의 별명이다.

18. 재레드 다이아몬드, 강주헌 옮김, 『문명의 붕괴』(김영사, 2005), p.442.

19. 위의 책, pp.444~453.

20. 미셸 초스도프스키, 이대훈 옮김, 『빈곤의 세계화: IMF경제신탁통치의 실상』(당대, 1998).

21. 재레드 다이아몬드, 앞의 책, pp.444~453.

22. 아덴만은 우리나라 선원들이 소말리아 해적에게 피랍되어 곤혹을 치른 곳으로도 유명하다.

23. 마틴 메러디스, 앞의 책, p.635.

24. 박원탁, 「아프리카 기아문제에 관한 연구: 소말리아를 중심으로」, 《아프리카연구》 7(1994), pp.21~22.

25. 서상현, 「글로벌 안보 관점에서 본 미국의 대 아프리카 전략」, 《국제지역연구》 14(3)(2010), pp.173~194.

26. 미셸 초스도프스키, 이대훈 옮김, 앞의 책.

27. 마틴 메러디스, 앞의 책, p.640.

28. 김석수, 「국제정치 문제가 된 해적: 소말리아 해적을 중심으로」, 《중동연구》 32(1)(2013), p.11.

29. 마틴 메러디스, 앞의 책, p.649.

30. 위의 책, pp.659~662.

31. R. Beri, "Piracy in Somalia: Addressing the Root Causes," *Strategic Analysis* 35(3)(2011), p.456.

8장 세계를 여행하는 부품들, 이주하는 공장들

1. 전성원, 『누가 우리의 일상을 지배하는가』(인물과사상사, 2012), p.74.

2. 존 스틸 고든, 안지환 · 왕수민 옮김, 『부의 제국: 미국은 어떻게 세계 최강대국이 되었나』(황금가지, 2007), pp.382~383.

3. 포디즘이라는 용어는 1934년 그람시A. Gramsci가 자신의 『옥중수고』 중 「아메리카니즘과 포디즘」이라는 글에서 처음 사용하였다.

4. 전성원, 앞의 책, pp.30~31.

5. 위의 책, p.83.

6. Joachim Hirsch, *Kapitalismus ohne Alternative*(Hamburg: VSA, 1990), p.46.

7. 비용절감을 위해 재화와 서비스 생산을 외부로 이전하는 것을 아웃소싱이라 하며, 우리말로 흔히 외주라고 한다. 아웃소싱에는 기업이 생산지를 외국으로 이전하는 국외 이전 offshoring도 포함된다. 아웃소싱을 통해 조직은 운영상의 유연성을 높일 수 있다. 기업들은 해외 아웃소싱을 통해 생산비를 절감하고 있으며 (대부분 선진국의) 소비자들은 좀 더 저렴한 가격에 상품을 구매한다.

8. 필립 맥마이클, 조효제 옮김, 『거대한 역설: 왜 개발할수록 불평등해지는가』(교양인, 2013), pp.177~178.

9. 이 국경은 1848년 과달루페-이달고 조약으로 형성되었다.

10. 북미자유무역협정North American Free Trade Agreement, NAFTA은 미국 · 캐나다 · 멕시코 3국간 관세와 무역장벽을 폐지하고 자유무역권을 형성한 협정을 말한다. 1992년 12월 미국 · 캐나다 · 멕시코 정부가 조인하였고 1994년 1월부터 발효되었다.

11. 마킬라도라 산업은 2000년과 2001년 경 전성기를 맞이하였다. 2000년 10월 3,655개 업체에 약 134만 8,000명이 고용되어 고용규모면에서는 최고치를 나타냈으며 2001년 6월 3,735개의 생산업체에 121만여 명이 고용되어 생산업체의 최고치를 나타내었다[김희순, 「멕시코 마킬라도라산업의 특성과 분포 변화」, 《한국경제지리학회지》 11(2)(2008), p.254].

12. 배윤기, 「〈보더 타운〉: 지구화와 로컬화의 현장」, 《문학과 영상》 86(2010).

13. 시우다드 후아레스는 식민 시절 텍사스와의 국경을 따라 건설된 도시다. 1659년 건설된 파소 델 노르테가 1888년 도시명을 바꾸어 시우다드 후아레스가 되었다.

14. CNN 인터넷판 2010년 3월 29일 "Arrest made in deaths of 3 linked to U.S. Consulate in Ciudad Juarez."; 2010년 7월 30일 "U.S. closes consulate in Ciudad Juarez to review security."

15. 시우다드 후아레스에서 시작된 마약 관련 폭력 사건은 결국 멕시코 전역으로 확산되었다.

16. CNN 인터넷판 1998년 5월 8일 "Murder stalks the women of Ciudad Juarez."

17. 「방글라데시 사바르 참사 1년(3): 노동환경 개선 의지 약한 정부」,《경향신문》(2014.04.28).

18. 방글라데시 정부는 외국계 기업들에게 10년간 세금 면제, 자본재 수입에 대한 면세, 3년간 외국인에게 지급되는 임금에 대한 소득세 면제, 10년간 배당세 면제, 지역에서 생산되는 제품 수출에 대한 면세, 미국, 유럽, 일본 시장에서 일반특혜관세제도GSP가 보장하는 혜택, 미국의 최혜국 대우 등의 특혜를 베풀고 있다. 나아가 수출가공지역 내 외국인 투자에 대한 상한선이 없고 이익금 모두를 본국으로 송환하는 것 또한 허용된다.

19. Surendra Pratap, 「혼란에 빠진 방글라데시의 의류산업」,《국제노동연구》 9(1)(2011), p.39.

20. 위의 글, p.45.

21. 한국 회사인 영원무역은 방글라데시 치타공과 다카에 총 17개의 공장을 가진 방글라데시 최대의 의류 제조업체다. 영원무역은 한국의 대표적인 아웃도어 의류 및 장비 제조업체로서 OEM 형태로 나이키 등 약 30개의 글로벌 브랜드에 제품을 납품했다. 또한 한국에서도 인기 있는 아웃도어 브랜드인 노스페이스 판매권을 보유하고 있다. 영원무역의 치타공 노동자들은 최저임금 시행을 위한 투쟁에서 선두에 섰다. 영원무역이 인건비 감축을 위해 점심값 지급을 중단하자 노동자들의 분노가 분출되었다. 영원무역 노동자들은 업무를 중단하고 시위를 시작했다. 그리고 점심 식대를 다시 지급해줄 것을 요구했다. 한국인이 소유한 영원무역이 노동자들의 조업 중단에 대한 보복조치로 11개 공장의 문을 닫은 뒤 경찰은 실제로 평화적으로 시위를 벌이던 노동자들을 공격했다. 치타공의 영원무역 노동자들의 시위를 진압하기 위해 2010년 12월 12일, 경찰은 550개의 고무탄과 95개의 최루탄을 발사했으며 그로 인해 4명의 노동자가 사망했다.

22. http//:www.cpb.org.bd.

23. 「천 명 넘게 죽었는데 3만 원 인상, 너무하네요」,《오마이뉴스》(2014.05.11).

24. 「방글라데시 의류 수출 '끝없는 추락'」,《국제섬유신문》(2014.12.15).

25. 이원섭, 「디트로이트: 세계의 자동차 수도」,《국토》 211(1999), p.44.

26. 미국 고속도로교통안전국 홈페이지 "CAFE Overview" 참조(http://www.nhtsa.dot.gov/portal/site/nhtsa/menuitem.43ac99aefa80569eea57529cdba046a0).

27. G. Mercer & J. P. MacDuffie, 「미국 디트로이트의 위기: 원인, 실태 및 전망」,《국제노동브리프》 2009년 2월호, p.8.

28. 백창재 등, 「생산 세계화의 다양성 Ⅱ: 미국·독일·일본 자동차산업의 비교분석」,《한

국정치연구》21(1)(2012), pp.311~313.

9장 민영화, 이게 최선입니까?

1. 손호철, 「김대중 정부의 복지개혁의 성격: 신자유주의로의 전진?」, 《한국정치학회보》 39(1)(2005). pp.214~215.

2. 유호근, 「신자유주의적 세계화 패러다임 : 비판적 검토와 대안적 전망」, 《아태 연구》 16(1)(2009), p.126.

3. 유미현, 「민영화: 세계적 추세에 관한 국제 비교 연구」, 『한국정책분석평가학회 학술대회발표논문집』(2011), pp.99~132.

4. 박규호, 「영국의 민영화과정에 관한 비판적 분석」, 《동향과 전망》 24(1994), pp.138~158.

5. P. A. Samuelson, "The Pure Theory of Public Expenditures," *Review of Economics and Statistics* 36(4)(1954), pp.387~389.

6. W. J. Baumol, "On the Proper Cost Tests for Natural Monopoly in a Multi-product Industry," *American Economic Review* 67(1977), p.810.

7. P. Hauschild, *Privatisierung: Wahn & Wirklichkeit*(Hamburg : VSA-Verl, 2004).

8. 유미현, 앞의 글, pp.99~132.

9. 강원택, 「영국의 신자유주의 개혁과 중앙-지방 관계의 변화」, 《국제정치논총》 43(3)(2003), pp.388~389.

10. 박훈하, 「대처리즘에 저항하는 코메디적 서사 문법」, 《오늘의 문예비평》 41호(2001), p.215.

11. 윤방실, 「문화 유물론적 해석으로 다시 읽은 Top Girls」, 《현대영미드라마》 22(3)(2009), p.55.

12. 구춘권, 「민영화의 담론·갈등·합의: 독일의 철도·우편·정보통신 영역의 민영화 과정」, 《한국정치학회보》 6(4)(2012), p.224.

13. 수입대체산업화 정책을 실시한 대부분의 라틴아메리카 국가들이 1980년대 경제위기를 맞았지만 칠레와 브라질은 이 시기를 통해 산업화의 기반을 마련했다. 수입대체산업화 정책의 결과, 철강(칠레와 페루), 알루미늄(브라질) 그리고 자동차 공장(브라질, 칠레, 아르헨티나) 같은 새로운 산업들이 기반을 닦았고 소비재 제품도 전반적으로 성장하였다.

14. 《포브스》는 2014년 최고의 부자를 빌 게이츠로 선정하였다. 그는 2010~2013년까지

《포브스》에서 선정한 세계에서 두 번째 부자였다.

15. 그 결과 1975년 멕시코 정부의 공기업에 대한 지출은 1940년보다 40배나 증가하였다.

16. A. J. Cravey, *Women and Work in Mexico's Maquiladoras*(Inc: Rowman & Littlefield Publishers, 1998), p.39.

17. 이 시기에 매각된 주요 공기업들은 Telmex(전화회사), CANANEA(구리광산회사), Mexicana(항공사), Aeroméxico(항공사), Aeronaves de México(항공사), Coporación Mexicana de Aviación(항공사), Fomento Azucarero(설탕회사), CONASUPO(곡물회사)의 투티틀란 공장(식용유 및 국수 공장), Grupo Dina(트럭·버스·모터 등 제조) 등이었다.

18. IMF에서 외국자본의 유치를 중요시한 이유는 다음과 같다. 우선 외국자본은 자본의 유입뿐 아니라 첨단기술 도입의 기회가 될 수 있고 수출기회가 확대되며 고용창출에 중요한 역할을 한다. 또한 국내저축에 압력을 가하지 않고 경제활동의 재원을 조달할 수 있는 방법으로, 환율에 영향을 미치지 않고 외환보유고를 증가시키는 데 도움을 준다.

19. 살리나스의 뒤를 이어 1994년에 출범한 세디요Zedillo 정권은 사전허가를 조건으로 외국자본도 철도, 도로, 항만, 공항, 전력, 통신 등 공공분문에 투자 및 소유를 허용하였다.

20. 멕시코, 과테말라, 엘살바도르, 니카라과, 온두라스, 파나마, 코스타리카, 푸에르토리코, 도미니카공화국, 콜롬비아, 에콰도르, 페루, 브라질, 칠레, 아르헨티나, 파라과이, 우루과이.

21. 1986년 볼리비아에서는 물가상승률이 8,200퍼센트에 이르렀고, 1989년 니카라과에서는 33,600퍼센트의 하이퍼인플레이션이 나타났다.

10장 카카오와 밀가루

1. M. Light, "Moscow's Retreat from Africa," *The Journal of Communist Studies* 8(2)(1992), pp.32~33.

2. 베른하르트 젤리거, 김영수 옮김, 「베를린 장벽 붕괴 "문을 열라!"」, 《통일한국》 366(2014), p.31.

3. 전동진, 「냉전시대 아프리카 공산주의 체제의 형성구조와 소련 및 북한의 영향력」, 《통일전략》 3(2)(2003), p.262.

4. 이한규, 「탈냉전이후 아프리카-유럽 관계의 변화: 로메협정 IV의 사례를 중심으로」, 《한국프랑스학논집》 42(2003), p.454.

5. 전동진, 앞의 글, p.275.

6. M. Chege, "Remembering Africa," *Foreign Affairs* 71(1)(1992), pp.153~158.

7. 캐럴 오프, 배현 옮김, 『나쁜 초콜릿』(알마, 2011), p.21.

8. 사라 모스 · 알렉산더 바데녹, 강수정 옮김, 『초콜릿의 지구사』(휴머니스트, 2012), pp.18~20.

9. 카카후아틀은 이후 초코아틀로 바뀌어 초콜릿이라는 단어의 어원이 되었다.

10. S. Grossman-Greene and C. Bayer, *A Brief History of Cocoa in Ghana and Cote d' Ivoire*(Tulane University, 2009), p.3.

11. R. Dand, *The International Cocoa Trade*(New York: John Wiley & Sons, 1997), pp.1~2.

12. 크리오요라는 단어는 스페인어인 'crear(성장하다)'라는 동사에서 파생되었으며, 본래는 "현지에서 자랐다"는 것을 의미한다. 스페인령 아메리카에서 크리오요는 아메리카 대륙에서 태어나 자란 백인 계층을 의미한다. 크리오요들은 페닌술라레스의 의무와 메스티소의 권리를 인정받았으며 이에 대한 그들의 불만은 결국 아메리카의 독립 혁명의 기폭제가 되었다. 한편 브라질에서는 포르투갈어로 비슷한 의미의 크리올루crioulo가 식민지에서 태어난 흑인이라는 의미로 사용되는 경우가 많다.

13. I. K. Sundiata, "Prelude to Scandal: Liberia and Fernando Po, 1880~1930," *The Journal of African History* 15(1)(1974), p.98.

14. 캐럴 오프, 앞의 책, pp.82~104.

15. S. Grossman-Greene and C. Bayer, op.cit., p.4.

16. W. Dwayne, "Predatory Elite, Rents and Cocoa: A Comparative Analysis of Ghana and Ivory Coast," *Commonwealth & Comparative Politics* 42(2)(2004), p.233.

17. 캐럴 오프, 앞의 책, pp.141~143.

18. World Cocoa Foundation, *Cocoa Market update, Compiled by the World Cocoa Foundation from Published Reports and Resources*(2012), p.1.

19. 정계에 입문하면서 '무적의 힘'이라는 의미의 부아니를 붙였다.

20. 한양환, 「아프리카의 민주화와 종족분규: 코트디부아르의 남북분단사태를 중심으로」, 《한국아프리카학회지》 25(2007), pp.207~209.

21. W. Dwayne, "The Tragedy of the Cocoa Pod Rent-Seeking, Land and Ethnic Conflict in Ivory Coast," *Journal of Modern African Studies* 41(4)(2003), p.646.

22. B. Klass, "From Miracle to Nightmare: An Institutional Analysis of Development

Failures in Cote d'Ivoire," *Africa Today* 55(1)(2008), p.113.

23. M. A. Hiltzik, "'Old Man' Loses Big Cocoa Turns Bitter for Ivory Coast," *LA Times*, 1989.07.12.

24. 한양환, 앞의 글, pp.220~221.

25. 위의 글, p.217.

26. 장상환, 「세계화와 농업문제의 전환」, 《마르크스주의 연구》 9(3)(2012), pp.135~143.

27. 송동흠, 「신자유주의 세계화와 농업의 미래」, 《환경과 생명》 38(2003), pp.164~165.

28. 박민선, 「초국적 농식품체계와 먹거리 위기」, 《농촌사회》 19(2)(2009), p.8.

29. 미국을 예로 들면 WTO 체제 성립 후 농산물에 대한 최저가격을 보장하고, 농가소득 안정 및 환경보전 등 농가소득 직접지불금을 지불했다. 2002~2006년 사이 미국정부로부터 직접 지불받은 소득이 총 농가소득의 약 27퍼센트에 해당할 정도다. 특히 쌀 농가는 2004년에만 호당 6만 달러 이상을 직접 지원받았다[허용준, 「미국의 농업보조금 정책」, 《CEO Focus》 64(농협경제연구소, 2006)].

30. 글로벌 기업농의 사업영역이 확대되면서 세계에서 가장 거대한 농산물 수출국인 미국의 소농도 큰 어려움을 겪고 있다. 미국의 많은 농장들이 농업을 포기하고 있다. 미국에는 1940년에 600만 개의 농장이 있었으나 1960년 400만 개로 감소하였고, 1990년대 200만 개로 줄어든 이후 그 수가 안정되었다. 그러나 농지의 면적은 관개와 매립을 통해 1900년부터 2000년 사이 13퍼센트나 증가하였다. 또한 하위 50퍼센트의 농가가 전체 경지면적에서 차지하는 비중이 1900년 13퍼센트에서 1992년 4퍼센트로 크게 감소하였다. 그러나 상위 10퍼센트의 농가가 전체 경지 면적에서 차지하는 비중은 1900년 45퍼센트에서 1992년 76퍼센트로 증가하였다. 2010년 미국 전체 농장의 1.4퍼센트에 이르는 29,000개의 농장이 전체 농산물 판매의 48퍼센트를 차지하고 있다. 소규모 농장의 감소 및 기업농화와 함께 생산의 특화도 이루어지고 있는데, 1920년대 농장당 평균 생산작물 수는 5.6개였으나 1992년 1.8개로 감소하였다. 이러한 현상은 '농업에 대한 자본의 지배'의 심화를 보여주는 하나의 예다.

31. 김경학, 「인도 '나브다냐'(Navdanya) 종자주권 운동에 관한 연구」, 《남아시아연구》 20(1)(2014), pp.2~3.

32. 월든 벨로, 김기근 옮김, 『그 많던 쌀과 옥수수는 모두 어디로 갔는가』(더숲, 2010), p.9.

33. K. Deininger, "Challenges Posed by the New Wave of Farmland Investment," *Journal of Peasant Studies* 38(2)(2011), pp.217~247.

34. 장 지글러, 양영란 옮김, 『굶주리는 세계, 어떻게 구할 것인가?』(갈라파고스, 2011), p.155.

35. 곡물 메이저는 곡물을 수출하고 수입하는 세계적인 거대 곡물회사를 말한다.

36. 장상환, 앞의 글, p.156.

37. 미국정부는 1954년부터 남아도는 농산물로 원조할 수 있는 공법 480호 프로그램을 실시하였다. 이 프로그램은 몇 가지 원칙을 가지고 있었다. 첫째, 농산물을 현지 통화로 저렴한 가격에 제공한다는 것이다. 즉 우리나라에 밀가루를 수출하면 원화로 그 값을 받는 것이다. 둘째, 기근 구호용 농산물은 무상으로 제공한다는 것이다. 셋째, 현지의 전략적 원자재와 미국산 농산물을 물물 교환하는 것이다.

38. 최근 선진국에서는 전통적 영농 방식이 상업 농업 방식에 비해 생태계에 대해 지속가능성이 더 높은 방법이며, 상업농은 많은 화학물질과 기술력을 통해 자연의 한계를 초과하는 생산을 추구함으로써 생물학적 다양성을 고갈시키는 농업양식이라는 의견에 대한 공감대가 확산되고 있다.

39. 장 지글러, 앞의 책, p.154.

40. 「곡물업계 슈퍼리치 '카길&맥밀런家'의 두 얼굴」, 《헤럴드 경제》(2014.07.29).

41. H. S. James, Jr. · M. K. Hendrickson and P. H. Howard, *Networks, Power and Dependency in the Agrifood Industry, working paper*(University of Missouri, 2012), pp.32~33.

42. 장 지글러, 앞의 책, p.153.

43. 이렇게 거대 기업이지만 주식시장에 상장하지 않은 개인 소유의 기업으로 가족이 운영하고 있다. 미국의 개인 소유의 기업 중 두 번째로 큰 기업이다.

44. 윤병선, 「초국적 농식품복합체의 농업지배에 관한 고찰」, 《농촌사회》 14(1)(2004), pp.26~27.

11장 세계화 시대에 떠도는 사람들

1. 불량주거지역은 지역별로 다양한 이름으로 불리는데, 칠레에서는 불량주거지역에 사는 사람들을 버섯인poblaciones callampa이라 부르고, 아르헨티나에서는 극빈촌villas miserias이라 불리며, 페루에서는 젊은 마을pueblos jóvenes이라고 부른다[스탠리 브룬 외 편, 도시지리학회 옮김, 『세계의 도시』(2013), p.229].

2. 필립 맥마이클, 조효제 옮김, 『거대한 역설: 왜 개발할수록 불평등해지는가』(교양인,

2013), p.85.

3. 전국지리교사연합회, 『살아 있는 지리교과서』 2(휴머니스트, 2011).

4. J. Perlman, *Favela: Four Decades of Living on the Edge in Rio de Janeiro*(Oxford University Press, 2010), pp.24~27.

5. 파벨라는 브라질 대부분의 도시 전역에 불안정하게 분포하는데, 습지, 오염된 지역 등과 같은 좋지 않은 지역뿐 아니라 코파카바나Copacabana와 이파네마Ipanema 같은 부유한 해변 지역의 주변에도 발달하였다. 현재 리우데자네이루 인구의 10명 중 3명 이상이 파벨라에 거주하고 있다.

6. 오늘날 리우의 인구밀도가 1제곱킬로미터당 4,700명인 데 비해 리우의 파벨라의 인구밀도는 이보다 10배 가까이 높은 1제곱킬로미터당 3만 1,700명에 달한다(J. Perlman, *Favela: Four Decades of Living on the Edge in Rio de Janeiro*(Oxford University Press, 2010), pp.52~58).

7. 크리스천 퍼렌티, 강혜정 옮김, 『왜 열대는 죽음의 땅이 되었나?』(미지북스, 2011), p.267.

8. J. Perlman, op.cit.

9. Ibid., pp.172~174.

10. Ibid., pp.175~177.

11. J. Durand and D. Massey, "Mexican Migration to the United States: A Critical Review," *Latin American Research Review* 27(1992), pp.14~23.

12. Ibid.

13. W. R. Delgado, "Migration and Imperialism: The Mexican Workforce in the Context of NAFTA," *Latin American Perspectives* 33(2)(2006), p.36.; A. Escobar, et al., "Mexico–US Migration: Moving the Agenda Forward", *International Migration* 41(2)(2003), p.126.

14. 주종택, 「미국의 이주정책과 멕시코의 국제노동이주의 형태」, 《한국라틴아메리카학회지》(2011), pp.2~3.

15. J. H. Cohen, "Transnational Migration in Rural Oaxaca, Mexico: Dependency, Development, and the Household," *American Anthropologist* 103(4)(2001), pp.954~967. ; O. M. Faulstich, et al., "Transnational Childhoods: The Participation of Children in Processes of Family Migration," *Social Problems* 48(4)(2001), pp.572~591. ; K. Roberts, "Household Labour Mobility in a Modern Agrarian

Economy: Mexico" in G. Standing(ed.), *Labor Circulation and the Labor Processes*(London: Croom Helm, 1985), pp.358~381.

16. 김승민, 「프랑스 이민자 소요사태의 발발 원인 분석」, 《한국프랑스학논집》 74(2011), pp.272~273.

17. 박단, 「2005년 프랑스 '소요 사태'와 무슬림 이민자 통합문제」, 《프랑스사연구》 14(2006), p.239.

18. 한명숙, 「프랑스 국적법 개정과 북아프리카 이민자 문제, 1986~1993」, 《프랑스사연구》 20(2009), p.159.

19. 위의 글, pp.153~154.

20. 김승민, 앞의 글, p.267.

21. 김걸, 「두바이의 도시공간구조」, 《한국도시지리학회지》 17(3)(2014), p.43.

22. 엘리자베스 베커, 유영훈 옮김, 『여행을 팝니다: 여행과 관광에 감춰진 불편한 진실, 명랑한 지성』(명랑한 지성, 2013), p.241.

23. 레스 로웬트리 외, 안재섭·김희순 외 옮김, 『세계지리: 세계화와 다양성』(시그마프레스, 2012), pp.165~166.

12장 연결된 세계, 분리된 사람들

1. L. Loh & N. Venkatraman, "Determinants of Information Technology Outsourcing," *Journal of Management Information Systems* 9(1)(1992), pp.7~24.

2. 존 스틸 고든, 안진환·왕수민 옮김, 『부의 제국』(황금가지, 2007), p.521.

3. 위의 책, pp.523~525.

4. 강준만, 「탐욕을 예찬하는 박애 자본주의의 전도사: 빌 게이츠는 무엇을 위해 사는가」, 《인물과사상》 170(2012), p.34.

5. 송성수, 「정보기술의 전도사, 빌 게이츠」, 《기계저널》 44(7)(2004), p.31.

6. 존 스틸 고든, 앞의 책, p.527.

7. 위의 책, p.528.

8. 남성자, 「인도 콜센터 여성 근무자에 대한 가부장적 지배와 통제 완화 가능성」, 《남아시아연구》 16(3)(2011), p.99.

9. 필립 맥마이클, 조효제 옮김, 『거대한 역설: 왜 개발할수록 불평등해지는가』(교양인, 2013), pp.280~281.

10. 위의 책, p.273.

11. 남성자, 앞의 글, p.96.

12. NASSCOM, *The IT-BPO Sector in India: Strategic Review 2005*(New Delhi: National Association of Software and Service Companies, 2005).

13. 남성자, 앞의 글, p.99.

14. 정재완·이재호,「급성장하고 있는 필리핀 콜센터 아웃소싱산업과 시사점」,《KIEP 오늘의 세계 경제》07(15)(2007), p.5.

15. 위의 글, p.1.

16.「필리핀 콜센터 잇단 "콜", 아웃소싱 신바람」,《아시아경제》(2014.07.07).

17. 정재완·이재호, 앞의 글, p.6.

18.「필리핀 콜센터 잇단 "콜", 아웃소싱 신바람」,《아시아경제》(2014.07.07).

19.「애플 iOS5, 아이메시지·아이클라우드 주목」,《연합뉴스》(2011.10.11).

20. 이호현·강홍렬,「클라우드 개념의 불확실성」,《정보통신정책연구원 동향》23(13)(2011), p.59.

21. 김명호·김재우·장현춘,「클라우딩 컴퓨팅의 오늘과 내일」,《정보보호학회지》20(2)(2010), p.61.

22.「클라우드가 글로벌 콜센터 붕괴시킨다?」,《전자신문》(2014.07.22).

13장 장미와 새우

1.「전남산 장미, 해외 시장 도전 '첫발'」,《연합뉴스》(2014.04.27).

2.「신흥시장 아프리카 로… 국내 중소기업 새로운 도전」,《한겨레》(2012.07.29).

3. 백승종,「백승종의 역설: 케냐의 장미는 아름답지 않다」,《한겨레》(2012.02.27).

4. J. A. Allan, "Virtual Water: A Strategic Resource Global Solutions to Regional Deficits," *Groundwater* 36(4)(1998), pp.545~546.

5. A. Y. Hoekstra, *The Water Footprint of Modern Consumer Society*(London: Routledge, 2013).

6. 세계 물 발자국 기구 http://www.waterfootprint.org.

7. 맹그로브 숲은 초본류는 거의 없고 주로 목본식물로 이루어진다. 어떤 종은 나무에서 싹이 터서 50~60센티미터 자란 다음 떨어지는 것도 있는데 이를 특히 태생식물이라고 한다.

8. 공우석,『식물지리학』(푸른길, 2007), p.125.

9. 케네디 원, 서정아 옮김, 『맹그로브의 눈물』(프롬나드, 2013), pp.22~23.

10. 위의 책, p.15.

11. 위의 책, pp.76~78.

14장 국제원조와 공정무역의 나르시시즘

1. P. Singer, "Famine, Affluence and Morality," *Philosophy and Public Affairs* 1(3)(1972), pp.231~232.

2. C. Mieth, "World Poverty as a Problem of Justice?: A Critical Comparison of Three Approaches," *Ethical Theory and Moral Practice* 11(2008), p.19.

3. 신약성경의 일화로, 강도를 당해 길에 쓰러져 있는 한 유대인을 보고 당시 사회의 상류층이었던 제사장과 레위인은 모두 그냥 지나쳤으나 유대인과 적대 관계에 있던 사마리아인 중 한 사람이 구해주었다는 이야기다. 현재 프랑스, 폴란드, 독일, 이탈리아, 네덜란드 등 유럽의 여러 국가에서는 자신이나 제3자의 위험을 초래하지 않고 위험에 처한 사람을 구조할 수 있었음에도 불구하고, 고의로 구조하지 않은 자에 대해서 불구조죄를 적용해 처벌한다. 그러나 우리나라의 경우 곤경에 처한 사람을 외면해서는 안 된다는 도덕적·윤리적인 사회적 통념만이 존재하고, 법이 도덕의 영역에 간섭해서는 안 된다는 논리에서 불구조죄가 적용되지 않는다. 예를 들면, 물에 빠진 사람을 충분히 구해줄 수 있는데도 구해주지 않은 사람에 대해 우리나라에서는 도덕적으로 비난할 수는 있지만 법적으로는 처벌할 수 없다.

4. C. Mieth, op.cit., p.17.

5. T. Pogge, "Priorities of Global Justice," *Metaphilosophy* 32(1/2)(2001), pp.14~15.; T. Pogge, *World Poverty and Human Rights*(Cambridge: Polity, 2002), pp.199~204.

6. 김준석, 「국제원조의 윤리학에 관한 소고: 토마스 포제와 존 롤스의 논의를 중심으로」, 《국제정치논총》 50(1)(2010), p.18.

7. 김지영·이일청, 「가나는 과연 원조의 성공 사례인가?」, 《오토피아》 29(1)(2014), pp.37~38.

8. D. A. Baldwin, "Foreign Aid, Intervention and Influence," *World Politics* 21(3)(1969), p.425.; K. Derouen, and U. Heo, "Reward, Punishment or Inducement? US Economic and Military Aid, 1946~1996," *Defense and Peace Economics* 15(5)(2004), p.453.

9. K. Krause, "Military Statecraft: Power and Influence in Soviet and American Arms Transfer Relationships," *International Studies Quarterly* 35(1991), pp.313~336.; C. Wolf, *Foreign Aid: Theory and Practice in Southern Asia*(Princeton: Princeton University Press., 1960). ; 정구연, 「미국의 아프리카 대외원조정책 연구: 원조와 안보의 연계를 중심으로」,《국제관계연구》18(1)(2013), p.132.

10. W. Easterly, *The Elusive Quest for Growth: Economist's Adventures and Misadventures in the Tropic*(Cambridge, MA: MIT Press, 2001), pp.28~29.

11. "Texts of Truman Orders to Implement Point IV Plan," *New York Times*(1950.09.09).

12. 정구연, 「미국의 아프리카 대외원조정책 연구: 원조와 안보의 연계를 중심으로」,《국제관계연구》18(1)(2013), pp.142~144.

13. S. Radelet, "Think Again: U.S. Foreign Aid," *Foreign Policy*(February 2005), pp.15~20.

14. J. Kraus, "Building Democracy in Africa," *Current History*, 90(553)(1991), pp.209~210.

15. 정보배 · 김희강, 「국제원조정책, 무엇이 문제인가?: 토마스 포기Thomas Pogge의 논의를 중심으로」,《오토피아》27(1), p.87.

16. M. Chossudovsky, *The Globalization of Poverty and the New World Order*(Canada: Global Research, 2003), p.161.

17. Ibid., p.162.

18. 정구연, 앞의 글, p.133.

19. 위의 글, p.133.

20. 김지영 · 이일청, 앞의 글, pp.43~44.

21. 위의 글, p.57.

22. 황규득, 「영국의 대 아프리카 원조 전략: 쟁점과 이슈」,《한국아프리카학회지》35(2012), pp.229~230.

23. M. F. Lappe & A. Lappe, *Hope's Edge: The Next Diet for a Small Planet*(New York: Jeremy P. Tarcher/Putnam, 2002), pp.291~293.

24. D. Elson, "Socializing Markets, Not Market Socialism" in L. Panitch & C. Leys(eds.), *Socialist Register 2002: Necessary and Unnecessary Utopias*(Fernwood Books, Black Point, 2002). ; I. Hudson & M. Hudson, "Removing the Veil?:

Commodity Fetishism, Fair Trade, and the Environment," *Organisation & Environment* 16(10)(2003), pp.413~430.

25. G. Fridell, "Fair-Trade Coffee and Commodity Fetishism: The Limits of Market-Driven Social Justice Gavin," *Historical Materialism* 15(2007), pp.86~87.

26. www.fairtradekorea.net.

27. K. Suchomel, *Student Knowledge and Support for Fair Trade: An Opinion Poll of College Students*(Minnesota Public Interest Research Group, 2005).

28. M. Prasad, H. Kimeldorf, R. Meyer, & I. Robinson, "Consumers of the World Unite: A Market-Based Response to Sweatshops," *Labor Studies Journal* 29(3)(2004), pp.57~80.

29. M. Hiscox, J. M. Broukhim, C. S. Litwin, A. Woloski, Consumer Demand for Fair Labor Standards: Evidence from a Field Experiment on eBay Available online at(2011)(http://papers.ssrn.com/sol3/papers.cfm?abstract_id=1811788, accessed on October 3, 2012).

30. H. Bernstein & L. Campling, "Commodity Studies and Commodity Fetishism Ⅱ: Profits with Principles?," *Journal of Agrarian Change* 6(3)(2006), pp.423~434.

31. G. Fridell, op.cit., pp.79~104.

32. E. Mandel, "In Defense of Socialist Planning," *New Left Review* I, 159(1986), p.22.

33. M. Maniates, "In Search of Consumptive Resistance: The Voluntary Simplicity Movement," in T. Princen, M. Maniates & K. Conca(ed.), *Confronting Consumption*(Boston: MIT Press, 2002), p.206.

34. G. Fridell, op.cit., p.94.

35. L. Ronchi, The Impact of Fair Trade on Producers and Their Organizations: A Case Study with Coocafe in Costa Rica, *PRUS Working Paper*, 11(United Kingdom: Poverty Research Unit at Sussex)(2002).

36. 임수진, 「지속가능한 커피의 역할과 한계: 20세기 말 커피위기 시대 중미지역을 사례로」, 《이베로아메리카》 13(2)(2011), pp.189~228.

37. K. Elliott, Is My Fair Trade Coffee Really Fair?, *CGD Policy Paper 017 December*, (Center for Global Development)(2012), pp.1~28.

38. http://www.fairtrade.net.

39. http://www.flo-cert.net/flo-cert.

40. L. Ronchi, op. cit.

41. 엄은희, 「공정무역 생산자의 조직화와 국제적 관계망: 필리핀 마스코바도 생산자 조직을 사례로」,《공간과 사회》33(2009), pp.143~182.

42. G. Fridell, op.cit., p.92.

43. Ibid., p.94.

44. D. Holland, W. Lachicotte, D. Skinner & C. Cain, *Identity and Agency in Cultural Worlds*(Cambridge, MA: Harvard University Press, 1998).

15장 스스로 만든 변화, 연대가 키운 희망

1. 세계도시정보 쿠리치바 편(http://ubin.krihs.re.kr).

2. 스탠리 브룬 · 모린 헤이스-미첼 · 도널드 지글러 공편, 도시지리학회 옮김, 『세계의 도시』(푸른길, 2013), p.243.

3. 라틴아메리카 대부분의 도시는 교통정책에서 대중교통보다는 엘리트들을 위한 자가용 전용 도로의 건설을 우선시하는 경향을 나타냈으나 쿠리치바는 대중교통 시설의 효율적 운용을 통해 시민 전체의 대중교통 이용률을 높임으로써 교통 혼잡 문제를 해결하고자 하였다. 쿠리치바 시는 버스를 운행하는 지역과 거리에 따라 여러 등급으로 분류하고 이들의 색을 확연히 다르게 함으로써 주민들의 이용편의를 높였다. 우리나라에서 시행하는 빨간색 급행 버스, 파란색 간선 버스, 초록색 지선 버스 시스템과 같은 등급별 버스 제도를 시행했으며, 등급이 다른 버스를 환승할 수 있게 했으며 환승 시에는 추가요금이 들지 않게 하였다.

4. J. Macedo, ʿLand Use Policies and Urbanization of Informal Settlements: Planning Initiatives for Environmental Protection Areas in Curitiba, Brazil," Dissertation for PH.D(University of Florida, 2000). pp.106~107.

5. 쿠리치바의 공공주택 프로젝트는 '적정가격 주택affordable housing' 프로젝트라 한다.

6. 처음 집을 소유하게 된 후 빈민들은 같은 지구에 사는 이웃과 집을 맞교환할 수 있는지를 알고 싶어 Cohab-CT 뉴스레터 발행을 도왔다. 이것은 자신이 거주할 주택에 대한 최소한의 선택권 행사 현상이었다.

7. J. Macedo, op.cit., pp.95~96.

8. IPPUC, *Areas de Subabitacao no Município de Curitiba*[Curitiba: IPPUC(Instituto de Pesquisa e Planejamento Urbano de Curitiba), 1989].

9. 피아는 우리나라의 지역 아동센터의 모체가 되는 프로그램이다. 피아가 생기기 이전 파벨라 및 빈곤지역 아동들은 부모가 직장에 나간 낮 동안 지역을 배회하면서 시간을 보내고 사회적으로 고립되었다. 그러나 피아가 시행된 이후 아동들은 식사와 교육을 제공받으며, 자신이 공동체의 일원임을 느끼게 되었다고 한다.

10. 쿠리치바 시 전역에 '지혜의 등대'라는 근린 도서관을 건설하였다. 실제 등대 모양으로 생긴 이 시설은 수천 권 이상의 장서를 보유해 지역주민과 학생들이 이용할 수 있게 하고 인터넷을 제공하는 등 문화시설로서 역할을 하고 있다. 또한 등대의 높은 망루는 야간에는 근린 지역을 감시하는 방범 초소 역할을 한다.

11. 쿠리치바 시는 저소득층이 경제적으로 더 나아질 수 있도록 다양한 기술 과목을 중심으로 직업 훈련을 제공하고 있다.

이 과정에서 더 이상 운행할 수 없는 오래된 버스를 재활용해 이동교실로 사용하는데, 버스는 날짜별로 매일 다른 지역으로 이동하고 교사들은 지역사회에서 충원된다. 이동 교실에서는 목공, 공예, 수예, 전기기술, 미용, 페인팅, 인쇄, 배관, 전화교환, 기초 회계, 워드 프로세서 및 컴퓨터 이용 등과 같은 과정이 제공된다.

12. 1950년 18만 명에 불과했던 쿠리치바의 인구도 1970년에 60만여 명, 2010년에는 175만 명으로 증가했으며, 메트로폴리탄 구역의 인구는 350만 명에 이르렀다. 쿠리치바의 면적은 약 430제곱킬로미터로 서울의 약 10분의 7 정도다(세계도시정보 쿠리치바 편, http://ubin.krihs.re.kr).

13. 예를 들어 쿠리치바의 골칫거리였던 홍수를 방지하기 위한 방안을 고심하던 중 어느 시민이 "하천 주변을 공원화하면 홍수도 방지하고 시민에게도 좋지 않을까요?"라고 넌지시 던진 이야기에서 아이디어를 내서 친환경적이면서도 시민들을 위하는 홍수 방지시스템을 마련할 수 있었다고 한다(「자이메 레르네르 前 시장」, 《부산일보》(2006.08.09)].

14. IPPUC, op.cit.

15. 박용남, 『꿈의 도시 꾸리찌바: 재미와 장난이 만든 생태도시 이야기』(녹색평론사, 2010), p.50.

16. 이상봉, 『대안적 공공공간과 민주적 공공성의 모색』, 《대한정치학회보》 19(1)(2011), pp.23~45.

17. 방춘하, 「도시재생사업의 개선방안에 대한 연구」, (가톨릭대학교 행정대학원 석사학위 논문, 2012).

18. Cohab-CT, *Relatório Biênio 1989/1990*(Curitiba: Cohab-CT, 1991).

19. J. Macedo, op.cit., pp.99~100.

20. 볼리비아는 스페인 식민지배 당시에는 '페루 북부'라고 불렸다. 남아메리카 독립운동을 이끈 시몬 볼리바르를 기리고 볼리바르 혁명정신을 계승한다는 의미에서 국명을 볼리비아로 정했다.

21. 잉카문명의 후예들인 안데스 주변지역 원주민들의 정체성과 연대의 상징인 무지개 빛깔의 깃발.

22. Gobierno del Estado Plurinacional de Bolivia, *Informe de gestión del Presidente Evo Morales*(La Paz, 2012).

23. 페르난도 몰리나, 조구호 옮김, 「왜 에보모랄레스는 여전히 인기를 누리는가?」, 《라틴아메리카이슈》 6(2014), p.66.

24. 위의 글, p.67.

25. L. Arce, *Perspectivas de la economía boliviana, paper presented at the Foro de Dirección en Banca y Microfinanzas: Nuevas Tendencias Regulatorias y Buen Gobierno Corporativo en el Sector Financiero*, organized by the Asociación de Instituciones Especializadas en Microfinanzas(La Paz, 2013).

26. 페르난도 몰리나, 앞의 글, p.71.

27. 「세계에서 가장 높은 케이블카」, 《헤럴드경제》(2014.11.29).

28. 「모랄레스의 세 번째 승리」, 《경향신문》(2014.10.19).

29. 「모랄레스 집권 연장의 힘은 '책임 있는 포퓰리즘」, 《연합뉴스》(2014.10.14).

30. 남아메리카 안데스산맥의 고원에서 자라는 쌀보다 조금 작은 둥근 모양의 곡물.

31. 장 지글러, 양영란 옮김, 『빼앗긴 대지의 꿈』(갈라파고스, 2008), pp.218~219.

32. 위의 책, p.220.

33. E. B. Bluemel, "The Implications of Formulating a Human Right to Water," *Ecology Law Quarterly* 31(2004), p.966.

34. 물이 민영화되면서 극빈층 가정 43퍼센트, 빈곤층 가정 40퍼센트, 일부소비자층에게는 200퍼센트가 넘게 물값이 상승했다[M. M. Sanchez-Moreno & T. Higgins, "No Recourse: Transnational Corporations and the Protection of Economic, Social, and Cultural Rights in Bolivia," *Fordham International Law Journal* 27(2004), p.1763].

35. 장 지글러, 앞의 책, p.220.

36. 볼리비아는 1879년 칠레와의 전쟁에서 해안지역을 모두 빼앗기고 내륙국가가 된 아픈 기억이 있기 때문에 볼리비아 민중은 이 계약에 더욱 분노하였다.

37. 김은중, 「권력의 식민성과 볼리비아 원주민 사회운동」, 김세건 외, 『라틴아메리카: 대

안 사회 운동과 참여 민주주의』 I (높이깊이, 2010), p.174.

. 위의 글, p.176.

. 세계도시정보, 라파스 편(http://ubin.krihs.re.kr).

. 이승욱, 「하늘과 가장 가까운 도시, 라파스」, 《국토》 330(2009), pp.78~83.

. 빠블로 스떼파노니, 이성훈 옮김, 「선거 후의 볼리비아: 에보 체제는 어디로 가나?」, 《라틴아메리카이슈》 2(2010), pp.86~87.

. R. D. Putnam, "The Prosperous Community: Social Capital and Public Life," *American Prospect* 13(1993), pp.35~42.

. 카롤 프로네르, 강정원 옮김, 「볼리비아의 다국민국가와 신헌법: 자유민주의 모델의 한계에 대한 논쟁에서 볼리비아 경험의 시사점」, 《라틴아메리카이슈》 4(2012), p.36.

. 김은중, 「권력의 식민성과 볼리비아 원주민 사회운동」, 김세건 외, 『라틴아메리카: 대안 사회 운동과 참여 민주주의』, (높이깊이, 2010), p.181.

. 빠블로 스떼파노니, 앞의 글, pp.89.

. 장 지글러의 『빼앗긴 대지의 꿈』의 pp.227~233에 구체적으로 기술되어 있다.

. 유명 브랜드의 재산권을 보호하고 소비자의 오인을 막기 위해 독점을 허용하는 상표법에 따라 코카 코야라는 상표를 사용할 수 없게 되었다. 현재 코카코야는 코카 에볼루션이라는 이름으로 판매되고 있다.

참고문헌

Allan, J. A., "Virtual Water: A Strategic Resource Global Solutions to Regional Deficits," *Groundwater* 36(4)(1998).

Andrews, C. M., "Anglo-French Commercial Rivalry 1700~1750," *American Historical Review* 20(1915).

Arce, L., *Perspectivas de la economía boliviana, paper presented at the Foro de Dirección en Banca y Microfinanzas: Nuevas Tendencias Regulatorias y Buen Gobierno Corporativo en el Sector Financiero*, organized by the Asociación de Instituciones Especializadas en Microfinanzas(La Paz. 2013).

Baldwin, D. A., "Foreign Aid, Intervention and Influence," *World Politics* 21(3)(1969).

Baumol, W. J., "On the Proper Cost Tests for Natural Monopoly in a Multi-product Industry," *American Economic Review* 67(1977).

Becker, Elizabeth, *The Exploring Business of Travel and Tourism*(2013)./엘리자베스 베커, 유영훈 옮김, 『여행을 팝니다: 여행과 관광에 감춰진 불편한 진실』(명랑한 지성, 2013).

Bello, Walden, *The Food Wars*(Verso, 2009)./월든 벨로, 김기근 옮김, 『그 많던 쌀과 옥수수는 모두 어디로 갔는가』(더숲, 2010).

Beri, R., "Piracy in Somalia: Addressing the Root Causes," *Strategic Analysis* 35(3)(2011).

Bernstein, H. & Campling, L., "Commodity Studies and Commodity Fetishism II: Profits with Principles?," *Journal of Agrarian Change* 6(3)(2006).

Bernstein, P., *The Power of Gold*(New York: John Wiley & Sons. 2000).

Bernstein, William J., *The Birth of Plenty*(McGraw-Hill, 2010)./윌리엄 번스테인, 김현구 옮김, 『부의 탄생』(시아출판사, 2012).

Blackburn, R., *The Making of New World Slavery*(London: Verso, 1987).

Blouet, B. and Blouet, O., *Latin America and the Caribbean: A Systemic and*

Regional Survey(6th edition)(Wiley, 2010)./블루엣 외, 김희순 외 옮김, 『라틴아메리카와 카리브해: 주제별 분석과 지역적 접근』(까치, 2013).

Bluemel, E. B., "The Implications of Formulating a Human Right to Water," *Ecology Law Quarterly* 31(2004).

Brown, L., *The Board of Trade and the Free-Trade Movement, 1830~1842*(Oxford: Clarendon Press, 1958).

Brunn, S., Hays-Mitchell, M., and Zigler, D.(eds.), *Cities of the World*(Rowman & Littlefield, 2012)./스탠리 브룬 · 모린 헤이스-미첼 · 도널드 지글러 공편, 도시지리학회 역, 『세계의 도시』(푸른길, 2013).

Butel, P., *Histoire des Antilles Françaises*(Paris: Perin, 2007).

Cambell, Scott et Suliman Baldo, "Victimes de guerre: les civils, l'État de droit, et les libertés démocratiques," *Rapport de Human Rights Watch sur la République démocratique du Congo*(1999).

Chang, H. J., *Kicking Away the Ladder: Development Strategy in Historical Perspective*(London: Anthem Press, 2002).

Chaudhuri, K. N., "The Structure of the Indian Textile Industry in the Seventeenth and Eighteenth Centuries," *Indian Economic and Social History Review* 11(2)(1974).

Chege, M., "Remembering Africa," *Foreign Affairs* 71(1)(1992).

Chossudovsky, M., *The Globalization of Poverty and the New World Order*(Canada: Global Research, 2003).

Chossudovsky, Michel, *The Globalization of Poverty: Impacts of IMF and World Bank Reforms*(Zed Books, 1997)./미셸 초스도프스키, 이대훈 옮김, 『빈곤의 세계화: IMF경제신탁통치의 실상』(당대, 1998).

CNN Internet edition, "Murder stalks the women of Ciudad Juarez"(1998. 5. 8).

CNN Internet edition, "Arrest made in deaths of 3 linked to U.S. Consulate in Ciudad Juarez"(2010. 3. 29).

CNN Internet edition, "U.S. closes consulate in Ciudad Juarez to review security"(2010. 7. 30).

Cohab-CT, *Relatório Biênio 1989/1990*(Curitiba: Cohab-CT, 1991).

Cohen, J. H., "Transnational Migration in Rural Oaxaca, Mexico: Dependency,

Development, and the Household," *American Anthropologist* 103(4)(2001).

Cole, J. A., *The Potosimita, 1573~1700*(California: StanfordUniversity Press, 1985).

Cravey, A. J., *Women and Work in Mexico's Maquiladoras*(Inc: Rowman & Littlefield Publishers, 1998).

Cubillos, Javier Mejía, "Una interpretación neoclásica del fin del Galeón de Manila," *Contribuciones a la Economía* 9(2011).

Dand, R., *The International Cocoa Trade*(New York: John Wiley & Sons, 1997).

Deane, P. M., *The First Industrial Revolution*(Cambridge: Cambridge University Press. 1980).

Deininger, K., "Challenges posed by the new wave of farmland investment," *Journal of Peasant Studies* 38(2)(2011).

Delgado, W. R., "Migration and Imperialism: The Mexican Workforce in the Context of NAFTA," *Latin American Perspectives* 33(2)(2006).

Derouen, K., and Heo, U., "Reward, Punishment or Inducement? US Economic and Military Aid, 1946~1996," *Defense and Peace Economics* 15(5)(2004).

Diamond, J., *Collapse: How Societies Choose to Fail or Succeed*(Penguin Books, 2005)/제레드 다이아몬드, 강주헌 옮김, 『문명의 붕괴』(김영사, 2005).

Diamond, Jared, *Guns, Germs, and Steel: The Fates of Human Societies*(W. W. Norton & Company, 1998)./제레드 다이아몬드, 김진준 옮김, 『총, 균, 쇠』(문학사상, 2005).

Durand, J. and Massey, D., "Mexican Migration to the United States: A Critical Review," *Latin American Research Review* 27(1992).

Dwayne, W., "The Tragedy of the Cocoa Pod Rent-Seeking, Land and Ethnic Conflict in Ivory Coast," *Journal of Modern African Studies* 41(4)(2003).

Easterly, W., *The Elusive Quest for Growth: Economist's Adventures and Misadventures in the Tropic*(Cambridge, MA: MIT Press, 2001).

Elliott, J. H., *Imperial Spain 1469~1716*(Penguin Books, 1976)./존 H. 엘리엇, 김원중 옮김, 『스페인 제국사 1469~1716』(까치, 2000).

Elliott, K., Is My Fair Trade Coffee Really Fair?, *CGD Policy Paper 017 December*, (Center for Global Development, 2012).

Ellwood, Wayne, *The No-Nonsense Guide to Globalization*(New Internationalist,

2006)./웨인 엘우드, 주선영 옮김, 『자본의 세계화 어떻게 헤쳐 나갈까?』(이후, 2007).

Elson, D., "Socializing Markets, Not Market Socialism" in L. Panitch & C. Leys(eds.), Socialist Register 2002: Necessary and Unnecessary Utopias(Fernwood Books, Black Point, 2002).

Escobar, A., et al., "Mexico-US Migration: Moving the Agenda Forward", *International Migration* 41(2)(2003).

Faulstich, O. M., et al., "Transnational Childhoods: The Participation of Children in Processes of Family Migration," *Social Problems* 48(4)(2001).

Fortey, Richard, *The Earth: An Intimate History*(Vintage, 2005)./리처드 포티, 이한음 옮김, 『살아있는 지구의 역사』(까치, 2005).

Frank, A., *Reorient: Global Economy in the Asian Age*(Berkeley: University of California Press, 1998).

Fraser, Evan&Rimas, Andrew, *Empires of Food: Feast, Famine, and the Rise and Fall of Civilizations*(Counterpoint, 2012)./에번 D. G. 프레이저·앤드루 리마스, 유영훈 옮김, 『음식의 제국』(알에이치코리아, 2012).

Fridell, G., "Fair-Trade Coffee and Commodity Fetishism: The Limits of Market-Driven Social Justice Gavin," *Historical Materialism* 15(2007).

Gervais, Pierre, *L'Avenement d'une Superpuissance le siecle de l'Amerique*(Paris: Larousse, 2001)/피에르 제르베, 소민영 옮김, 『최초의 세계 제국 미국』(부키, 2007).

Gobierno del Estado Plurinacional de Bolivia, *Informe de gestión del Presidente Evo Morales*(La Paz, 2012).

Gonick, Larry, *Cartoon History of the Universe*(Doubleday, 1997)./래리 고닉, 이희재 옮김, 『세상에서 가장 재미있는 세계사 4』(궁리, 2002).

Gordon, J. S., *An Empire of Wealth*(New York: HarperCollins Publisher, 2004)./존 스틸 고든, 안지환·왕수민 옮김, 『부의 제국: 미국은 어떻게 세계 최강대국이 되었나』(황금가지, 2007).

Grossman-Greene, S. and Bayer, C., *A Brief History of Cocoa in Ghana and Cote d'Ivoire*(Tulane University, 2009).

Hadley, A. T., *Railroad Transportation*(London: G. P. Putnam's sons, 1886).

Hamilton, E., "Spanish Mercantilism before 1700", in *Facts and Factors in Economic History*, Articles by former Students of Edwin Francis Gay(Cambridge, Mass:

Harvard University Press, 1932).

Hamilton, Earl J., *American Treasure and the Price Revolution in Spain, 1501~1650*(Cambridge, MA: Harvard University Press, 1934).

Hauschild, P., *Privatisierung: Wahn & Wirklichkeit*(Hamburg: VSA-Verl, 2004).

Hiltzik, M. A., "Old Man' Loses Big Cocoa Turns Bitter for Ivory Coast," *LA Times*, 1989.07.12.

Hirsch, Joachim, *Kapitalismus ohne Alternative*(Hamburg: VSA, 1990).

Hirschman, A. O., *The Passions and the Interests*(Princeton, NJ: Princeton University Press, 1977).

Hiscox, M., Broukhim, J. M., Litwin, C. S., Woloski, A., 2011, Consumer Demand for Fair Labor Standards: Evidence from a Field Experiment on eBay Available online at http://papers.ssrn.com/sol3/papers.cfm?abstract_id=1811788, accessed on October 3, 2012.

Hobsbawm, E. J., *Industry and Empire: The Birth of the Industrial Revolution*(London: Penguin Group, 1990).

Hoekstra, A. Y., *The Water Footprint of Modern Consumer Society*(London: Routledge, 2013).

Hohenegger, Beatrice, *Liquid Jade: The Story of Tea from East to West*(St. Martin's Press, 2007)./베아트리스 호혜네거, 조미라 · 김라현 옮김, 『차의 세계사』(열린 세상, 2012).

Holland, D, Lachicotte, W., Skinner, D & Cain, C., *Identity and Agency in Cultural Worlds*(Cambridge, MA: Harvard University Press, 1998).

Hudson, I. & Hudson, M., "Removing the Veil?: Commodity Fetishism, Fair Trade, and the Environment," *Organisation & Environment* 16(10)(2003).

IPPUC, *Areas de Subabitacao no Município de Curitiba*[Curitiba: IPPUC(Instituto de Pesquisa e Planejamento Urbano de Curitiba), 1989].

James, Jr. H. S., Hendrickson, M. K. and Howard, P. H., *Networks, Power and Dependency in the Agrifood Industry, working paper*(University of Missouri, 2012).

Kim, D. K., "The Doubtful Existence of Resource Curse," *Environmental and Resource Economics Review* 22(2)(2013).

Kinsbruner, E., *The Colonial Spanish-American City: Urban Life in the*

Kingston(Jamaica: Ian Randle Publishers, 2005).

Klass, B., "From Miracle to Nightmare: An Institutional Analysis of Development Failures in Cote d'Ivoire," *Africa Today* 55(1)(2008).

Kraus, J., "Building Democracy in Africa," *Current History* 90(553)(1991).

Krause, K., "Military Statecraft: Power and Influence in Soviet and American Arms Transfer Relationships," *International Studies Quarterly* 35(1991).

Lappe, M. F. & Lappe, A., *Hope's Edge: The Next Diet for a Small Planet*(New York: Jeremy P. Tarcher/Putnam, 2002).

Levitt, T., "The Globalization of Markets", *Harvard Business Review* 61(3)(1983).

Light, M., "Moscow's Retreat from Africa," *The Journal of Communist Studies* 8(2)(1992).

Loh, L. & Venkatraman, N., "Determinants of Information Technology Outsourcing," *Journal of Management Information Systems* 9(1)(1992).

Lovejoy, P. E., "The Volume of the Slave Trade: A Synthesis," *Journal of African History* 23(1982).

Macedo, J., "Land Use Policies and Urbanization of Informal Settlements: Planning Initiatives for Environmental Protection Areas in Curitiba, Brazil", Dissertation for PH.D(University of Florida, 2000).

Maddison, A., *The World Economy: A Millennial Perspective* 30(Paris: OECD, 2001).

Mandel, E., "In Defense of Socialist Planning," *New Left Review* I 159(1986).

Maniates, M., "In Search of Consumptive Resistance: The Voluntary Simplicity Movement," in T. Princen, M. Maniates & K. Conca(ed.), *Confronting Consumption*(Boston: MIT Press, 2002).

McMichael, P., *Development and Social Change: A Global Perspective*(5th edition)(SAGE, 2012)./필립 맥마이클, 조효제 옮김, 『거대한 역설: 왜 개발할수록 불평등해지는가』(교양인, 2013).

Mehlum, H., Moene, K. and Torvik, "Institutions and the Resource Curse," *The Economic Journal* 116(2006).

Mercer, G. & MacDuffie J. P., 「미국 디트로이트의 위기: 원인, 실태 및 전망」, 《국제노동브리프》 2009년 2월호.

Meredith, Martin, *The Fate of Africa*(PublicAffairs, 2011)./마틴 메러디스, 이순희 옮김,

『아프리카의 운명』(휴머니스트, 2014).

Mieth, C., "World Poverty as a Problem of Justice?: A Critical Comparison of Three Approaches," *Ethical Theory and Moral Practice* 11(2008).

Mintz, Sidney W., *Sweetness and Power: The Place of Sugar in Modern History*(Penguin Books, 1986)./시드니 민츠, 김문호 옮김, 『설탕과 권력』(지호, 1998).

Moss, Sarah&Badenoch, Alexander, *Chocolate: A Global History*(Reaktion Books, 2009)./사라 모스 · 알렉산더 바데녹, 강수정 옮김, 『초콜릿의 지구사』(휴머니스트, 2012).

Munro, J. H., Money, Prices, Wages, and 'Profit Inflation' in Spain, the Southern Netherlands, and England during the Price Revolution era, ca. 1520-ca. 1650., *História e Economia: Revista Interdisciplinar*, 4(1)(2008).

NASSCOM, *The IT-BPO Sector in India: Strategic Review 2005*(New Delhi: National Association of Software and Service Companies, 2005).

North, D. and Weingast, B., Constitutions and Commitment, *The Journal of Economic History* 49(1989).

Off, Carol, *Bitter Chocolate: Investigating the Dark Side of the World's Most Seductive Sweet*(Univ. of Qld Press, 2006)./캐럴 오프, 배현 옮김, 『나쁜 초콜릿』(알마, 2011).

Parenti, Christian,*Tropic of Chaos: Climate Change and the New Geography of Violence*(Nation Books, 2011)./크리스천 퍼렌티, 강혜정 옮김, 『왜 열대는 죽음의 땅이 되었나?』(미지북스, 2012).

Peet, Richard, *Unholy Trinity: The IMF, World Bank and WTO*(Zed Books, 2003)./리처드 피트 외, 박형준 · 황성원 옮김, 『불경한 삼위일체』(삼인, 2007).

Pegler, Martin, *Out of Nowhere: A History of the Military Sniper*(Osprey Publishing, 2004)./마틴 페글러, 홍희범 옮김, 『보이지 않는 공포 스나이퍼: 전쟁 속 저격의 역사』(호비스트, 2007).

Perlman, J., *Favela: Four Decades of Living on the Edge in Rio de Janeiro*(Oxford University Press, 2010).

Pitman, F. W., *The Development of British West Indies, 1700~1763*(New Haven, Connecticut: Yale University Press, 1917).

Pogge, T., "Priorities of Global Justice," *Metaphilosophy* 32(1/2)(2001).

Pogge, T., *World Poverty and Human Rights*(Cambridge: Polity, 2002).

Pons, F. M., *History of the Caribbean: Plantations, Trade, and War in the Atlantic World*(Princeton: Markus Wiener Publishers, 2007).

Prasad, M., Kimeldorf, H., Meyer, R., & Robinson, I., "Consumers of the World Unite: A Market-Based Response to Sweatshops," *Labor Studies Journal* 29(3)(2004).

Pratap, Surendra, 「혼란에 빠진 방글라데시의 의류산업」,《국제노동연구》9(1)(2011).

Prebisch, R., "The Economic Development of Latin America and its Principal Problems," *Economic Bulletin for Latin America* 7(1950)

Pritchett, L., "Divergence, Big Time", *The Journal of Economic Perspectives* 11(3)(1997).

Putnam, R. D., "The Prosperous Community: Social Capital and Public Life," *American Prospect* 13(1993).

Radelet, S., "Think Again: U.S. Foreign Aid," *Foreign Policy*(February 2005).

Reinert, Erik S., *How Rich Countries Got Rich and Why Poor Countries Stay Poor*(PublicAffairs, 2008)./에릭 라이너트, 김병화 옮김,『부자나라는 어떻게 부자가 되었고 가난한 나라는 왜 여전히 가난한가?』(부키, 2012).

Rich, E. E., "Colonial Settlement and Its Labour Problems" in Rich, E. E. and Wilson, C. H.(ed), *The Cambridge Economic History of Europe*, IV: vol. 4, *The Economic of Expanding Europe in the Sixteenth and Seventeenth Centuries*(Cambridge: Cambridge University Press, 1967).

Roberts, K., "Household Labour Mobility in a Modern Agrarian Economy: Mexico" in G. Standing(ed.), *Labor Circulation and the Labor Processes*(London: Croom Helm, 1985).

Rodney, W., *How Europe Underdeveloped Africa*(London: Bogle L' Ouver ture, 1971).

Ronchi, L., The Impact of Fair Trade on Producers and Their Organizations: A Case Study with Coocafe in Costa Rica, *PRUS Working Paper*, 11, (United Kingdom:Poverty Research Unit at Sussex)(2002).

Rowentree, L. et al., *Globalization and Diversity: Geography of Changing World*(3rd edition)(Prentice Hall, 2012)/레스 로웬트리 외, 안재섭 외 옮김,『세계지리: 세계화와 다양성』(시그마프레스, 2012).

Sachs, J. and A. Warner, "Natural Resource Abundance and Economic Growth," *NBER Working Paper Series*, 5398(1995).

Samuelson, P. A., "The Pure Theory of Public Expenditures," *Review of Economics and Statistics* 36(4)(1954).

Sanchez-Moreno, M. M. & Higgins, T., "No Recourse: Transnational Corporations and the Protection of Economic, Social, and Cultural Rights in Bolivia," *Fordham International Law Journal* 27(2004).

Schild, G., *Bretton Woods and Dumbarton Oaks: American Economic and Political Post-War Planning in the Summer of 1944*(New York: St. Martin's Press, 1995).

Schraeder, P. J., *United States Foreign Policy Toward Africa: Incrementalism, Crisis and Change*(Cambridge: Cambridge University Press, 1994).

Singer, H., "Comments to the Terms of Trade and Economic Development," *Review of Economics and Statistics* 40(1950).

Singer, P., "Famine, Affluence and Morality," *Philosophy and Public Affairs* 1(3)(1972).

Smith, Peter H., *Talons of the Eagle: Latin America, the United States, and the World*(Oxford University Press, 2007)./피터 H. 스미스, 이성형 · 홍욱헌 옮김, 『라틴 아메리카, 미국, 세계』(까치, 2010).

Solow, R. M., "Technical Change and the Aggregate Production Function", *The Review of Economics and Statistics* 39(3)(1957).

Steensgaard, N., *The Rise of Merchant Empires: Long Distance Trade in the Early Modern World, 1350~1750*(Cambridge: Cambridge University Press, 1990).

Suchomel, K., *Student Knowledge and Support for Fair Trade: An Opinion Poll of College Students*(Minnesota Public Interest Research Group, 2005).

Sundiata, I. K., "Prelude to Scandal: Liberia and Fernando Po, 1880~1930," *The Journal of African History* 15(1)(1974).

UNDP, *Sri Lanka Human Development Report 2012*, 140(2012). Computations by the report team of the institute of Policy Studies of Sri Lanka using Department of Census and Statistics of Sri Lanka 2010 and Central Bank of Sri Lanka 2011.

Warne, K., *Let Them Eat Shrimp: The Tragic Disappearance of the Rainforests of the Sea*(Island Press, 2011)./케네디 원, 서정아 옮김, 『맹그로브의 눈물』(프롬나드, 2013).

Wiley, J., *The Banana: Empires, Trade Wars, and Globalization*(Lincoln, NE: University of Nebraska Press, 2008).

Wolf, C., *Foreign Aid: Theory and Practice in Southern Asia*(Princeton: Princeton University Press., 1960).

World Cocoa Foundation, Cocoa Market update, Compiled by the World Cocoa Foundation from Published Reports and Resources(2012).

Ziegler, Jean, *Destruction massive*(Seuil, 2011)./장 지글러, 양영란 옮김, 『굶주리는 세계, 어떻게 구할 것인가?』(갈라파고스, 2012).

Ziegler, Jean, *La haine de l'occident*(Livre de Poche, 2008)./장 지글러, 양영란 옮김, 『빼앗긴 대지의 꿈』(갈라파고스, 2010).

Zook, G. F., *The Company of Royal Adventurers Trading into Africa, Lancaster*(PA: Press of the New Era Printing, 1919).

"Texts of Truman Orders to Implement Point IV Plan," *New York Times*(1950.09.09).

강원택, 「영국의 신자유주의 개혁과 중앙-지방 관계의 변화」,《국제정치논총》43(3)(2003).

강준만, 「탐욕을 예찬하는 박애 자본주의의 전도사: 빌 게이츠는 무엇을 위해 사는가」,《인물과사상》170(2012).

공우석, 『식물지리학』(푸른길, 2007).

곽문환, 「18세기 설탕산업, 노예무역 그리고 영국 자본주의」,《사림》22(2004).

곽태운, 「세계화가 소득불평등도에 미친 효과: 세계전체 패널자료분석」,《국제지역연구》18(1)(2014).

구춘권, 「민영화의 담론 · 갈등 · 합의: 독일의 철도 · 우편 · 정보통신 영역의 민영화 과정」,《한국정치학회보》6(4)(2012).

권윤경, 「프랑스혁명과 아이티 혁명의 역사적 유산, 그리고 프랑스의 식민지 개혁론: 프랑수아 앙드레 이장베르의 정치 경력을 통해 본 프랑스의 노예제폐지론, 1823~1848」,《프랑스사연구》28(2013).

권형기, 「생산의 세계화와 노동의 정치」,《국제정치논총》52(1)(2012).

김걸, 「두바이의 도시공간구조」,《한국도시지리학회지》17(3)(2014).

김경학, 「인도 '나브다냐'(Navdanya) 종자주권 운동에 관한 연구」,《남아시아연구》20(1)(2014).

김달관, 「식민시대 볼리비아 사회와 노동체계의 특징」,《이베로아메리카연구》

24(2)(2013).

김명호 · 김재우 · 장현춘, 「클라우딩 컴퓨팅의 오늘과 내일」, 《정보보호학회지》 20(2)(2010).

김석수, 「국제정치 문제가 된 해적: 소말리아 해적을 중심으로」, 《중동연구》 32(1)(2013).

김승민, 「프랑스 이민자 소요사태의 발발 원인 분석」, 《한국프랑스학논집》 74(2011).

김은중, 「권력의 식민성과 볼리비아 원주민 사회운동」, 김세건 외, 『라틴아메리카: 대안 사회 운동과 참여 민주주의』 I (높이깊이, 2010).

김정욱, 「스페인어 문법의 태동과 발달과정」, 《이베로아메리카》 12(1)(2010).

김준석, 「국제원조의 윤리학에 관한 소고: 토마스 포제와 존 롤스의 논의를 중심으로」, 《국제정치논총》 50(1)(2010).

김지영 · 이일청, 「가나는 과연 원조의 성공 사례인가?」, 《오토피아》 29(1)(2014).

김희명 · 음두은, 「프랑코포니 지역연구: 콩고 민주공화국」, 《프랑스문화예술연구》 42(2012).

김희순, 「멕시코 마킬라도라산업의 특성과 분포 변화」, 《한국경제지리학회지》 11(2)(2008).

남성자, 「인도 콜센터 여성 근무자에 대한 가부장적 지배와 통제 완화 가능성」, 《남아시아연구》 16(3)(2011).

남영우, 「잉카제국과 고대도시 마추픽추의 성쇠」, 《한국도시지리학회지》, 12(2)(2009).

니콜라 블라드, 「민중과 평화의 적, 세계화 경제기구들」, 《환경과 생명》 40(2004).

루츠 판 다이크, 안인희 옮김, 『처음 읽는 아프리카의 역사』(웅진지식하우스, 2005).

류광철, 『아프리카를 말한다』(세창미디어, 2014).

박규호, 「영국의 민영화과정에 관한 비판적 분석」, 《동향과 전망》 24(1994).

박단, 「2005년 프랑스 '소요 사태'와 무슬림 이민자 통합문제」, 《프랑스사연구》 14(2006).

박민선, 「초국적 농식품체계와 먹거리 위기」, 《농촌사회》 19(2)(2009).

박선미, 「지구적 문제에 관한 실천적 참여의 의미와 교육방향 검토: 공정무역에의 윤리적 소비자 참여의 의미를 중심으로」, 《한국지리환경교육학회지》 21(2)(2013).

박용남, 『꿈의 도시 꾸리찌바: 재미와 장난이 만든 생태도시 이야기』(녹색평론사, 2010).

박원탁, 「아프리카 기아문제에 관한 연구: 소말리아를 중심으로」, 《아프리카연구》 7(1994).

박창렬, 「DR콩고의 콜탄(Coltan)생산과 분쟁에 관한 연구」, 《한국아프리카학회지》 40(2013).

박훈하, 「대처리즘에 저항하는 코메디적 서사 문법」, 《오늘의 문예비평》 41호(2001).

방춘하, 「도시재생사업의 개선방안에 대한 연구」, (가톨릭대학교 행정대학원 석사학위 논문, 2012).

배윤기, 「〈보더 타운〉: 지구화와 로컬화의 현장」, 《문학과 영상》 86(2010).

백승종, 「백승종의 역설: 케냐의 장미는 아름답지 않다」, 《한겨레》(2012.02.27).

백창재 등, 「생산 세계화의 다양성 Ⅱ: 미국·독일·일본 자동차산업의 비교분석」, 《한국정치연구》 21(1)(2012).

베른하르트 젤리거, 김영수 옮김, 「베를린 장벽 붕괴 "문을 열라!"」, 《통일한국》 366(2014).

빠블로 스페파노니, 이성훈 옮김, 「선거 후의 볼리비아: 에보 체제는 어디로 가나?」, 《라틴아메리카이슈》 2(2010).

서사범, 「세계 최초의 도시 간 공공철도의 개막과 철도구조물」, 《대한토목학회지》 59(12)(2011).

서상현, 「글로벌 안보 관점에서 본 미국의 대 아프리카 전략」, 《국제지역연구》 14(3)(2010).

서상현, 「자원이 분쟁에 미치는 요인 분석: 콩고민주공화국을 사례로」, 《한국아프리카학회지》 29(2009).

서상현, 「태풍전야 짐바브웨와 태풍의 눈 무가베」, 《월간말》 263(2008).

서성철, 「삼각무역 : 아카풀코 갤리언 무역의 탄생과 몰락」, 《라틴아메리카 연구》 26(2)(2013).

손호철, 「김대중 정부의 복지개혁의 성격: 신자유주의로의 전진?」, 《한국정치학회보》 39(1)(2005).

송동흠, 「신자유주의 세계화와 농업의 미래」, 《환경과 생명》 38(2003).

송성수, 「정보기술의 전도사, 빌 게이츠」, 《기계저널》 44(7)(2004).

안지영, 「중동으로 가는 스리랑카 여성들의 현재와 위기」, 《아시아여성연구》 51(1)(2012).

엄은희, 「공정무역 생산자의 조직화와 국제적 관계망: 필리핀 마스코바도 생산자 조직을 사례로」, 《공간과 사회》 33(2009).

유미현, 「민영화: 세계적 추세에 관한 국제 비교 연구」, 『한국정책분석평가학회 학술대회 발표논문집』(2011).

유호근, 「신자유주의적 세계화 패러다임 : 비판적 검토와 대안적 전망」, 《아태 연구》 16(1)(2009).

윤방실, 「문화 유물론적 해석으로 다시 읽은 Top Girls」, 《현대영미드라마》 22(3)(2009).

윤병선, 「초국적 농식품복합체의 농업지배에 관한 고찰」, 《농촌사회》 14(1)(2004).

이강혁, 『한권으로 보는 스페인 역사 100장면』(가람기획, 2008).

이상봉, 「대안적 공공공간과 민주적 공공성의 모색」, 《대한정치학회보》 19(1)(2011).

이승욱, 「하늘과 가장 가까운 도시, 라파스」, 《국토》 330(2009).

이원섭, 「디트로이트: 세계의 자동차 수도」, 《국토》 211(1999).

이한규, 「탈냉전이후 아프리카−유럽 관계의 변화: 로메협정 IV의 사례를 중심으로」, 《한국
　　프랑스학논집》 42(2003).

이혜숙, 「스리랑카의 종교문화적 분쟁과 평화운동에 관한 연구」, 《한국불교학》 35(2003).

이호현 · 강홍렬, 「클라우드 개념의 불확실성」, 《정보통신정책연구원 동향》 23(13)(2011).

인물과사상 편집부, 「빌 게이츠와 탐욕의 사회학」, 《인물과사상》 1998년 7월호(통권 3호).

임경수, 「스리랑카 지역주의에 관한 연구」, 《아시아연구》 16(1)(2013).

임수진, 「지속가능한 커피의 역할과 한계: 20세기 말 커피위기 시대 중미지역을 사례로」,
　　《이베로아메리카》 13(2)(2011).

장붕익, 「네덜란드 서인도회사의 아프리카 노예무역 전개과정에 대한 소고」, 《아프리카학
　　회지》 19(2004).

장상환, 「세계화와 농업문제의 전환」, 《마르크스주의 연구》 9(3)(2012).

장용규, 「르완다 제노사이드: 후투와 투치의 인종차별과 갈등의 역사적 전개」, 《한국아프
　　리카학회지》 26(2007).

장준갑, 「아프리카 정책을 통해 본 케네디의 외교: 콩고 위기에 대한 정책을 중심으로」, 《미
　　국사연구》 36(2012).

장하준, 『그들이 말하지 않은 23가지: 장하준, 더 나은 자본주의를 말하다』(부키, 2010).

장하준, 『나쁜 사마리아인들』(부키, 2011).

전국지리교사연합회, 『살아 있는 지리교과서』 2(휴머니스트, 2011).

전동진, 「냉전시대 아프리카 공산주의 체제의 형성구조와 소련 및 북한의 영향력」, 《통일전
　　략》 3(2)(2003).

전성원, 『누가 우리의 일상을 지배하는가』(인물과사상사, 2012).

정구연, 「미국의 아프리카 대외원조정책 연구: 원조와 안보의 연계를 중심으로」, 《국제관
　　계연구》 18(1)(2013).

정보배 · 김희강, 「국제원조정책, 무엇이 문제인가?: 토마스 포기Thomas Pogge의 논의를
　　중심으로」, 《오토피아》 27(1).

정양원, 공원국 옮김, 『중국을 뒤흔든 아편의 역사』(에코리브르, 2009).

정재완·이재호, 「급성장하고 있는 필리핀 콜센터 아웃소싱산업과 시사점」, 《KIEP 오늘의 세계 경제》 07(15)(2007).

정진영, 「케인스, 국제통화체제, 세계금융위기」, 《국제정치논총》 49(5)(2009).

정채연, 「다원주의적 사법을 통한 이행기 정의와 초국가적 인권의 실현: 르완다의 제노사이드와 가챠챠(Gacaca) 법원에 대한 논의를 중심으로」, 《고려법학》 65(2102).

주경철, 『대항해시대』(서울대학교출판부, 2008).

주종택, 「미국의 이주정책과 멕시코의 국제노동이주의 형태」, 《한국라틴아메리카학회지》 (2011).

최동주, 「보츠와나의 경제성장 과정 연구: 개발 국가(developmental state) 모델의 적용」, 《한국아프리카학회지》 20(2004).

카롤 프로네르, 강정원 옮김, 「볼리비아의 다국민국가와 신헌법: 자유민주주의 모델의 한계에 대한 논쟁에서 볼리비아 경험의 시사점」, 《라틴아메리카이슈》 4(2012).

페르난도 몰리나, 조구호 옮김, 「왜 에보모랄레스는 여전히 인기를 누리는가?」, 《라틴아메리카이슈》 6(2014).

한명숙, 「프랑스 국적법 개정과 북아프리카 이민자 문제, 1986~1993」, 《프랑스사연구》 20(2009).

한양환, 「아프리카의 민주화와 종족분규: 코트디부아르의 남북분단사태를 중심으로」, 《한국아프리카학회지》 25(2007).

한양환, 「콩고민주공화국의 내전 종식과 세계 경제체제 편입 전망」, 《한국아프리카학회지》 20(2004).

허용준, 「미국의 농업보조금 정책」, 《CEO Focus》 64(농협경제연구소, 2006).

황규득, 「영국의 대 아프리카 원조 전략: 쟁점과 이슈」, 《한국아프리카학회지》 35(2012).

「곡물업계 슈퍼리치 '카길&맥밀런家'의 두 얼굴」, 《헤럴드 경제》(2014.07.29).

「모랄레스 집권 연장의 힘은 '책임 있는 포퓰리즘'」, 《연합뉴스》(2014.10.14).

「모랄레스의 세 번째 승리」, 《경향신문》(2014.10.19).

「방글라데시 사바르 참사 1년(3): 노동환경 개선 의지 약한 정부」, 《경향신문》 (2014.04.28).

「방글라데시 의류 수출 '끝없는 추락'」, 《국제섬유신문》(2014.12.15).

「볼리비아 체 게바라」, 《불교닷컴》(2013.11.04).

「세계에서 가장 높은 케이블카」, 《헤럴드경제》(2014.11.29).

「신흥시장 아프리카' 로… 국내 중소기업 새로운 도전」, 《한겨레》(2012.07.29).

「쓰레기 매립장에 목숨을 걸어야 하는 빈곤의 삶」, 《뉴시스》(2008.08.07).

「애플 iOS5, 아이메시지 · 아이클라우드 주목」, 《연합뉴스》(2011.10.11).

「오늘의 경제소사: 철도의 탄생」, 《서울경제》(2009.02.20).

「자이메 레르네르 前 시장」, 《부산일보》(2006.08.09).

「전남산 장미, 해외 시장 도전 '첫발' 」, 《연합뉴스》(2014.04.27).

「천명 넘게 죽었는데 3만 원 인상, 너무하네요」, 《오마이뉴스》(2014.05.11).

「클라우드가 글로벌 콜센터 붕괴시킨다?」, 《전자신문》(2014.07.22).

「필리핀 콜센터 잇단 "콜", 아웃소싱 신바람」, 《아시아경제》(2014.07.07).

찾아보기